禮制語境與經典詮釋

許子濱　著

上海古籍出版社

圖書在版編目(CIP)數據

禮制語境與經典詮釋 / 許子濱著. —上海：上海古籍出版社，2018.10
ISBN 978-7-5325-8945-6

Ⅰ.①禮…　Ⅱ.①許…　Ⅲ.①禮儀-中國-文集
Ⅳ.①K892.26-53

中國版本圖書館 CIP 數據核字(2018)第 155827 號

禮制語境與經典詮釋

許子濱　著

上海古籍出版社出版發行

（上海瑞金二路 272 號　郵政編碼 200020）

(1) 網址：www.guji.com.cn

(2) E-mail：guji1@guji.com.cn

(3) 易文網網址：www.ewen.co

上海顓輝印刷廠印刷

開本 890×1240　1/32　印張 13.5　插頁 2　字數 338,000
2018 年 10 月第 1 版　2018 年 10 月第 1 次印刷
印數：1—1,800

ISBN 978-7-5325-8945-6

I·3306　定價：55.00 元

如有質量問題，請與承印公司聯繫

序

　　子濱研治禮學多年，於禮學諸端，研精究微，詳稽博辨，相關論文，發表於各重要學報，廣爲學界稱譽。2011 年，其《〈春秋〉〈左傳〉禮制研究》一書出版，所載諸論，皆思深悟銳，卓然有見。今又蹊徑獨闢，提出"禮制語境"此一概念，作爲進入禮學堂奧之鑰匙，其功可謂偉矣。

　　本書分總論、分論、結語三部分。總論開宗明義，先闡明"禮制語境"此一概念，將"禮制語境"定義爲文字所記錄古人踐行禮儀之特定環境。以人之行走動作爲例，一般可按緩急程度，區分爲"行"、"步"、"趨"、"走"、"奔"。劉熙《釋名·釋姿容》謂：兩腳進曰行，徐行曰步，疾行曰趨，疾趨曰走，疾走曰奔，此乃按疾徐程度不同所作之詞義區分。惟《爾雅·釋宮》云："堂上謂之行"，"堂下謂之步"，"門外謂之趨"，"中庭謂之走"，"大路謂之奔"，則指出場所不同，行走動作亦不同。此爲禮容中之行容，帶有表禮功能，其事關涉禮儀、禮制，故需置於"禮制語境"中作考量。

　　子濱指出，若要準確釋讀某一經典中與禮相涉之文字，必須以該經典之文例與其他經典參照互證。以詮釋《春秋》、《左傳》爲例，重構《春秋》、《左傳》之“禮制語境”，除以經傳本文爲據，亦需參考《三禮》及其他經典。而《春秋》、《左傳》與《三禮》及其他經典所言禮制，實有合有不合，參照互證必須實事求是，不能強加牽合，宜自行從經傳本文歸納出禮制之實質内容，否則可能會偏離春秋實況，導致治絲益棼。觀其所論，指微抉要，可謂洞徹閫奧。

既已釋述如何以本證與他證確立“禮制語境”，本書復舉例闡明“禮例”與詮釋《儀禮》、《周禮》之關係，以及“禮制語境”與《尚書》、《論語》及《左傳》之詮釋。子濱於此數端，廣稽博考，探賾鉤深，互證旁通，發明甚夥。

要之，本書總論提綱挈領，説明“禮制語境”此一概念之内涵及其辨識與確立，並列舉例證，輔助説明；於分論中，則對所舉以“禮制語境”詮釋《三禮》、《尚書》、《論語》及《左傳》之主要例證詳加探討。分論部分共四章十二篇，以禮典論，涵蓋冠、昏、喪、祭、朝、聘、鄉、射等禮。其中《〈儀禮〉所見婦人拜儀》、《〈儀禮·士冠禮〉冠者取脯適東壁見母》、《〈尚書·顧命〉之册命禮儀及〈廟〉之所在》、《“諸侯冠禮之祼享正當士冠禮之醴或醮”》諸篇，以探討冠禮爲主，而旁及昏、喪、祭、聘、饗、射、册命諸禮；《“旌繁”》、《“葬鮮者自西門”與“卿喪自朝”》諸篇，主要探討喪禮，旁及聘禮；《〈周禮·神仕〉之“禬”》、《唐寫本〈論語〉“禘自既灌而往”章鄭玄注重勘發覆》、《〈左傳〉“屬有宗祧之事於武城，寡君將墮幣焉。敢謝後見”》諸篇，主要探討祭禮，旁及朝聘之禮；至於《“使宰獻，而請安”》一篇，則旨在探討饗禮與公飲大夫禮，亦旁及射禮。其所討論之對象，廣涉禮物、禮儀、禮辭諸端，皆甚多創獲。

於結語中，子濱指出，本書所舉例證，充分説明“禮制語境”

存在於經典之字裏行間，對詮釋經典禮制至關重要。探明"禮制語境"，實爲掌握經義之不二法門。

綜觀全書，於"禮制語境"與經典詮釋之關係，析纖甄微，深探竟討，考證精審，論辨明確。子濱治學，其心專，其思密，沉潛反覆者二十餘年，宜其禮學之精醇若此也。

二〇一七年七月文農單周堯謹識

目　录

總　論

一、"禮制語境"概念的提出

在界定"禮制語境"之前，有必要先對本書採用的幾個以"禮"字組成的合成詞的概念和內涵略作説明。這些詞包括"禮制"、"禮典"、"禮物"、"禮儀"、"禮辭"、"禮義"、"禮書"[①]。"禮制"有廣狹兩義，狹義的禮制爲古語，原指禮之定制，即禮之度數成法；廣義的禮制，即今人所説的一切典章制度，表示集合概念。

[①] 沈文倬先生指出："'禮'字本有廣狹二義：就廣義説，凡政教刑法，朝章國典，一概稱之爲禮；就狹義説，則專指當時各級貴族（太子、諸侯、卿、大夫、士）經常舉行的祀享、喪葬、朝覲、軍旅、冠昏諸方面的典禮。"引自陳戍國《先秦禮制研究》（長沙：湖南教育出版社，1991 年），頁 6—7。所謂"禮制"，指狹義的禮。禮制包含的各要素，過去禮家大多分爲"禮器"、"禮文"、"禮意"。如《禮記·樂記》云："簠簋、俎豆、制度、文章，禮之器也。升降、上下、周還、裼襲，禮之文也。"將器物及其文飾度數概括爲"禮器"，而將禮儀中的動作行爲概括爲"禮文"。但各要素的名稱並不一致，如黃侃《禮學略説》提出，禮學的組成，"有禮之意，有禮之具，有禮之文"。見氏著《黃侃論學雜著》（北京：中華書局，1964 年），頁 463。關長龍《禮器略説》（載《能仁學報》第 13 期《禮學專號》，香港：能仁專上學院，2013 年）又據上引《樂記》下文的"禮樂之情"，合成"禮情"（禮意）、"禮文"（禮儀）及"禮器"三要素（頁 63）。本書所列，主要依據沈文倬先生之説再加補充而成。

本書所指的"禮制"，取義甚廣，既表示各種禮典及其組成元素有機結合而成的集合體，也包括禮典所蘊含的觀念和意識。"禮典"，指禮制之大節。其義與《禮記‧禮器》之"經禮三百"或《中庸》之"禮儀三百"相當，皆指經禮大目，也就是具綱領性的大禮。其數三百，佟言其多①。禮典的門類，大別有五，即吉、凶、軍、賓、嘉，每個類別中又區分爲若干細目②。舉其犖犖大者之見於《儀禮》各篇者，有冠、昏、喪、祭、朝、聘、鄉、射等。所謂"名位不同，禮亦異數"③，禮典可按身份地位尊卑等級的不同而出現差異，如冠禮可再分爲士冠禮、諸侯冠禮以至天子冠禮。其餘大部分禮典也可依此類推。"禮典"的組成元素可見可聞，有有形具象的"禮物"、"禮儀"，也有"禮辭"，此數者與禮典有統屬的關係。"禮物"，指舉行禮典時所使用的器物，即禮家所謂"名物度數"，"就是將等級差別見之於舉行禮典時所使用宮室、衣服、器具及其裝飾上，從其大小、多寡、高下、華素上顯示其尊卑貴賤"。"禮儀"，指禮節儀式中的行爲舉止，即禮家所謂"揖讓周旋"，"就是將等級差別見之於參加者按其爵位在禮典進行中使用著禮物的儀容動作上，從他們所應遵守的進退、登降、坐興、俯仰上顯示其尊卑貴賤"④，行禮者的儀容（禮家所謂容禮）亦包括在內。"禮辭"，即禮家所謂"辭令"，就是行禮者所使用的言辭或套語，以朝聘之禮爲例，有賓主或贊禮者之間的應對之辭。"禮義"是各種禮典（禮物、禮儀、禮辭）背後包含的制禮者所賦予的意義，是禮典的精神，支

---

① 詳參李雲光《經禮、曲禮說申朱》所引鄒昌林說。見李雲光《禮學論集》（香港：黃河文化服務社，1997年），頁4—5。
② 詳參李雲光《禮的反思》所引沈文倬說五禮包含的各個門類的細目，以及李先生的申論。見李雲光《禮學論集》，頁63—66。
③ 見《左傳》莊公十八年。
④ 以上見沈文倬《略論禮典的實行和〈儀禮〉書本的撰作》，《文史》，第15輯，1982年，頁30。

配着行禮者的行爲方式和情感表現，孔子所謂"器以藏禮，禮以行義"①、《禮記·郊特牲》所謂"禮之所尊，尊其義也"。"禮義"與"禮典"是一體兩面，兩者構成表裏、外内、虛實、形神（或軀體與精神）的關係。"禮書"，是禮典的文字記録，即禮制或禮典的載體，其中的禮制條文可簡稱爲禮文（與前人所稱"禮文"義别），禮文匯集而成禮書。綜上所述，本書所指的"禮制"，是一個集體概念，用於統稱禮書及其餘經典中的禮典（兼包禮物、禮儀、禮辭）及其禮義。

　　釐清上述各詞的概念和内涵後，可以回到"禮制語境"的定義上。傳統經典詮釋學有"因文求義"之法，乾嘉大儒王念孫、段玉裁都是此法的倡導者及實踐者②。研究訓詁的學者，一般會套用西方學者所提出的語境理論（contextual theory）來比照清人這種訓詁方法，把"文"字當作"語境"的同義詞③。語境是使用語言的

---

① 見《左傳》成公二年。前人多以"禮意"表示禮義相關的概念，今依循《禮記》闡明《儀禮》各篇之義之例，定稱爲"禮義"。邵懿辰《禮經通論》云："故有《冠義》以釋《士冠》，有《昏義》以釋《昏禮》，有《問喪》以釋《士喪》，有《祭義》、《祭統》以釋《特牲》、《少牢》、《有司徹》，有《鄉飲酒義》以釋《燕》、《食》，有《聘義》以釋《聘禮》，有《朝事》以釋《覲禮》，有《四制》以釋《喪服》，而無一篇之義出於十七篇之外者。是冠、昏、喪、祭、朝、聘、鄉、射八者，約十七篇而言之也。"顧頡剛主編、王煦華整理《古籍考辨叢刊·第二集·禮經通論》，北京：社會科學文獻出版社，2009年，頁422。

② 王念孫：《讀書雜志》（南京：江蘇古籍出版社，1985年）《史記第六·以烈大豪》條案語云："《史記》舊本當作勳，勳即勳之誤。故《漢書》作勳也。其作薰作烈者，又皆勳之誤。因文求義，當以作動者爲是。"頁161。段玉裁於《説文》"䰝"下注云："凡説字必用其本義，凡説經必因文求義，則字或取本義，或取引申、假借，有不可得而必者矣。"許慎撰、段玉裁注、許惟賢整理《説文解字注》（南京：鳳凰出版社，2007年），頁745。

③ 也有學者把鄭玄解經所重的語境與清人區别開來，如喬秀岩説："清人讀經，往往走典章制度的路子，大都遵從'有文字而後有訓詁，有訓詁而後有義理'的方法論，認爲先知詞義，才知道文義，而且以討論内容爲目的。因此清人先確認實詞詞義，據以調整對經文結構及虛詞的解釋，結果往往割裂經文，隨意曲解虛詞。鄭玄不認爲一個詞有固定所指，而認爲一個詞只能提示大致範圍，至於到底所指何義，必須依賴上下文才能確定。因此鄭玄先確認經文上下結構以及顯示經文結構的虛詞，據以調整實詞詞義。鄭玄在解釋經文的層面上，採用'結構取義'之法，用（轉下頁）

環境，也就是言語的環境，兼該語言的内部與外部而言。而在屬於外部的"文化語境"（context of culture）中，禮制是一個不可或缺的元素。與一般語境不同，在"禮制語境"中，文字（或記辭或述事）都受到禮制的制約。反過來説，"禮制語境"支配着當中的文字。於今所見，學者對語境中的禮儀元素只有零碎的討論，不成體系②。如果説禮書上的禮文是禮儀條文，還處於備用狀態，那麼，經典所記禮儀事例，就屬於實際應用，是古人行禮的個案或實録。無論是禮書，還是經典所記與禮儀相關之事，都是以文字爲載體，記下禮典中帶規範特徵的言行，自然也就構成各自的語境。因此，"禮制語境"可定義爲：文字所記録的古人踐行禮儀的特定環境。應該説，"禮制語境"就存在於由文字有機組成的文理結構之中，構成多維立體的禮制環境。"禮制語境"有言表之意，也有言外之意；前者呈現於言表，後者隱藏於言外；言表之意曉明，言外之意隱微。無論顯隱，只要確定了"禮制語境"，自能掌握其中意涵。

（接上頁）來保證經文的完整性。讀書必須讀字裏行間，只有語境才能産生意義，是上下文決定詞義，並非堆砌詞義即可得句義。清人歸納分析詞義之法，將詞語從經文語境中抽離開來，單獨研究，這種方法適合看報紙，不適合讀經書。應該説鄭玄對文本、詞彙的理論認識，比清人更深刻而複雜。鄭學爲經學，並非典章制度之學，亦非依賴概率的語言學，故以經書、經文爲出發點，亦以理解經書、經文爲終點。筆者願以鄭玄'結構取義'的解經方法，目爲鄭學第一原理。"見氏著《北京讀經説記》（臺北：萬卷樓圖書股份有限公司，2013年），第十三篇《鄭學第一原理》，頁247—248。喬先生闡發鄭玄經學的體系性，至爲深刻；所言"只有語境才能産生意義"，而經文詞義由上下文決定，皆確當無疑。筆者以爲，解讀經文，必須兼顧詞義的一般用法與個別用法，不能有所偏廢。也就是説，既不能忽略經文通例（禮經通例尤其如此），更必須注重上下文理，即其肌理脈絡；只有從語境切入，才能準確詮釋經文的意義。

② 學者已注意到語境中的禮儀因素，如黎千駒在《因語境求義論》（載《湖北師範學院學報（哲學社會科學版）》，第29卷第6期，2009年）談到因語境求義的類別，有"因古代社會語境求義"一類，下面説："我們所説的古代社會語境，主要指民族傳統文化心理、社會禮儀風俗習慣、典章制度、社會的政治、經濟與文化狀況等。"所舉例子爲《左傳》僖公三十三年，鄭弦高犒勞秦師，先獻上乘韋，後奉送牛隻。"根據杜預的注和孔穎達的疏，我們可以知道，原來古人送禮，必先送質量輕的，再送質量重的，所以'先韋乃入牛'。這是根據古代社會禮儀語境來解釋句意。"（頁5）。

對於"禮制語境"的概念和内涵，這裏還有兩點説明：1."禮制語境"是一個籠統的叫法。渾言之，"禮制語境"兼禮典、禮物、禮儀、禮辭、禮義而有之；析言之，就禮制的個別組成元素而言，"禮制語境"可細分爲禮典語境、禮物語境、禮儀語境、禮辭語境、禮義語境。2.禮典不同，其組合内容也不一樣。

"禮制語境"在禮書裏出現，自不必説，其他經典中的許許多多關涉禮儀的文字，卻容易被忽略。要想準確詮釋這些文字，在文字訓詁、語法和敍事以外，"禮制語境"是一個不可不考慮的因素，是重構其所處禮制環境的不二法門。

二、"禮制語境"的辨識

提出"禮制語境"這個概念，旨在凸顯掌握文字的禮制内涵，認識其表禮功能在經典詮釋中的重要性。一些尋常的行爲或事物，在禮儀語境中卻都帶有特定的含義。今試各舉例證略作説明如下：

1. 禮儀言行與一般動作的區別

今舉"趨"爲例。人的行走動作，按照緩急程度的不同，可區分爲"行"、"步"、"趨"、"走"、"奔"。劉熙《釋名·釋姿容第九》解説各字取義云："兩腳進曰行"、"徐行曰步"、"疾行曰趨"、"疾趨曰走"、疾走曰奔①。如果説劉熙只是按疾徐程度的不同來區分字義，那麼，《爾雅·釋宫第五》的解説就是根據禮儀語境（行禮場所）來區分不同的行走動作，其文云："堂上謂之行"、"堂下謂之步"、"門外謂之趨"、"中庭謂之走"、"大路謂之奔"②。場所不同，行走動作（禮步）亦不同。"趨"常見於禮書或經典所記與禮儀相關的文字，屬於禮容中的行容一類，本身是禮儀動作，帶有表禮的功能。"趨"

---

① 任繼昉纂：《釋名匯校》（濟南：齊魯書社，2006年），頁123。
② 郝懿行：《爾雅義疏》（北京：中國書店，1982年），《義疏中之一》，頁17a。

又分徐趨與疾趨，應用場合不同，都不能視爲一般的行走動作。跟劉熙一樣，《説文》解"趨"爲"走"，不外乎是快步行走的意思。必須辨明的是，在禮儀語境中，"趨"指一種特定步法，常與"行"、"走"等行走方式對舉，而分別甚明。如《禮記·玉藻》云："古之君子必佩玉，右徵角，左宮羽，趨以《采齊》，行以《肆夏》。"以"趨"、"行"對舉，説明門外則趨，登堂則行①。《玉藻》又以"走"、"趨"對言云："凡君召以三節，二節以走，一節以趨。"國君遣使召臣，以玉節爲信憑，所用節數，或二或一，視乎事情緩急而定。急以二節，使臣疾走；緩以一節，使臣趨赴②。"趨"有徐趨，有疾趨。《玉藻》云："君與尸行接武，大夫繼武，士中武。徐趨皆用是，疾趨則欲發，而手足毋移。圈豚行，不舉足，齊如流。席上亦然。端行，頤霤如矢。弁行，剡剡起屨。執龜玉，舉前曳踵，蹜蹜如也。"③ 據此，可知徐趨爲慢行、疾趨爲急行。徐趨慢行不舉足，其姿態大抵爲拖曳腳踵，循地滑動，身略俯折。徐趨依其人貴賤之不同而分爲三：接武、繼武、中武，三者步履（或步幅）依次加闊。接武者，邁出第一步後，第二步慢行過前半步，即左右腳前後相距半個腳印；繼武者，第一步與第二步緊接，即左右腳前後相距一個腳印；中武者，第一步第二步之間須能容一足之地，即左右腳前後相距兩個腳印④。古人以玉節步，身份地位不同，步履不一，所佩之玉亦自有別。身份地位有變，佩玉之種類及步履之長短亦隨之改變。大抵而言，身份地位越是尊貴，步速越慢，步幅也越小。此即《左傳》（定公五年）記仲梁懷所云

---

① 鄭玄注，孔穎達正義，呂友仁整理：《禮記正義》（上海：上海古籍出版社，2008年），頁1229。

② 鄭玄注，孔穎達正義，呂友仁整理：《禮記正義》，頁1227。

③ 鄭玄注，孔穎達正義，呂友仁整理：《禮記正義》，頁1224。

④ 説本楊伯峻及李雲光，楊説見《春秋左傳注》（北京：中華書局，1990年），頁1550；李説見《禮學論集》，頁95。

"改步改玉"。疾趨則貴賤同然，其姿態大抵爲：直身稍俯，兩足擥起，急行如箭。其步幅不限，"疏數自若"，即"無復繼、接之異，其迹或疏或數，自若尋常"①。除足部外，還須配合手部動作，雙手拱起，使兩袖如鳥兒的翅膀般飛翔。換言之，此趨兼有足容的小步急行及手容的張拱如翔②。二"趨"有別，若單言"趨"，一般都指疾趨。趨通行於吉、凶、軍、賓諸禮，應用場合至爲廣泛③。依禮，"過尊者之前，以趨爲敬也"④，即尊長在前，卑幼者必須快步走，以示禮敬，不得慢條斯理、大搖大擺。《論語・季氏》記孔鯉憶述，孔子曾獨立於庭，左右無人，"鯉趨庭而過"。此爲在父前趨進的事例。《左傳》宣公二年記提彌明"趨登"，成公十六年又記鄢陵之戰，郤至見楚共王，"必下，免胄而趨風"，皆爲在君前趨進的事例。但在一些特定情況下卻"不趨"，如《曲禮上》云"帷薄之外不趨，堂上不趨，執玉不趨"、《少儀》亦云"執玉執龜筴不趨，堂上不趨，城上不趨"。列明此等特殊場合"不趨"，就意味"趨"適用於其他更廣泛的場合。由此可見，尋常動作尚且要把它放在相關的禮儀語境來考量，其他關涉禮制的敘事，就更必須如此。

　　同樣地，伴隨着禮儀出現的應對之辭，也有別於尋常話語。"禮辭"一詞首見於晏桓子（弱）引述的周代先王之辭。《左傳》襄公十二年記周靈王向齊侯求取王后，齊侯問晏桓子該如何應對，晏桓子說："先王之禮辭有之。天子求后於諸侯，諸侯對曰：'夫婦所生若而人，妾婦之子若而人。'無女而有姊妹及姑姊妹，則曰：'先守某公之遺女若而人。'"晏桓子自言所述爲周先王制定的諸侯應

---

① 鄭玄注，孔穎達正義，呂友仁整理：《禮記正義》，頁 1245。
② 參李雲光《禮家的容貌之學》，《禮學論集》，頁 96。
③ 詳參魯士春《先秦容禮研究》（臺北：天工書局，1998 年），頁 125—133。
④ 簡朝亮：《論語集注補證述疏》（北京：北京圖書館出版社，2007 年），頁 547。

對天子求后的禮辭，這種禮辭的内容會因應不同情況而有所調整。至於諸侯間談論婚事所用的禮辭，則見於《左傳》昭公三年。晉少姜死後，齊侯請再以姜女繼室於晉，齊侯使晏平仲（嬰，晏弱之子）轉述齊侯之語説："君若不忘先君之好，惠顧齊國，辱收寡人，徼福於大公、丁公，照臨敝邑，鎮撫其社稷，則猶有先君之適及遺姑姊妹若而人。""先君之適及遺姑姊妹若而人"措辭與"先守某公之遺女若而人"相近，看來也是周禮固有的禮辭。前面一段言辭（即"君若不忘先君之好"云云），同樣是典型的禮辭。相類的禮辭，習見於《左傳》所記的聘禮場合。如文公十二年記秦伯使西乞術聘魯，襄仲辭玉之辭有："君不忘先君之好，照臨魯國，鎮撫其社稷，重之以大器，寡君敢辭玉。"昭公二十年，齊侯使公孫青聘於衞，衞侯辭謝説："君若惠顧先君之好，照臨敝邑，鎮撫其社稷，則有宗祧在。"昭公七年，楚王建成章華之臺，希望和諸侯一起舉行落成大典，薳啟疆召請魯昭公説："昔先君成公命我大夫嬰齊曰：'吾不忘先君之好，將使衡父照臨楚國，鎮撫其社稷，以輯寧爾民。'"僖公四年載齊桓公對楚屈完説："豈不穀是爲？先君之好是繼，與不穀同好如何？"屈完應道："君惠徼福于敝邑之社稷，辱收寡君，寡君之願也。"此等禮辭分別出自齊、魯、衞、楚（薳啟疆自言是引述魯成公的話）諸國大夫之口，而用語俱極相似，必定是按照當時國際的規範套語來説的。各人所説，大同小異，併合起來，都是用下面這個基本格式："君若不忘先君之好，照臨某國（或敝邑），鎮撫其社稷"來引起下文。禮辭語境成爲解説這些格式和套語的不二法門。

2. 禮制相關之物與尋常事物的區别

今舉剛日柔日爲例。春秋時期甚或早在西周，人們已用陰陽來區分十干，按陽奇陰隅的法則，把十干分成五組，再用表示陰陽特質的"剛柔"記日，因而產生了"剛日"、"柔日"之説。剛日包括十干中的甲、丙、戊、庚、壬；柔日包括乙、丁、己、辛、癸。古人舉行禮典，即依其事的屬性，以剛日柔日爲諏日的總原則。然則，所用十干之剛柔，無不關乎禮意，不能以尋常日子視之，而必須把它放在"禮制語境"中來考量。《禮記・曲禮上》列明祭事之外內必依剛柔區分："外事以剛日，內事以柔日。"祭外神爲外事，祭內神爲內事，所用日子之剛柔皆與之相應。推而衍之，田獵出兵亦爲外事，冠、昏、喪、祭亦爲內事。舉外事之要者，如《小雅・吉日》首章開首云"吉日維戊，既伯既禱。田車既好，四牡孔阜"，次章開首云："吉日庚午，既差我馬"。據毛《傳》鄭《箋》，知戊爲剛日，爲順其剛類，故乘牡（雄性之馬）；庚同爲剛日，因出外田獵（"外事"）而選擇馬匹，故仍用剛日[①]。同此類者，如《春秋》記莊公八年"甲午，治兵"，治兵於廟，爲習號令、教戰法，準備圍郉，份屬征伐之事，故告廟雖爲內事，仍用剛日（甲）[②]。內事之要者，如宗廟禘祭，據《春秋》、《左傳》所載，春秋禘祭，乙、丁、辛、癸諸柔日皆爲所用。虞禮講究剛柔之辨，《儀禮・士虞禮》云"始虞，用柔日"，至三虞卒哭，改用剛日。葬用柔日，《春秋》所記諸侯葬日可爲明證。春秋葬制，葬月與卒月奇偶一致，而葬日用柔日不用剛日和疾日。剛日柔日之分，還可從商周金文的日名得到印證。春秋時人名字中，以十干爲稱者約有十人，其中五人名字相配，如秦白丙字乙，丙爲剛日，乙爲柔日，名字分取剛日柔日，剛柔相濟，正是剛日柔日觀念的反映[③]。

　　《易經・蠱》卦辭有"先甲三日，後甲三日"、《巽》卦辭有

---

① 《十三經注疏・毛詩注疏》（臺北：藝文印書館，1988年），頁369—370。近人所著《詩經》新注，似乎未曾措意於此。如程俊英、蔣見元：《詩經注析》（北京：中華書局，1991年）分說"戊"與"庚午"云："戊，古人以天干、地支相配計日。這裏指戊辰日"、"戊辰的次日爲己巳，第三天爲庚午"（頁518）。全然沒有提及剛日柔日的觀念。

② 《十三經注疏・左傳注疏》（臺北：藝文印書館，1988年），頁143。

③ 詳參拙著《論"昭穆"之命名取義》，《春秋左傳禮制研究》，頁478—482。

"先庚三日，後庚三日"。對此，古今論者持説不同，迄無定論。王引之《經義述聞》將此兩語放在"禮制語境"來作解。王氏認爲，先甲三日後甲三日與先庚三日後庚三日，皆用以表示行事擇取吉日，前者用辛、丁，後者用丁、癸。典籍載録禮典在辛、丁、癸之日舉行甚詳，依王氏所列，就有郊祭、太廟之祭、雩、入學萬舞、饋食、葬（諸侯及夫人）①。王説不失爲《蠱》、《巽》卦辭的合理解讀。

3. 據本事内容理解特定語境的真正含意

《禮記·檀弓上》記載，孔子逝世後，其弟子有子、曾子及子游討論孔子關於喪失官位的看法。原文如下：

> 有子問於曾子曰："問喪於夫子乎？"曰："聞之矣：喪欲速貧，死欲速朽。"有子曰："是非君子之言也。"曾子曰："參也聞諸夫子也。"有子又曰："是非君子之言也。"曾子曰："參也與子游聞之。"有子曰："然。然則夫子有爲言之也。"曾子以斯言告於子游。子游曰："甚哉！有子之言似夫子也。昔者夫子居於宋，見桓司馬自爲石椁，三年而不成，夫子曰：'若是其靡也，死不如速朽之愈也。'死之欲速朽，爲桓司馬言之也。南宫敬叔反，必載寶而朝，夫子曰：'若是其貨也，喪不如速貧之愈也。'喪之欲速貧，爲敬叔言之也。"曾子以子游之言告於有子，有子曰："然。吾固曰非夫子之言也。"曾子曰："子何以知之？"有子曰："夫子制於中都，四寸之棺，五寸之椁，以斯知不欲速朽也。昔者夫子失魯司寇，將之荆，蓋先之以子夏，又申之以冉有，以斯知不欲速貧也。"②

---

① 參王引之《經義述聞》（南京：江蘇古籍出版社，2000 年），頁 17。
② 鄭玄注，孔穎達正義，吕友仁整理：《禮記正義》，頁 311—312。

"喪"指喪失,"問喪"指"問失本位,居他國之禮"①。曾子自言,
問過孔子如何對待喪失官位,孔子回答説:"喪欲速貧,死欲速
朽。"光從字面來看,孔子這句話無非是説:要是喪失官位,最好
趕快使自己變成窮人;要是死了,最好趕快使自己腐朽。有子説,
不相信是君子該説的話。曾子説這確實是他親耳聽孔子説的。有
子還是不信,曾子則説孔子説這句話時,子游也在場,一起聽到。
有子認爲,就算是真的,也肯定是孔子針對某種特定情況,才會這
樣説。"有爲言之",指的是就某"本事"而言之,也就是本書所説
的特定語境。後來,曾子把自己跟有子的討論告訴子游。子游贊歎
曾子説這句話的語氣跟孔子當年一樣,並和盤托出其"本事"。原
來"死欲速朽"是針對桓司馬來説的。當年孔子在宋國,看到桓司
馬爲自己做石椁,做了三年還没做好,就説人死後還如此奢靡,最
好趕快使自己腐朽。這就是孔子説"死欲速朽"的語境。至於"喪
欲速貧"則是針對南宮敬叔來説的。當年孔子知道,魯國大夫南宫
敬叔喪失官位,跑到國外,每次返魯,都帶好多財寶朝見魯君,就
説既失官位,又靠財寶來賄求於君,最好趕快使自己變成窮人。子
游很好地交代了孔子説話的背景,重構原來的語境。有子聽了曾子
復述子游的話,就告訴曾子他爲甚麽不相信孔子會無緣無故説出這
種話。孔子説話時,有子不在場,而是依據孔子的行爲來判斷。有
子説,孔子任中都宰時,曾規定棺椁之制:内棺要四寸厚,外棺要
五寸厚,怎會那麽不近人情,主張"死欲速朽"呢?從前孔子喪失
司寇之職,準備到楚國應聘,先派子夏去聯絡,又派冉有去張羅,
怎會主張"喪欲速貧"呢?跟子游一樣,有子都能很好地理解孔子
的意思,不同的是,孔子説話時,子游在場,能道出當時的語境,
而有子則是根據孔子的主張來作合理的推論。由此可見,弟子各記

---

① 　鄭玄注,孔穎達正義,吕友仁整理:《禮記正義》,頁312。

其所聞見於孔子，要是不知道當時的語境，而各安其意，對孔子語義的理解就有失真的可能。

三、"禮制語境"的確立——本證與他證

若要準確釋讀某經典中關涉禮制的文字，就必須結合本證與他證（兩者可稱直接證據與間接證據），藉此重構該類文字的"禮制語境"，重現其所處的禮制環境。本證主要以文例爲證。他證則指此經典與其他經典之間的參照互證。在參照互證的過程中，自然會用上以彼證此、取詳補略的方法。重構的語境能否成立，或者説釋讀是否確當，往往就取決於參證的結果能否站得住腳。以詮釋《春秋》、《左傳》爲例，重構《春秋》、《左傳》的"禮制語境"，除以經傳本文爲據，免不了要憑藉《三禮》及其他經典的助力。而《春秋》、《左傳》與《三禮》及其他經典所言禮制，實有合有不合，參照互證時必須實事求是①。如果兩者出現歧異，不能強加牽合附會，宜自行從經傳本文，歸納出其禮制的實質內容，否則很容易得出偏離春秋實況的結論，所謂治絲而棼之也。這就是以《三禮》或其他經典通釋《春秋》、《左傳》禮制的大原則。今略舉兩例説明箇中的道理。

《春秋》記文公十八年"春王二月丁丑，公薨於臺下"。對此，《春秋》經傳皆語焉不詳。要想確立"公薨於臺下"的語境，就必須回答兩個問題：一是"臺下"究在何處？二是魯文公何以薨於其地？兩者互爲關聯。以本證論，《春秋》記文公十六年（即文公薨前兩年）"秋八月辛未，夫人姜氏薨。毀泉臺"。《左傳》載其本事云："有蛇自泉宮出，入于國，如先君之數。秋八月辛未，聲姜薨。

---

① 詳參拙著《〈左傳〉禮制與〈三禮〉有合有不合説》，《春秋左傳禮制研究》（上海：上海古籍出版社，2012年），頁1—39。

毀泉臺。"有説者將此與"公薨於臺下"串聯起來，以爲公薨之臺
即泉臺，蛇妖之出，不但導致聲姜（文公母）薨，還衝着文公而
來，預示其人將薨於十八年。持此説者或結合他證（禮書），以爲
聲姜實薨於泉臺，《經》云"毀泉臺"，非竟以全臺毀之，而是如鄭
玄注《儀禮‧士喪禮》般"徹西北厞"，並以泉臺爲聲姜之殯宮，
且謂"公薨於臺下"，實承上文"毀泉臺"而言，薨於臺下實薨於
居喪之次。也有説者本《周禮》爲説，以爲《左傳》"公既視朔，
遂登觀臺以望"之觀臺即雉門兩觀之臺，文公居於臺下，爲的是行
閏月居門之禮。姑勿論前人構想的"公薨於臺下"的"禮制語境"
能否成立，可以肯定的是，説者無不以本證及他證爲據①。不僅
《春秋》所載存在多種解讀的可能，即使是長於敘事的《左傳》，凡
與禮制相關之處，所涉語境很多時候都不容易確定。如《左傳》襄
公二十五年載齊大夫崔杼在弑齊莊公之後，還降損其喪禮，不以人
君之禮葬之。其中"側莊公于北郭"一語就確説不易。釋讀此文，
關鍵全在於一個"側"字。"側"字多義，被前人用於解讀此處
《傳》文的就有：一、側訓瘞埋；二、側通偪，爲偪周之法；三、
側爲無偶，謂有棺無槨；四、側同仄，謂不以正葬莊公；五、側有
隱伏之義。五説孰優孰劣，必須經過一番辨析評説②。這個例子足
以説明，特定字詞的確切含意，只能從其所處的特定語境（即上下
文理）中探尋而得。

　　要説《左傳》與《儀禮》合證的例子，不能不提晏嬰爲其父服
喪之禮。《左傳》襄公十七年記"齊晏桓子卒，晏嬰粗縗斬，苴絰、
帶、杖，菅屨，食鬻，居倚廬，寢苫、枕草。其老曰：'非大夫之
禮也。'曰：'唯卿爲大夫。'"晏嬰爲父服喪之禮，除"麤縗斬"

① 　詳參拙著《〈春秋〉"公薨於臺下"清人諸説綜論》，《春秋左傳禮制研究》，頁484—
501。
② 　詳參拙著《〈左傳〉所記齊莊公葬禮考釋》，《春秋左傳禮制研究》，頁552—560。

及“枕草”外，皆與《喪服》經傳吻合，可謂大同小異。對於這點
“小異”，前人看法分歧。如鄭玄便將“小異”放大，附會《禮記·
雜記》之文，以爲士與大夫異服，並截取晏嬰所行之禮充實士與大
夫異服的具體内容，據之設想士與大夫的差次表現在縷的粗細上，
再結合正、義、降三服，構建士與大夫爲父母兄弟喪服的不同體
系。夷考其實，《喪服》以“斬衰裳”與“疏衰裳，齊”對言，
“斬”與“齊”分别表示兩種不同的縫製方法，即不緝與緝。仿照
“疏衰裳，齊”的結構，可得出“疏衰裳，斬”，兩相對照，“麤縗
斬”似可讀爲“麤縗，斬”，意謂“以麤布爲衰而斬之”。如果這個
判斷不誤，則晏嬰所服，與《喪服》經傳之士服的差異，就只有
“枕草”與“枕凷（或塊）”而已。或枕草，或枕凷，可能是居喪
者所枕之物隨季節轉移而改變，更可能是居喪枕物原不固定，到了
後代禮書才被規範或劃一[1]。

四、“禮例”與《三禮》的詮釋
——以《儀禮》所見婦人拜儀、《士冠禮》冠者適東壁見母、
《禮記》設席之法及《周禮·神仕》之“禬”爲例

　　禮書既是禮文的匯集（《儀禮》尤然），所記一言一行，一事一
物，無不純粹關乎禮儀。禮典至多，節文威儀委曲繁重，不言可
知。解讀經文，雖説離不開名物訓詁，但單靠這些，有時仍不足以
解疑釋滯。只有對紛繁的禮文進行歸納分類，甄别疏通，才能釐清
頭緒，看出當中的“經緯塗徑”[2]。況且，誠如沈文倬先生（1917—

---

[1]　詳參拙著《〈左傳〉“晏嬰麤縗斬”楊伯峻注商榷》，《春秋左傳禮制研究》，頁526—
　　550。
[2]　詳參淩廷堪《禮經釋例》（臺北：中研院中國文哲研究所，2004年），頁37—40。

2009）所言，記禮者爲避雷同，行文有時不得不有所簡省①。若非排比禮經文例，合觀彼此，參照互證，則不得其端緒。由是而知，詮釋《儀禮》，貴乎會通，找出貫通全經的“禮例”。凌廷堪（1757—1809）考釋《儀禮》禮例詳瞻明晰，後人正可據之探明經意。“禮例”對詮釋《儀禮》固然重要，對《周禮》又何嘗不是。兹以《儀禮》婦人拜儀、冠者適東壁見母、《禮記》設席之法及《周禮·神仕》之“禬”爲例，説明箇中道理。

1.《儀禮》所見婦人拜法

《儀禮》所見婦人拜法，《士昏禮》有一次提及“婦拜扱地”，在“拜”下接以“扱地”，其餘一概單言“拜”。書中記男子拜法，除“再拜”與“稽首”連言外，亦皆單言“拜”。然則，單憑“拜”字本身，無法分辨出男子與婦人拜禮之間的同異。凌廷堪指出，“婦人之拜不跪，見于《禮經》”。所立兩條禮例，包括“凡丈夫之拜坐，婦人之拜興；丈夫之拜奠爵，婦人之拜執爵”與“蓋婦人之拜，肅拜也；不屈膝，故必興，兼可報爵拜也”。與經文參照檢驗，便知兩例精確不可移易。《士昏禮》云：“婦執笲棗栗，自門入，升自西階，進拜，奠于席。”禮文記敘新婦用手拿著盛棗、栗的笲，從西階升堂，走到阼階上向西鋪設的舅席前，面向東（即舅所在）行拜禮，拜畢，把笲放在舅席上。新婦見舅，依卑者（新婦）見尊者（舅）禮，奠而不授。據此，可知婦人拜不著地，即足不跪地，惟其如此，才能執著盛摯的笲行拜禮，然後才把笲奠於席上。新婦見舅畢，即行見姑禮。經文云：“降階，受笲腶脩，升，進，北面拜，奠于席。姑坐，舉以興，拜，授人。”姑席設於房外，南面。新婦用笲盛著腶脩，走到姑席前，面向北（即姑所在）行拜禮，拜

---

① 詳參沈文倬《士昏禮文多不具説》，《菿闇文存》（北京：商務印書館，2006 年），頁636。

畢，把筭放在姑席上。有別於舅用手撫摸筭摯的做法，姑先坐下，再拿著筭站起來，回拜新婦。姑先拿起筭然後拜。若如《儀禮》所記男子禮例，則姑舉以興後，必先再坐，放下筭，然後拜。今既不然，證明婦人立拜。"姑坐，舉以興，拜"，而"舅坐撫之，興，答拜"，二人雖皆興後拜，但拜儀不必相同。姑之興，是爲了立拜，興與拜相連貫，但舅之所以興，卻是因爲受到新婦所奠的筭的妨礙，不得不稍移坐處，先興後坐，然後答拜。禮文此處言"興"不言"坐"，大概是省文的緣故。《士昏禮》記贊者代舅姑向婦行醴禮，婦"啐醴，建柶，興，拜。贊答拜。婦又拜"。婦起身，把柶放入觶中，便隨即立著行拜禮。再看《特牲饋食禮》記賓三獻禮儀，其中主婦自酢一節云："主婦答拜，受爵，酌醋，左執爵，拜。主人答拜。坐祭，立飲，卒爵，拜；主人答拜。"主婦酌酒自酢，"左執爵，拜"。後文記主婦"坐祭，立飲，卒爵，拜"，而前文記主婦致爵於主人，主人"興，席末坐，卒爵，拜"，兩者似同而實異。主人先起身再坐下，就坐著飲乾爵中之酒，然後跪拜。主婦卻是先坐下，祭酒畢起身，站著飲乾爵中之酒，就行拜禮。二人拜儀不同，一坐一立，經文分別甚明。以男子拜儀論，拜前必先坐奠爵，禮文記述完整的如《有司》云："尸降筵，北面于西楹西，坐卒爵，執爵以興，坐奠爵，拜，執爵以興。"又如"主人降筵自北方，北面于阼階上，坐卒爵，執爵以興，坐奠爵，拜，執爵以興。"但結合上文"婦執筭棗栗……進拜，奠于席"及"姑坐，舉以興，拜"來看，婦人執物而拜，未見先坐奠其物而後興拜。婦人執爵拜之儀，還見於《有司》。《有司》記主婦受尸酢酒之儀有云："主婦執爵以出于房，西面于主人席北，立卒爵，執爵拜。"要說"立卒爵，執爵拜"之中有省文，不管是說坐奠爵而後興拜，還是說坐奠爵而後拜（即坐而拜），肯定都說不過去。只有解讀爲主婦站立執爵而行拜禮，才符合文意。綜上考述，要想探明《儀禮》中婦人的拜儀，只能根據《儀禮》文例自行歸納，所得結果庶幾合乎周禮的真象①。

2.《儀禮·士冠禮》冠者適東壁見母

《儀禮·士冠禮》記冠者見母諸儀云："冠者奠觶于薦東，降筵，北面坐，取脯，降自西階，適東壁，北面見于母。母拜，受。子拜，送。母又拜。"依禮例，婦人行禮，位在房中，或稱房中，或稱北堂，地在同處。行冠禮之時，冠者之母爲何不能如常以房或北堂爲位？原因其實很簡單。加冠之日，行禮之前，陳設於房中西墉下的物件，既有將冠者的服裝，南邊又放着篋、箪、筵，北邊也放着脯醢、篚、尊；各人就位之時，將冠者又與贊者先後就位於房中。既無餘地可以容母，且贊者在房，亦有不便，故冠者之母不能在房。至於北堂，設洗，三次加冠畢，贊者將就之盥手而後洗觶，若母在其處，自亦不便。然則"適東壁"究何所指？只有參證《儀禮》的相關文例，才能得其真意。《儀禮》中，"適"字凡一百六見，皆表示行走的方向和去處，帶有廣泛的處所賓語。"適東壁"只能解作走向東壁之處。"壁"指堂下之壁，同其例者有"饎爨在東壁"（《士虞禮》）、"俎由東壁，自西階升"（《鄉飲酒禮》、《鄉射禮》）、"饎爨在西壁"（《特牲饋食禮·記》）。"饎爨在西壁"，經文則云"主婦視饎爨于西堂下"，西壁以東即西堂下。依此類推，東壁以西即東堂下，其地在東坫之東，東壁以西，西齊於坫，爲隱處，可用於暫時收藏物品，《士喪禮》小斂、大斂皆設饌備物於其地可證。"適東壁"文例兩見於《儀禮》，除《士冠禮》外，另一例見於《士昏禮·記》："納徵，執皮，攝之，内文，兼執足，左首。隨入，西上，參分庭一在南。賓致命，釋外足見文。主人受幣。士受皮者自東出於後，自左受，遂坐，攝皮，逆退，適東壁。"此文

---

① 　詳參拙著《〈儀禮〉婦人拜儀説》，《中國經學》，第 18 輯，2016 年，頁 69—91。

補記納徵時儷皮的取法和授受禮儀。士受皮者接過鹿皮，坐下，折疊好後，便"適東壁"，即走向東壁。此"適東壁"亦在廟中，必亦指廟堂下之東壁而言。在廟受皮的儀節也見於《聘禮》，而文字小異，其文云："公再拜受幣，士受皮者自後右客。賓出，當之坐攝之。公側授宰幣，皮如入，右首而東。"參證上引記文，知受皮者"右首而東"之"東"作動詞用，即適東壁之意。《聘禮·記》補充説"賓之幣唯馬出，其餘皆東"，説明除馬外，國賓所贈的庭實，與皮一樣，都拿到東壁之處。《鄉飲酒禮·記》記烹狗於東方，熟乃載之於俎，而"俎由東壁，自西階升"。又，徹俎，"主人之俎，以東"。此"東"同指"適東壁"，即藏之於東壁之處。《士喪禮》記君親視大斂，至君命主人復初位，本來位於阼階下西面立的衆主人，此時便"辟于東壁，南面"，待君下堂。"辟于東壁"，所在位置及面向，同《士冠禮》的冠者之母。東壁既作暫時收藏物品之用，又可權作禮位。當時或張幕其上，但不必有像屋子般的結構。經文記述加冠前與禮者（主人、兄弟、擯者、將冠者，以及賓及其贊者）入廟就位之事，卻無隻言提及冠者之母，或許是因爲其母自闈門入廟，異於衆人由廟門而入的緣故。據《儀禮》（如《士虞禮》、《特牲饋食禮》）所述祭事，主人與主婦並見，婦人皆先於主人及賓、兄弟、羣執事入廟，就位廟中。依此禮例，則冠者之母儘管未參與加冠儀節，只在東壁處等候冠者來見，也應於冠前入廟，其入廟之時甚或要比"無事"而立於洗東的兄弟早些。冠者見母之"禮義"（制禮者之意），亦可得而説焉。冠禮由父主持，母一直未見提及。加冠禮畢，賓禮冠者，是因爲冠禮已成，待之以賓客之禮，表示親厚之義。按照儀節推展，本可立即請賓取字，以成其禮，卻在此煞住，先行取脯獻母之禮，既表示自己受賜得禮，又有孝養其親的深層寓意。於母而言，見證兒子長大成人，欣慰何似。母與子相答拜，特異其禮，只爲隆重其事。此制禮者精意所在①。

　　上述兩例，説明探尋《儀禮》經例的重要性，而且，經例只能根據《儀禮》本文推求而得，其餘禮書僅資參證而已。《禮記》對《儀禮》多所發明，其相關處猶如衣之表裏，尤以記文所言禮例爲然。儘管如此，《禮記》一書頗爲龐雜，書中所言多有後儒記述，既有據後代變禮立説，又或有出於整齊劃一的考慮，不必符合《儀禮》本經文例。例如《曲禮上》爲設席立例云："奉席如橋衡。請席何鄉？請衽何趾？席南鄉、北鄉，以西方爲上；東鄉、西鄉，以南方爲上。"據此，設席之法，其尊處因南鄉、北鄉與東鄉、西鄉而判然不同。但淩廷堪綜合考察《儀禮》經文，所得文例卻與記文相反。依淩説，《儀禮》設席之法，端視神、人而定。爲神設席，若於堂上，不論南鄉、北鄉，皆以西爲上；若在室中，不論東鄉、西鄉，皆以南爲上。記文所言即屬其例。但若爲人布席，則恰恰與此相反：不論南鄉、北鄉，皆以東爲上；不論東鄉、西鄉，皆以北爲上。經例甚明，無一例外②。由此可見，《禮記》所言不必合乎《儀禮》經例③。

　　《禮記》所述，不僅不必與《儀禮》相合，"《禮記》之云，何必皆在《春秋》之例"（鄭玄語）④。《禮記》之例，即使取與《春秋》、《左傳》參驗，也多有出入，其不合者如爲臣而饗君、"不穀"之稱的適用範圍、天子在喪自稱、卜筮次數、三年喪不祭、"姪"

① 詳參拙著《〈儀禮·士冠禮〉冠者取脯適東壁見母解》，《中國文化研究所學報》，第59卷，2014，頁1—28。
② 淩廷堪：《禮經釋例》，《凡設席，南鄉、北鄉，于神則西上；于人則東上；東鄉、西鄉，于神則南上，于人則北上》，頁161—163。
③ 張光裕先生指出，就布席之法而言，《儀禮》經文與《曲禮》剛好相反，難以判斷孰對孰錯，兩者出現歧異，可能是由於時有先後、地域不同或主張不一致的緣故。説詳張光裕先生《讀儀禮札記二則》，李曰剛等著：《三禮研究論集》（臺北：黎明文化事業股份有限公司，1981年），頁78。
④ 皮錫瑞：《鄭志疏證》（臺北：世界書局，1963年），卷七，頁4a。

爲祖母抑母之稱、諸侯失地稱名、廟數與毀廟、諸侯以上卒哭的期限等。然則，《禮記》所言，固有在《春秋》、《左傳》之例者，但不能忽視其間的差異①。

3.《周禮·神仕》之"禬"

今天看來，《周禮》非周公所作，不完全反映周禮之真象，其中禮文當有出於後世儒者的增益或設想。況且經文本身有不少闕略，前後文照應不周，記事時欠明確。舉其尤要者爲例，《周禮》中諸大祭皆不著其名，只説祀大神、享大鬼、祭大示、大祭祀而已。即如郊禘此般大祭，"郊祀"也只出現一次，"禘"更不見影踪。遇到這種情況，較穩妥的做法，就是以經證經，即綜合相關文例加以推論，絕不能以己意臆度。如《周禮·神仕》云："凡以神仕者，掌三辰之灋，以猶鬼神示之居，辨其名物。以冬日至致天神人鬼，以夏日至致地示物魃，以禬國之凶荒、民之札喪。"觀乎《春官·敘官》云："凡以神仕者無數，以其藝爲之貴賤之等。"可知凡是以事神事鬼任職者，數目不定，按照技藝的高低釐定他們的貴賤等級。經文的意思是説，神仕者以日月星（"三辰"）的宿次作爲識別鬼神示的所處之位。"禬"，除《周禮》幾處簡略的記載外，其餘文獻材料別無所見，其詳難知。即使博聞如鄭君，當身處去古未遠之時，對禬禮所知不多，尚且説"未聞"②，更遑論後世之人。綜合《周禮》經文所見，可知"禬"字大抵有三種用法：一用作祭名，爲名詞，《大祝》六祈"類造禬禜攻説"、《詛祝》"盟、詛、類、造、攻、説、禬、禜之祝號"及《女祝》"招梗禬禳"之禬皆屬其例。一泛指除去災疫，即"通語"，用作動詞，《秋官·庶

① 詳參拙著《〈左傳〉禮制與〈三禮〉有合有不合説》，《春秋左傳禮制研究》，頁6—16。
② 孫詒讓撰，王文錦、陳玉霞點校：《周禮正義》（北京：中華書局，1987年），頁1987。

氏》"除毒蠱，以攻説禬之"之禬即屬其例。一專指會財救災，屬凶禮，《大宗伯》"以禬禮哀圍敗"、《大行人》"致禬以補諸侯之災"及《小行人》"若國師役，則令槁禬之"之禬皆屬其例。禬用法的分別，也反映在讀音的差異上[①]。"六祈"之禬，用於祭禮，而會財救災之禬，則用於凶禮，互不相涉。但在區分禬的三種用法的同時，也不能忽略它們存在内在的關聯。《神仕》"以禬國之凶荒、民之札喪"之"禬"固然可歸入"通語"一類，但此"禬"又與祭禱密不可分。參照"禘"、"禦"等字從"帝"、"御"變化而成的情況，"禬"原來也可能是在"會"上加區別文"示"，作爲禬禮的專用字。禬字本義爲除去疫癘之祭，用作除去、刮去，是引申義而用作動詞。會財救災之禬，帶有消災除禍之意，同樣是引申的用法。

"禬"用作祭名，作爲祭祀禮典之一，在傳世禮書裏，僅見於《周禮》的祭祀譜系，與"禜"同列於《大祝》六祈之中。而《周禮》及其他文獻所記的祈禳之制，以禜或雩最爲詳贍。禬與禜同類，禬禮之大略，可據禜以推知。禜與禬既同屬於祈類，皆爲禳災之祭可知。人與天神、人鬼、地祇若有不協，便有災變，癘疫大作，於是舉行禜、禬之祭，號呼告神以求福。又，禜與禬有別，禜主於水旱及由此而引起的雪霜風雨之不時，禬則主於癘疫。雖然如此，禜與禬相似，禳癘疫亦可通稱禜。鬼神示是神仕禬祭的對象，照應《大祝》所掌六祈之"以同鬼神祇"，意即大祝通過六種祈禱之祭，協調人與天神、地祇、人鬼的關係，藉以消災解禍。《神仕》本文只分別用"天神人鬼"和"地示物魅"與冬日至和夏日至相配，没有明言兩者所指涉的範圍。物老而成精作怪，物之神，即稱爲物，《周禮》或稱"物魅"、或稱"老物"。禬祭主於除去癘疫，

---

① 孫詒讓撰，王文錦、陳玉霞點校：《周禮正義》，頁 2229。

"物彪"自必在祈禱對象之列。而二至分祀天神人鬼與地示物彪的目的在於"以禬國之凶荒、民之札喪"。這個"禬"自然是指除去、消弭。"國"當指王國,即天子之國,而不是侯國。"凶荒"、"札喪"連舉並稱,《周禮》文例屢見,除《神仕》外,還有《司市》的"國凶荒札喪",《朝士》的"若邦凶荒、札喪、寇戎之故,則令邦國都家縣鄙慮刑貶",《小行人》的"若國札喪,則令賻補之;若國凶荒,則令賙委之"、"其札喪、凶荒、厄貧爲一書",以及《掌客》的"凡禮賓客,凶荒殺禮,札喪殺禮。"所謂"凶荒",即年穀不登,亦即"無年"或"凶年"。而"札喪",合指疫癘死喪。

五、"禮制語境"與《尚書》的詮釋

——以《尚書·顧命》之册命禮儀及"廟"之所在、
"諸侯冠禮之裸享,正當士冠禮之醴或醮"説爲例

1.《尚書·顧命》之册命禮儀及"廟"之所在

《尚書》中有不少周禮的實録,《顧命》即其一例。《顧命》記康王受册命後,"諸侯出廟門俟"。王國維(1877—1927)釋"廟門"爲大廟之門,確不可易。《禮記·祭統》明言古者必賜爵禄於大廟,康王於大廟册命爲王,禮所宜然。而成王之柩自在殯宮。若説傳顧命在殯宮舉行,整個册命儀式卻全然不涉在殯的先王,顯然有悖情理。只有區分册命與停殯所在,才能打開過去在解讀《顧命》上的糾結。册命之禮包含裸鬯的環節。大保攝主(成王),授同於康王,正行獻禮。大保受同自酢,也符合"三灌而酢"的規格。"同"爲裸器,所盛者爲用於獻禮的鬱鬯。大保用鬱鬯獻酢,遵行的是天子、諸侯的獻賓之禮。康王受同,"三宿,三祭,三咤",未有如禮經中言明唪酒或卒爵,表示康王仍在喪中之意。

康王受册命即位廟中,還有不少有力的本證和旁證。祭祀與賓

客之祼的行用場所，禮書所記甚詳而明。祭祀之祼，固在廟中。天子諸侯用以饗賓之獻，同樣在廟中進行。以此例彼，大保祼獻嗣王亦應在廟。經文記狄設黼扆、仍几於牖間南嚮。而《周禮‧春官‧司几筵》敘述大朝覲、饗、射、封國、命諸侯等重要禮典，天子同樣設黼扆於廟中之牖間，兩文可相印證。《司几筵》又記凡喪事之奠，在殯宮陳設葦席、素几，《顧命》與之不合，或可作《顧命》設殯宮於廟的反證。《禮記‧曾子問》記孔子述君薨世子生而見殯之禮，中有“少師奉子以衰”；又記孔子列明世子殯服的內容。參照記文，假如康王當日於殯前受册命，按禮亦應服衰。今知不然，其非殯所，自不待辯。册命即位屬於吉禮，若在殯所，必將出現吉凶相妨的問題。於今所見，司馬遷《史記‧周本紀》最早記康王受册命於先王廟。史遷之意，只說册命於先王廟，並沒有說殯宮亦在廟中。康王當在廟中受册命，“廟門”爲先王廟之門，不言而喻。只是無法確定此先王廟究爲何人之廟，就如《左傳》之豐宮有說是文王廟也有說是成王廟一樣。《三禮》文例可證廟應在應門之內。以此解說《顧命》之“諸侯出廟門俟”、“王出在應門之內”，文理順達。殯宮稱廟，殯門亦稱廟門，《儀禮》確有此例。但《儀禮》也有稱廟或廟門而確爲祖廟或祖廟之門的文例。且考之《雜記》及《左傳》等書，確知春秋甚或西周有殯廟之實。只是西周有殯廟之實，不等於說成王之殯就在廟中。總之，《顧命》之“廟”爲宗廟，所謂“廟門”，自必爲宗廟之門。舉行册命即位禮的場所與殯宮之所在，不必同在一處。換言之，經文稱“廟”，此廟不是指因殯宮所在得稱爲廟的路寢，也沒有包含殯宮在廟的意思[1]。

---

[1]　詳參拙著《論〈尚書‧顧命〉之“廟”爲宗廟而非路寢殯宮——以王國維之說爲討論中心》，錢宗武、盧鳴東主編：《第四屆國際〈尚書〉學學術研討會論文集》（揚州：廣陵書社，2017年），頁823—874。

2. "諸侯冠禮之祼享，正當士冠禮之醴或醮"説

王國維好以《尚書》與《三禮》及《左傳》等經典強作比附，"諸侯冠禮之祼享，正當士冠禮之醴或醮"之説即爲其例。近人不管談論先秦冠禮，還是注釋《左傳》，或解説祼禮，都喜歡引用"諸侯冠禮之祼享，正當士冠禮之醴或醮"一語，藉此説明諸侯與士在冠禮上的相通之處。此語源出王國維在 1915 年再答日本學者林泰輔（字浩卿，1854—1922）與之辯論祼禮的書信中。其實，近人對王國維此語存有誤解，未得其意。王國維這樣説，是取《尚書》、《左傳》、《詩》、《國語》等經典參互證明的結果。王國維貫徹"以《禮經》之例"詮釋《尚書》的原則，認爲冠、昏所獻的醴或醮，都是尚存於周世的古禮。於是依據冠禮賓醴冠者，以及昏禮父醮子、女父醴女、舅姑饗婦，推致《顧命》中册命康王時所行祼禮的内容。周禮因應尊卑等差的不同，而制訂了祼、醴、醮三種酒類不同、儀節有異的獻。這種差異，落實在冠禮上，就表現爲士用醴或醮，而諸侯則用祼。此説實爲王國維所獨創。"祼""享"連言，顯然是本《左傳》襄九年季武子所言"君冠，必以祼享之禮行之"爲説。依王國維之意，此"祼""享"相當於《國語·周語上》之"祼鬯饗禮"，則"祼享"意謂以祼鬯饗人。再參證《儀禮·士冠禮》，得出這樣的結論：士冠禮賓醴冠者的醴或醮，與諸侯冠禮賓獻冠者的祼享，都是"醮於客位，加有成也"，即二者性質相同，只是所獻酒類有異而已。夷考其實，説《士冠禮》之醴或醮指賓獻冠者，當然不錯；説祼鬯可飲，饗賓客亦用之，亦於禮有徵；但要説《左傳》的"祼享"同樣指賓獻冠者，卻有違《左傳》的原意。《左傳》所謂"祼享"當指灌鬯祭神，即此祼用於祭祀先君的場合。《周禮·春官·大宗伯》云："以肆、獻、祼、享先王。"除可作祼爲祭享之證外，"肆、獻、祼"與"享"的構詞方式，亦可爲探尋"祼享"之意提供依據。"肆、獻、祼"爲四時享祭宗廟的三種不同

的方式，其中“裸享”就是用灌鬯的方式享祭先王。《左傳》這裏的“裸享”也應作如是解。《左傳》所説的“裸享”，固然很可能是降神之裸，但也有可能是獻尸之裸。若是降神之裸，則有灌地降神之意，與《士冠禮》賓醴冠者全然不類；如是獻尸之裸，則與賓醴冠者不無可通之處，但祭禮與賓禮性質不同，不能看成是一回事。

於今所見，周代各級貴族的冠禮，僅士之冠禮保存在《儀禮》中。諸侯之冠禮雖已亡佚，後人仍可據《左傳》所記的魯襄公冠禮，以及《大戴禮記》所述的公冠之禮推知一二。從《公冠》“既醴，降自阼”，可窺見公冠之禮同樣也包含賓以醴禮冠者的儀節。再證以《禮記·曾子問》“有冠醮，無冠醴”之文，諸侯、大夫的冠禮，有醮有醴，庶幾可以推知。應該説，在賓醴冠者這點上，士與諸侯並無不同。因此，王國維所謂“諸侯冠禮之裸享，正當《士冠禮》之醴或醮”，不無可疑[①]。我們在運用他證時，必須採取非常嚴謹和審慎的態度，並借鑒前人的經驗。

六、“禮制語境”與《論語》的詮釋
——以《論語·八佾》之“禘自既灌而往”章爲例

總結前人的研究經驗，詮釋《論語》部分章節，最難確定語境。杜維明先生曾反思詮釋《論語》“克己復禮爲仁”的方法，著意提出“要考慮到語境的問題”：“孔子這段話（引者按：指“克己復禮爲仁”章）是對顏回説的。因此我們要了解顏回的背景，顏回雖然貧困，也不具社會地位或者財富資源，但是孔子認爲他‘好學’，有豐富的内在道德資源。這樣，孔子教導説‘非禮勿視，非禮勿聽，非禮勿言，非禮勿動’，絶對不能忽視這是‘對顏回説話’

---

① 詳參拙著《“諸侯冠禮之裸享正當士冠禮之醴或醮”考辨》，《中國經學》，第 13 輯，2014 年，頁 147—160。

的這個語境，如此才能對孔子的用心所在窺得幾分消息。"① 杜先生又擴展開來，提出他的看法："《論語》提出了很多重要的觀點，要理解這些觀點，就必須具有背景的了解（background understanding），但僅僅根據文字無法對此有真正的理解。"② 僅僅根據文字，的確無法對"克己復禮爲仁"以至其他章節有真正的理解。尤其是那些涉及禮制的章節，更必須考慮到"禮制語境"的問題。也就是説，確定《論語》的"禮制語境"是真正理解其意的關鍵。而前人注解中凡著力於構建語境的，都值得我們審視。正如 John Makeham 所説："Since the Han dynasty, *LY* has always been read in the light of these commentaries. Indeed, unless a reader is provided with a commentarial 'context' in which flesh is added to the very spare bones of the text, *LY* frequently reads as a cryptic mixture of parochial injunctions and snatches of dry conversation. It is the commentaries which bring the text to life and lend it definition. "③ 筆者以爲，前代注家中以鄭玄所構建的語境，最值得重新審視和演繹。今舉"子曰：'禘自既灌而往者，吾不欲觀之矣。'"章爲例説明這個道理。

《論語・八佾》記："子曰：'禘自既灌而往者，吾不欲觀之矣。'"此章只記録孔子的話語，没有清楚交代孔子説話的特定語境。想是孔子仕魯，作爲宗廟助祭的一分子，目睹禘禮的進行，有感而發。應該説，文本透露的語境訊息是相當有限的。況且，禘祭本身就難有確解。就是孔子，在回答別人問禘之説時，也説"不知

---

① 杜維明：《詮釋〈論語〉"克己復禮爲仁"章方法的反思》（臺北：中研院中國文哲研究所，2015 年），頁 4。

② 杜維明：《詮釋〈論語〉"克己復禮爲仁"章方法的反思》，頁 4。

③ John Makeham： " The Earliest Extant Commentary on *LunYu: Lunyu Zheng Shi Zhu*" *T'oung Pao* 83 (1997)：261. 筆者以爲，前代注家中以鄭玄所構建的語境，最值得重新審視和演繹。

也”（蓋故意如此説），並説懂得個中禮義的人，治理國家就好像把
東西放在手掌上那麼容易。説禘之難，可想而知。《八佾》篇中有
多個章節記録孔子批評季氏等人的僭禮之事，如季氏“八佾舞於
庭”章、“三家者以雍徹”章、“季氏旅於泰山”章，難怪乎論者大
多數認定“禘自既灌而往”章與前列數章一貫，同樣譏諷魯人失
禮。這種想法似是而非。其實，同篇中，“或問禘之説”、“祭如在”
兩章，與“禘自既灌而往”的關係也許更形密切。尤其是“祭如
在”章表明祭祀講求誠意，堪與“禘自既灌而往”章參照和呼應。

　　五禮的類別，沒有比祭禮更隆重的。獻爲祭禮三個重要事項之
一，而“獻之屬莫重於裸”，獻酒儀節中，沒有比灌更隆重的了。
禮莫重於祭，祭莫重於灌，灌是祭的重中之重，爲禮最盛。灌之所
以爲祭中盛節，是因爲灌爲求神，而求神講求誠敬之意，只有備極
精誠，達致人與神精神相交的狀態，神才會降臨。

　　禘爲宗廟大祭。“自既灌而往者”指涉既灌之後的儀節。君以
圭瓚酌鬱灌尸求神，完結後便出迎牲，待后亞灌之後，就行正祭之
始的薦血腥之禮。灌尸完結標誌著神事已訖。孔子之所以表示不想
再觀看下去，是因爲灌尸後面的儀節（包括朝踐薦血腥、饋食薦熟
食、酳尸等），不過是繁縟的人事小節，並不是最隆重的大節。

　　孔子與《易傳》關係密切，《論語》所載孔子言論與《易傳》
的衆多相合之處足以提供有力的證明。從義理看，此等相合處實相
表裏，漢人早已措意及此。姑勿論漢、唐、宋諸儒所言是否合乎
《觀》卦原意，可以肯定的是，漢人述説的《觀》卦之意，對解讀
“禘自既灌而往”章具有啓迪的作用。在漢人看來，“禘自既灌而
往”章與《易·觀》卦辭合證便是一例。《易·觀》卦辭云：“觀，
盥而不薦，有孚顒若。”漢人從祭禮語境闡釋其意。卦辭中的“盥”
或讀如字，指盥手然後灌祭；或與卦名“觀”連讀，讀成觀盥而不
觀薦，“盥”可讀爲灌，謂是進爵灌地以降神。灌地降神的過程，

正是整個祭祀儀式中最隆重的時候。祭者盡顯其誠敬之心，使神明感動，以此教化萬民；萬民受此薰染亦生其誠敬之心。此卦辭所謂"下觀而化"。等到神降之後，再薦進牲體，"其禮簡略"，故不足觀。要觀視欣賞聖王道德之美，沒有比祭祀更清楚的了；而祭禮中沒有比初盥降神更隆重的了。孔子說不想觀看禘祭從已灌後的其他儀節，這是因爲薦血腥及其後的儀節，祭者精誠稍減，不比灌時那般慎重。觀其大而不觀其細，大指大節，細指小節，灌盛而薦細。是故觀至盥而止。下民觀盥而被感化。先王制禮，包含教化的意義。孔子就是透過觀看禮典的進行，體會當中所包含的這種禮義。除祭禮外，孔子也曾點明鄉飲酒禮含有"王道"，說："吾觀於鄉，而知王道之易易也。"（《禮記·鄉飲酒義》）"鄉"，即鄉飲酒禮。孔子自言觀看鄉飲酒之禮，據其"尊賢尚齒之法"而知王者教化之道。由是而知，孔子觀禘，而止於灌，同樣只爲觀王道故[1]。

七、"禮制語境"與《左傳》的詮釋

—— 以"旌繁"、"使宰獻，而請安"、"孔子與弔，適季氏，季氏不絻，放絰而拜"、"葬鮮者自西門"、"卿喪自朝"、"屬有宗祧之事於武城，寡君將墮幣焉。敢謝後見"爲例

《左傳》敘事，據實直書，所載春秋時人的言行，絕大部分是春秋時代的實錄。書中包含了十分豐富的典章制度和禮樂文化，如實地記錄了各種禮典，包括冠、昏、喪、祭、饗、射、朝、聘，其中聘禮尤爲完備，更有豐富的軍禮和盟禮。春秋時人的言行往往與禮儀密切關聯，在在說明當時宗周禮樂雖有所崩壞，但仍得到相當程度的保留。詮釋《左傳》與禮制相關的文字，尤其是當中的禮

---

[1] 詳參拙著《禘莫盛於灌——由唐寫本〈論語〉鄭注重探"禘自既灌而往"章的詮解問題》，《中研院中國文哲研究集刊》第 48 期，2016，頁 59—96。

物，就必須舉禮書（《儀禮》、《周禮》等）與之合證。"旌繁"即其一例。

　　1."旌繁"

　　"旌繁"，見《左傳》哀公二十三年。宋景曹（宋元公夫人，季康子之外曾祖母）死後，季康子便派冉有去弔唁、送葬，並致送馬匹作爲助喪之物。冉有轉達季康子的禮辭中就提及"旌繁"："以肥之得備彌甥也，有不腆先人之産馬，使求薦諸夫人之宰，其可以稱旌繁乎！"季康子贈以魯産之馬，以爲助喪之物。所説"旌繁"，用以借代送葬或隨葬的車馬，表示希望這些馬匹可與夫人旌旗及馬飾相稱。許慎《説文》解"緐"字本義爲"馬髦飾"，即馬髦上的飾物，並援引《左傳》"其可以稱旌緐"作爲書證。换言之，在許慎看來，"旌繁"的"繁"就是馬髦飾。"緐"爲正字，而"繁"是俗字。經典如《周禮》或借"樊"字爲之。其義當如許君所言，即馬髦上飾。此字從糸，又引申爲繁多之義，段玉裁據此推説"緐"爲"集絲條下垂爲飾"。由是其材其形，俱可知曉。《周禮》有"樊纓"，而"繁纓"連言，也見於《左傳》。《左傳》記成公二年，衛侯孫良夫等率師與齊人打仗，新築人仲叔于奚救了孫良夫，衛人賞之以邑，他卻推辭，"請曲縣、繁纓以朝"，並得到衛人的答應。孔子聽聞此事後，非常憤慨。孔子之辭，語重心長，闡明了禮的重大意義，也揭示了"繁纓"並非尋常物，而是標誌著國君名分的禮器，絕非臣人所當有。依漢人之説，繁纓都在馬胸前，互相連屬，可視爲一體二物，故可單稱纓，亦可連言繁纓。纓指馬胸之革帶及其飾，尊卑所同，只是名位不同，采數與就數亦異。而繁是諸侯以上的馬飾，或以爲犛牛尾，或將之比況爲漢晉時的索帛，兩義差近，皆指穗狀飾物，合乎段注"集絲條下垂爲飾"的基本定義。謂繁是犛牛尾，既近其實，其形亦較易掌握。秦始皇陵銅馬掛於喉部下方及所在部位尚待確定的穗狀纓絡，以及馬頭上的纛，狀甚相似，可資佐證。可以説，"旌繁"之"繁"與繁纓之"繁"應是一物，只是所在部位不同而已。"旌繁"連舉，繁既爲馬飾，則旌是建於送葬或隨葬車上的旌旗。

從上文考釋"旌繁"可見，詮解《左傳》名物固然要考慮語境，至於其他敘事更必須如此。簡言之，詮釋《左傳》的成敗，往往就取決於能否準確掌握當中的"禮制語境"。對書中所記，除了著眼於文字、語法及敘事外，往往還必須把禮制考慮在内，否則便不得其解。現舉"使宰獻，而請安"、"孔子與弔，適季氏，季氏不絻，放絰而拜"、"葬鮮者自西門"與"卿喪自朝"、"屬有宗祧之事於武城，寡君將墮幣焉。敢謝後見"四例説明如下。

2. "使宰獻，而請安"

總的來説，《左傳》禮制與《三禮》的相合互涉之處不勝枚舉。而《三禮》之中，以《儀禮》與《左傳》禮制的關係最密切，難怪有論者認定《儀禮》是春秋時禮的實録。觀乎《左傳》禮制與《儀禮》互涉可相印證的部分，如果去掉這些事例的具體人物，便和《儀禮》契合無間。"使宰獻，而請安"即爲其例。魯昭公二十五年，昭公爲季氏所逼，去國奔齊。到了二十七年，昭公寄居於齊已三年，雖多番往來於齊郓之間，請求齊景公襄助復國，但景公似乎虛與委蛇，並未用心盡力。《左傳》記此年"冬，公如齊，齊侯請饗之。子家子曰：'朝夕立於其朝，又何饗焉。其飲酒也。'乃飲酒，使宰獻，而請安。子仲之子曰重，爲齊侯夫人，曰：'請使重見。'子家子乃以君出。"諸侯相爲賓主之禮，有饗（亦作享、亯）、食、燕（亦作宴），以饗禮最隆重。齊景公向魯昭公"請饗"，表示準備爲他"設饗禮"，用現在的話説，就是用最高規格的禮來款待昭公。依照當時國君相饗的禮數，景公要向昭公行"九獻"之禮。獻、酢、酬合稱一獻。獻酬是主人獻賓，酢是賓答主人。如是者九次，稱爲"九獻"。首先，要確定子家子（子家羈）説話的對象究

竟是魯昭公還是齊景公。子家羈這段話是"料事之詞"。子家羈説
"其飲酒也"，意思是説"大概是飲酒吧"。語氣中帶有不滿不屑之
意。若用於辭謝齊景公請饗，措辭既不得體，對方亦聽不明白。寄
人籬下，有求於人，而措辭失禮，顯非知禮者如子家羈所當爲。子
家羈之辭，表明他料想齊景公借饗爲名而以邀飲爲實。子家羈只能
是對魯昭公説出這番話，不然，又怎會説"其朝"？唯其如此，
《傳》文才能得到合理的解讀。《傳》文接着説："乃飲酒。"在行文
上，"乃飲酒"一語發揮承上啟下的作用。"乃"承接上文，證明正
如子家羈所料，景公"請饗"之言，不過是借大饗爲名罷了，實際
上只是以飲酒禮招待昭公。雖然子家羈知道景公只會招待昭公飲
酒，但後來所用的飲酒禮的級别，似非他始料所及。"乃飲酒"同
時也是下文敘述飲酒儀節的發端。

　　再説"請安"之意。《左傳》的"請安"與《儀禮》的"請
安"，互涉相合。《儀禮》《燕禮》、《鄉飲酒禮》、《鄉射禮》諸篇所
記飲酒儀節，大同小異，都必然包含"請安"於賓一節。宴飲之
禮，正禮（主賓獻酬）已成，君任命司正，既爲留賓，亦使司正監
察禮儀的進行。這個儀節便稱爲"請安"。如《鄉飲酒禮》云："主
人曰：'請安于賓。'司正告于賓。賓禮辭許。"《儀禮》的"請安于
賓"，堪當《左傳》"請安"的注腳。《傳》文記"使宰獻，而請
安"，完全合乎飲酒禮的程序安排。景公使宰獻後，命人（蓋即司
正）請昭公留止，準備行宴飲之禮。即此二端，已透露其輕視昭公
之意。宰代行主人事，向賓獻爵，用士禮，一獻而畢。景公使宰向
昭公獻爵，大概如此。宴飲儀節雖説較簡便，但從使宰獻到命司正
請安，再到旅酬、請坐、行無算爵，整個流程還是相當繁複。《左
傳》敘事，向來對其中過程（尤其是儀節）有所選擇去取。只拈出
"使宰獻"與"請安"兩個公飲大夫禮中不可或缺的儀節，就足以
凸顯景公卑視昭公之意，其餘細瑣小節，自可省略。《傳》文記當

時行禮實況，必然經過剪裁。

純以句法論，"使宰獻而請安"可有兩種讀法：一爲"使宰獻，而請安"，一爲"使宰獻而請安"。就語義而言，兩讀有同有不同：讀爲"使宰獻而請安"，請安的只能是宰；讀爲"使宰獻，而請安"，"請安"與"使宰獻"爲同一人，即隱含在句中的齊景公。宰既代行主人事，不應又兼行司正請賓安留之禮。可見"使宰獻而請安"一讀，不能成立。因此，"使宰獻而請安"當讀爲"使宰獻，而請安"。其中"使宰獻"，即使宰獻爵，意思較明確。至於獻數多少，《傳》文未有明言。大概是因爲由宰獻爵，自用士一獻之禮，故毋庸贅言。"請安"一語可有兩解，既可解作景公請自安，又可説是景公命人（蓋即司正）請昭公安留。兩解分歧，引申出景公在坐不在坐的問題。請自安，景公不在坐；請昭公安，景公仍在坐。好在下文的"請使重見"，爲判斷兩解孰是孰非提供充分的依據。"重"只能是景公自稱其妻之名，"請使重見"也只能是景公自請。景公"請使重見"，請求引其妻出與昭公相見。"請使重見"既在"請安"之後，足以證明"請安"之後，景公仍然在坐。那麼，"請安"就只能解作請昭公安留。依公飲大夫之禮，景公不應直接向魯昭公請安，大概是命司正爲之。

"請使重見"與"子家子乃以君出"，時間緊接，互爲因果。以《儀禮》所記飲酒儀節進程爲準，宰獻酬後，正禮已成，賓可離去。君命"請安"留賓，賓禮辭許，便行旅酬。然後排列席次，安坐飲酒，盡歡而出。按照《左傳》的敘事順序，可確知"請使重見"在"請安"之後。"請使重見"的確實時間，《左傳》沒有交代清楚。依禮，君命"請安"，要待賓答應後，才可以進行餘下的儀節（即旅酬、請坐等）。"請使重見"必然意味賓已答應安留，只是《傳》文爲簡約計而省略其辭。以此推斷，"請使重見"，應在旅酬後宴飲之時，景公或有幾分醉意亦未可知。"請使重見"，表面是請求讓重與昭公相見，實則"請使重見"是讓她參加宴飲，助興盡歡。揆諸情理，景公一再失敬無禮，魯侯君臣必然會因爲不受尊重而深感屈辱，但對其兩"請"，還是不得不許諾。"子家子乃以君出"，"乃"承接上文，相當於就，表示子家羈對齊侯"請使重見"的直接回應。"以"同與，《左傳》習見。昭公君臣匆忙離開，可能是出於子家羈的主意[①]。

3."孔子與弔，適季氏，季氏不絻，放絰而拜"

《左傳》哀公十二年記："夏五月，昭夫人孟子卒。昭公娶于吳，故不書姓。死不赴，故不稱夫人。不反哭，故不言葬小君。孔子與弔，適季氏，季氏不絻，放絰而拜。"孟子舉喪之時，孔子已致仕，不復爲臣，故無須服齊衰三月之喪，只因小君之喪往弔季氏。"適某氏"，《左傳》習見，如"出朝，則抱以適趙氏"（文公七年）、"公與夫人每日必適華氏，食公子而後歸"（昭公二十年）、"而能以我適孟氏乎？"（定公八年）、"適趙氏"（定公九年）、"適伯姬氏"（哀公十五年），一概指往某氏之家或其居所。以某氏代稱某家，見於同時期文獻如《論語·憲問》記子路答"奚自"之問云"自孔氏"，即指從孔家來。由是而知，"適季氏"只表示往某人之家或其居所，不包含哭位之意。再律以敘事慣例，就某人哭位，禮書也不用"適某氏"來表達。舉《禮記·檀弓上》爲例，走到某人哭位前，該説"趨而就某人於某處"，如檀弓"趨而就子服伯子於門右"、"趨而就諸臣之位"，足爲明證。"絻"，本作"免"。絻爲始發喪之服，服成則衰絰。《左傳》哀公二年記"使太子絻，八人衰絰僞自衛逆者"。正以"絻"（初死之服）與"衰絰"（成服）對言。季氏是主人，"不絻"，即不以喪禮自處。孔子因小君之喪而往弔季氏，卻發現季氏不服喪服，按照"從主節制"或"禮從主人""隨

---

① 詳參拙著《〈左傳〉"請安"及相關紀事釋義辨疑——〈左傳〉與〈儀禮〉互證之一例》，《人文中國學報》，第 21 期，2016 年，頁 147—175。

之而變"的制禮原則，孔子爲賓，自然不能依弔禮而行，只能"放
絰"，即除去絰帶。季氏向孔子行拜禮，孔子只得答拜。據《禮
記·檀弓》上下篇所記弔喪事例，可得出弔者之服隨主而變的通
例：凡弔者，主人未變，則吉服，主人既變，則襲而加絰帶，主人
成服，則服弔衰。想是當時孔子往弔季氏，原以爲季氏已改服，故
穿弔服加絰，豈料季氏並未服喪，即"主人未改服"，於是"禮從
主人"，脱掉葛絰帶。尤可注意者，《檀弓上》記子游引述孔子説
"主人未改服，則不絰"，正是"季氏不絰"、孔子"放絰"的最好
注脚，兩者恰恰構成通例（理論）與事例（實踐）的緊密關係。難
怪在《孔子家語·曲禮子貢問第四十二》裏，兩者就拼湊在一起。
其文云："魯昭公夫人吳孟子卒，不赴于諸侯，孔子既致仕，而往
弔焉，適于季氏，季氏不絰，孔子投絰而不拜。子游問曰：'禮
與?'孔子曰：'主人未成服，則弔者不絰焉，禮也。'"如果這段
紀事確有依據，上引《檀弓下》子游複述孔子的話語，便是以此事
爲語境，也可用於補足《左傳》的闕漏。若果純乎根據文字或語法
作解，則"季氏不絰，放絰而拜"中不絰者既是季氏，放絰而拜的
主語承前省略，同是季氏。只有結合"禮制語境"來看，才知道季
氏既不著喪服，説他"放絰"，便是無的放矢。"放絰"者只能是孔
子，不言可知。上引《孔子家語》"季氏不絰，孔子投絰而不拜"，
在"投絰而不拜"前補上主語"孔子"。孔子此"拜"，蓋爲初見迎
拜之禮。當時，孔子見季康子，季康子迎拜，故孔子答拜[1]。

4. "葬鮮者自西門"與"卿喪自朝"

《左傳》昭公五年記魯卿叔孫豹卒，杜洩打算按照魯卿的規格
來辦理叔孫豹的葬禮，卻受到被豎牛賄賂的叔仲帶阻撓，二人爭辯
該從哪座城門出葬。傳文云："叔仲子謂季孫曰：'帶受命於子叔孫

_____

[1] 詳參拙著《〈左傳〉"放絰而拜"及相關紀事考釋》，《中國經學》，第12輯，2014，頁75—85。

曰：“葬鮮者自西門。”’季孫命杜洩。杜洩曰：‘卿喪自朝，魯禮
也。吾子爲國政，未改禮而又遷之。群臣懼死，不敢自也。’”叔
仲帶聲稱，“子叔孫”（即叔孫豹）說過“葬鮮者自西門”，認爲可
依此辦理其喪事。叔仲帶沒有交代叔孫豹是在甚麽時候、何種場合
說過這句話。杜洩所爭，似乎不在於叔孫豹有否說過這句話，而在
於“葬鮮者自西門”不合乎魯國特有的葬卿之禮。“卿喪自朝，魯
禮也”，申明魯卿葬禮有特定安排，有異於別國之禮。“鮮”有盡
義，與“漸”、“死”義近。“鮮”、“西”不但音近，西方更是萬物
（當然包括人）隕落的方位，“鮮者”與“西門”正相搭配。“人死
謂之鮮，正取鮮落之意”，這就是叔仲帶說的“鮮”的意思。這麽
說，“鮮者”是泛稱死去的人，並非特指那些不以壽終的死者。
“鮮”可直截了當地解作“死”。“鮮者”即“死者”。“葬鮮者自西
門”等於說“葬死者自西門”。“葬鮮者自西門”的“自西門”與
“卿喪自朝”的“自朝”，皆省略了謂語動詞“出”，處所縱有不同，
“自”的用法卻無別。“不敢自也”照應前文，緊扣“自西門”而
言，“自”字的用法上下一貫，只爲避免重複，又將處所一併省去
罷了。因此，“不敢自也”只能譯作“不敢自西門”。“西門”爲魯
國城西門。楚康王自西門出葬，可爲“葬鮮者自西門”提供實證。
魯襄公二十八年，《左傳》記“葬楚康王，公及陳侯、鄭伯、許男
送葬，至於西門之外，諸侯之大夫皆至於墓。”魯襄公等國君送葬，
至於楚國城西門之外，而叔孫豹和叔仲帶在內的諸國大夫更遠送到
墓地。這則紀事足以證明，依楚禮，諸侯自西門出葬。《左傳》只
記“楚康王卒”，沒有交代詳情，很可能是因爲其人壽終正寢、正
常死亡的緣故，足以充當叔仲帶所說“葬鮮者自西門”的實證。仿
造杜洩之語，就是“君喪自西門，楚禮也”。叔孫豹和叔仲帶都見
證了這次葬禮。如果叔孫豹確曾說過“葬鮮者自西門”，說不定參
照了楚國，甚或陳、鄭等國之禮。杜洩明言，按魯禮，“卿喪自

朝”，不從西門而出。春秋之時，存在國別禮異的現象，魯禮固有不同於別國者，除卿喪禮外，記禮者曾言：“小斂之奠在西方，魯禮之末失也。”（《禮記·檀弓上》）是魯禮甚或失正。然則，“卿喪自朝”而出南門可確信爲魯國特有的葬禮，與別國不同。

礼書之“朝”，所指有別，有葬前朝廟之“朝”，有天子諸侯朝廷之“朝”。《左傳》之“朝”，雖有與“廟”連言，但指聽朔後祭廟之禮，而非葬前朝廟。《左傳》既有殯寢之禮，則啟殯朝廟，自是情理中事。然而，要説叔孫豹之殯禮包含朝廟這個環節，所朝之廟也只限於其祖廟，而不可能是國君之廟。況且，以卿之柩車進入公門，也不合禮。因此，可以排除此“朝”爲朝廟的可能性。然則，只能按朝廷之“朝”釋讀此“朝”。諸侯之宮有三門三朝。三朝包括：外朝，在庫門之內；治朝，一曰正朝，在雉門之內；燕朝，一曰內朝，在寢門之內。外朝爲斷獄決訟及詢非常之處，君不常視。治朝爲君臣日見之朝。內朝爲議論政事、君有命或臣有進言之處。“朝”指諸侯三朝，經典多見，但所指不一，分別言之，或指治朝，或指內朝，或統指三朝，或通稱三朝之後之地，或通稱三朝之前之地。《左傳》所見朝廷之“朝”，所指不出上述範圍，各“朝”字所指不同，有指治朝言：“穆嬴日抱大子以啼于朝”（文公七年）、“魏壽餘履士會之足于朝”（文公十三年）、“晉靈公殺宰夫，寘諸畚，使婦人載以過朝”（宣公二年）、“胥童以甲劫欒書、中行偃于朝”（成公十七年）、“晉悼公即位于朝”（成公十八年）、“子蕩以弓梏華弱于朝”（襄公六年）、“師慧過宋朝將私焉”（襄公十五年）、“王遂殺子南于朝”（襄公二十二年）、“吏走問諸朝”（襄三十年）、“朝有箸定”（昭十一年）、“日有食之，諸侯伐鼓于朝”（昭十七年）、“陳成子驟顧諸朝”（哀十四年）；有指內朝言：“陳靈公與孔寧儀行父通於夏姬，皆衷其衵服，以戲于朝”（宣九年）；有指外朝言：“晉陰飴甥言朝國人”（僖十五年）、“衛靈公朝國人，問叛晉”（定八年）、“陳懷公朝國人問欲與楚欲與吳”（哀元年）；有通稱三朝之後之地：“賊攻執政于西宮之朝”（西宮是君小寢，在路寢之後。襄公十年）；有通稱三朝之前之地：“晉殺三郤，皆尸諸朝”（成十七年）。與“卿喪自朝”之“朝”同義的是最後一例。三朝之前之地也就是大門外的空地。大門外的空地，用途多樣，既可建置賓客次舍，用於朝覲聘問之禮，亦可供卿受刑被殺後陳尸之用。卿受刑被殺同樣會陳尸於朝大門前的空地。《論語》、《國語》皆陳述大義，而《左傳》則提供實證。《論語》云：“吾力猶能肆諸市朝。”《國語・魯語上》記臧文仲對魯僖公説：“大者陳之原野，小者致之市朝。”是卿受刑陳尸與出葬停柩同在一處，皆指朝大門之前。《左傳》記有兩則實例。“卿喪自朝”之朝，其地在大門外，故亦得以稱“朝”。此“朝”有經緯大路，通達南門以至其餘各城門。“卿喪自朝”之“朝”正指此處。《儀禮・聘禮》記述的以柩造朝，足爲“卿喪自朝”提供證明。聘禮規定，賓入所聘國境而死，所聘國國君爲死者準備棺具及安排殯禮，由上介攝命。聘畢歸國，由上介向國君覆命，匯報出聘經過，並將“柩止于門外”。門外即大門之外，亦即庫門之外，其地亦稱朝。“柩止于門外”之“止”字尤須注意，説明棺柩不得入內，只能停放於大門之外。“卿喪自朝”意謂卿之棺柩經過或停放於大門外空地，亦從可知矣。

　　卿出葬，先經過朝大門外的空地，然後從朝經國城正門（即南門）出葬。“三辭於朝”具體禮儀如何，無從稽考，但其背後的理念（即禮義）則可推知。《禮記・鄉飲酒義》解説升階前賓主三讓之義云：“讓之三也，象月之三日而成魄也。”按照天人相應的思維模式，日爲君象，月爲臣象，月生三日而成魄，三成爲人臣之數，反映於諫禮便有《禮記》津津樂道的“爲人臣之禮，不顯諫，三諫而不聽，則逃之”（《曲禮下》）。行於葬禮便有“三辭於朝”之禮。《荀子・禮論》説過“大夫之喪動一國”。卿爲國之重臣，喪失棟梁，舉國自應同其哀戚。《左傳》記昭公九年，晉卿荀盈卒，殯而未葬。晉平公飲酒樂。膳宰屠蒯曰："君之卿佐，是謂股肱。股肱或虧，何痛如之？"説明君於卿佐之死何等傷痛。卿出葬之時，爲隆重其事，移柩於朝大門前，像生時朝見一樣，表達其對君國竭盡忠誠，而國君亦容許移柩於大門之前，藉此突顯對死者的尊重。魯人制禮之義大抵如此。過朝之後，即從南門出葬①。

5."屬有宗祧之事於武城，寡君將墮幣焉。敢謝後見"

《左傳》魯昭公四年記楚靈王始會諸侯於申。"宋太子佐後至，王田於武城，久而弗見。椒舉請辭焉。王使往，曰：'屬有宗祧之事於武城，寡君將墮幣焉。敢謝後見。'"其中"屬有宗祧之事於武城"一段禮辭最值得注意。這段禮辭（或外交辭令）實由椒舉説出。此前，椒舉問楚靈王用何禮會諸侯，"王使問禮於左師與子產"。省略了"王使"後的兼語（即"椒舉"）。據此，則"椒舉請辭焉。王使往"，"王使往"等於説"王使椒舉往"，"王使"後同樣省去兼語，所使者同爲"椒舉"無疑。而要想正確解讀椒舉之辭，關鍵在於能否明瞭他説"屬有宗祧之事於武城"的用意。此語意謂"爲宗廟田獵"，"將其所獲以供祭"。有宗祧之事於武城，並不是説在武城祭祀宗祧，而是説爲了祭祀宗祧而在武城畋獵。爲祭祀而田獵，本是原始漁獵社會的遺俗，卜辭所見殷人爲祭祀而田獵之事甚爲繁多。除卜辭外，殷王以田獵所獲祭祀之事，還見於獸骨刻辭。後來，基於名位不同、禮亦異數的制禮原則，君臣的上下等差也反映在田獵祭祀之禮上。文獻所見，因祭而獵，僅人君（天子或諸侯）得以行之，而大夫不與焉。椒舉説"屬有宗祧之事於武城"，翻譯成白話，等於説："碰巧遇上爲祭祀宗廟而在武城田獵。"説明"王田於武城"的目的，無非是爲了合理地解釋久而不見宋太子佐

---

① 詳參拙著《〈左傳〉"葬鮮者自西門"與"卿喪自朝"解》，《中國文化研究所學報》，第57卷，2013年，頁1—21。

的原因。因此，"王田於武城"與"屬有宗祧之事於武城"兩語相關，前後照應，講的是同一回事，即爲祭祀宗祧而田於武城，兩者必須合解，絕不能割裂爲二事。若不是對此瞭然於心，所作解說就難免出現偏差。當然，椒舉謂楚靈王爲宗廟而田於武城，大概只是藉辭辯解，將行爲合理化，不必看作事實。

　　"墮幣"之"墮"，俗字作"隳"，本字爲"陊"。"陊"本義爲敗城皀，引申爲傾壞崩落之義。《左傳》所記禮辭，既有"墮幣"，也有"輸幣"（鄭子産語，見襄公三十一年）。"輸"之本義爲委輸或輸寫，都是輸送給予的意思。從輸出一方而言，自然有所減損，由多轉少，像墮壞一樣。可見在這點上，"輸"與"墮"（或"隳"、"陊"）取義相通。無論主人賓客，按照外交辭令，都可以向對方說"墮幣"或"輸幣"，表示欲與對方行贄見之禮，皆就送出一方向接受一方致送贄幣而言。這種辭令屢見於《左傳》。其辭例足與"寡君將墮幣焉"合證，而又同見於楚靈王之時的就有一例。《左傳》昭公七年，楚靈王成章華之臺，欲與諸侯舉行落成禮。蘧啟彊自薦能使魯昭公來。其召請魯昭公之辭有云"寡君將承質幣而見于蜀"。"質幣"即贄幣。在句法結構方面，"寡君將承質幣而見于蜀"，以連詞"而"組成連動句式，與"寡君將墮幣焉"稍異。同類辭令，還見於晏嬰請繼室於晉、傳達齊侯之命時所說"寡人願事君朝夕不倦，將奉質幣以无失時"。"將奉質幣"與"將承質幣"無別。"寡君將墮幣焉"與"寡君將承質幣而見于蜀"，同是外交辭令，皆表示將向對方致送禮品（贄幣），與之相見，"寡君將墮幣焉"隱含"寡君將墮幣而見之"之意。當日，一衆諸侯至會地與楚靈王相見，若依朝聘之禮，自必奉其幣帛進獻主人，主人亦當回禮。宋太子佐後至，既不獲楚靈王接見，自然無法按常禮輸幣於楚靈王，楚靈王亦未曾回禮。正由於兩人未行相見之禮，所以椒舉才說出"寡君將墮幣焉，敢謝後見"這樣的話。"寡君將墮幣焉"表明將向宋太子佐行贄見禮。椒舉向宋太子佐所説，大抵可語譯爲："寡君適逢爲祭祀宗廟而在武城畋獵，寡君及後將向您致送禮物行贄見之禮，謹爲後見您表示歉意。"如此解讀，方能顧及整件事的完整性，了解其中的來龍去脈。椒舉之辭，合禮得體，是典型的外交辭令，符合其以禮得諸侯的一貫主張①。

八、小　　結

以上爲總論部分，旨在提綱挈領，説明"禮制語境"的概念內涵及其辨識與確立。在構建理論體系的同時，也略舉例證，輔助説明。以下爲分論部分，將依次對所舉以"禮制語境"詮釋《三禮》、《尚書》、《論語》及《左傳》的主要例證詳加探討。此部分共有十一篇，同條共貫，以考索諸經典中的"禮制語境"爲標的。以禮典論，涵蓋冠、昏、喪、祭、朝、聘、鄉、射等禮。以探討冠禮爲主的有《〈儀禮〉所見婦人拜儀》、《〈儀禮·士冠禮〉冠者取脯適東壁見母》、《〈尚書·顧命〉之册命禮儀及"廟"之所在》、《諸侯冠禮之祼享正當士冠禮之醴或醮》，旁及昏、喪、祭、聘、饗、射、册命諸禮。以探討喪禮爲主的有《"旌繁"》、《"放經而拜"》、《"葬鮮者自西門"與"卿喪自朝"》，旁及聘禮。以探討祭禮爲主的有《〈周禮〉之"禬"》、《〈論語·八佾〉："子曰：'禘自既灌而往者，吾不欲觀之矣'"》、《"墮幣"》，旁及朝聘之禮。而《"請安"》一篇旨在探討饗禮及公飲大夫禮，亦旁及射禮。討論的對象廣涉禮物、禮儀、禮辭等禮制中的要素。冀能藉此舉隅示例，拋磚引玉，引起學人對"禮制語境"作出更廣更深的討論。

---

① 詳參拙著《〈左傳〉"墮幣"及相關紀事考釋》，《漢學研究》，第 30 卷，第 4 期，2012 年，頁 275—304。

第一章
"禮例" 與《儀禮》、《周禮》的詮釋

一、《儀禮》所見婦人拜儀

  《儀禮》記敘婦人拜法，除《士昏禮》"婦拜"與"扱地"連言一例外，餘皆單言"拜"，與記男子之拜不別。書中未有一言談及婦拜的姿勢。《周禮》及《禮記》所記婦人拜法甚爲多樣，故古今論者大多以《周禮》"九拜"（尤其是以當中的"肅拜"）爲切入點，探究古代婦人拜法及其姿勢。在論者看來，《儀禮》凡單言婦人"拜"，皆等同於《周禮》及《禮記》中的"肅拜"。就筆者搜集所見，前人有關古代拜禮的論著，數量龐大，就中固然有自成體系、蔚然可觀的，但散言碎語、推論有欠周密的也不在少數。基於對拜及"九拜"性質和内容的不同看法，以至對漢人舊注的不同解讀，論者對"肅拜"持説不同，紛然殽亂，莫衷一是。抑有甚者，學者談論古代婦人拜法，不少僅僅依據極有限的後世史事或詩文立説，好以後代情事揣量古禮之實，又往往糾纏在婦人跪拜抑或立拜的問題上，爲今人理解《儀禮》中婦拜的真象平添重重障

礙。其實，前代有些禮家，在分析《儀禮》婦人拜禮時，直接從《儀禮》文本歸納出婦拜的"禮例"，這種做法切中肯綮，值得重視和借鏡。今以鄭玄（127—200）經説爲基礎，擷取後代經家之言，與鄭義互相發明，平議各家説法的優劣異同，既嘗試探明"肅拜"之意，更著力於按據《儀禮》本文，自行歸納出婦人的拜法及其拜儀。

1.《儀禮》所見婦人立拜説

《儀禮》所見婦人拜法，《士昏禮》有一次提及"婦拜扱地"，在"拜"下標明"扱地"，其餘一概單言"拜"。這就意味著，書中所見其他"拜"字，都只能是用於表示"扱地"之外的另一種拜法。綜觀古今《儀禮》各種注本，如果説漢唐注家對婦人坐拜抑或立拜還欠缺清晰的説明，那麼，明、清以至近代注家主張的立拜説，可説是大部分禮家的共識。兹擷取《儀禮》所見婦人拜禮，並引據各家説法，爲之疏通證明如下：

《士昏禮》云："婦執笲棗栗，自門入，升自西階，進拜，奠于席。"明郝敬（1558—1639）云：

> 笲，竹盤，盛棗、栗爲摯也。升自西階，不敢由阼也。手奉摯，進至舅席前，東面立拜。古婦人拜不著地，故執摯拜，而後奠於席[1]。

古婦人以棗、栗爲摯見禮物。禮文記新婦用手拿著盛棗、栗的笲，從西階升堂，走到阼階上向西鋪設的舅席前，面向東（即舅所在）行拜禮，拜畢，把笲放在舅席上。新婦見舅，依卑者（新婦）見尊者（舅）禮，奠而不授。經文説新婦"進拜"，郝氏明言是立拜，

---

① 胡培翬撰，段熙仲點校：《儀禮正義》，頁189。

所持理由是：婦人拜不著地，即足不跪地，惟其如此，才能執著盛
摯的筍行拜禮，然後才把筍奠於席上①。

新婦見舅畢，即行見姑禮。經文云：

> 降階，受筍腵脩，升，進，北面拜，奠于席。姑坐，舉以
> 興，拜，授人。

姑席設於房外，南面。新婦用筍盛著腵脩，走到姑席前，面向北
（即姑所在）行拜禮，拜畢，把筍放在姑席上。有別於舅用手撫摸
筍摯的做法，姑先坐下，再拿著筍站起來，回拜新婦。乾隆間人江
筠《讀儀禮私記》云：

> 婦人立拜，故姑舉腵脩，必興而後拜②。

姑先拿起筍然後拜。若如《儀禮》所記男子禮例，則姑舉以興後，
必先再坐，放下筍，然後拜。今既不然，證明婦人立拜。

"姑坐，舉以興，拜"，而"舅坐撫之，興，答拜"，二人雖皆
興後拜，但拜儀不必相同。正如江筠所說的那樣，"男子跽拜，乃
舅坐撫棗栗。經亦云興答拜者，下記云：'舅答拜，宰徹筍。'可以
明其故矣。以筍之有妨拜，而稍違其坐處以答之，此舅之所以興
也"。男子跽拜，舅再拜亦當如是。把姑興拜與舅興拜兩節儀文互
相比照，既然說姑起立而拜，可以順理成章地說舅亦立拜。必須辨
明的是，姑之興，是爲了立拜，興與拜相連貫，但舅之所以興，卻
是因爲受到新婦所奠的筍的妨礙，不得不稍移坐處，先興後坐，然

---

① 楊天宇：《儀禮譯注》（上海：上海古籍出版社，1994年）引用郝氏注文（頁60），蓋
　採用其說。
② 胡培翬撰，段熙仲點校：《儀禮正義》引，頁190。

後答拜。禮文此處言"興"不言"坐"，大概是省文的緣故。舅答拜，仍然是跪拜，不必像戴震（1724—1777）等注家所説般，舅亦行婦人肅拜之禮①。

同篇記贊者代舅姑向婦行醴禮，婦"啐醴，建柶，興，拜。贊答拜。婦又拜"。正如魯士春所釋，此節文意是説："新婦在微嘗甜酒之後，便將勺立放在甜酒中，由於勺柄長（見《管子・弟子職》云："柄尺不跪。"），不宜坐著擺放，所以當放下勺之後，便仍然站著來向贊者行拜禮。"② 可知婦起身，把柶放入觶中，便隨即立著行拜禮。

再看《特牲饋食禮》記賓三獻禮儀，其中主婦自酢一節云：

> 主婦答拜，受爵，酌醋，左執爵，拜。主人答拜。坐祭，立飲，卒爵，拜；主人答拜。

主婦酌酒自酢，"左執爵，拜"。盛世佐謂此"拜"爲肅拜③。郝敬解説主婦執爵拜的原因：

> 主婦左執爵，拜，不奠爵，婦人立拜也④。

是卒爵與拜相連貫。後文記主婦"坐祭，立飲，卒爵，拜"，而前文記主婦致爵於主人，主人"興，席末坐，卒爵，拜"，兩者似同而實異。主人先起身再坐下，就坐着飲乾爵中之酒，然後跪拜。主婦卻是先坐下，祭酒畢起身，站着飲乾爵中之酒，就行拜禮。二人

---

① 戴震云："婦立拜而舅乃手拜答之，疑未必是。興答拜者，所以示舅之亦肅拜耳。"見胡培翬撰，段熙仲點校《儀禮正義》頁190引。
② 魯士春：《先秦容禮研究》，頁166。
③ 胡培翬撰，段熙仲點校：《儀禮正義》，頁2153引。
④ 胡培翬撰，段熙仲點校：《儀禮正義》，頁2153引。

拜儀不同，一坐一立，經文分別甚明。楊天宇先生（1943—2011）注"左執爵，拜。主人答拜"說："案：主婦拜當先坐奠爵，而後興拜，經皆省文。"[1] 楊先生認爲主婦立飲卒爵，拜前應先坐奠爵才興拜，經文省略坐奠之儀。以男子拜儀論，拜前必先坐奠爵，禮文記述完整的如《有司》云："尸降筵，北面于西楹西，坐卒爵，執爵以興，坐奠爵，拜，執爵以興。"又如"主人降筵自北方，北面于阼階上，坐卒爵，執爵以興，坐奠爵，拜，執爵以興。"可是，結合上文"婦執笲棗栗……進拜，奠于席"及"姑坐，舉以興，拜"來看，婦人執物而拜，未見先坐奠其物而後興拜。

婦人執爵拜之儀，還見於《有司》。《有司》記主婦受尸酢酒之儀云：

> 主婦升筵。司馬設羊俎于豆南。主婦坐，左執爵，右取菹（挼）于醢，祭于豆間，又取（糷）黃兼祭于豆祭。主婦奠爵，興，取肺，坐絶祭，嚌之，興，加于俎，坐，挩手，祭酒，啐酒。次賓羞羊燔。主婦興，受燔，如主人之禮。主婦執爵以出于房，西面于主人席北，立卒爵，執爵拜。尸西楹西北面答拜。主婦入，立于房。

此段文字記述主婦反復坐興的儀節極爲詳明。要說"立卒爵，執爵拜"之中有省文，不管是說坐奠爵而後興拜，還是說坐奠爵而後拜（即坐而拜），肯定都說不過去。只有解讀爲主婦站立執爵而行拜禮，才符合文意。鄭玄注云：

---

[1] 楊天宇：《儀禮譯注》，頁710。

出房立卒爵，宜鄉尊。不坐者，變於主人也。執爵拜，變
於男子也①。

主人受酢，坐卒爵，主婦立卒爵，故云"不坐者，變於主人"。《特
牲饋食禮》及《有司》凡言男子拜卒爵，皆先奠爵而後拜，此處記
主婦執爵而拜，故云"執爵拜，變於男子"②。鄭注著眼於辨析婦人
與男子在卒爵與執爵拜方面的差異，始終沒有表明他認爲婦人立拜
抑或跪拜。

《儀禮》所記婦人拜儀，確實可爲婦人立拜說提供證明。只是
有兩則禮文，似與婦人立拜或男子跪拜說有所齟齬，值得注意。其
一見《士昏禮》贊者酌酒自酢之禮，經文云："贊洗爵，酌于戶外
尊。入戶，西北面奠爵拜，皆答拜，坐祭，卒爵，拜，皆答拜，
興。"贊者奠爵拜，象徵夫婦授爵而行拜受禮，夫婦皆答拜，象徵
授爵後行拜送禮。既説坐而祭酒，則坐前必先興，經文不記，顯然
是省文。贊者飲畢，行拜禮，夫婦皆回禮答拜。關鍵是"興"字。
古今注家都説這裏的"興"字，是指夫婦及贊者三人而言③。要是
這樣，新婦"興"前之拜，就只能是坐拜。此説似是而非。須知前
面贊者奠爵拜，夫婦"皆答拜"，經文隨即説"坐祭"，坐祭者只能
是贊者一人。以此例彼，後面這個"興"同樣指贊者。另一見《特
牲饋食禮》所記長兄弟食餕之儀，經文云："兩餕執爵拜，祭酒，
卒爵，拜。主人答拜。""餕"是"餕"的異體字。兩餕指長兄弟二
人。二人執爵拜，有似婦人拜儀。元人敖繼公措意及此，云"此著
其拜之異也"④。點明二人拜禮有異於常。王士讓亦云："凡奠爵拜

---

① 鄭玄注，賈公彥正義，王輝整理：《儀禮正義》，頁1531。
② 胡培翬：《儀禮正義》云："敖氏謂立卒爵乃婦人常禮，豈《特牲》主婦受酢如主人
儀者，亦立卒爵乎?"（頁2370—71）
③ 胡培翬撰，段熙仲點校：《儀禮正義》云："興者，夫婦及贊者皆興也。"頁186。
④ 胡培翬撰，段熙仲點校：《儀禮正義》，頁2184引。

而後執爵興者，禮之常也。此獨執爵以拜。"① 依《儀禮》男子拜例，皆先奠爵而後拜，拜畢執爵興，此二人執爵遂拜，經文這樣記敘是爲了凸顯其拜儀的特別之處。

前人有同據《儀禮》文例而質疑立拜説者，如胡承珙（1776—1832）《九撰解》不以凌廷堪（1757—1809）説爲然，並云：

> 昏禮，婦見姑奠笲於席，姑坐舉以興，拜，授人。又贊醴婦，降席，東面坐，啐醴，建柶，興，拜，此皆謂既興再拜跪拜耳，非即立而拜也。彼昏禮，婦見舅，執笲，拜，奠，舅坐而撫之，亦云興答拜，豈男子亦有此立拜乎？《特牲饋食禮》注"言婦人執爵拜，變於男子"者，謂執爵拜，異于奠爵拜耳。其實既卒爵則皆空爵矣，非必執之，即不可跪拜也。總之，經中言拜無有不跪者。……則唐以前婦拜無有不跪者矣②。

胡氏謂姑與婦皆先興再跪拜，不可取。若如胡説，則姑拜婦原文當作"姑舉以興，坐，拜"才對，今知不然，可見胡説不符文意。舅答拜前先興，只爲席上的笲所阻，必須起身行禮才方便，不可以據此就説男子也有立拜。婦人左執爵拜，所執者自是空爵，不言而喻。

綜上考述，要想探明《儀禮》中婦人的拜儀，可根據《儀禮》文例自行歸納，所得結果説不定反而更符合周禮的真象。凌廷堪指出："婦人之拜不跪，見于《禮經》。"所立兩條禮例，包括"凡丈夫之拜坐，婦人之拜興；丈夫之拜奠爵，婦人之拜執爵"和"蓋婦人之拜，肅拜也；不屈膝，故必興，兼可執爵拜也"③，經與文本參

---

① 胡培翬撰，段熙仲點校：《儀禮正義》，頁2185引。
② 胡承珙：《求是堂文集》，卷二，頁11a—14b。
③ 凌廷堪著，彭林點校：《禮經釋例》，頁103—104。

照檢驗，知此兩例確不可易。惲敬《釋拜》以爲，凡拜皆跪，並藉《儀禮》爲例，闡明當中的道理，説："言坐不言拜者，跪不拜也，坐洗爵、坐奠爵是也。言拜不言跪者，拜皆跪也，再拜、興是也。是故言拜則跪見，言跪則拜不見。"①此文鋪演"坐"、"拜"禮例，俱極精審。若用於解説男子拜禮，自是曉暢精切；若謂婦人之拜亦必如是，則有未是之處。

2. 黄以周設立"更端以示敬"禮例，並據之解説《儀禮》婦人拜儀

黄以周（1828—1899）《禮書通故》認爲，淩廷堪歸納的男子跪拜而婦人立拜的禮例，"似是而非，實不可信"。黄氏用"更端以示敬"解説淩氏所舉禮文云：

> 《鄉飲酒禮》云"坐卒爵，興，坐奠爵，遂拜"者，卒爵可即奠，必興而後坐奠者，更端以示敬也。坐奠爵因拜而坐奠，是一事，不必更端以示敬，故云"坐奠爵遂拜"。《士昏禮》姑舉笄之坐與拜婦是二事，婦啐醴之坐與拜贊是二事，故必言興拜，與言興坐同，並爲更端以示敬之例，非婦人之拜必興也。如因此更端示敬之拜，而謂婦人之拜必興，則《士昏禮》"舅坐撫之，興，答拜"，豈丈夫之拜亦必興而不坐乎？如謂舅拜婦亦肅拜，于經何見？且《少儀》云"婦人爲尸，坐肅拜"，是肅拜必坐之證。《説文》云"跪所以拜也"，未有不跪坐而可稱拜者矣。婦人執笄爵拜，亦坐而後拜也。經多言"坐奠爵"、"坐奠觶"，是執爵而坐，坐而奠者也。執爵非不可坐也，坐亦無妨于執爵也。且執爵拜亦非專施于婦人，男子亦有執爵拜者矣。《特牲禮》曰"兩爨執爵拜"，注曰"答主人也"。

① 惲敬：《惲敬集》，頁58—59。

主人跪而拜，兩豢答之必非立而肅可知也。（自注：《特牲》主
婦執爵拜，詳《饋食門》）①

或說：男子跪而拜，故拜前必先奠爵，婦人立而拜，故可執爵拜。
黃氏認爲似是而非，實不可信，並針對淩廷堪所據以立說的《鄉飲
酒禮》、《士昏禮》之文，提出解讀此等文例的"更端以示敬"之
說。所謂"更端以示敬"，"更端"原指另提他事，見《禮記·曲禮
上》"侍坐於君子，君子問更端，則起而對。"侍奉君子坐談，君子
換話題問詢，便要起立答話。鄭玄曾用"更端"一詞注解禮文。鄭
玄注《儀禮·聘禮》"公出，迎賓入，揖讓如初"云："公出迎者，
己之禮更端也。"② 賈公彥疏釋鄭義云："前聘、享俱是公禮，故不
出迎。此禮賓私禮，改更其端序。故公出迎也。"③ 更改端序，也就
是另起端緒。按照聘禮儀節流程，緊接聘享之後的是主君禮賓的環
節。聘享之時，賓轉達其君之辭，所行的是"公禮"；主君以醴禮
賓，所行的則爲"私禮"。行聘享禮，主君迎而不出廟，但禮賓時
卻出而迎入。禮節上由公轉私的變化，就表現在主君由不出迎改爲
出迎。這就是另起端緒的意思。胡培翬（1782—1849）揭示出迎而
與賓偕入的禮意說："彌致謙敬。"④ 黃以周所謂"更端以示敬"大
致符合鄭義。《士相見禮》記"主人對曰：'某也固辭不得命，敢不

① 黃以周撰，王文錦點校：《禮書通故》，頁 977。黃氏於同書《肆獻祼饋食禮》云：
　"敖繼公云：'主婦酌醴，左執爵拜。"左"字非誤則衍。《内則》，凡女拜尚右手。'
　郝敬說，主婦左執爵拜，不奠爵，婦人立拜也。盛世佐說，此肅拜也，敖以爲誤，
　非。以周案：立而長揖曰拜肅，跪而俯首下手曰肅拜，其首較空首爲略舉，其手亦
　異拜手之下拱地，故可執爵拜，說詳《相見門》。《内則》'凡女拜尚右手'，謂兩手
　相沓以右手居上也。今既執爵拜矣，又何右手可尚乎！敖說非也。凡拜必跪，既拜
　必興，此常禮也，故祭酒又坐。郝、盛二說，以此執爵拜不言興，下文即言坐祭，
　遂謂婦人立拜。則主人答拜亦不言興，豈主人長跪不起乎，胥失之矣。"頁 898。
② 鄭玄注，賈公彥正義，王輝整理：《儀禮正義》，頁 635。
③ 鄭玄注，賈公彥正義，王輝整理：《儀禮正義》，頁 635。
④ 胡培翬撰，段熙仲點校：《儀禮正義》，頁 1031。

從.'"下接"賓奉摯入"。其間應省略主人出迎之文。鄭玄注云：
"許受之也。異日則出迎，同日則否。"① 如賈《疏》所舉，"同日而
出迎"的三個文例，均符合更端之義。除上舉《聘禮》一例外，還
有兩例：(1)《士昏禮》"賓爲男家使，初時出迎，至醴賓身，雖同
日亦出迎"；(2)《有司徹》"前爲尸，後爲賓，所爲異"，雖同日亦
出迎。至於《鄉飲酒禮》主人與儐迎賓於庠門外，以及《公食大夫
禮》賓至公迎賓於大門内，賓至而主人迎賓，都是因爲戒賓之時未
行賓主禮的緣故，都不符合更端之義②。

　　黃以周通過歸納部分禮文得出《禮經》有"更端以示敬"的通
例。"更端以示敬"的確適用於説解《禮經》這部分禮文，也有助
於理解其他經書的拜禮。如《左傳》昭公元年記趙孟、叔孫豹、曹
大夫入饗於鄭，席間，"穆叔、子皮及曹大夫興，拜，舉兕爵，曰：
'小國賴子，知免於戾矣。'"穆叔等三人之所以"興"，就是"更
端以示敬"，依禮例，興前當奠爵，行拜禮後，再舉起兕爵。雖然
如此，"更端以示敬"卻不足以推翻凌廷堪所建立的婦拜之例。

　　黃以周反對立而肅拜説，認爲肅拜之儀是"跪而俯首下手"。
兹撮寫黃氏所持理據，並爲之辨析如下：

　　(1)《少儀》"婦人爲尸坐，則不手拜，肅拜"，黃氏將記文解
讀爲"婦人爲尸坐"，"肅拜"，"不手拜"，認定坐是爲了行拜，因
而得出"經文明言'坐而肅拜'"的結論。其實，早在黃氏之前，
王廷相（1474—1544）就據《少儀》"爲尸坐"斷言婦坐而拜，認
爲若"婦人不跪地而拜，則尸坐字説不通矣"③。未知黃氏有否參考
過王文。二人這樣讀"爲尸坐"，都有錯解記文之嫌。正如上文引
述孔穎達所言，記文説"爲尸坐"，旨在説明婦人爲尸亦坐，一如

① 鄭玄注，賈公彥正義，王輝整理：《儀禮正義》，頁172。
② 鄭玄注，賈公彥正義，王輝整理：《儀禮正義》，頁172。
③ 王廷相撰，王孝魚點校：《王廷相集》（北京：中華書局，1989年），頁622。

男子之禮，而不是説坐而肅拜。

（2）《鄉飲酒禮》"坐，卒爵，興，坐，奠爵，遂拜"，黄氏認爲，坐而卒爵，可隨即奠爵，必先興，再坐而奠爵，是爲了"更端以示敬"，坐卒爵是一事，坐奠爵遂拜則爲另一事。然而，以此例説上舉《鄉飲酒禮》之文，則有未安。參照《鄉飲酒禮》的文例，黄氏認爲，《士昏禮》"姑坐，舉以興，拜"中，姑爲舉笲而坐，此爲一事，拜則爲另一事，故先興；同篇婦坐"啐醴，建柶，興，拜"中，婦爲啐醴而坐，此爲一事，拜則爲另一事，故先興。果如黄説，必興後再坐拜。可是，經文明明説"興，拜"，要説"更端以示敬"，何不著一"坐"字，使文意完足？若説不言坐是省文的緣故，何以通篇未見完整的文例？可見黄氏實難以自圓其説。黄氏又質疑婦拜必興之説，謂若拘滯於文字，則"舅坐撫之，興，答拜"，豈不是説男子之拜亦興而不拜？此實疑所不當疑。舅之所以興，只爲笲所阻，不得不稍移坐處，故先興後坐，已述如上。

綜上考論，可見黄以周藉"更端以示敬"解説《儀禮》婦拜文例，多有未安，不足以推翻凌廷堪之説。

3.《周禮》"九拜"鄭義略説

段玉裁（1735—1815）曾言，"凡拜，必兼用首手足"[①]，説明拜是頭部、手部及足部動作的配合，缺一不可。婦人拜儀中的足部動作，已據《儀禮》文例析述如上。現在可藉探討《周禮》"九拜"之意，説明婦人拜儀（主要是上文提及的婦人獨有的"肅拜"）的整個情況。"九拜"之義，古今異説紛紜，迄無定讞。茲梳理古今學者圍繞鄭玄注所作釋義，附以己意，爲"九拜"鄭義作一扼要之説明。《周禮·春官·大祝》序列"九擈"之目云：

---

① 許慎撰，段玉裁注，許惟賢整理：《説文解字注》（南京：鳳凰出版社，2011年），頁1034。

> 一曰稽首，二曰頓首，三曰空首，四曰振動，五曰吉撑，
> 六曰凶撑，七曰奇撑，八曰褒撑，九曰肅撑。

拜字篆體作"撑"，"拜"爲重文。禮文僅列"九拜"之目。鄭玄注
逐一説明各拜之儀云：

> 稽首，拜頭至地也。頓首，拜頭叩地也。空首，拜頭至
> 手，所謂拜手也。吉拜，拜而後稽顙，謂齊衰不杖以下者。言
> 吉者，此殷之凶拜，周以其拜與頓首相近，故謂之吉拜云。凶
> 拜，稽顙而後拜，謂三年服者。杜子春云："振讀爲振鐸之振，
> 動讀爲哀慟之慟，奇讀爲奇偶之奇，謂先屈一膝，今雅拜是
> 也。或云：奇讀曰倚，倚拜謂持節、持戟拜，身倚之以拜。"
> 鄭大夫云："動讀爲董，書亦或爲董。振董，以兩手相擊也。
> 奇拜，謂一拜也。褒讀爲報，報拜，再拜是也。"鄭司農云：
> "褒拜，今時持節拜是也。肅拜，但俯下手，今時擅是也。介
> 者不拜，故曰'爲事故，敢肅使者'。玄謂振動戰栗變動之拜。
> 《書》曰"王動色變"。一拜，答臣下拜。再拜，拜神與尸[1]。

鄭玄注援引杜子春（約前30—約58）及鄭興、鄭衆（？—83）父
子之説。就引文所見，對於"振動"、"奇"、"褒"的命名取義，三
人持説互有同異；對於"肅拜"，僅鄭衆有説。就三人異説，鄭玄
有所取捨。對於"振動"，鄭玄別立新解，謂"振動"有"戰栗變
動"之意，並引《書·泰誓》逸文爲證。對於"奇"與"褒"，鄭
玄取鄭興説。對於"肅拜"，鄭注僅列鄭衆説，蓋同其義。至於
"稽首"、"頓首"、"空首"、"吉拜"、"凶拜"，鄭玄皆僅述己説，三

---

[1] 孫詒讓撰，王文錦、陳玉霞點校：《周禮正義》（北京：中華書局，1987年），頁
2007。

人蓋無異義。今本鄭義，再參酌選取清人，如段玉裁、淩廷堪、惲敬（1757—1817）、孫詒讓（1848—1908）、曹元弼（1867—1953）諸說中可與鄭義相發明者，嘗試整合出鄭玄意中的"九拜"之儀。"振動"之拜，拜儀相當於稽首[1]。"吉拜"與"凶拜"，若如鄭義，皆爲喪禮之拜，只是吉拜先拜而後稽顙、凶拜先稽顙而後拜，前後輕重有異。按此說，吉拜也好，凶拜也好，皆與頓首相近[2]。然則，如著眼於吉凶之別，則"稽首"、"空首"、"頓首"三拜爲吉事之拜，"振動"、"吉拜"、"凶拜"三拜爲凶事之拜。但如著眼於拜儀，此六拜可歸併爲三拜——"稽首"、"空首"、"頓首"。"奇拜"與"褒拜"之別，只著眼於行拜次數，奇拜爲一（或壹）拜，褒拜爲再拜[3]。兩者通用於其餘各拜，不涉及拜儀上的差別。"肅拜"特立於衆拜，專指婦人之拜。

（1）"拜"（或"擽"）與"空首"

"稽首"、"頓首"、"空首"，可按首（頭部）手（雙手）位置高低與動作大小來區分。古人席地而坐。所謂"坐"，指兩膝著地，"反其跖"（腳底向上），把臀部（尻部）置於其上。所謂"跪"，指兩膝著地，而伸直腰部及大腿（兩股）[4]。《說文》云："跪，拜

---

[1] 孫詒讓以爲若如鄭義，振動"即稽首拜，但威儀小別。"又謂鄭玄說殊爲迂曲，不足據。孫詒讓撰，王文錦、陳玉霞點校：《周禮正義》，頁2019。淩廷堪《周官九拜解》以爲振動"即《喪禮》拜而後踊"，又謂"凶事之有振動，猶吉事之有稽首。"見氏著，彭林點校《禮經釋例》（臺北：中研院中國文哲研究所，2004年），頁113。

[2] 孫詒讓不取鄭義，以爲"吉拜、凶拜，則因事而別其手之所尚"，換言之，此二拜是依照吉凶異禮的原則辨別尚左（左手覆右手）或尚右（右手覆左手）。詳《周禮正義》，頁2011—2013。

[3] 《儀禮》雖有"三拜"，但非主賓一一相拜之禮。《鄉射禮》云："主人西南面三拜衆賓，衆賓皆答一拜。"鄭玄注云："三拜，示徧也。"主人不問衆賓多少，由於不能一一與之相拜，故對之行三拜禮，以示周徧。

[4] 朱熹：《跪坐拜說》，周鑾書、姚公騫主編《江西古文精華叢書·書信卷》（南昌：江西人民出版社，2001年），頁166—167。

也。"① 凡男子之拜必先跪，跪是拜的必要條件，是不可或缺的環節。"拜"，小篆作"攍"，《説文》云："首至手也。"② 其儀爲：既跪而拱手（左手沓右手，即尚左），而頭俯至於兩手拇指上，與心平衡。拜，繁言之，稱"拜手"，《尚書》多見。《周禮》稱之爲"空首"，相對"稽首"及"頓首"頭部著地而言，取頭部懸空而不著地之意。"空首"本拜名之所由生，是故"凡經典男子行禮單言拜者，皆即空首"③，引而申之，爲拜之通稱④。

(2)"稽首"

"稽首"，經書習見與拜連言，除與"拜"、"拜手"連言（見於《尚書》）外，更常見的是與"再拜"並言（除《尚書》外，還常見於《三禮》）。"稽首"爲男子之重拜，用於臣向君行拜禮的場合。"稽首"之稽，本字作"䭫"，稽、䭫同聲通假，稽有至、留、舒遲之意⑤。《説文》云："䭫，下首也。"稽首即下首至於地。《禮記·玉藻》記臣以"稽首"拜謝君主賞賜之法，其拜儀爲"據掌，致諸地。""據掌"，即按著手掌，指用左手掌覆按右手掌；"致諸地"，即"致首於地"，指頭至地⑥。"拜"（或"拜手"或"再拜"）

---

① 段注云："跪與拜二事，不當一之，疑當云所以拜也。"許慎撰，段玉裁注，許惟賢整理：《説文解字注》，頁144。
② 段注云："各本作'首至地也'，今正。首至地，謂䭫首，拜中之一，不可該九拜。"許慎撰，段玉裁注，許惟賢整理：《説文解字注》，頁1033。
③ 孫詒讓撰，王文錦、陳玉霞點校：《周禮正義》，頁2011。
④ 詳參許慎撰，段玉裁注，許惟賢整理《説文解字注》，頁1033—1034；孫詒讓撰，王文錦、陳玉霞點校：《周禮正義》，頁2010—2011。
⑤ 詳孫詒讓撰，王文錦、陳玉霞點校《周禮正義》，頁2008—2009；朱軾《冠者見》云："稽首者，頭至地而留也。"見氏著《朱文端公集》，卷三，《清代詩文集彙編》（上海：上海古籍出版社，2009年），第214冊。沈維鐈：《補讀書齋遺稿·稽首頓首空首拜手稽顙肅拜手拜見於經傳異同解》云："（空首）或稽留至手多時，即爲稽首。"南開大學古籍與文化研究所編《清文海》（北京：國家圖書館出版社，2010年），第68冊，頁132。
⑥ 鄭玄注，孔穎達正義，吕友仁整理：《禮記正義》（上海：上海古籍出版社，2008年），頁1238。

與"稽首"動作連貫，其儀爲：兩膝著地，既拜手而拱手（以左手覆按右手），下至於地，兩手按地而不分散，頭亦至地；手前於膝，頭又前於手①。

（3）"頓首"

《說文》云："頓，下首也。"同樣是下首至於地，但"頓首"之頓有急遽之意，觸地即舉，與"稽"（留）義別。其儀爲：既拜手而拱手下至於地，頭不特至地，且用額頭叩（《說文》作"敂"）地。此拜，《周禮》稱"頓首"，《儀禮》、《禮記》則稱"稽顙"，顙與額同義。頓首兼用於吉凶二事，稽顙則專爲喪拜②。

（4）"肅拜"

婦人拜法，以肅拜爲正禮，這是古今禮家的共識。鄭玄注《大祝》，僅引述鄭衆之文而未加平議，蓋同意其說。在爲《禮記》作注時，鄭玄才直接談到他對"肅拜"的看法。爲便闡明先鄭與後鄭之意，茲先再引鄭衆注文，並與鄭玄其他相關禮注對照如下。

鄭衆云：

> 肅拜，但俯下手，今時撎是也。介者不拜，故曰"爲事故，敢肅使者"。

《禮記·少儀》云：

> 婦人吉事，雖有君賜，肅拜。爲尸坐，則不手拜，肅拜。爲喪主則不手拜。

鄭玄注云：

① 詳孫詒讓撰，王文錦、陳玉霞點校《周禮正義》，頁2008—2009。
② 詳孫詒讓撰，王文錦、陳玉霞點校《周禮正義》，頁2009—2010。

> 肅拜，拜低頭也。手拜，手至地也。婦人以肅拜爲正，凶
> 事乃手拜耳。爲尸，爲祖姑之尸也。《士虞禮》曰："男，男
> 尸；女，女尸。"爲喪主不手拜者，與夫爲長子當稽顙也，其
> 餘亦手拜而已。雖，或爲"唯"。或曰喪爲主則不手拜，肅
> 拜也[1]。

《少儀》又云"介者不拜"，鄭玄注云：

> 軍中之拜肅拜[2]。

對於"肅拜"拜儀或姿勢的解説，無論是先鄭，還是後鄭，都説得
很簡單。先鄭説的"但俯下手"可與後鄭説的"拜低頭"相對照。
據《少儀》，肅拜爲婦人常禮，通用於吉事，即使接受國君賞賜那
麼重大的榮寵，亦僅行此拜禮而已。反觀男子在同樣場合要稽首
（兩手接地，而首同至於地，見上引《禮記·玉藻》文），婦人之禮
輕便得多。記禮者這樣述説婦人拜法，隱然帶有將婦人拜法與男子
作一比較之意。先鄭説"但俯下手"，表明婦拜僅"俯下手"罷了，
強調其拜較輕淺，語意較《少儀》明顯。由是而知，婦人拜禮一般
要比男子輕便得多，而"肅拜"爲尤輕。朱軾（1665—1736）《冠
者見》以輕重區分"九拜"云："稽顙最重，空首輕，肅尤輕。"[3]
符合實情。

先鄭將"肅拜"譬況爲漢時之"撎"，並引《禮記》"介者不
拜"及《左傳》郤至故事爲之證義。《左傳》原文只言"肅"，先鄭
引之以説"肅拜"。後鄭亦謂"軍中之拜肅拜"。顯見二鄭意中，

---

① 鄭玄注，孔穎達正義，呂友仁整理：《禮記正義》，頁 1395。
② 鄭玄注，孔穎達正義，呂友仁整理：《禮記正義》，頁 1394。
③ 朱軾：《朱文端公集》，卷三。《清代詩文集彙編》，第 214 册。

"肅"即"肅拜"無疑,僅單言與繁言之別而已[①]。"肅",見《左傳》成公十六年,其文云:

> 郤至三遇楚子之卒,見楚子,必下,免胄而趨風。楚子使工尹襄問之以弓,曰:"方事之殷也,有韎韋之跗注,君子也。識見不穀而趨,無乃傷乎?"郤至見客,免胄承命,曰:"君之外臣至從寡君之戎事,以君之靈,間蒙甲胄,不敢拜命。敢告不寧,君命之辱。為事之故,敢肅使者。"三肅使者而退。

杜預(222—285)解"肅"云:"肅,手至地,若今擥。"[②] 杜預注"肅",與鄭玄《少儀》"手至地"同訓。"手至地"於《少儀》為婦人之"手拜",相當於男子拜禮中的"稽首"。但婦人除了凶事用"手至地"之手拜外,一般都用肅拜。杜預以"手至地"描述郤至行"肅"的姿勢,如說的是手著地,就不近事理。杜注說不是受韋昭(204—273)的影響,韋氏注《國語·晉語六》"敢三肅之"云:

---

① 不少清人認為,"肅"與"肅拜"不同,"肅"不跪,不屬於拜,"肅拜"則為跪拜。如段玉裁云:"肅與肅拜當為二。《左傳》三肅不言拜,則肅而不拜,未嘗跪也。"《曲禮》曰:"介者不拜,為其拜而蓌拜",《注》曰:"蓌則失容節,蓌猶詐也。"此皆言不便于跪,故肅以為禮。肅蓋如後世長揖。《高帝紀》:"酈食其不拜,長揖。"師古曰:"長揖者手自上而極下也。"此長揖始見,證以《左傳》云:"蒙甲胄,不敢拜命,敢肅使者",《公羊傳》僖三十三年:"揖師而行。"何休曰:"揖其父于師中,介胄不拜。"《漢書·周勃傳》云"天子至中營,丑夫揖曰:'介胄之士不拜,請以軍禮見。'"是其不跪顯然。郤至之肅,與《禮》之肅拜,有跪不跪之殊。肅者,立而低頭下手,如今人之揖也。司農稱《左傳》證《周禮》,失之。"又如黃以周云:"肅拜者,跪而俯首下手也。肅者,立而俯首下手也。"孫詒讓的看法與段、黃、孫無別,他說:"凡軍禮之肅,為其被甲,不可跪也。若婦人本不被甲,何以亦不跪乎?足明婦人肅拜非即男子之肅矣。男子之肅為長揖,與徒揖異。"孫詒讓:《周禮正義》,頁 2018。孫希旦且批評鄭玄解釋《少儀》"介者不拜"云:"鄭氏(引者按:指鄭玄)謂"軍中肅拜",非也。凡拜必跪,介者不拜,以其不能跪也。《左傳》郤至"三肅使者",肅非拜也。立而引手曰肅,跪而引手曰肅拜。"孫希旦:《禮記集解》,頁 935。
② 《十三經注疏·左傳注疏》(臺北:藝文印書館,1989 年),頁 477。

"禮，軍事肅拜。肅拜，下手至地也。"① 下手至地，必是跪拜，郤至雖脱盔，身上仍著革甲，怎能行此禮呢？又，杜氏以晉時之"揖"譬況之，似有可商。按先鄭義，漢人"揖"的特點是"但俯下手"，晉人之"揖"果如杜氏所述，以手著地，則其姿勢與漢人迥異。尚秉和（1870—1950）自言得"肅拜之真象"，云"今揖上手至額，古揖則下手至地。古之揖，今戲劇所行者是也"②。根據尚先生所立拜揖之義，"拜與揖異，揖可立爲，拜必屈膝"③。則肅拜之"下手至地"，必爲跪地兩手著地無疑。此説不合古揖的姿勢，恐亦未得肅拜之真象。孔穎達（574—648）《左傳注疏》引《説文》"揖，舉首下手也"之文，然後註明"其勢如今揖之小别，《晉宋儀注》：'貴人待賤人，賤人拜貴人揖。'"④ "揖"與"拜"對舉，極言兩者輕重懸殊，判然有别。"揖"的姿勢，只能是站立，頭部略舉，兩手合攏自上而極下。此即孔《疏》所引《説文》"舉首下手"之意，稍别於唐人之揖（蓋有舉首與俯首之别）。

《曲禮上》同樣提及"介者不拜"，又説"爲其拜而蓌拜"。鄭玄注云："蓌則失容節。蓌，猶詐也。"孔疏云："蓌，挫也。戎容暨暨，著甲而屈拜則挫損其戎威之容也。一云：蓌，詐也。言著鎧而拜，形儀不足，似詐也。虚作矯蓌，則失容節，是蓌猶詐也。"將鄭注分作兩義。鄭注點明了"介者不拜"的原委。正如《曲禮上》説"介胄則有不可犯之色"，鎧甲之士要是像平常般與人行跪拜禮，必然有損威武的軍容。而且，從行禮姿勢來説，戎士爲堅硬的鎧甲所妨礙，身體不能屈伸，就是想跪拜也不行。既然拜不成，就只能採用别的拜法。"爲其拜而蓌拜"，"爲（讀平聲）其拜"，説明仍爲

---

① 《國語》（上海：上海古籍出版社，1988），頁416。
② 尚秉和：《歷代社會風俗事物考》（南京：江蘇古籍出版社，2002年），頁237。
③ 尚秉和：《歷代社會風俗事物考》，頁235。
④ 《十三經注疏·左傳注疏》，頁477。

拜;"戔拜"説明是虚作拜勢,不是真拜。雖然是"戔拜",但仍可稱拜。後人不明此理,卻往往拘泥於"介者不拜"及郤至説的"不敢拜命",遽然否定"肅"或"肅拜"屬於拜。如胡承珙《九擗解》就説:"既曰不拜矣,尚得以肅拜目之乎?"[1]殊不知《曲禮上》原文在"介者不拜"下明明接著説"爲其拜"。

《經典釋文》云:"戔,盧本作蹲。"徐灝(1810—1862)注意到《公羊傳》何休注可與《曲禮上》合證,因而提出對"戔"的另一種解讀。何休注《公羊傳》僖公三十三年"子揖師而行"云:"揖其父於師中,介胄不拜,爲其拜如蹲。""爲其拜如蹲"可視爲"爲其拜而戔"的異文,"如"通"而","蹲"通"戔"。徐氏《讀書雜釋》云:"字從夊。《説文》解'夊'字云:'行遲曳夊,象人兩脛有所躧也。'與'蹲'字義近。合盧植、何休説觀之,知乃蹲之俗字,有挫曲不成禮之義,難於形容又以爲如蹲耳。"徐氏更揣量鄭義云:"鄭以爲猶詐者,蓋軍中無拜禮,而忽下拜,迹似於詐。"而這種軍中之拜,在徐氏看來,是揖拜,也就是肅拜。雖説揖、擪可通(淩廷堪即云:"揖、厭、擪三字,對文則異,散文則通"),但二者對言有别,推手爲揖,引手爲擪[2],軍中之拜究竟是推手還是引手?徐氏語焉不詳[3]。到了劉善澤的《三禮注漢制疏證》才對"擪"有較明確的説明。劉先生説:

> 據許(引者按:許慎)義長揖爲擪,揖則拱手而已。擪通作揖。《漢書·周亞夫傳》:"持兵揖。"《文選·西征賦》説亞夫事云:"率軍禮以長擪。"是也。……《北堂書鈔》六十四引

---

[1] 胡承珙:《求是堂文集》,卷二,頁11a,《清代詩文集彙編》(上海:上海古籍出版社,2010年),第518册。

[2] 鄭玄注《儀禮·鄉飲酒》云:"推手曰揖,引手曰厭,今文皆作揖。"

[3] 徐灝:《讀書雜釋》(北京:中華書局,1997年),頁78—79。

張璠《漢記》云："張温以司空加拜軍騎將軍征韓遂，丙辰引温於崇德殿下，温以軍禮長揖不拜。"又《漢書·高帝紀》云："酈生不拜長揖。"顏注云："手自上而極下。"然則揰者固舉手下手而不拜[①]。

文中所引漢人軍禮長揰的事例，均可爲鄭衆"今時揰"提供實證。而顏師古（581—645）所説"手自上而極下"正是"揰"姿勢的最好注腳。《説文》拜字重文""下引揚雄説："擛，从兩手下。"著重於説明兩手的動作。從此角度合觀鄭衆與鄭玄兩注，可知兩義相合，"肅拜"之儀就是"俯下手"、"拜低頭"[②]，譯成今語，也就是俯首下手而不跪拜。

宋人項安世（1129—1208）《項氏家説》云："古之拜，如今之揖，折腰而已。介胄之士不拜，故以肅爲禮，以其不可以折腰也。然則儀式特斂手向身，微作曲勢爾。鄭氏之所謂'揰'，蓋如此。"[③]以"折腰"描摹肅勢，可謂確解。所述手部動作"斂手向身"，與鄭義"下手"不合。朱軾《冠者見》解《士冠禮》母拜冠者爲"起立而與爲禮"，更認爲清代婦人拜儀的"起立，曲身叉手，引下前裾沾地而已"與之相仿。曲身叉手與項説類近，同樣與鄭義相違。

曹元弼（1867—1953）《禮經學》將顧炎武（1613—1682）、毛奇齡（1623—1713/1716）、閻若璩（1636—1704）、惠士奇（1671—1741）、江永（1681—1762）等人的"九拜"説一概評爲不得要領，

① 劉善澤：《三禮注漢制疏證》（長沙：岳麓書社，1997年），頁200。

② 黄以周將後人不明肅拜歸咎於賈公彦未能準確疏釋鄭衆之意。按照黄氏的理解，鄭衆説"但俯下手"，俯意指"俛而低首"，即低頭，鄭玄用"拜低頭"解釋《少儀》的"肅拜"，説同鄭衆。不僅如此，黄氏還將鄭衆説的"揰"與許慎《説文》的"舉首下手"等同起來，用"跪而俯首下手"一義貫通鄭衆、鄭玄和許慎三説。黄以周撰，王文錦點校：《禮書通故》（北京：中華書局，2007年），頁975。

③ 轉引自葉寘《愛日齋叢抄》，卷一，北京：北京愛如生數字化技術研究中心，2009年。

更直斥閻氏“古之肅拜如今之拱手”爲謬說。曹氏指出：

> 肅拜，婦人之拜，鄭司農曰：“肅拜，但俯下手，今時擅
> 是也。”（自注云：“擅同揖。《士昏禮》：‘婦見姑，姑興拜，贊
> 醴婦，婦興拜。’是婦人之拜不坐，如今之揖，即肅拜也。軍
> 禮亦用此拜。”）然則古之肅拜，非今之拱手明矣。考《鄉飲
> 酒禮》：“賓厭介，介厭衆賓。”鄭氏注曰：“推手曰揖，引手曰
> 厭，今文皆作揖。”然則今之揖乃古之肅拜，今之拱手乃古之
> 揖耳[1]。

以“肅”爲“肅拜”，同鄭義。至謂“肅拜”即“揖”，尚有值得斟
酌之處。蘇文擢先生（1921—1997）《士冠禮母拜說》同樣主張
“肅拜者，不必屈膝下跪，如今之長揖是也。”並本《説文》“手至
地”[2] 之訓勾畫肅拜姿儀云：

> 比兩手，而下至地。愈知拜爲今之長揖。所云手至地，非
> 真能觸地，極言其長揖磬折之時，兩手下向地云爾。……劉熙
> 《釋名》曰：“拜於丈夫爲跌，跌然屈折下就地也。於婦人爲
> 拔，自抽拔而上下也。”抽拔而上下，正形容長揖姿勢[3]。

據此，肅拜如同長揖。行禮者站立，俯首折身，兩手比合自上而下
向地。“磬折”一語點明了肅拜或長揖的姿勢。

---

[1] 曹元弼：《拜稽顙成踊辨并删定淩氏周禮九拜解》，見氏著《禮經學》（北京：北京大學出版社，2012年），頁364—365。
[2] 《説文》手部：“擽，首至地也。”蘇文擢先生《士冠禮母拜說》云：“沈彤謂當作‘手至地。’案：擽入手部，又重文从兩手下手至地者，沈校殆不可易。段注以爲當作首至手，反不如沈説之明確。”拙藏未刊稿手抄本。
[3] 蘇文擢先生《士冠禮母拜說》，拙藏未刊稿手抄本。

　　"肅拜"或"肅"的命名取義，可結合賈誼（前200—前168）《新書·容經》的相關用語來加以考察。《容經》用"肅"字構造的詞，如"磬折曰肅立"、"俯首視不出尋常之内曰肅坐"。"磬折"、"俯首"都是"肅"的姿勢，而"磬折"所比擬的形象更爲鮮明。鄭玄注《論語·鄉黨》"揖所與立"亦云："將揖，必磬折。"① 是肅與揖皆磬折。不單是"肅"，《容經》還用"磬折"說明跪拜之容，既言"跪以微磬之容"，又説"拜以磬折之容"②。簡言之，跪、拜也好，肅、揖也好，身體的姿勢，就像懸掛在虡上的磬那樣，身如磬鼓，頭頸如磬股，呈現曲折的形狀。（見圖一）"肅拜"很可能就是基於這個共通點而取"肅"字。

圖一　人物拜謁圖，橫山孫家園子墓室壁組合畫像

（録自馬怡《漢畫像所見"磬折"與"微磬"》，《湖南省博物館館刊》，第七輯，2011年）

　　古今有不少學者主張"肅拜"爲跪拜，認爲"古人席地而坐，與跪基本相似。故婦人下跪，並無不便之處"（錢玄語）③，但對兩膝跪地以外的姿勢卻有不同的描述，以致歧説紛呈。歸納起來，大別有二：一説手不至地，一説手亦至地。前説中多有分歧，筆者所見，就有五説。有説是俯首而不至手，如王廷相（1474—1544）

① 劉善澤：《三禮注漢制疏證》，頁200引。王素：《唐寫本論語鄭氏注及其研究》（北京：文物出版社，1991年），頁118。
② 吴云、李春台校注：《賈誼集校注》（鄭州：中州古籍出版社，1989年），頁179。
③ 錢玄：《三禮通論》（南京：南京師範大學出版社，1996年），頁530。

説："蓋肅拜者，兩膝齊跪，手不下地。頭低俯而不至手也。"[1] 有説是如揖般舉手下手，如惲敬（1757—1817）云："不跪而舉手下手曰擪，曰肅；跪而舉手下手曰肅拜。"[2] 有説是俯首下手，首雖俯而不必與心平衡，段玉裁、孫希旦、黃以周、孫詒讓等皆主是説[3]。趙翼（1727—1814）《陔餘叢考》云："（肅拜）婦人攏兩手向下之禮也。"持説與此差近。趙氏更認爲，隨著坐具的改變，古代婦人拜禮也經歷過變化的過程，大抵由跪而變爲不跪，而攏手向下的姿勢則得以保留。他説："席地而坐時，婦人拜必兼跪。坐用床榻後，婦人有拜無跪。""後世婦人肅拜行禮時，稍作鞠躬虛坐之狀。"[4] 黃現璠（1899—1982）有取於段玉裁區分肅與肅拜之説，但所言姿勢"跪而舉首下手"、"下手如拱，並未分散"[5]，卻與段説不同，不知何據。有説是俯首而斂手向身，如沈維鐈（1778—1849）云："肅拜者，但斂手向身，低頭以爲恭。"[6] 有説是頭部微俯，兩手合攏（尚右），自上身向左側下移。如魯士春《先秦容禮研究》所描述的若合符節。魯士春認爲，婦人"肅拜"的姿勢應是："跪地，頭稍爲低垂，右手覆蓋左手，然後兩手自上身右側向下移動，以至腹上"（見圖二）；軍人之"肅"則爲："只站著，身體微俯，左手覆右手，兩手自上身的左邊往下移動，以至腹上"[7]。然則，"肅拜"與"肅"的分別，就呈現在跪與不跪和尚左與尚右上。楊伯峻

[1] 王廷相著，王孝魚點校：《王廷相集》（北京：中華書局，1989年），頁621。其《周禮九拜解》亦云："肅拜亦跪拜也，手不至地，頭不至手爾。《左傳》：'郤至三肅使者。'《少儀》：'婦人吉事，雖有君賜，肅拜。'是也。鄭注謂特擪，非是。"見同書頁623。
[2] 惲敬：《惲敬集》（上海：上海古籍出版社，2013年），頁59。
[3] 孫詒讓撰，王文錦、陳玉霞點校：《周禮正義》，頁2014。
[4] 趙翼：《陔餘叢考》（石家莊：河北人民出版社，1990年），頁543—545。
[5] 黃現璠：《古書解讀初探·我國禮節形態與演變之研究》（桂林：廣西師範大學出版社，2004年），頁108。
[6] 沈維鐈：《補讀書齋遺稿·稽首頓首空首拜手稽顙肅拜手拜見於經傳異同解》，南開大學古籍與文化研究所編：《清文海》，第68册，頁135。
[7] 魯士春：《先秦容禮研究》（臺北：天工書局，1998年），頁223、225。

圖二　"肅拜"

（録自張光裕《儀禮士昏禮士相見之禮儀節研究》）（臺北：臺灣中華書局，1986年，頁7）

（1909—1992）認爲郤至之"肅"，就是婦女之"肅拜"，並具體描述其姿勢説："站立，身略俯折，兩手合攏，當心而稍下移。"① 這種姿勢與魯士春所言差近，有似後世的"道萬福"。"道萬福"的姿勢爲：行禮時，雙手手指相扣，放在左腰側，彎腰屈身以示敬意②。姑勿論是否合乎"肅拜"之意，用於婦人身上，説得過去。要説軍人也這樣行禮，卻顯得彆扭。另一説認爲兩手至地而頭不下至手或地。如朱熹（1130—1200）《朱子語類》云："兩膝齊跪，手至地而頭不下。"之所

以頭不下，大概是因爲"婦人首飾盛多，如副、笄、六珈之類，自難以俯伏地上。"③ 錢玄因而説："婦人有首飾，如有副，亦稱步搖，有編、次，即假髮結。頭過分向下，或至地，則首飾髮結鬆散。故婦女一般行肅拜，跪而頭略俯而已。"④ 張維慎：《試論唐代女子拜禮的拜儀及其適用場合》認爲在清人以至近人有關肅拜拜儀異説中，"以朱熹的立論較爲接近原始肅拜之真象，我們之所以稱原始

---

① 楊伯峻：《春秋左傳注》（北京：中華書局，1990年），頁887。
② 詳沙憲如《中國古代禮敬儀節辨釋》，《遼寧師範大學學報（社會科學版）》，1997年第6期，頁67。
③ 朱熹：《朱子語類》，卷九十一，北京：北京愛如生數字化技術研究中心，2011年。羅大經説同，見《男子婦人拜》，《鶴林玉露》（北京：中華書局，1983年），卷之四甲編，頁67。
④ 錢玄：《三禮通論》，頁531。

肅拜，這主要是指人們席地而坐時肅拜之情形。”説是“接近”，因爲“‘頭不下’一詞用語欠妥，當以惠士奇的‘俯首’用語爲妥”①。張先生舉陝西歷史博物館所藏的在西安市郊區墓葬出土的唐代女跪拜俑爲證，認爲此俑拜儀與朱子所説的是一致的。其拜儀爲：“低頭，雙膝、雙手均着地，頭與腰基本在一水平線上，作跪拜狀。”（見圖三）因而將“原始肅拜”之儀定爲：“兩膝跪地，兩手掌至地，腰與地平行，頭略低。”② 張先生認定陶俑的拜姿（“頭與腰如衡之平”）符合《荀子·大略》所説的“平衡曰拜”③。今考《荀子》所謂“平衡曰拜”，應如段玉裁所言，是“既跪而拱手，而頭俯至於手與心平”④。手與心平，必不能至地。後人於古婦人跪拜，鑿鑿言之，對其跪拜的姿勢議論紛紛，但據此解説《儀禮》所見的

圖三　女跪拜俑

（西安市郊區唐代墓葬出土，録自張維慎《試論唐代女子拜禮
的拜儀及其適用場合》，載《陝西師範大學學報（哲學社會科學
版）》，第 31 卷第 6 期，2002 年 11 月，頁 65）

---

① 張維慎：《試論唐代女子拜禮的拜儀及其適用場合》，載《陝西師範大學學報（哲學
　社會科學版）》，第 31 卷第 6 期，2002 年 11 月，頁 66。
② 張維慎：《試論唐代女子拜禮的拜儀及其適用場合》，載《陝西師範大學學報（哲學
　社會科學版）》，第 31 卷第 6 期，2002 年 11 月，頁 65、67。
③ 張維慎、梁彥民：《兩件唐代拜俑拜儀考》，《考古與文物》，1999 年第 1 期，頁 87。
　此文前半部分討論肅拜之儀，內容、文字與上舉張維慎文章幾乎完全一樣。
④ 孫詒讓撰，王文錦、陳玉霞點校：《周禮正義》，頁 2011。沈維鐈則云：“空手者，近
　手而不至手，首與手相離。即《荀子》之平衡，謂磬折頭與腰，如衡之平，以其爲
　拜之常，故得專拜名。”《清文海》，第 68 册，頁 133。解平衡爲頭與腰平，同段説，
　惟近手而不至手則與段意不合。

婦人之"拜",卻不免出現文意不通的情況。

4.《儀禮》及其餘經書所見婦人拜法概述

在古今經説者看來,《儀禮》所見婦人拜儀,凡單言"拜"的,都理所當然地等同於《周禮》及《禮記》中的"肅拜"。如吳承志(1844—1917)《遜齋文集·士冠禮母拜説》即云:"謂此經(引者按:《儀禮》)之拜爲肅拜,可也。"① 在《儀禮》裏,單言的"拜"字,同樣用於記述男子之拜。書中言男子拜法,除"再拜"與"稽首"並言外,皆單言"拜"。單憑"拜"字本身,無法分辨出男子拜禮與婦人拜禮之間的同異。盛世佐(乾隆十三年戊辰 [1748年]進士)曾將經傳所載婦人拜法歸結爲五,即"肅拜"、"手拜"、"扱地"、"稽顙"及"頓首",而婦人與成年男子行拜禮則有"俠拜"。"肅拜"之儀,已述如上。現對其餘四種拜法及"俠拜"略加辨析如下:

(1)"手拜"、"稽顙"

《禮記·少儀》訂明適用肅拜與手拜的不同場合説:"婦人吉事,雖有君賜,肅拜。爲尸坐,則不手拜,肅拜。爲喪主則不手拜。""手拜"通用於凶事,但下列兩種場合則不適用:一種是在虞祭時爲祖姑之尸,則仍肅拜,而不手拜;另一種是爲喪主,即爲夫及長子服喪,則不手拜而當稽顙(見《禮記·喪服小記》)。孔穎達申明"爲尸坐"之意云:"周禮坐尸,嫌婦人或異,故明之也。"② 記禮者在"尸"下著一"坐"字,無非是爲了註明婦人爲祖姑尸,同樣坐著,同樣講究端正矜莊的坐姿③,一如男子爲尸之禮。否則,恐怕會有人誤會婦人爲尸與男子異禮。

---

① 吳承志:《遜齋文集》,卷三,收録於《求恕齋叢書》(北京:文物出版社,1984年)。
② 鄭玄注,孔穎達正義,吕友仁整理:《禮記正義》,頁1395。
③ 《禮記·曲禮上》云:"坐如尸。"鄭玄注:"視貌正。"孔穎達疏:"尸居神位,坐必矜莊。"鄭玄注,孔穎達正義,吕友仁整理:《禮記正義》,頁12。

　　大體而言，婦人拜法，就只有"肅拜"和"手拜"。吉事，以肅拜爲正；凶事，一般用手拜。萬斯大（1633—1683）《儀禮商》在解説《士冠禮》"母拜受，子拜送，母又拜"時就説：

> 《禮》婦人之拜有二，肅拜也，手拜也。肅拜者，足不跪，微俯其躬而肅之，如今婦人揖也。手拜者，足跪地而拜，如今婦人拜也。《少儀》曰："婦人吉事，雖有君賜，肅拜。"君賜至重，尚止肅拜，況其他乎！故知此受脯俠拜，亦肅拜也[1]。

萬氏根據《儀禮》及《禮記》的記載，把婦人之拜歸納爲"肅拜"與"手拜"二法，並描述兩法的具體拜儀。揆乎萬氏之意，婦人行"肅拜"之禮，足不跪地，只是稍微彎俯其身，表示肅敬之意。其拜儀大概就像萬氏所見婦人的揖禮。"手拜"則不同，行禮者雙足跪地、雙手至地而首亦至於手，其拜儀與胡氏所見婦人拜禮相彷彿。然則，應如段玉裁説，"手拜"與"扱地"，名異而實同，相當於男子之稽首[2]。婦人就是在獲得國君賞賜這麽隆重的場合，尚且只行肅拜而已，其拜禮甚輕可推而知。冠者母受脯拜子，亦用肅拜，自不待言。

　　（2）"扱地"

　　"扱地"這種拜法，僅用於特定場合。據《士昏禮》所記，要是舅姑已殁，則新婦在嫁入夫家三個月後，須到禰廟中行奠菜之禮，祭祀舅姑，並向舅席行扱地拜禮，以示盡禮[3]。"扱"字見於禮書，除此例外，兩見於《禮記·曲禮》。《曲禮上》云："以箕自鄉

---

[1]　胡培翬撰，段熙仲點校：《儀禮正義》，頁82。
[2]　孫詒讓著，王文錦、陳玉霞點校：《周禮正義》，頁2017。
[3]　鄭玄注，孔穎達正義，呂友仁整理：《禮記正義》，頁1396。

而扱之。"① 記文意思是説，收糞時，用箕簸朝向自己（若向尊者則不敬）收斂棄物。又，《曲禮下》云："扱衽。"意思是説，把前襟的下幅掖在腰帶上，免得妨礙哭踊②。兩"扱"字取義相同。"斂"可用於描述行拱禮時手部的動作，指兩手斂合。《禮記·内則》以"尚左手"與"尚右手"辨别男拜與女拜。換言之，吉拜，男子以左手沓右手，左外右内，喪拜反是。吉拜，女子以右手沓左手，左内右外，喪拜反是③。將"扱地"釋作"斂地"，顯然不辭，此"扱"字無斂義不辯而明。鄭玄解説"婦拜扱地"之儀云：

> 扱地，手至地也。婦人扱地，猶男子稽首④。

依鄭義，"扱地"之扱，取義與收斂無關，蓋借爲"及"⑤，扱地即手至地。必須注意的是，注中全然未言及首（頭部），因而衍生後人異説。鄭君將男子之稽首與婦人之扱地相譬況，説者有認爲僅有取於兩者各爲男女之重拜，不涉及拜儀，也有認爲是著眼於兩者在拜儀上的相似點。主張前説的有賈公彦、盛世佐等，而主張後説的則有段玉裁、凌廷堪、孫詒讓等。賈公彦以爲，"婦人肅拜爲正，今云'扱地'，則婦人之重拜也，猶男子之稽首，亦拜中之重，故以相況也"⑥。扱地爲婦人之重拜，猶如稽首爲男子之重拜，鄭君就

---

① 鄭玄注，孔穎達正義，吕友仁整理：《禮記正義》，頁 54。
② 鄭玄注，孔穎達正義，吕友仁整理：《禮記正義》，頁 150。《詩·周南·芣苢》稱"扱衽"爲"襭"。
③ 《説文》"拱，斂手也"下段玉裁注。許慎撰，段玉裁注，許惟賢整理：《説文解字注》，頁 1033。
④ 鄭玄注，賈公彦正義，王輝整理：《儀禮正義》，頁 138。
⑤ 上古音，扱，溪紐緝部；及，羣母緝部。二字聲爲旁紐，韻同，音近可通。詳張桁、許夢麟主編《通假大字典》（哈爾濱：黑龍江人民出版社，1998 年），頁 354。
⑥ 鄭玄注，賈公彦正義，王輝整理：《儀禮正義》（上海：上海古籍出版社，2008 年），頁 138。

是基於這個共通點譬況兩者。男子之稽首，不特手至地，頭亦至地。簡言之，婦人扱地，首不至手。後來，盛世佐亦云：

> 扱地於九拜無所似，賈疏謂以手至地而首不至手，又與空首不同。注云"婦人扱地，猶男子稽首"，稽首拜，頭至地，臣拜君之拜，舉以相況者，明其爲拜中之最重，非謂拜法似之也。然則扱地與肅拜異，稽顙又與扱地異，手拜與扱地皆以手至地，而首或至手，或不至手，亦異[①]。

盛氏申明賈公彥之意，斷言"扱地"與《周禮》九拜全然不同，認爲鄭君原意並不是説扱地在"拜法"（即本書所説的拜儀）上與稽首相似。盛氏又説，婦人兩種拜法——手拜與扱地，皆以手至地，兩者相異之處在於，手拜時首亦至地，扱地時首不至地。淩廷堪指出："拜扱地即手拜之類，以言手拜用于凶事，扱地拜用于吉事爲異，蓋婦人之拜皆立，扱地始坐拜也。"[②]又將扱地與男子拜法相比擬説："扱地即男子之稽首也。"[③]婦人扱地相當於男子稽首，那麼，自可據稽首推知扱地拜儀。

（3）"頓首"

《左傳》記晉襄公夫人穆嬴頓首之事。基於特殊的原因，故穆嬴不依常禮。穆嬴抱著太子夷皋在朝廷啼哭，又頓首於趙宣子，只爲求助於趙宣子，正如孔穎達所説："有求於宣子，非禮之正。"[④]不論穆嬴頓首，是否因爲有求於人而加禮敬[⑤]，其非正禮，可以無

---

① 胡培翬撰，段熙仲點校：《儀禮正義》，頁 201。
② 淩廷堪著，彭林點校：《禮經釋例》，頁 106。
③ 淩廷堪著，彭林點校：《禮經釋例》，頁 114。
④ 鄭玄注，孔穎達正義，呂友仁整理：《禮記正義》，頁 1396。又參楊伯峻：《春秋左傳注》，頁 559。
⑤ 盛世佐認爲"嬴遭襄公之喪，則亦凶拜也。"若然，則穆嬴頓首，蓋與稽顙無別。胡培翬著，段熙仲點校：《儀禮正義》（南京：江蘇古籍出版社，1993 年），頁 201—202 引。

疑。因此，只能把她的頓首看成特例而非婦人通例。

（4）"俠拜"

婦人與成年男子行拜禮，要拜兩次，此即所謂"俠拜"。如《士冠禮》，冠者取脯見母，"母拜，受。子拜，送。母又拜"。鄭玄《注》云："婦人於丈夫，雖其子猶俠拜。"① 賈《疏》云："婦人於丈夫皆使俠拜，故舉子以見義也。"② "丈夫"，指成年男子。"俠拜"，指婦人與丈夫行禮，婦人先拜，丈夫答拜，婦人再拜，即婦人夾丈夫而拜兩次。此"拜"，蓋指婦人之肅拜。《儀禮》多見其例。見於士昏禮者，如贊者（主人的男性屬吏）代舅姑向婦行醴禮，贊者酌醴，婦拜，受。贊者拜送，婦又拜。是婦人以俠拜丈夫為通例。正如沈文倬先生（1917—2009）所言，記禮者為避雷同③，故禮經行文不得不有所簡省，如《士昏禮》婦至成禮節贊洗爵酳婦，"卒爵皆拜，贊答拜"。贊答拜後婦當又拜，只是禮文不具而已④。至於婦人相拜，則各拜一次。如士昏禮，婦向姑饋食，餕姑之饌，姑酳婦，"婦拜受。姑拜送"。無俠拜。古授受之禮，授者手中有物，故受者先拜，受者接過物後，授者拜送。冠者與其母正行此禮。母子相答拜，非常禮所有。冠禮如此安排，只是為了表示以成人之道待子，故特異其禮⑤。

5. 前人以史事或詩文考證古婦人跪拜說略評

審視前人研尋古婦人拜儀的方法，便知道當中很少像淩廷堪般直接從《儀禮》文本入手，而是大多以《周禮》或《禮記》肅拜為據，只執著個別史籍及詩文所載的為數極少的婦人拜事，而遽然立說。如只管舉宋貽孫所謂"古詩云'長跪問故夫'，是婦人亦跪也。

---

① 鄭玄注，賈公彥疏、王輝整理：《儀禮正義》，頁45。
② 鄭玄注，賈公彥疏、王輝整理：《儀禮正義》，頁45。
③ 詳參沈文倬《菿闇文存》（北京：商務印書館，2006年），頁628。
④ 詳參沈文倬《士昏禮文多不具說》，《菿闇文存》，頁636。
⑤ 詳參吳承志《遜齋文集》，卷三，《求恕齋叢書》本。

唐太后（引者按：指武后）朝婦人始拜而不跪"，便斷言自古婦拜亦跪[①]。説者不察其然否，竟至陳陳相因，幾成定論。即使是薈集羣言、考據精詳的趙翼的《婦人拜》[②]，也不免以偏概全之弊。單文孤例，或足以考見某一時代的情況，但若據之推斷周禮或《儀禮》等禮書之實，説服力顯然相當薄弱。就是在宋時，就有人批駁此説，如葉夢得（1077—1148）《石林燕語》在引述王説後便説："禮九拜，雖男子亦不跪，貽孫之言蓋陋矣。"[③]

于慎行（1545—1608）《筆麈·雜記三》同樣根據後周天元大象二年（580）故事及王建宮詞，並明朝命婦入朝禮儀，得出古婦人下手立拜的結論。于氏云：

> 世間婦人立拜起于武后，其實不然。周天元時，命內外命婦拜天臺，皆執笏俯伏如男子，可見以前婦人無俯伏者，惟下手立拜耳。王建宮詞有云："臨上馬時齊賜酒，男兒跪拜謝君王。"見當時宮女不作男兒拜也。本朝命婦入朝，僅行四拜，皆下手立拜。惟謝賜時一跪叩頭耳，而民間婦女乃俯伏稽首，與男子不異，非古禮也。

張爾岐（1612—1678）《蒿庵閒話》雖然肯定婦人有跪拜之禮，但觀乎《少儀》本文及鄭義，可見：

> 婦人肅拜之外自有手拜、稽顙二種，但不當用之吉事耳。周天元後，始混施無別。明代命婦入朝，贊行四拜，皆下手立

---

① 王貽孫謂張建章《渤海國記》備言其事。黃維翰纂輯《渤海國記》，只錄王應麟《玉海》所引"婦女拜而不跪，自武后時始"。其書已佚，不知其詳。宋人對王貽孫之説多所議論，詳參《愛日齋叢抄》卷一。
② 趙翼：《陔餘叢考》，頁543—545。
③ 葉夢得：《石林燕語》（北京：新華書店，1984年），頁5。

拜，惟謝賜時一跪叩頭。雖猶存古意，質之"君賜肅拜"之
文，已參用近法矣①。

于慎行敘述的明朝命婦下手立拜之禮，確乎"猶存古意"。其時，
拜謝賞賜，變爲一跪叩頭，較諸《少儀》"雖有君賜"仍只肅拜，
卻已摻雜後世拜法。明人呂坤（1536—1618）《婦人拜辨》亦將明
朝婦人拜儀與古禮相譬況，辨析兩者的異同，明言"男子以伏身爲
拜，婦人以屈膝爲拜，斷斷乎無兩説矣"。又謂婦人立拜兩手齊下，
姿勢"簡而便"，蓋得二鄭之意②。

6. 小結

《儀禮》所見婦人拜法，僅《士昏禮》標明"婦拜扱地"，餘皆
單言"拜"。《士昏禮》"婦拜扱地"一語中，"扱"通"及"，扱地
即手至地。大概如鄭玄所言，其禮與男子稽首相仿，跪地而首手俱
至地。可知《儀禮》中的婦拜，除扱地外，均爲立拜。以獻贊及獻
酢之禮論，《儀禮》相關文例有：《士昏禮》"婦執笲棗栗，自門入，
升自西階，進拜，奠于席"、"姑坐，舉以興，拜，授人"、婦"啐
醴，建栖，興，拜"；《特牲饋食禮》"（主婦）坐祭，立飲，卒爵，
拜"及《有司》"主婦執爵以出于房，西面于主人席北，立卒爵，
執爵拜"等。有別於男子的先興、再坐、奠爵而拜，婦人執爵興而
後拜。文本證據確鑿，無可疑者。

後人據《周禮》及《禮記》，推知"肅拜"爲婦人正禮，便理
所當然地把《儀禮》單言的"拜"都看成"肅拜"。依鄭衆及鄭玄
之意，"肅拜"之拜儀爲：俯首下手。先鄭更以漢時之擅（通
"揖"）譬況肅拜。據此，可知肅拜的姿勢就如後世的長揖般，其

---

① 張爾岐著，張翰勳整理：《蒿菴集　蒿菴集捃逸　蒿菴閒話》（濟南：齊魯書社，
　　1991），頁 329—330。
② 呂坤：《呂坤全集》（北京：中華書局，2008 年），頁 309、310。

姿勢大抵爲：站立，頭部微俯，身體微作屈勢，兩手合攏自上而下向地。"肅"字正取其磬折曲身之意。

後人於古婦人跪拜，鑿鑿言之，對其跪拜之儀議論紛紛，若據以説《儀禮》所記婦人之"拜"，則扞格難通，不得其解。黃以周藉設立"更端以示敬"的禮例，解説《儀禮》所見婦人拜儀。"更端以示敬"雖適用於説解部分禮文，但不足以推翻淩廷堪所歸納的婦拜之禮。總之，要想較準確地判斷《儀禮》婦拜究竟是坐拜還是立拜，就必須通過自行歸納《儀禮》文例來尋求答案。

陳樹鏞（1859—1888）《坐跪拜肅拜解》考釋拜禮甚爲詳明，其中專論肅拜有云：

> 鄭司農云："但俯下手，今時揖也。"揖與揖同。《少儀》鄭注云："低頭也。"賈子《容經》篇曰："磬折曰肅立。"然則肅拜者，磬折低頭，俯下手而不跪也。是婦人正拜。男子獨介冑在身用之。段懋堂謂"不跪不得爲肅拜"。不知古婦人多立拜。《儀禮》：婦見舅姑，手棗栗腶脩拜而後奠。惟其立拜，所以拜而後奠，曰跪拜，則必奠而後拜矣。是肅拜不跪之證也。然婦人亦有跪拜者，一曰扱地。《士昏禮》云："婦拜扱地。"鄭注云："扱地，手至地，猶男子稽首。"夫手至地而同於稽首，則必跪矣。一曰手拜，《少儀》云："爲尸坐，不手拜。"鄭注云："手拜，手至地。"然則凡有喪，非爲尸，則必手拜也。一曰稽顙，《喪服小記》云："婦人爲夫與長子稽顙"是也[①]。

陳文發明肅拜之義，曉暢簡括，頗有與筆者立論要點相契合處，堪

[①]　陳樹鏞：《陳慶笙茂才文集》，南開大學古籍與文化研究所編：《清文海》，第 101 册，頁 293—294。

作本節的結束語。

二、《儀禮·士冠禮》冠者取脯適東壁見母

根據《儀禮·士冠禮》的敘述，冠者見母的儀節是緊接第三次加冠完畢和賓禮冠者之後舉行的，經文云：

> 冠者奠觶于薦東，降筵，北面坐，取脯，降自西階，適東壁，北面見于母。母拜，受。子拜，送。母又拜。

然後賓才爲冠者取字。對這個儀節，古今注家討論的焦點大多放在"適東壁"見母上。各家解説"適東壁"，紛然殽亂，莫衷一是。現當代學者幾乎一致沿用由鄭玄（127—200）創立的舊説，擾攘了數百年的爭論似乎就此平息下來①。平心而論，鄭説不無可商，若未

---

① 楊天宇《儀禮譯注》（上海：上海古籍出版社，1994年）注"適東壁"云："東壁，廟的東牆。適東壁的目的，是爲了從東壁北頭的闈門出去見母，因冠者之母在闈門外等候。據褚寅亮説，子行冠禮，母無事，而'廟中未有無事而入者'，故母待於闈門外。"又，注"北面見于母"云："案母此時在闈門北邊面朝南而立，故子北面見之。"（頁21）錢玄《儀禮儀式》敘述"見母"儀節云："冠者北面坐，取脯，降自西階，出東牆闈門，至母所居之處。北面見于母，獻上脯，母拜受。冠者拜，母又拜。"見《三禮通論》（南京：南京師範大學出版社，1996年），頁560。彭林《中國古代禮儀文明》（北京：中華書局，2004年）説："冠禮完畢，冠者要拜見有關的尊長。先從西階下堂，折而東行，出庭院的東牆，面朝北，拜見在這裏等候的母親，並獻上乾肉，以表敬意。"（頁105）王宗昱《儒禮經典選讀》（北京：北京大學出版社，2011年）注64僅抄録鄭玄及褚寅亮之説而未加評論。（頁12）戴龐海《先秦冠禮研究》（鄭州：中州古籍出版社，2006年）"拜見母親"下説："冠者把觶放在席前脯醢的東邊，下席，到席的南邊面朝北坐下，取脯，然後從西階下堂，出東牆北頭的闈門，到母所在的地方，面朝北拜見母親，并把脯獻給母親。"（頁119）持説與上列諸位不同的，僅有李隆獻的《歷代成年禮的特色與沿革——兼論成年禮衰微的原因》，載葉國良、李隆獻、彭美玲《漢族成年禮及其相關問題研究》（臺北：大安出版社，2004年），文中這樣敘述《士冠禮》冠者見母的儀節説："冠者北面見母於東壁，雙方互行拜禮。"（頁29）僅此而已，未加申説。筆者初疑此説蓋沿葉國良《儀禮士冠禮研究（一）——經學與文化人類學的綜合考察》之説。後蒙葉教授賜知，其書並未談及冠者見母的問題。

經嚴格的辯證，不宜視作定論。古今注家之説，大抵可歸納爲二：一説以鄭玄《儀禮注》爲宗，就其共通點而言，可概括爲"出闈門見母説"，謂母不在廟而在闈門之外，故冠者需出闈門見之，自唐迄清，禮家如賈公彦（650—655 年間撰《儀禮義疏》）、朱熹（1130—1200）、李如圭（1133 年進士）、魏了翁（1178—1237）、姜兆錫（1666—1745）、方苞（1668—1749）褚寅亮（1715—1790）、孔廣森（1752—1786）、王聘珍（生卒年不詳）、張惠言（1761—1802）、焦循（1763—1820）、洪頤煊（1765—1837）、江筠（生卒年不詳）、胡培翬（1782—1849）、朱駿聲（1788—1858）、黃以周（1828—1899）、張錫恭（1858—1924）、曹元弼（1867—1953）等皆主之，但持此説者看法卻不盡一致；另一説可概括爲"適廟東壁見母説"，有感鄭説不可從，故另立新解，由元人敖繼公（生卒年不詳）開其端，郝敬（1558—1639）、萬斯大（1633—1683）、姚際恒（1647—約 1715）、吳廷華（1682—1755）、王士讓（1687—1741）、沈彤（1688—1752）、蔡德晉（生卒年不詳）、孔廣林（1736? —?）、劉沅（1768—1855）、林昌彝（1803—1876）、于鬯（1854—1910）、吳之英（1857—1918）等皆主之。兩説的最大分歧在於冠者在廟中見母抑或出闈門見母於廟外。至於"取脯"之義，古今注家多不甚措意，論者蓋寡。實則"取脯"與"適東壁"見母一意相連，其中藴含的制禮之意不可忽略。兹梳理目前搜集所得的資料，甄別各説之異同，評定其得失利弊，繼而結合《儀禮》本文及相關禮制，重構"適東壁"見母的語境，並闡發冠者取脯見母的禮義。

1. "出闈門見母説"平議

鄭玄《儀禮注》是現存的對冠者適東壁及其母所處位置的最早的解讀，其文云：

適東壁者，出闈門也。時母在闈門之外。婦人入廟由
闈門①。

鄭玄認爲，當時冠者之母在闈門外，冠者適東壁就是爲了出闈門見
母。鄭玄的想法是，按照慣例，婦人由闈門入廟，所以冠者之母儘
管沒有入廟，仍舊在闈門之外等候。鄭玄此注奠定了"出闈門見母
說"的基本框架和核心内容。只是由於注文十分簡略，留下了許多
有待解答的問題，也因此給予後人許多補訂推衍的空間。

賈公彦闡發鄭玄之說云：

官中之門曰闈門。母既冠子無事，故不在門外（引者按：
"不"字蓋是衍文，原文或作"故在門外"）。今子須見母，故
知出闈門也。云"婦人入廟由闈門"者，《雜記》云："夫人奔
喪，入自闈門，升自側階。"鄭《注》云："官中之門曰闈門，
爲相通者也。"是也②。

賈《疏》爲鄭《注》作了四點發明：（1）闈門是官中相通之門；
（2）加冠禮儀，由主人和賓主持，在二人的贊者及各執物者的襄助
下進行，冠者之母未有參與其事，故不在廟内；（3）冠者需出闈門
見母；（4）"婦人入廟由闈門"，實本《雜記》夫人奔喪之禮爲說。
賈公彦的疏通發明，使鄭玄構想的語境更趨完整明晰，其影響力綿
延至今，成爲冠者見母儀節的主流解讀。自宋迄清，信從鄭說的禮
家甚衆。通過整合與離析，此說可再細分爲四種：第一種說法，沿

---

① 鄭玄注，賈公彦正義，王輝整理：《儀禮正義》（上海：上海古籍出版社，2008年），
頁45。
② 鄭玄注，賈公彦正義，王輝整理：《儀禮正義》，頁45。

用鄭《注》、賈《疏》，全盤接受其說而未作任何補充説明，如朱熹①、魏了翁②、褚寅亮③、張惠言、胡培翬④、朱駿聲⑤等，其中張惠言禮圖所示（見圖四），最爲明晰。

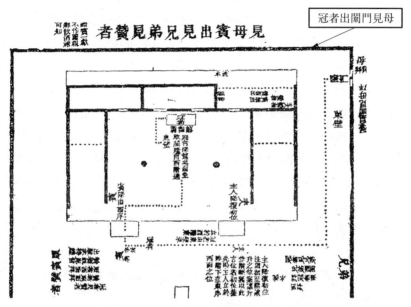

圖四　張惠言《儀禮圖·見母賓出見兄弟見贊者圖》

（王先謙編：《清經解續編》，上海：上海書店，1988年，第2冊，頁262。）

---

① 朱熹：《儀禮經傳通解》云："適東壁者，出闈門也。時母在闈門之外。婦人入廟由闈門。"《欽定四庫全書》，卷一，頁19a。

② 魏了翁：《儀禮要義》，《景印文淵閣四庫全書·經部·禮類》（臺北：臺灣商務印書館，1983年），第104冊，頁364。

③ 褚寅亮：《儀禮管見》云："廟中未有無事而入者，母在闈門外無疑。"《續修四庫全書·經部·禮類》（上海：上海古籍出版社，1995年），第88冊，381。

④ 胡培翬著，段熙仲點校：《儀禮正義》（南京：江蘇古籍出版社，1993年），頁81—82。

⑤ 朱駿聲：《儀禮經注一隅》云："適東壁者，出宮中之闈門也。母既冠子無事，故此時在闈門外。婦人入廟由闈門。"《續修四庫全書·經部·禮類》（上海：上海古籍出版社，1995年），第93冊，頁2。

　　第二、三、四種説法，皆以鄭説爲基本框架，再行補苴罅漏，甚或修訂彌縫：第二種，申説閨門所在及其相通處，如孔廣森、洪頤煊等；第三種，謂冠禮房中、北堂、内寢俱不便爲婦人之位，如方苞、江筠（乾隆間人）等；第四種，謂閨門在廟之西牆、寢之東牆，如姜兆錫、王聘珍、黄以周、張錫恭、曹元弼等。兹分別辨析各説如下：

　　（1）第一種説法：鄭玄、賈公彦之説及全盤接受其説者（朱熹、魏了翁、褚寅亮、張惠言、胡培翬、朱駿聲）

　　第一種説法，全然沿用鄭注、賈疏，幾乎不作任何補充説明，可與鄭、賈二氏一併討論。鄭玄以婦人由閨門出入注釋《儀禮》，還見於《儀禮・士虞禮・記》的注文，兩注釋義相通，可以合看。記文敘述卒哭祭畢餞尸的禮儀："賓出，主人送，拜稽顙。主婦亦拜賓。"主人拜送男賓，主婦則拜送女賓。賓出大門，主人拜送於大門外。反觀"主婦亦拜賓"，既不言出，亦不言送，做法與主人不同。鄭玄《注》云：

　　　　女賓也。不言出，不言送，拜之於閨門之内。閨門如今東
　　西掖門①。

鄭玄以爲主婦拜女賓於閨門之内，但未明言此閨門所在。賈公彦援引《左傳》僖公二十二年"婦人送迎不出門"，解釋主婦不出送女賓的原因。"閨"字不見於《儀禮》，只見於《禮記》及《周禮》，而鄭玄注《雜記下》，説是"宮中之門"，注《保氏》則解作"宮中之巷門"，與《爾雅》小異。胡培翬《儀禮正義》云："《爾雅》：宮中之門謂之閨。郭注謂相通小門也。言宮中則廟與寢皆有之。"② 則廟寢皆有閨門。《士虞禮》開首便提到"廟門"，鄭玄以爲，虞實在

---

① 　鄭玄注，賈公彦正義，王輝整理：《儀禮注疏》，頁1324。
② 　胡培翬著，段熙仲點校：《儀禮正義》，頁81。

寝，只因寝爲"鬼神所在"，故尊稱之爲廟[1]。問題是，若鄭玄以爲此闈門在寝（殯宮），即主婦拜女賓於寝之闈門，恐不合經義。須知餞尸在寝門外，而闈門在寝門之內，主婦既在寝門外餞尸，就不應復入寝門，再拜女賓於闈門[2]。鄭玄又以漢宮兩旁的東西掖門（猶人有左右兩腋）譬況古制，則其意中，宮之東西兩旁皆有闈門，可推而知[3]。胡培翬據此爲鄭注辯解云："闈門如今東西掖門，則似寝門外別有東西二門。《左傳》哀十四年：齊子我屬徒攻闈與大門。似闈亦可通於外，非僅宮中相通之小門謂之闈也。"[4] 子我屬徒攻闈與大門，先言闈，後言大門，可知非宮中之闈，應如金鶚所言，"此闈蓋屬於外牆"[5]，則寝廟之外，外牆亦有闈門。金鶚《求古錄禮說·闈考》云："主婦拜賓者，拜之於西闈門也。鄭雖不言西闈，而引漢制東西掖門爲證，亦可見古者宮牆東西皆有闈門矣。"[6] 鄭玄本意是否如此，不易確定。

賈公彦以爲鄭玄謂"婦人入廟由闈門"，實本《禮記·雜記下》爲說。今案：《雜記下》云：

> 婦人非三年之喪，不踰封而弔。如三年之喪，則君夫人歸。夫人其歸也，以諸侯之弔禮。其待之也，若待諸侯然。夫

---

① 賈公彦疏解鄭注云："對時廟與寝別，今雖葬既，以其迎魂而反，神還在寝，故以寝爲廟，虞於中祭之也。"鄭玄注，賈公彦正義，王輝整理：《儀禮注疏》，頁1273。

② 蔡德晉《禮經本義》云："主婦拜女賓，蓋在大門之內。今案：《爾雅·釋宮》云：'宮中之門謂之闈。'郭注：'謂相通小門也。'《說文》：'闈，宮中之門也。'《周禮·保氏》鄭注：'闈，宮中之巷門。'據此則闈門在宮中，當在寝門之內。此餞尸在寝門外，不應復入寝門，而拜之於此。"《景印文淵閣四庫全書·經部·禮類》（臺北：臺灣商務印書館，1983年），第109冊，頁508。

③ 漢宮之掖門，可詳劉善澤《三禮注漢制疏證》（長沙：岳麓書社，1997年），卷十三，頁432。

④ 胡培翬著，段熙仲點校：《儀禮正義》，頁2055。

⑤ 金鶚：《求古錄禮說》（濟南：山東友誼書社，1992年），頁783。

⑥ 金鶚：《求古錄禮說》，頁779。

人至，入自闈門，升自側階，君在阼。

鄭玄《注》云：

> 女子子不自同於女賓也。宮中之門曰闈門，爲相通者也。側階，亦旁階也。[1]

孔穎達《疏》云：

> 《喪大記》：“夫人弔於大夫、士，主人出迎于門外。夫人入，升堂即位。”是女賓入自大門，升自正階。今此不然，是不自同於女賓。以女子子是父母之親，不可同於女賓之疏也[2]。

孔穎達以爲，國君夫人歸奔父母之喪，以女兒之親，禮數不同於女賓，所以不像女賓般由大門入，而是由旁側闈門入，也不像女賓般由正階升堂，而是由側階升堂[3]。孔《疏》清楚説明的夫人不同於女賓的做法，若符合鄭玄原意，便暴露其漏洞。只要把夫人與女賓的做法倒過來看，便知夫人入自闈門，就意味着女賓不自闈門而入。要是這樣，鄭玄在《儀禮注》所説的“婦人入廟由闈門”，就只適用於説明特殊的情況（變禮），而不具有普遍性（或常禮）。賈公彥似乎也

---

① 鄭玄注，孔穎達正義，呂友仁整理：《禮記注疏》（上海：上海古籍出版社，2008年），頁1672。

② 《禮記注疏》，頁1673。

③ “側階”之義，詳焦循《羣經宮室圖》，其文云：“東西側之有階，經文甚明。（自注云：“《雜記》：‘諸侯夫人奔父母喪，入自闈門，升自側階。’註云：‘宮中之門曰闈門，側階亦旁階也。奔喪禮，婦人升自東階。’《顧命》：‘一人執鋭，立于側階。’註云：‘側階，東下階也。’”）階必當堂而設，有東堂、西堂，乃有東側階、西側階，亦猶有北堂，乃有北階也。”《續修四庫全書·經部·禮類》（上海：上海古籍出版社，1995年），第173冊，頁620。

没有注意到這點。金鶚（1771—1819）《求古録禮説·闈考》云：

> 《喪大記》所言，非尋常賓主之禮。夫人弔於大夫士，與
> 君臨臣喪同。《士喪禮》：君至，主人出迎于外門外，君升自阼
> 階。不用賓禮。故夫人入自大門，升自正階。亦不用賓禮。主
> 人出門拜迎，不以女賓待之也。若是女賓，則當主婦迎之。男
> 子豈可迎女賓乎！蓋凡婦人出入，必由闈門，升降必由側階，
> 賓主皆然。一以明男女之有别，一以明陰陽之貴賤，禮之大義
> 也。而注疏謂女賓皆由大門、正階，失之矣[1]。

據此，國君夫人弔喪常禮，因其身份尊貴，故如國君般入自大門、
升自正階，但奔父母之喪則不然，只如女賓般入自闈門、升自側
階。金氏推衍鄭説，大大擴大了婦人由闈門出入的適用範圍，由出
入廟宇擴大到尋常賓主出入之禮。

　　現在回到鄭玄注《士冠禮》所談及的闈門。鄭玄既説適東壁的
目的是出闈門，最直接的解讀是此闈門就在廟之東壁[2]。可是，對此
闈門所在，後人卻有不同的想法，計有西壁、北壁直北階（見圖五：
孔廣森圖）、東壁極北在廟之東北隅（見圖六：戴震［1724—1777］
圖；圖七：黄以周圖）、東壁近東序端（圖八：林昌彝圖）等説，就
中以主張在東壁、廟之東北隅者居多[3]。而且，各家禮圖所示，

---

[1]　金鶚：《求古録禮説》，頁 779。
[2]　用金鶚説，見《求古録禮説》，頁 777。
[3]　詳參孔廣森《禮學巵言》，《續修四庫全書·經部·禮類》（上海：上海古籍出版社，
1995 年），第 110 册，頁 83。又，金鶚《求古録禮説》云："舊圖，闈門在西壁。近
孔攑約（引者按：即孔廣森）圖在北壁，直北階。江慎修、戴東原圖皆在東壁，極
北，爲宮之東北隅。"（頁 777）考古方面，陝西扶風雲塘發現西周建築基址。徐亮
高、王巍曾於基址繪圖上標明"闈門"所在（見圖六）。在第二屆禮學國際學術研
討會上（杭州中國美術學院，2013 年 8 月 18 日），承蒙中國社會科學院考古研究所
劉瑞教授告知，基址上未見闈門遺迹。如果劉教授所言屬實，則圖中所示僅爲推
測，不足憑信。

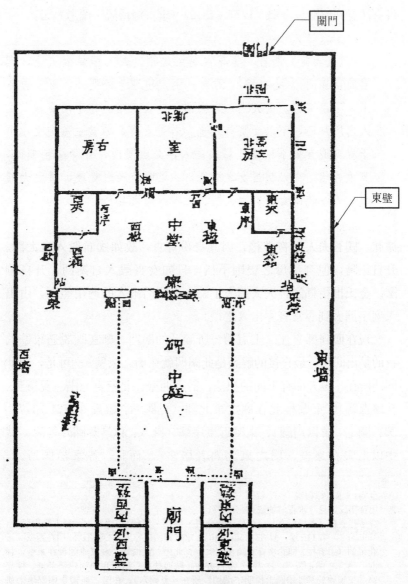

圖五　孔廣森《禮學卮言·廟寢圖》

（《續修四庫全書·經部·禮類》，上海：上海古籍出版社，1995 年，第 110 冊，頁 79。）

婦人入自闈門

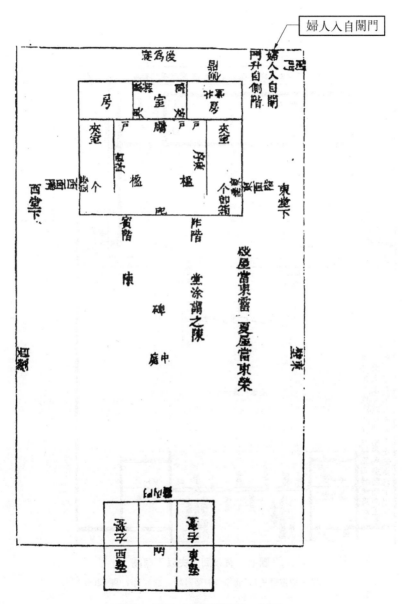

圖六　戴震《考工記圖下・宗廟》

（《戴震全集》（第二冊），北京：清華大學出版社，1992 年，頁 821。）

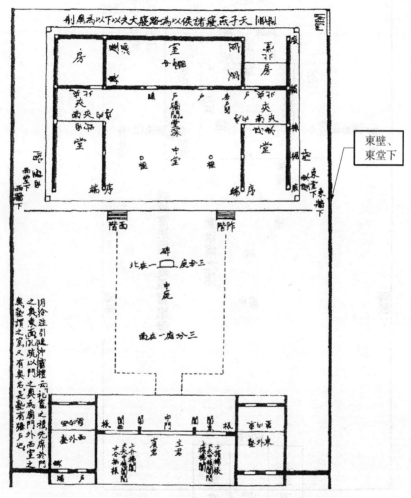

圖七　黃以周大夫以下廟圖

（見《禮書通故》，北京：中華書局，2007 年，頁 2266。）

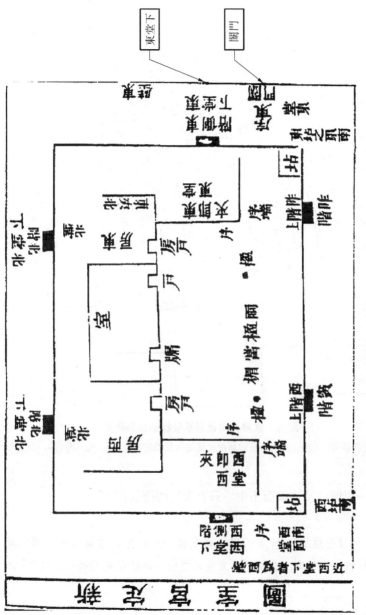

圖八 林昌彝《三禮通釋·新定宮室圖》

（北京：北京圖書館出版社，2006年，頁 596。）

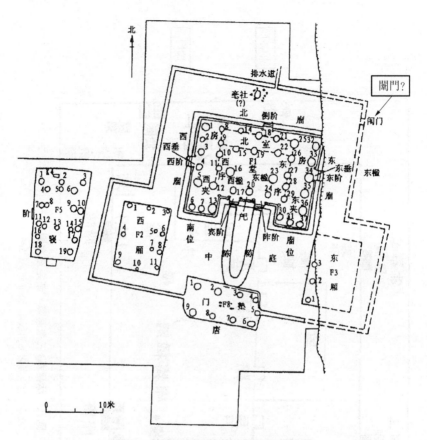

圖九　雲塘西周建築基址群部位稱謂圖

（見徐良高、王巍《陝西扶風雲塘西周建築基址的初步認識》，載《考古》，2002 年
第 9 期，頁 28。）

皆僅一闈門，又皆偏而不中。只有金鶚明確説：

> 《士冠禮》：降自西階，適東壁。此東壁，當與《士喪禮》東
> 壁相近而稍南。蓋闈門當東壁之中也。則謂在東北隅者，誤矣[1]。

---

[1]　金鶚《求古錄禮説》，頁 780。

金鶚推斷《士冠禮》之東壁與《士喪禮》之東壁相近而稍南，相當於東堂下，説極精審（説詳下文）。謂東壁之中有闈門，亦較他説可取。

（2）第二種説法：闈門所在及其相通處——孔廣森、洪頤煊、焦循之説

孔廣森（1752—1786）《闈門》云："舊圖，闈門在西牆。今改定在北者，据自東壁至門爲便。若闈門在西，冠者自可由西階之西循西壁以出，不應轉東適矣。"① 孔氏認爲，冠者適東壁，由東壁走至直北階的闈門，較爲便捷，故斷言闈門在北。

鄭玄只説出闈門，卻没有交代闈門之外是何處所。後代信從鄭説的禮家有措意及此者。如洪頤煊《禮經宫室答問》就注意到這個問題，説：

> （引者按：原文引《士冠禮》及鄭注，此從略）孔疏："闈門，東邊之門。"是闈門在廟北東壁也。凡廟東西牆之外，皆有衖，以相通。故母得在闈門之外。凡衖皆當東，故適東壁，出闈門，以見母②。

認爲闈門之外有衖，可通往他處，即冠者之母所在之處。焦循（1763—1820）不約而同提出類近的看法，其《羣經宫室圖》云：

> （引者按：原文引《士虞禮》主婦亦拜賓及《保氏》王闈鄭注，此從略）然則朝廟之外皆有巷相通。其巷側之門曰闈，而在巷頭者曰閎。惟其在巷側，故在朝廟之東西壁。婦人由巷

---

① 見孔廣森《禮學卮言》，《續修四庫全書·經部·禮類》，第110册，頁83。
② 洪頤煊：《禮經宫室答問》，《續修四庫全書·經部·禮類》（上海：上海古籍出版社，1995年），第110册，頁163。

而入廟，故出自闈門也①。

然則，根據這種看法，當時冠者之母就在巷側的闈門外。如此説來，冠者之母便在巷中見子，此舉未免匪夷所思。

(3) 第三種説法：冠禮，房中、北堂、內寢皆不便爲婦人之位——江筠、方苞之説

第三種説法，指出房中、北堂、內寢俱不便爲婦人之位，以補充鄭義。鄭《注》全然没有提及冠者之母何以不逕自入廟行禮的原因，賈《疏》才補充鄭義，説是其母無事的緣故。賈疏的推闡，得到褚寅亮、朱駿聲等人的贊同。褚寅亮《儀禮管見》云："廟中未有無事而入者，母在闈門外無疑。"② 朱駿聲《儀禮經注一隅》亦云："母既冠子無事，故此時在闈門外。"③ 更幾乎一字不易地抄録賈《疏》原文。説其母無事，故不在廟內，值得商榷。行加冠禮之時，除了主禮的主人和賓，以及二人的贊者及各執物者外，當時身處廟內的其實還有兄弟。經文詳記加冠禮開始時各人就位的情況，其中"兄弟畢袗玄，立于洗東，西面，北上"。洗放在庭中，在堂的南邊，與堂南北之間的距離等同於堂深④。而兄弟立於洗的東邊，即靠近東壁的地方。此後漸次進行了三次加冠、賓向冠者行醴禮、冠者見母、賓爲冠者取字、主人請禮賓的儀節，直至"冠者見於兄弟"，兄弟才再次出現於經文，這期間，兄弟一直立於洗東，並未有參與行禮，説兄弟"無事"，也没有脱離事實。由此看來，用

---

① 焦循：《羣經宮室圖》，《清經解續編》（上海：上海書店，1988 年），第 2 册，頁 455—456。

② 褚寅亮：《儀禮管見》，《續修四庫全書·經部·禮類》（上海：上海古籍出版社，1995 年），第 88 册，頁 381。

③ 朱駿聲：《儀禮經注一隅》，《續修四庫全書·經部·禮類》（上海：上海古籍出版社，1995 年），第 93 册，頁 2。

④ 凌廷堪著，彭林點校：《禮經釋例》（臺北：中研院中國文哲研究所，2004 年）云："凡庭洗設于阼階東南，南北以堂深，水在洗東。"（頁 118）

"母既冠子無事"來解釋其位於闈門外，未能令人愜意。後人似乎知道此説於理不合，於是別求其故。江筠《讀儀禮私記》云：

> 惟房中乃婦人之位，今既因贊者在房，而不得位於此，則其不入闈門，明矣①。

房中確爲婦人之位，準確地説，婦人實以"東房"爲位②。《儀禮》常簡稱房，如《士昏禮》云："女次，純衣纁袡，立于房中，南面。"《特牲饋食禮》云："主婦纚笄宵衣，立于房中，南面。"《左傳》更記有實例，成公九年，魯宣公女伯姬嫁予宋公，"季文子如宋致女，復命，公享之。賦《韓奕》之五章。穆姜出于房，再拜，曰：'大夫勤辱不忘先君，以及嗣君，施及未亡人，先君猶有望也。敢拜大夫之重勤。'又賦《綠衣》之卒章而入。"燕禮在路寢舉行，穆姜爲伯姬之母，此時在東房，有門户通於路寢。穆姜聽到季孫行父賦《韓奕》五章，即由東房出至路寢，言畢，復入房中③。江氏指出，因贊者在房，故冠者之母不得位於房中。方苞《儀禮析疑》考慮得更周詳，所言亦更明晰，其文云：

> 凡内事，主婦位于房中，冠則受脯於東壁，何也？將冠者房中南面，尊甒服屨，陳于西墉，贊者負東墉而立，則無地以位之。其不可待于北堂，何也？三加畢，贊者將入洗觶。男子婦人無禮不相接。祭之日，主婦出獻賓祝佐食，主人入獻内賓，義不容已，故禮答焉。冠子，而母與贊者數相面，則義無

---

① 江筠《讀儀禮私記》，見胡培翬著，段熙仲點校《儀禮正義》，頁81—82引。
② 江永《鄉黨圖考》云："大夫、士陳器服及婦人行禮，常在東房。"見胡培翬著，段熙仲點校《儀禮正義》，頁36引。林昌彝：《三禮通釋》（北京：北京圖書館出版社，2006年）亦云："東房者，婦人之位。"（頁479）
③ 楊伯峻：《春秋左傳注》（北京：中華書局，1990年），頁841。

取，而禮與辭亦無可施。是以出待于闈門外也。其不于内寢，
何也？母喪疾，則使人受脯于西階。西階無受者，而母不在東
壁，則疑于父存而母殁爾①。

方苞提出三個可能的婦人之位，然後逐一指出在冠禮上皆不可行的
原因。第一個可能，當然是婦人行禮時常處的東房。然而，加冠之
日，行禮之前，陳設於房中西墉下的物件，既有將冠者的服裝，南
邊又放着篋、簞、筵，北邊也放着脯醢、篚、尊；各人就位之時，
將冠者又與贊者先後就位於房中。既無餘地，贊者在房，亦有不
便，故冠者之母不能在房。第二個可能，是北堂。北堂以東房中半
以北、無北壁而得名。婦人以北堂爲位，如《特牲饋食禮》云：
"宗婦北堂東面，北上。"《有司徹》云："酌致爵於主婦，主婦北
堂。司宮設席東面。"北堂與房中同地，以所面向爲别，故林昌彝
《三禮通釋》指出，婦人行禮，其位皆在房中，或稱房中，或稱北
堂，一地而異名②。但是，北堂設有洗，三次加冠畢，贊者將就之
盥手而後洗觶，如母在北堂，自亦不便。第三個可能是内寢。可
是，經文記見母變禮云："冠者母不在，則使人受脯于西階下。"倘
若西階無人代受，而母又不在東壁，便會使人懷疑其母已殁。方苞
認爲，三個可能都不可行，唯一的可能就是其母在闈門外等候。

（4）第四種説法：闈門在廟之西牆、寢之東牆——姜兆錫、王
聘珍、林昌彝、黄以周、張錫恭、曹元弼之説

第四種説法，謂闈門在廟之西牆、寢之東牆。依鄭玄説，闈門
在廟之東壁甚明。周廟寢之制的基本佈局是，廟寢相連，左廟右
寢，廟在寢東。然則，廟東壁之外更有何地可以容母？這個問題無

① 方苞：《儀禮析疑》，《景印文淵閣四庫全書·經部·禮類》（臺北：臺灣商務印書館，
1983年），第109册，頁10—11。
② 詳林昌彝《三禮通釋》，頁522。

法回避。若母在寢內，則鄭玄所謂冠者之母在闈門之外，冠者適東壁出闈門而見之，便與左廟右寢之制乖剌。前人針對這點駁斥鄭注的如郝敬《儀禮節解》云：

> 鄭註東壁爲闈門外。古廟在宅東，由廟中入宅曰闈門。果爾，當云適西壁，何爲反適東壁乎[1]？

郝氏的駁議是，廟在寢東，若冠者出廟之闈門見母，則當説適西壁，今經文既説"適東壁"，是知鄭注不可從。萬斯大《儀禮商》亦云：

> 鄭注冠者適東壁見母爲出闈門，且云時母在闈門之外，婦人入廟由闈門。非惟于解不明，抑亦乖古人左祖之制[2]。

萬氏駁斥鄭注的理據與郝敬相同。爲了堵塞鄭注的漏洞，主張出闈門見母的學者便想出一個變通的辦法，那就是重新解讀"東壁"的含意。持此説者爲遷就左廟右寢之制，不惜將"東壁"解作寢之東壁。就目前所見，最早提出這種看法的是姜兆錫，其《儀禮經傳內編外編》云：

> 云婦人入廟由闈門者，《雜記》：夫人奔喪，入自闈門，升自側階。彼注云：宫中之門曰闈門，爲相通者也。愚按：鄭注云適東壁者，出闈門也。蓋指宗廟之闈門而言。故其下云時母

① 郝敬：《儀禮節解》，《續修四庫全書·經部·禮類》（上海：上海古籍出版社，1995年），第 85 冊，頁 560。
② 萬斯大：《儀禮商》，《景印文淵閣四庫全書》（臺北：臺灣商務印書館，1983 年），第108 冊，頁 257。

在闈門之外。禮，婦人入廟由闈門也。而《雜記》注乃云宮中
之門曰闈門，爲相通者也。則又似宮中之側門曰闈門，與廟相
通。何耶？考周制，宗廟在宮室之東。《周禮·肆師》所謂左
宗廟是也。則適東壁者，正出宗廟之闈門，適宮室之東壁。而
《雜記》之注殆失之矣。豈宗廟與宮室各繚以周垣，而其門皆
曰闈門，故宗廟與宮室得互言之與[1]？

姜氏説鄭《注》適東壁所出之闈門指宗廟之闈門而言，契合鄭義。
由於姜氏不諳闈制，只知宗廟有闈門，因而對鄭玄《禮記注》宮中
別有闈門之説疑惑不解。基於闈門在廟，而廟在寢東的原則，姜氏
提出對鄭《注》"適東壁，出闈門"的新解，即"出宗廟之闈門，
適宮室之東壁"。然則，此闈門就在廟之西壁。

林昌彝《三禮通釋·大夫士寢廟制》論及東壁闈門之所在云：

婺源江氏永謂冠者降西階，適東壁見母，則廟之闈門在東
北隅。按：江説非也。近儒因謂廟中之巷皆在廟東，皆不可
解。謹按：《儀禮義疏》云："寢之闈門在東壁，廟之闈門則當
在西壁。婦人由之，乃便也。《士冠禮》：冠者適東壁，或其
時，母立於東夾之北歟？若出闈門，則由東壁而北而西以行
焉。其有數廟而外爲都宮者，則都宮之西必有一總闈門，而各
廟又皆有闈，乃可以達也。"謹按：此説極精。是廟中之巷，
明非在廟東矣。竊謂寢有異宮，則兩宮之間有巷焉。廟在寢
東，則廟寢之間有巷焉。……鄭氏注禮，明言出闈門，是解適
東壁者爲出闈門，而適寢東壁，豈可謂爲廟中乎？《士冠禮》
又云：入見姑姊，如見母。則前之見母，非見於寢乎？蓋寢廟

① 姜兆錫：《儀禮經傳內編外編》，《續修四庫全書·經部·禮類》（上海：上海古籍出版社，1995年），第87冊，頁186。

之間有巷,巷之闈門在寢,當近東堂下之壁。在廟當近西堂下
之壁。按:《雜記》云:夫人奔喪,入自闈門,升自側階。奔喪
禮云:婦人升自東階。側階亦曰東階,是爲東堂之階也。入闈
門而升自側階,是闡明近於東堂下之壁矣。壁外即巷東,即廟
之西壁,亦爲闈門。婦人入廟,亦當入闈門,升自西階側階。
而謂使其迂道環廟後而入廟東之闈門,可乎?且如庶人一廟,
則廟東無術,亦使舍其由寢入廟之闈門,而廟東特設一巷,以
爲婦人入廟之路邪?決不然矣①。

林氏批評江永廟之闈門在東北隅之説,進而指斥廟巷皆在廟東
之非。所引述的"《儀禮義疏》"文字,持論不同於今本《欽定儀禮
義疏》,卻與纂修官之一的姜兆錫的《儀禮經傳內編外編》如出一
轍。姜氏以爲,適東壁指出宗廟之闈門而適宮室之東壁。林氏據此
創發新説,以爲寢廟之間有巷,而寢廟皆有闈門,通於巷中,寢之
闈門,近東堂下之壁,即此東壁,廟之闈門,近西堂下之壁,即西
壁。説寢廟之間有巷,巷兩側有闈門,婦人經此出入寢廟,確甚通
達,只是適東壁與闈門所在並無必然的關係。即使冠者之母遵行婦
人由闈門入廟之禮,如鄭玄所説的那樣,也不等於説適東壁就是爲
了出闈門。也就是説,適東壁與出闈門不必是一回事。

王聘珍《儀禮學》的看法大體與姜説相近,而論述更具體和
清晰:

　　　　東壁者,乃宮中之東壁,于廟則爲西。知者,周禮左宗
廟,在宮之東。《爾雅》:"宮中之門謂之闈。"郭注云:"謂相
通小門也。"《説文》云:"闈,宮中門也。"然則闈門是由宮而

---

① 林昌彝:《三禮通釋》,頁489。

通于廟之門，既屬宮，則經所云：東壁者，自應屬宮而言。廟
中冠時，冠者之母無事，仍在宮中。自廟而言，則在外矣。冠
禮成，適宮而見母。自廟而往，故曰出。若廟之東壁，則不與
宮相連，其外當爲道路，非婦人之所在①。

廟在宮（寢）東，廟東壁之外，若爲道路，必非婦人所應在。有鑑
於此，王氏遂巧立新説，認定闈門屬宮，可通於廟，而宮與廟有壁
相連，於宮爲東壁，於廟則爲西壁。適東壁，出闈門，皆就宮而
言。以闈門屬宮，持説與姜氏截然相反。王氏更明言，冠者之母無
事（從賈疏），仍在宮中。

至於母在宮東壁的確實位置，前人無説，黃以周才思慮及此。
黃以周《禮書通故》云：

依鄭注饎爨在東壁，謂廟之東堂下，此適東壁謂寢之東堂
下，故云適東壁出闈門也。知不在廟之東堂下者，經無主婦入
廟之文。又禮，婦人不下堂，位在房中。廟之東壁，不得有婦
人位也。知非廟之周垣東墙者，禮，周垣謂之牆，堂下謂之
壁，其稱謂異也。冠子將入見母于寢，降自西階，即由廟之西
壁出闈門，適寢之東壁，爲時母不在廟中也。下見姑姊曰"入
見"，鄭注"入，入寢門"。此見母不曰入，下又曰"送母又
拜"，則其母在寢之東壁可知。婦人自寢入廟由闈門，闈門在
廟之西墙，寢之東墙，舊圖多誤②。

黃氏明言，適東壁的確實位置就在寢之東堂下。他認爲，闈門在廟
之西牆、寢之東牆，"適東壁，出闈門"指冠者由廟西壁出闈門，

① 王聘珍：《儀禮學》，《清經解續編》，第2册，頁1306。
② 黃以周：《禮書通故》（北京：中華書局，2007年），頁45—46。

適寢之東壁。其説與王聘珍近同。依黃氏之見，經文未記主婦入廟，且婦人不下堂，位在房中，東壁不得有婦人之位，加上經文記冠者見母不言“入”，即與入寢門見姑姊不同，故母只能在寢之東壁。依禮，婦人不下堂，黃氏據此斷然否定適東壁在廟之東堂下的可能。“禮，婦人不下堂”一語，不見於禮書，大概是後代禮家根據眾多儀節總結出來的通例。《禮記‧喪大記》云：“夫人爲寄公夫人出。”君喪，未小斂，如寄公夫人來弔，則君夫人爲之出室，迎拜於堂上，故孔穎達《疏》云：“婦人不下堂，但出房而拜於堂上也。”[①]《儀禮‧士昏禮‧記》有云：“凡婦人相饗無降。”因北堂已設洗，故姑饗婦人送者毋須降盥降洗。賈公彥《疏》云：“本設北洗，爲婦人有事不下堂，今以北洗及篚在上，故不降。”[②]是孔、賈意中，俱有“婦人不下堂”之義，而綜合二人之説，此義通寢與殯宮而言。雖説婦人一般不下堂，但《喪大記》又云：“婦人迎客、送客不下堂，下堂不哭。”主婦於弔賓，若身份相敵，則不論迎送，俱不下堂。若有君夫人來弔，則主婦還是會下堂至庭，只是稽顙不哭而已[③]，故記文補言“下堂不哭”。婦人不下堂固然是常禮，但因情況特殊而不得不下堂，亦情理所當有，可視爲權變。再舉《春秋》三傳所記宋伯姬事爲例。《穀梁傳》記伯姬之舍失火，左右請速避火，伯姬説：“婦人之義，傅母不在，宵不下堂。”結果不幸葬身火海。《公羊傳》記事略同，亦録伯姬語云：“吾聞之也，婦人夜出，不見傅母不下堂。傅至矣，母未至也。”《公》、《穀》二傳皆盛讚伯姬能盡婦道[④]。細審伯姬之語，僅言夜間若無傅母則婦人不得

---

① 鄭玄注，孔穎達正義，呂友仁整理：《禮記注疏》，頁 1707。孔穎達謂“出爲出房”，誤。見孫希旦：《禮記集解》（北京：中華書局，1989 年），頁 1139。
② 鄭玄注，賈公彥正義，王輝整理：《儀禮注疏》，頁 148。
③ 鄭玄注，孔穎達正義，呂友仁整理：《禮記注疏》，頁 1715。鄭玄注云：“婦人所有事，自堂及房。”
④ 二傳對伯姬的評論，可詳浦衛忠《春秋三傳綜合研究》（臺北：文津出版社，1995 年），頁 173—174。

下堂，言下之意，只要傅母在便可下堂。更何況《左傳》記當時人評論，謂伯姬"女而不婦。女待人，婦義事也"。說明女與婦禮節有別，女無傅母不下堂，婦則可以便宜行事①。而且，前人所立"婦人不下堂"之義，如上引孔穎達、賈公彥之説，應通寢廟而言。即如黃氏所説，母在寢之東壁，則已下堂，有違常禮。由是而知，黃氏否定婦人有以堂下爲位的可能，恐有武斷之嫌，然則，據此未可必之説推衍"適東壁"之意，自亦難以站得住腳。

張錫恭也認爲"東壁"即寢東壁，其説得到曹元弼的支持，更獲許爲確論。曹元弼《禮經校釋》云：

> 釋曰：張氏錫恭云："東壁，疑據寢言之，故謂之東。周左宗廟，廟在東，寢在西。注云：適東壁者，出闈門也。時母在闈門之外。（自注：此云外者，據廟言之。）蓋子出闈門以見母。而寢之東壁近廟，母於此俟子之見，故子適東壁以見之。"弼案：張説致確。下云：入見姑姊，注：入寢門也。姑姊必與母相近，則母在寢東壁可知②。

如上列姜兆錫、王聘珍、黃以周諸家之説，張錫恭亦謂"東壁"據寢而言，但後出者均未注明轉引前説，似是各自爲説，不相因襲。張説簡略，並未提出具體的論據，在表述己説前著一"疑"字，論斷語氣不甚堅定。反而曹元弼對張説推崇備至，又以入寢門見姑姊爲據，斷言"姑姊必與母相近"，其説不可從（説詳下文）。

---

① 楊伯峻：《春秋左傳注》，頁 1174。
② 曹元弼：《禮經校釋》，《續修四庫全書·經部·禮類》（上海：上海古籍出版社，1995年），第 94 冊，頁 124。

2."適廟東壁見母説"（敖繼公、郝敬、萬斯大、姚際恒、孔廣林、沈彤、《欽定儀禮義疏》、吴廷華、蔡德晉、劉沅、吴之英、王士讓、林昌彝、于鬯之説）申論

如上考述，由鄭玄草創的"出闈門見母説"，雖經一衆後儒勉力補證，仍舊存在無法彌補的漏洞，未爲的論。其實，元人敖繼公早就懷疑鄭説，其《儀禮集説》云："云適東壁而見之，則是時母位在此與?"[1] 敖氏不太確定母位在東壁之處，但其不取鄭《注》顯而易見。就目前所見，自明人郝敬始，就有不少禮家對鄭玄"出闈門見母説"提出異議，並別出新解。其中最矚目的是成書於乾隆十一年（1746）的官修的《欽定儀禮義疏》。充任纂修官的計有褚錦、惠士奇、杭世駿、蔡德晉、吴廷華、姜兆錫等禮家。是書於冠者見母章"正義"下録敖繼公文，卻將鄭《注》置於"存疑"，表示纂修者不取鄭説[2]。夷考其實，新解與舊説最大的分歧在於舊説爲遷就禮例，不惜曲解經文，而新解則以《士冠禮》及《儀禮》其他篇章的原文爲本，契合經旨。依此説讀原文，頓覺怡然理順，顯豁明快。只可惜新解至今未能得到應有的重視，無法取代相沿既久、影響深遠的舊説。

郝敬和萬斯大在駁議鄭《注》的同時，也提出新解。郝敬《儀禮節解》云：

> 東壁，廟東側室。冠子，則父主外事，在東序，母主內事，在東壁[3]。

---

① 敖繼公：《儀禮集説》。
② 《欽定儀禮義疏》，《景印文淵閣四庫全書·經部·禮類》（臺北：臺灣商務印書館，1983年），卷二，頁5a。有關《欽定三禮義疏》的成書情況及體例，可詳林存陽《清初三禮學》（北京：社會科學文獻出版社，2002年），頁306—308；鄧聲國《清代〈儀禮〉文獻研究》（上海：上海古籍出版社，2006年），頁255—256。
③ 郝敬：《儀禮節解》，《續修四庫全書·經部·禮類》（上海：上海古籍出版社，1995年），第85册，頁560。

如郝説，子之冠禮，由父母協力統籌，分別主持内外之事，母在廟中，自是必然。東壁，據廟而言，亦從可知。郝氏以“廟東側室”釋“東壁”，與于鬯近同（説詳下文），似是不謀而合。姚際恒《儀禮通論》引述郝文，表示贊同其説①。萬斯大批評鄭《注》有乖左廟右寢之制，又未能有效解讀經文。他於是在《儀禮商》別出新解，説：

> 東壁，東堂下也。何以知之？《特牲禮》：“主婦視饎爨于西堂下。”《記》（引者按：指《特牲禮·記》）云：“饎爨在西壁。”《特牲》一禮，饎爨無兩。既云西堂下，復云西壁，則西堂下即西壁矣。然則東壁非東堂下乎②？

萬斯大的論述，比郝敬詳明得多。萬氏引《特牲饋食禮》及其記文爲證，指出經記兩文互見，異稱同實，“西壁”也就是“西堂下”，特牲饋食禮與冠禮一樣，皆行於廟中，以此例彼，“東壁”即“東堂下”，殆無可疑。

孔廣林《儀禮臆測》支持萬説，云：

> 廣林謂萬説是也。時母入闈門，立東堂下，南面。故下文云：北面見于母。《特牲》：西堂下爲西壁，則東壁爲東堂下無疑。母不在房中，房中自有事，婦人不參也③。

孔氏所見，與萬氏無異。説“母入闈門，立東堂下”，最爲通達，

① 姚際恒著，陳祖武點校：《儀禮通論》（北京：中國社會科學出版社，1998年），頁29—30。
② 萬斯大：《儀禮商》，《景印文淵閣四庫全書》（臺北：臺灣商務印書館，1983年），第108册，頁257。
③ 孔廣林：《儀禮臆測》，《續修四庫全書·經部·禮類》（上海：上海古籍出版社，1995年），第89册，頁218。

説明母位於廟中東堂下，與母由闈門入廟，兩義並不相妨。也就是
説，母由闈門入廟，與其以東堂下近東壁處爲位並無衝突。母不在
房中，只因房中有事不便。

沈彤《儀禮小疏》也贊成萬説，云：

> 東壁，謂東堂下正東之牆。萬説得之。敖謂時母位在東
> 壁，當然也。鄭註云：適東壁者，出闈門也。時母在闈門之
> 外。信若此言，則母將亦如姑姊之在寢門内乎？姑姊旁親，不
> 入廟可也，父以成人之禮成其子，而母不與知，非母道矣。故
> 雖冠子無事，不可不入廟俟見也。……位于東壁，蓋直主人初
> 位之後，于兄弟洗東之位則爲東北①。

沈氏指出，冠禮，姑姊不入廟，以旁親故，但子行冠禮，母必須與
父一起參與其中，入廟俟見，否則便有失母道。揆諸情理，制禮者
亦應有此用意。沈氏推想，東壁之位，大概位於洗東的兄弟的東
北面。

成書於乾隆十六年（1746）的官修的《欽定儀禮義疏》，由蔡
德晉、吳廷華等人合纂。書中於冠者見母章"正義"下錄敖繼公
文，後加案語云：

> 東房者，婦人之位。若有禮事，母宜位于房中。冠禮，房
> 中陳服，賢者有事焉。母不可以位于房也。經但云適東壁見于
> 母，不言出門，則出闈門云者，臆説耳。曰：母在闈門之外，
> 則闈門之外者，又何所乎？蓋廟左右有牆周之，在西曰西壁，
> 《特牲·記》：餼爨在西壁也。在東曰東壁，《鄉射·記》：俎由

---

① 沈彤：《儀禮小疏》，《景印文淵閣四庫全書》（臺北：臺灣商務印書館，1983年），第
109冊，頁904。

東壁，及此經是也。但爨則近堂之南，取俎之處則近堂之北耳。母位當北堂之東北，近東壁，南面而立。近於北堂，亦位之也。南面，房中之正位也，故放之。子降自西階，由西而東，又折而北，乃見之。脯非以奉母，明見禮耳。《士昏》：賓右取脯，左奉之，歸，執以反命。可以見義類矣①。

纂修者首先申明母位當在東房之中，只是由於行冠禮之時，房中陳服，贊者又有事於房，故不便爲位，繼而指斥鄭《注》爲"臆說"，質疑闈門外有何地可以容母，並明確指出母位當在北堂之東北，近東壁處，仍遵行母以北堂爲位之禮，亦依房中正位南面而見冠者。説母位在北堂之東北，不免爲婦人以北堂爲位所牽繫，於《儀禮》經文亦無所徵信。況且，如其所述，冠者降自西階，由西而東，得再折往北行至北堂之東北，始得見母，路線迂迴，頗費周章。

再檢充任纂修官的吳廷華和蔡德晉的個人著述，可見二人看法大體一致。吳廷華《儀禮章句》云：

> 廟四周有牆，此東牆也。母入廟，宜在東房，辟贊者及陳設，故在此，近于房。註云："母時在闈門外"，恐未合②。

吳氏確定此"東壁"即廟之東牆。母入廟，本應在東房，爲避贊者及陳設，改位於東壁，仍近於房。蔡德晉《禮經本義》並錄郝敬及萬斯大之説③，所指母位爲東堂下，而《欽定儀禮義疏》則以北堂

① 《欽定儀禮義疏》，卷二，頁5a。
② 吳廷華：《儀禮章句》，《景印文淵閣四庫全書》（臺北：臺灣商務印書館，1983年），第109冊，頁295。
③ 蔡德晉：《禮經本義》，《景印文淵閣四庫全書》（臺北：臺灣商務印書館，1983年），第109冊，頁508。

之東北爲母位，位置不同。

　　除上述官修的《欽定儀禮義疏》及諸人之説外，清代禮家不採用鄭説甚至予以駁斥的還有數人。此等禮家陳説詳略不同，論證亦有同異。其中有略陳己見的，如劉沅、吳之英。劉沅《儀禮恒解》云：

> 　　東壁，房外之北堂。冠禮，房中陳服，贊者有事焉，母不可以位於房，暫出居東壁，子就適此見之①。

劉氏指出，房中陳服、贊者有事於房，故不可以如常爲位於房，不得不暫且以東壁爲位。解"東壁"作"房外之北堂"，蓋指北堂下近東壁處。

　　吳之英《壽櫟廬儀禮奭固》云：

> 　　適東壁，夾室南。母不與禮，待見於此②。

所言"夾室南"，即東夾室南面，應指東堂下之處。

　　王士讓《儀禮紃解》指斥鄭《注》、賈《疏》以子見母爲出闈門之非，並申論云：

> 　　廟制，闈門外無別宮。經但云適東壁。凡牆在堂下者，謂之壁。適之云者，言往之也，非於東壁見也。若東壁見，則宜云東面，不云北面矣。凡有事於廟，宜夫婦親之。冠子，父主

---

① 　劉沅：《儀禮恒解》，《續修四庫全書·經部·禮類》（上海：上海古籍出版社，1995年），第 91 册，頁 336。
② 　吳之英：《壽櫟廬儀禮奭固》，《續修四庫全書·經部·禮類》（上海：上海古籍出版社，1995 年），第 93 册，頁 387。

外事，在東序。經有明文矣。至母之所在，據《昏·記》，父醮女，母南面于房外。祭禮，主婦位于北堂。由是以推，則東房、北堂者，母位也。或曰：房中陳服器，贊者有事焉，母未便先在北堂。曰：酌醴之後，二贊旣已無事，應在西階下矣。則母之出房南面見子也，於禮固宜。或謂母位當在北堂之東北，近東壁，南面而立。子降自西階，由西而東，又折而北，乃見之。或謂子北面見，母西面。並闕以俟考①。

王氏指出，廟制，闈門外無別宮，不當設母位於闈門之外。他又指出，按照《儀禮》文例，凡堂下之牆則稱"壁"，可知"東壁"就在堂下。"凡有事於廟，宜夫婦親之"一語，也值得注意，觀乎《特牲饋食禮》，確是如此，子行冠禮，父母親與其事，自不待言。談到母之所在，王氏認爲東房、北堂都可能是母位，卻與上文齟齬不合。誠如王氏所言，堂下之牆始稱爲壁，既稱"東壁"，必在堂下，東房也好，北堂也好，皆在堂上，則"適東壁"不可能指堂上的東房或北堂。王氏也許自知己說不盡妥當，故又存或說以待考。所錄或說，出自《欽定儀禮義疏》（文見上引），與劉沅所言"東壁房外之北堂"差近。

經文云："北面見于母。母拜，受，子拜，送。"是冠者北面、母南面。王氏所錄或說，以爲"子北面見，母西面"，不知何據，故王氏亦存疑待考。今按：子北面見母，授脯於母，一如摯見訝授受之禮。

通覽林昌彝《三禮通釋》，書中有兩處談及"適東壁出闈門"，前者題爲"東壁上"及"東壁下"（兩文基本相同），後者見《大夫士寢廟制》中，前者反對鄭說，後者推闡鄭義，立論前後迥然相

① 王士讓：《儀禮糾解》，《續修四庫全書·經部·禮類》（上海：上海古籍出版社，1995年），第88冊，頁21。

反。《大夫士寢廟制》有夾注云："按：經文言適東壁，不得出闈門。鄭氏謂母在闈門之外，是子行冠禮時，母不得入廟中矣。"應是其看法前後出現轉變。林昌彝《三禮通釋·東壁上》解釋"適東壁"的含意比王士讓明確，其文云：

> 東壁，謂東堂下正東之牆，時母所位，以俟見子之處也。廟之左右，有牆周之。在西曰西壁，如《特牲·記》所云"饎爨在西壁"是也。在東曰東壁，如《鄉射·記》、《鄉飲酒·記》所云"俎由東壁"及此經"適東壁"是也。鄭以東壁指闈門，且云母在闈門外。則闈門之外，又有何所可以行北面見母之禮？今以經文玩之。適不言出，是東壁之非指闈門可知。下文又云："入見姑姊，如見母。"鄭注云："入，入寢門也。姑姊旁親，不得入廟，故入寢門見之。"父以成人之禮成其子，豈母止在闈門外，竟與姑姊之不得入廟一例乎？顧或謂婦人之位在東房，若有禮事，母宜位于房中。不知冠禮房中陳服、贊者有事，母不得以位于房。故得位于東壁。此亦禮之所當然也。鄭注又云："婦人入廟，由闈門。"賈《疏》引《雜記》云："夫人奔喪，入自闈門。"夫奔喪猶可入自闈門，冠禮至重，斷無在闈門之外可知矣[1]。

林氏解"東壁"爲東堂下正東之牆，貼合字義，而萬斯大謂"東壁，東堂下"，則側重於指明母位所在，兩説看似有異，實無不同。援據《儀禮》原文，證明東壁爲廟東牆，亦同萬斯大。謂父以成人之禮成其子，母不應不入廟，同乎沈彤所言，行文亦相彷彿，似是因襲其説。東房不便爲母設位的原因，前人論之已詳。與他人之説

---

[1]　林昌彝：《三禮通釋》，頁 478—479。

不同的是，林氏指出，細玩經文，便知"適"與"出"用意不同，
既言"適東壁"，即非出闈門。林氏又指出，奔喪尚可入自闈門，
對母而言，子行冠禮意義重大，斷無在闈門之外之理。

在解釋適東壁一語上，前人著述之中，要稱得上考述詳覈、論
證精審的，莫過於于鬯的《香草校書》。于鬯指出，鄭注"適東壁
出闈門"之說不可通。又自注云："此鄭注甚可疑。或鄭本《儀禮》
經文注文本皆作適西壁。誤西爲東，於是經注不可合，而注義并自
相剌謬。未知然否。"① 于氏爲鄭注想到的唯一可能的辯解是鄭本
《儀禮》經文與今本不同，當然，此純屬推測，無從求證。對於母
在廟中，于氏自注考證周詳：

> 母在廟中，不在闈門之外，考之禮文，約得五證：經本但
> 言適東壁，不言出闈門。廟之東壁，既與廟寢相通之闈門在西
> 壁者無涉。此一證也。下文云："入見姑姊。"於見姑姊特云
> 入，入者應出廟門而入寢門也。是姑姊不在廟，故云入。見母
> 不云入，則母在廟中可知矣。此二證也。且入見姑姊，即出見
> 君及卿大夫、鄉先生。蓋斯時廟中行事已畢，故冠者入見姑姊
> 之後不復入廟。若見母之時則尚有賓字冠者及見兄弟、贊者諸
> 事，何得忽出闈門又入廟中，如此迂回者。此三證也。又下文
> 云："冠者母不在，則使人受脯于西階下。"使人受脯尚在廟
> 中，豈有母在，親受脯而不於廟中者。此四證也。據賈氏釋母
> 不在曰：或歸寧，或疾病也。然則不在者非謂死亡，正謂不在
> 廟中耳。惟母當在廟中，故特著不在之變禮。此五證也②。

于氏立論，本乎經文，所舉五證，除第三證小有瑕疵外，餘皆通達

---

① 于鬯：《香草校書》（北京：中華書局，1984 年），頁 520。
② 于鬯：《香草校書》，頁 520。

精審，無不合乎情理，切中肯綮。第三證大意是説，冠者入寢見姑姊，意味廟中行事已畢，毋須再入廟，隨即出門，往見君及卿大夫①、鄉先生，要是見母之時還剩下賓字冠者及見兄弟、贊者的儀節，那麼，先出闈門再入廟中就顯得迂迴。今本經文的章節序次，的確是先見母再行賓字冠者、見兄弟及贊者之禮，依此安排，見母之後，冠者仍須在廟。當然，説冠者出闈門見母，再入廟中，確甚迂迴。其餘四證之要義爲：（1）經文只説"適東壁"，與廟寢相通之闈門所在了無關涉；（2）因姑姊不在廟，故經文説"入"而見之，即出廟門入寢門，兩相對照，見母不言入，可知母在廟中；（3）經文補記倘若冠者母不在，便使人受脯於西階下，則使人受脯尚且在廟中，要説母在而不於廟中受脯，顯然不合情理；（4）經文所言"不在"，正是説母不在廟，可便宜行事，使人受諸廟中。解此數證，則母在廟中，可無異議。于氏對東壁也有一番獨特的見解，兹不避煩贅，先具録其文，後加平議於下：

> 東壁謂東屋也。此壁字非墻垣之謂，蓋庭之左右偏屋曰壁，故《禮經》每有東壁、西壁之文。《爾雅・釋天》云："營室，東壁也。"此雖釋星名，而"東壁"即"營室"，則"壁"字之義可會矣。《小戴・明堂位記》鄭注云："重檐，承壁材也。"承壁即承屋。是正以壁爲屋。凡諧壁聲之字多有偏義，如從止之躄、從辵之避、從肉之臂、從人之僻，以及從刀之劈、從門之闢，物劈分左右，門闢亦左右，是皆偏義所推也。《廣雅・釋詁》云："辟，半也。"左莊二十一年《傳》"鄭伯享王于闕西辟"，孔穎達《正義》云："辟是旁側之語"。引服虔曰："西辟，西偏也。"是辟原有半義、旁側義、偏義。則諧辟

聲之字宜得有偏義矣。"西辟"之稱，即"西壁"也，又即
"壁"爲偏屋之證。苟無屋，何以享乎？《説文·廣部》云：
"廤，墙也。"是以廤與壁爲同字，然其字從廣，則有屋義矣，
故朱駿聲《通訓》曰："廤當訓旁室也。"然則"東壁"、"西
壁"之"壁"，當以"廤"爲正字，"壁"、"辟"並爲假字。且
見母於東壁，若無屋，將露見乎？婦人不下堂，露見，必非禮
所宜矣。蓋母位本應在東房。今東房既陳設衣服等物，又冠者
易服之處，贊冠者亦入。故母之位特改處東偏之屋。適東壁
者，適東偏屋也。鄭注適東壁出闈門之説固不可通。後儒雖知
母亦在廟中，而不明東壁之解。則母竟露處於廟庭矣。昏禮
云："士受皮者逆退，適東壁。"適東壁者，將藏皮於東塾也。
苟無屋，何以藏乎？《喪禮》云："衆主人辟于東壁南面。"苟
無屋，亦何以避乎？彼注云："南面，則當坫之東。"然則東偏
西偏之屋，其處皆尚在此。故《特牲禮》主婦視饎爨于西堂
下，而《記》曰："饎爨在西壁。"注引舊説云："南北直屋
梠。"是亦當坫之西矣。若《左傳》所云："闕西辟。"則門外
亦有東西偏屋也。此自來言宮室者不及。未知可備説否。（自
注云："《小戴·檀弓》記云：'聞遠兄弟之喪，哭于側室，無
側室，哭于門内之右。'彼側室似與《内則》記之側室異。《内
則》記之側室在燕寢，《檀弓》記所謂側室即正寢庭東西之偏
屋也。故無側室，器于門内之右。然則正寢之東西偏屋有無不
定。若廟當備制矣。"）[1]

于氏解"東壁"爲"東屋"，並圍繞此一論題，多方考證。撇除東
房有陳服、易服、贊者有事等因素不宜爲位已爲前人習説外，于氏

---

[1] 于鬯：《香草校書》，頁 519—520。

的新見，歸納起來，約有兩點：（1）從"辟"組同源詞分析入手，考察各字間的聲義關係，認爲此"東壁"之"壁"是借字，本字當作"廦"，"廦"爲屋，則"東壁"不是牆垣，而是庭東的偏屋；（2）見母於東壁，若無屋，則爲露見，基於婦人不下堂，露見非禮所宜。今按：于氏認爲，壁不是尋常所指的一堵牆，即非屋子的一個組成部分，而是指謂整間屋子，提出的文獻依據主要有二：一是《爾雅·釋天》"營室，東壁"之文，另一是《左傳》"鄭伯享王於闕西辟"。先從文字形義角度看，于氏以爲從广之字則有屋義，似是而非。據《説文》，"壁"與"廦"音義皆同，皆指牆壁。《廣雅·釋宮》云"壿、隊、墉、院、廦、牆，垣也。"① 從广之字，固多有屋義，但亦不盡然，如"序"，本義爲堂上東西牆，便無屋義，他如"庭"、"廇"亦不指屋。再者，《爾雅》營室與東壁互訓，其故可得而説焉。室宿與壁宿分別是二十八宿之一北方七宿的第六與第七兩宿。壁宿在室宿之東，猶如牆壁，故有東壁之稱。可知星宿營室與東壁之取義與尋常室、壁無異，壁是壁，室是室，兩者相連，但非同物，不能混而一之。至於《左傳》所記"鄭伯享王于闕西辟"。闕，顧名思義，就是圍牆缺口兩側的建築，兩闕中間的缺口是進出的道路。"辟"同僻，是偏的意思。"闕西辟"，依字面直解，就指闕的西側，如據雙闕而言，"闕西辟"，當概括西闕及其旁側的建築物（如塾等）而言。"鄭伯享王於闕西辟"，即指鄭伯在闕及其旁側的建築物舉行饗禮。假如從《左傳》言"饗"而兼燕的記事習慣來看，那麼，這句話也就隱含了饗後的燕會。按常禮，饗於廟而燕於寢。如今鄭伯選擇在闕及其旁側的建築物舉行饗王大典，其建築規模之大，亦可想見。知此"辟"字亦不必有屋義。總而言之，無論文字形義，還是文獻所見"壁"或"辟"的用例，都不能

---

① 王念孫《廣雅疏證》（北京：中華書局，1983年），頁213。

爲于説提供有力的證明。然則解"東壁"爲"東屋"，缺乏依據。于氏自言，廟門内東西皆有偏屋（寢則有無不定），爲"自來言宫室者不及"，此説確爲于氏獨創，前此未聞，結語説"未知可備説否"也帶有不確定的語氣。"婦人不下堂"，後儒言之鑿鑿，然而，就像上文所論，這只是常禮，在特殊的情況下，還是容許行權變通的，冠禮母位於堂下，很可能就屬於這種情況。而且，母位於堂下，不見得必須有屋，暫且露見，亦無不可。經文記兄弟之位就在庭洗之東，沈彤設想母位"于兄弟洗東之位則爲東北"[①]。于氏謂庭東有屋，自注又謂有側室，與郝敬契合，皆於禮無徵，只能説是推想而已。儘管"東壁"爲"東屋"之説，尚待證明，但母在廟中、東壁指廟東壁兩説，確鑿不可移易。

3. 筆者對確立冠者取脯適東壁見母語境的幾點説明

(1) 釋"適"

《儀禮》中，"適"字多達 106 見，皆表示行走的方向和去處，帶有廣泛的處所賓語。"適東壁"只能解讀爲走向東壁之處[②]。

(2) 説"壁"

誠如黄以周所言，"《禮經》用字，分別甚嚴"[③]。表現於廟寢宫室牆壁的名稱上，總稱爲牆，分稱則爲牆、壁、墉、厢，大體而言，堂上之牆謂之序，房室與夾之牆謂之墉，堂下之牆謂之壁。堂下之牆稱壁的文例，如"饎爨在東壁"（《士虞禮》）、"俎由東壁，自西階升"（《鄉飲酒禮》、《鄉射禮》）、"饎爨在西壁"（《特牲饋食禮·記》），稱牆者僅一例，《士喪禮》謂甸人"爲垼于西牆下"。

---

① 沈彤：《儀禮小疏》，《景印文淵閣四庫全書》（臺北：臺灣商務印書館，1983 年），第 109 册，頁 904。

② 詳參楊天宇《鄭玄三禮注研究》（天津：天津人民出版社，2007 年），頁 315。

③ 黄以周：《禮書通故》，頁 45。《士冠禮》云"陳服于房中西墉下"，鄭玄注云"墉，牆。"胡培翬《儀禮正義》申明鄭義云："云墉牆者，牆是總名。以經文考之，凡室中，房中與夾之墉，則謂之墉，堂上之牆，則謂之序，堂下之牆，則謂之壁，其實一也。"胡培翬著，段熙仲點校：《儀禮正義》，頁 36）

《士冠禮》"適東壁"之"壁"指堂下之牆，毋庸置疑，而"東壁"
當指廟中東壁，亦從可知①。如上引《特牲饋食禮·記》云："饎爨
在西壁。"經文則云："主婦視饎爨于西堂下。"當如萬斯大、李如
圭②所言，西壁以東即西堂下。依此類推，東壁以西即東堂下。東
壁所指涉的範圍，據東堂下之所在可得其大概。東壁或東堂下，在
東坫之東，東壁以西，南齊於坫③（見圖七：黃以周圖；圖八：林
昌彝圖）。其地不小，可容不少物品，如《士喪禮》小斂、大斂皆
設饌備物於其地。其尤可注意者，東壁之處，"乃爲隱處"，故可用
於暫時收藏物品。（説詳下文）

(3) 解"適東壁"

要想準確解讀"適東壁"，就必須從《儀禮》本文找内證，重
構語境。事實上，"適東壁"文例兩見《儀禮》，除《士冠禮》此例
外，另一例見於《士昏禮·記》。《士昏禮·記》云：

> 納徵，執皮，攝之，内文，兼執足，左首。隨入，西上，
> 參分庭一在南。賓致命，釋外足見文。主人受幣。士受皮者自
> 東出於後，自左受，遂坐，攝皮，逆退，適東壁。

此文補記納徵時儷皮的拿法和授受禮儀。士受皮者接過鹿皮，坐
下，折疊好後，便"適東壁"，即走向東壁。此"適東壁"，亦在

---

① 陳祥道（1053—1093）云："廟之左右，有墙以周之。在西曰西壁，《特牲·記》所
謂'饎爨在西壁'是也。在東曰東壁，《士虞禮》所謂'饎爨在東壁'，《鄉射·記》
所謂'俎由東壁'及此適東壁是也。"見黃以周《禮書通故》，頁45—46引。
② 李如圭：《儀禮釋宮·東堂下西堂下曰堂東堂西》，《景印文淵閣四庫全書》（臺北：臺
灣商務印書館，1983年），第103冊，頁529。
③ 沈彤：《儀禮小疏·饌于東堂下脯醢醴酒》云："注云：凡在東西堂下者，南齊坫。疏
云：《既夕·記》云：設栈于東堂下，南順，齊于坫，饌於其上兩甒醴酒。若然，則
凡設物于東西堂下者，皆南與坫齊。"見《景印文淵閣四庫全書》（臺北：臺灣商務
印書館，1983年），第109冊，頁970。

廟中，必亦指廟堂下之東壁而言，《士冠禮》"適東壁"文例與此全同，含意不應有異。受皮者適東壁，究爲何所？古今注家似乎不大措意。在廟受皮的儀節，也見於《聘禮》，文字小異，其文云：

> 賓入門左，揖讓如初。外致命，張皮。公再拜受幣，士受皮者自後右客。賓出，當之坐攝之。公側授宰幣，皮如入，右首而東。

取此文與《士昏禮·記》兩相參證，知受皮者"右首而東"，"東"作動詞用，其實就是適東壁之意。《聘禮·記》補充說："賓之幣唯馬出，其餘皆東。"說明除馬外，國賓所贈的庭實，與皮一樣，都拿到東壁處。鄭玄注云："餘物皆東藏之內府。"[1]《周禮》述內府之職掌有云"凡四方之幣獻之金玉、齒革、兵器，凡良貨賄入焉"[2]。鄭玄意中，諸侯亦當有內府，故引爲之注。但內府絕不在廟中，解"東壁"爲內府，有欠準確。反而賈《疏》云"皆以東入藏之"[3]，說較穩妥。《鄉飲酒禮·記》記烹狗於東方，熟乃載之於俎，而"俎由東壁，自西階升"。又，徹俎，"主人之俎，以東"。鄭玄注云："藏於東方。"[4] 胡培翬《正義》明言："東，適東壁也。"[5] 即藏於東壁之處。《儀禮》中帶有這種含意的"東壁"還見於《士喪禮》。《士喪禮》記君親視大斂，至君命主人復初位，本來位於阼階下西面立的眾主人，此時便"辟于東壁，南面"，待君下堂。"辟于

---

① 鄭玄注，賈公彥正義，王輝整理：《儀禮注疏》，頁 737。
② 內府之職，詳參孫詒讓著，王文錦等點校《周禮正義》（北京：中華書局，1987 年），頁 468。
③ 鄭玄注，賈公彥正義，王輝整理：《儀禮注疏》，頁 737。
④ 鄭玄注，賈公彥正義，王輝整理：《儀禮注疏》，頁 259。
⑤ 胡培翬著，段熙仲點校：《儀禮正義》，頁 441。

東壁",所在位置及面向,同《士冠禮》的冠者之母。鄭玄注"南面"云:"南面則當坫之東。"胡培翬《儀禮正義》申明鄭義云:"鄭以南面爲當坫之東,謂東坫之東。蓋東壁爲堂下之東牆,辟於東壁,而南面,則在東坫之東。而不在東坫之南,以東坫之東,乃爲隱處也。""東壁"爲隱處,故可藏物。無論是冠禮的冠者,還是士昏禮的執皮者,所適之所都不會是東壁(牆壁),而是東堂下,在東坫之東,東壁以西,南齊於坫。既然這個地方可以收藏庭實,其地不小,可推而知,如果其地只作暫時收藏物品之用,就不必有像屋子般的結構。又,其地既爲隱處,冠者之母以此處爲位,便不會妨礙儀式的進行。

(4)説取脯見母之義

按照今本《士冠禮》經文的章節序次,適東壁見母一節,安插在三次加冠後賓向冠者行醴禮與賓爲冠者取字之間,即先見母後取字。《禮記·冠義》則云:"已冠而字之,成人之道也。見於母,母拜之,見於兄弟,兄弟拜之,成人而與爲禮也。"記文將"見於母"置於"已冠而字之"之後,似乎見母在字後。賈公彦《疏》分析兩文的差異説:"據彼則字訖乃見母。此文先見乃字者,此文見母是正見;彼見母在下者,記人以下有'兄弟之等皆拜之',故退見母於下,使與'兄弟拜'文相近也。若然:未字先見母,字訖乃見兄弟之等者,急於母,緩於兄弟也。"[1] 胡培翬《儀禮正義》同意賈公彦的解釋,並説:"記文隨舉爲義,其實次序當以此經爲正。"[2]《士冠禮》經文與《冠義》性質不同,前者以敘述儀節流程爲主,儀節先後次序不得有誤,後者旨在闡發禮義,不受儀節先後的限制,行文時"隨舉爲義",不難理解。其實,比賈、胡二氏所言更重要的

---

[1] 鄭玄注,賈公彦正義,王輝整理:《儀禮注疏》,頁46。
[2] 胡培翬著,段熙仲點校:《儀禮正義》,頁83。

是，冠者是取脯見母，此脯（籩內之脯，非祭脯）[1] 正是上一節中賓向冠者行醴禮時所薦，冠者奠觶後，立即拿着脯降自西階，走到東堂下之處見母，將脯授於其母。母拜受脯，一如拜受其摯之禮[2]。然後賓與主人先後下堂，冠者見母後回到堂下西階東，接受賓爲他取字。由此可見，取脯見母與行醴禮兩個儀節，一氣連貫，不可分割，不可能於其間闌入取字一節。

在冠禮儀節的設計安排上，取脯見母顯然非常重要，即使母不在，也得使人代母受脯於西階下。冠者接受三次加冠，賓隨即向冠者行醴禮，爲的是表示冠者已完成加冠之禮，而待之以成人之禮。若不醴而醮，亦然，《士冠禮》云：“卒醮，取籩脯以降，如初。”賈公彥《疏》云：

> 此取籩脯見母，與前不異。……既殺有俎肉而取脯者，見其得禮而已，故不取俎肉[3]。

醮用酒，有牲。冠者不取牲而取脯，只因取脯是爲了表示自己完成加冠之禮受到尊者賞賜，亦以示食不忘親。敖繼公《儀禮集說》云：“必取脯者，見其受賜也。執脯見於母，因有脯而爲之，且明禮成也。”[4] 王士讓《儀禮紃解》亦云：“取脯，見其受賜，且明得禮也。”[5] 蓋引敖文。“見其受賜，且明得禮”，點明了制禮者的原

---

[1] 褚寅亮：《儀禮管見》云：“《特牲》、《少牢》俱云：賓取祭以降，則祭脯也。此篇下文卒醮云取籩脯如初，則是籩內之脯，非祭脯也。不敢取祭餘者，以見母敬也。凡已祭者，不復實於籩。”《續修四庫全書·經部·禮類》（上海：上海古籍出版社，1995年），第88冊，頁381。

[2] 姚際恒著，陳祖武點校：《儀禮通論》，頁31。

[3] 鄭玄注，賈公彥正義，王輝整理：《儀禮注疏》，頁66。

[4] 敖繼公：《儀禮集說》，

[5] 王士讓：《儀禮紃解》，《續修四庫全書·經部·禮類》（上海：上海古籍出版社，1995年），第88冊，頁21。

意。主人及後請醴禮賓儀節大致相同。這種受醴取脯表示受賜得禮的整個儀節其實也見於《士昏禮》，鄭玄在注中也屢屢闡發儀節背後的意蘊。《士昏禮》納采後醴使者（賓）："賓即筵，奠于薦左（籩豆之東），降筵，北面坐取脯，主人辭。賓降，授人脯，出，主人送于門外，再拜。"又，贊者爲舅姑醴婦，鄭玄《注》云："醴當爲禮。贊禮婦者，以其婦道新成，親厚之。"① 又，"婦又拜，奠于薦東，北面坐，取脯，降，出，授人于門外。"鄭玄《注》云："奠于薦東，升席奠之。取脯，降，出，授人，親徹，且榮得禮。人，謂婦氏人。"歸婦俎于婦氏人，鄭玄《注》云："婦氏人，丈夫送婦者，使有司歸以婦俎，當以反命於女之父母，明其得禮。"② 鄭玄的注是冠者取脯見母的最好的注腳，套用於彼文，則賓禮冠者，以其冠禮新成，親厚之，而取脯見母，自是榮其得禮。

尤有進者，吳定《紫石泉山房文集·冠者見母説》具論冠者見母的精義所在云：

> 父之冠子也，冠而醴之，可請賓字之，以成其禮矣，乃姑輟焉，而旋取脯見於母。君子以是知成人之禮之尤貴者孝也。此先王發人至性之精意，著於冠之節文，而人弗之思也。母拜受脯，肅拜也。拜之輕焉者也。《少儀》云：婦人雖君賜，肅拜。則此可知矣。拜之者，敬祖之惠，且敬子之成人也。是母之禮其子也，適子、庶子同焉。故經不云庶子則不拜也。其不書見祖，何也？曰：冠行於廟，不待書也。不書見父，何也？父爲冠主，在東序。言適東壁見母，則其先以禮見父較然矣。冠禮成，乃見兄弟、見贊者，且入見姑姊

---

① 鄭玄注，賈公彥正義，王輝整理：《儀禮注疏》，頁126。
② 鄭玄注，賈公彥正義，王輝整理：《儀禮注疏》，頁131。

焉，禮之序也。見兄弟、贊者不書入，何也？在廟也。書見之者，不書則不著也。然則其不書見賓，何也？曰：以見贊者明之也。（自注：冠禮疏：不見父與賓者，蓋冠畢則已見也。不言者，從可知也。）夫其見母見兄弟姑姊見贊者，情也。顧必見君見卿大夫鄉先生不嫌陵節歟？曰：此先王制禮之精意也。蓋至，君禮之，卿大夫鄉先生，皆禮之。雖欲不棄其幼小嬉戲惰慢之志，而衍衍於考道修道之路，不可得也。昔之人有吉事，則與賢者歡成之。有凶事，亦與賢者哀戚之。今之盛成其冠禮者如此，則夫爲子爲弟爲臣爲人少者之行胥在此矣。要之，孝行立，而後可以事君事兄，可以治天下之民之衆。此冠子必冠於廟，而子之取脯見母，不待禮成，汲汲焉適東壁之不遑歟？昔唐柳子厚答韋中立書云：冠禮數百年不行，近有孫昌引者獨發憤行之。既成禮，明日造朝至外庭，薦笏，言於卿士。卿士皆大笑。由是觀之，冠禮之廢也久矣。吾願士之欲成其子者，必惓惓以復冠禮爲先務。雖行之不克如人度數之詳，要必隆其禮以歆動之，庶幾易誘其衷而進之道也。不然，冠禮不修，而冀其無所慕而善良，無所畏而懲惡。吾知其難也①。

此文闡發制禮之精意，至爲透徹。就《儀禮》本文所見，冠禮由父主持，母卻一直未見提及。既冠而禮之，實可請賓字之，以成其禮，卻在此煞住，先行取脯見母之禮，爲的是表示孝道。其所謂孝，正如蔡德晉《禮經本義》所云："脯，乾肉，無食餘之嫌，故

---

① 吳定：《紫石泉山房文集》，《清代詩文集彙編》（上海：上海古籍出版社，2010 年），第 408 冊，卷二，頁 23a—24b。

取之以獻於母,以示食不忘親之意。"[1] 又,蔡氏引高紫超曰:"取脯以獻於母,猶孺子以甘脆奉親之意。蓋雖既冠成人,而於孝養其親,則如小兒慕父母然也。不取脯以奉於父者,父尊而不敢褻也。"[2] 然則,取脯既表示完成加冠之禮受到尊者賞賜,亦以示食不忘親,以表孝意。

見過至親,遂見兄弟、贊者、姑姊,後見君、卿大夫、鄉先生,序次安排,顧及人情,具見用心所在。冠者在未冠時,身穿童子衣,頭束髮髻,到如今,身穿成人服,頭戴爵弁。衣冠的轉換,標誌着已具備了成人的身份。冠者接受過賓的醴,便完成了整個加冠之禮,取脯見母,就是爲了向母親表示,自己已成人,不再是童子。於母而言,見證兒子長大成人,這是何等欣慰的事!制禮者如此精心安排,顯得貼合人情,深切體現"禮者,因人之情而爲之節文"(《禮記·坊記》)的精神。若謂子行冠禮,而母不在廟中,只在闈門之外等候見子,且闈門之外又不明何處,絕非情理所當有。

實際上,主張"出闈門見母説"的曹元弼對見母之義也有所發揮,其《禮經校釋》云:

> 冠禮,父入廟行禮,母離寢而在廟之闈門外待之。蓋父母共以成人之禮成其子也。兄弟隨父而立於堂下以觀禮,姑姊隨母而待於寢門內。讀此經令人孝弟之心油然生矣。父母生子,自呱呱一聲而後無一刻不望其長大成立,故冠禮父主之,醴畢即急見母也。聖人制禮,因嚴教敬,因親教愛如此。所以爲人倫之至也。(其《禮經學·要旨第二》"見母

---

① 蔡德晉:《禮經本義》,《景印文淵閣四庫全書》(臺北:臺灣商務印書館,1983年),第109冊,頁508。

② 蔡德晉:《禮經本義》,《景印文淵閣四庫全書》,第109冊,頁508引。

節"自"聖人制禮"後文字與此略異，云："聖人制禮，曲達人情如此！母拜，與爲禮，亦所以深動人子事親、立身、孝敬之心。"）①

無可置疑，冠禮當由父母共以成人之禮成其子，一同見證其子長大成人。冠禮在廟中進行，父主其事，而母當同在廟中，只在東壁處等候其子成禮來見，情理固當如此。"姑姊"，蓋指父之姊妹及己之姊②。既是旁親，亦不與禮事，不入廟中，理固宜然③。母爲至親，豈能隨姑姊一般待於寢內，然後到寢之東壁近廟闈門處等候？如此安排，恐怕不能"曲達人情"。

（5）"北面見于母"解

經文云："北面見于母。母拜，受，子拜，送。"是冠者北面、母南面。子北面見母，授脯於母，一如摯見詗授受之禮。淩廷堪《禮經釋例》所立通例中有"堂下拜以北面爲敬"④，知冠者北面見母，是爲了表示敬意。

（6）説母拜子之義

冠者取脯見母，"母拜，受。子拜，送。母又拜。"鄭《注》云："婦人於丈夫，雖其子猶俠拜。"⑤賈《疏》云："婦人於丈夫皆使俠拜，故舉子以見義也。"⑥"丈夫"，指成年男子。"俠拜"，指婦人與丈夫行禮，婦人先拜，丈夫答拜，婦人再拜，即婦人夾丈夫而

---

① 曹元弼：《禮經校釋》，《續修四庫全書·經部·禮類》（上海：上海古籍出版社，1995年），第94冊，頁124。又見曹元弼著，周洪校點《禮經學》（北京：北京大學出版社，2012年），頁61。
② 詳參胡培翬撰，黃智明點校：《〈儀禮〉姑姊姊妹説》，《胡培翬集》（臺北：中研院中國文哲研究所，2005年），頁106。
③ 詳上引沈彤《儀禮小疏》之説。
④ 淩廷堪：《禮經釋例》，頁90。
⑤ 鄭玄注，賈公彥疏，王輝整理：《儀禮正義》，頁45。
⑥ 鄭玄注，賈公彥疏，王輝整理：《儀禮正義》，頁45。

拜兩次。此"拜"，蓋指婦人之肅拜。《儀禮》多見其例。見於士昏禮者，如贊者（主人的男性屬吏）代舅姑向婦行醴禮，贊者酌醴，婦拜，受。贊者拜送，婦又拜。是婦人以俠拜丈夫爲通例。至於婦人相拜，則各拜一次。如士昏禮，婦向姑饋食，餕姑之饌，姑酳婦，"婦拜受。姑拜送"。無俠拜。古授受之禮，授者手中有物，故受者先拜，受者接過物後，授者拜送。冠者與其母正行此禮。母子相答拜，非常禮所有。冠禮如此安排，只是爲了表示以成人之道待子，故特異其禮①。

4. 小結

古今禮家提出的《士冠禮》冠者見母儀節的兩種釋讀，最大的分歧在於冠者在廟中見母抑或出闈門見母於廟外。由鄭玄創立並得到後儒補訂推衍的"出闈門見母説"，認爲母不在廟中，仍依婦人入廟由闈門之禮，在闈門之外等候冠者來見。今考闈門爲宮中相通之小門，不僅寢廟有闈門，即外牆或亦有之。鄭玄既説適東壁的目的是出闈門，最直接的解讀是此闈門就在廟之東壁。如此一來，便與左廟右寢（廟在寢東）之制乖剌不合。且廟闈門之外有何地可以容母？對這個問題，信從鄭説者始終無法給出一個具説服力的解釋。主張鄭説的王聘珍不得不承認："若廟之東壁，則不與宮相連，其外當爲道路，非婦人之所在。"有鑒於此，爲堵塞鄭注的漏洞，主張出闈門見母的清代學者重新解讀"東壁"之意。他們牽合左廟右寢之制，爲求自圓其説，便指闈門就在廟之西壁，更不惜將經文的"東壁"解作寢之東壁。冠者"適東壁，出闈門"，即由廟西壁出闈門，而適寢之東壁。而各人持説既同又異，紛然殽亂，有謂東壁於寢而言，於廟則爲西壁，有謂寢廟之間有巷。就是對闈門所在的看法，也不一而足。黃以周認定母位就在寢之東堂下，並據"婦

---

① 詳參吳承志《遜齋文集》，收錄於《求恕齋叢書》（北京：文物出版社，1984 年）。

人不下堂"否定婦人有以堂下爲位的可能，似有武斷之嫌，據此未可必之説推衍"適東壁"之意，自然難以站得住腳。"出闈門見母説"雖經一衆後儒勉力補證，仍舊無法彌補鄭注的漏洞。夷考其實，鄭注以禮例爲立説根本，卻未能有效解讀經文。其實，經文只説"適東壁"，與廟寢相通的闈門所在沒有必然的關係。母位於廟中東壁處，與其由闈門入廟，兩義亦不相妨。也就是説，母儘可能由闈門入廟，與其以東壁處爲位並無衝突。

　　肇因於質疑鄭説，由敖繼公開始，不少禮家都着眼於經文本身，以《儀禮》本文爲據，提出"適廟東壁見母説"。只要擷摘其中的精義，再加以疏通證明，就能確切掌握適東壁見母的含意。以此詮釋經文，便無滯意。依經文用字之例，"東壁"必定就是廟之東牆。再以《儀禮》文例互證，知東壁位於東堂下，在東坫之東，東壁以西，南齊於坫。仍近於房。其地爲隱處，可以藏物，亦可暫作禮位。有禮家推想廟東有側室（郝敬及于鬯之説）或屋（于鬯説），只是於禮無徵。"適東壁"只爲見母，則母在廟中無疑。比對經文，見姑姊曰"入"，即出廟門入寢門，見母不言"入"，母在廟中亦從可知。再者，經文補記如母"不在"，即言母不在廟，故使人受脯於西階下。使人受脯，尚在廟中，反謂母在而不於廟中受脯，顯非經旨。婦人行禮，以房中爲位，或稱房，或稱北堂，實一地而異名。是冠者之母本應在房，只因東房及北堂皆有事，不便如常爲位於房，故便宜行事，改以東壁爲位，可免妨礙儀式的進行。子行冠禮，母按理必須與父一起入廟，參與其事，見證兒子成人。制禮者原意本當如此。驗諸今本《士冠禮》經文的章節序次，可窺見冠者取脯見母的含意。就《儀禮》文本所見，冠禮由父主持，母一直未見提及。加冠禮畢，賓禮冠者，是因爲冠禮已成，待之以賓客之禮，表示親厚之義。按照儀節推展，本可立即請賓取字，以成其禮，卻在此煞住，先行取脯獻母之禮，既表示自己受賜得禮，又有孝養其親的深層寓意。於母而言，見證兒子長大成人，欣慰何似。母與子相答拜，特異其禮，只爲隆重其事。這正是制禮者的精意所在。後世禮書，如朱熹《家禮》所設計的冠禮，有冠者見於尊長儀節，楊復注云："父母堂中南面坐"，"冠者北向拜父母，父母爲之起。"[1] 父母同堂，才能貼合人意。

三、《周禮·神仕》之"禬"

禬禮，除《周禮》幾處簡略的記載外，其餘文獻別無所見，其詳難知。鄭玄注解《大祝》，在述説禜祭的具體禮儀後，説："禬，未聞焉。"[2] 孫詒讓闡述其意云："以此職（引者按：指《大祝》）及《女祝》雖有禬，然不詳其禮，它經又無用禬之文，故云未聞。"[3] 意思是説鄭玄無法考知禬禮的詳情，所以只好説"未聞"。禬禮難知，即使博聞如鄭君，且去古未遠，所知禬禮尚且不多，更遑論生於千載之下的後世儒者。禬之爲禮，雖不可詳，但我們還是根據《周禮》的本證，以經證經，並結合其餘文獻（無論傳世或出土）的佐證，勾勒出《周禮》之"禬"的大致輪廓。

1. 《周禮》中"禬"字的三種用法

根據孫詒讓歸納鄭玄《周禮》注所得，可知經文的禬字大抵有三種用法：

（1）用作祭名，爲名詞，《大祝》六祈"類造禬禜攻説"、《詛祝》"盟、詛、類、造、攻、説、禬、禜之祝號"及《女祝》"招梗禬禳"之禬皆屬其例。"類造禬禜攻説"皆爲禳災之祭，其禮之隆

---

[1] 見王燕均、王光照校點《家禮》，朱傑人等主編《朱子全書》（上海：上海古籍出版社、合肥：安徽教育出版社，2002年），頁892。

[2] 孫詒讓撰，王文錦、陳玉霞點校：《周禮正義》（北京：中華書局，1987年），頁1987。

[3] 孫詒讓撰，王文錦、陳玉霞點校：《周禮正義》，頁1991。

殺依次而別。祈禱告祭，與常祭不同。常祭旨在表達祭者的孝敬之心，祈禱告祭則專爲祈求福祥。"招梗檜禳"亦用於除去疾殃，四者皆内宫祈禳小祀，王后不親與其祭，而使女祝專司其事。前兩者是災異未至而豫禦之，後兩者則爲除去見在之災。漢時僅保留禳制，其餘三者遺象無存。

（2）泛指除去災疫，即"通語"，用作動詞，《神仕》"以檜國之凶荒、民之札喪"及《秋官·庶氏》"除毒蠱，以攻説檜之"之檜皆屬其例。"以攻説檜之"文例同《翦氏》除蠱物的"以攻禜攻之"，"攻説"與"攻禜"皆兼二祈而言，"檜之"與"攻之"結構相同。前後兩個"攻"字義別，後面的"攻"指點燃莽草燻死蠱物。"檜之"指祛除毒蠱。

（3）特指會財救災，屬凶禮，《大宗伯》"以檜禮哀圍敗"、《大行人》"致檜以補諸侯之災"及《小行人》"若國師役，則令稿檜之"之檜皆屬其例。"圍敗"當從馬融説作"國敗"。"檜"取會合之義，指同盟國會合財貨彌補受災國因國敗、兵寇或火災等造成的損失。《春秋》襄公三十年所記澶淵之會，謀歸宋財，以及定公五年歸粟於蔡，事類性質皆與《周禮》相合。

檜用法的分別，也反映在讀音的差異上。《周禮》之檜有兩讀：前兩種用法的檜讀如"潰癰之潰"，後一種則讀如會合之會。"六祈"之檜，用於祭禮，而會財救災之檜，則用於凶禮，互不相涉。孫氏區分《周禮》中檜字的三種用法，極爲明晰，精確不可移易。但我們在區分檜的三種用法的同時，也不能忽略它們存在内在的關聯。

2.《周禮》祭祀譜系中的"檜"

承上所述《周禮》"檜"字的三種用法，其中祭名一義，僅見於《周禮》的祭祀體系，與禜同列於《大祝》六祈之中。而《周禮》及其他文獻所記的祈禳之制，以禜或雩最爲詳贍。檜與禜同類，檜禮之大略，可據禜以推知。《説文》云："禜，設縣蕝爲營，以禳風雨、雪霜、水旱、癘疫于日月、星辰、山川也。从示，从營省聲。一曰，禜，衛使災不生。"① 按：《左傳》昭公元年記子産曰："山川之神，則水旱癘疫之災，於是乎禜之；日月星辰之神，則雪霜風雨之不時，於是乎禜之。"許君蓋本此文爲説。賈逵注《左傳》以爲"營攢用幣"，"營"指營域，其中設壇，相當於《小宗伯》的"兆"。賈注大意蓋謂祭祀日月山川之神，没有常處，所以臨時設置營域，攢聚草木以標示祭處，並用幣告神。許君"設縣蕝爲營"，意同。"禳"指災疫已至，故加以禳除。許君所録別説，則指災疫未至，故禦之，使不來。

金鶚（1771—1819）《求古録禮説·禜祭考》辨析禜、檜的三點同異：（1）禜與檜，同屬於祭祀中的"祈"類，皆爲禳災之祭。人和天神、人鬼或地祇如有不協，便有災變，癘疫大作，於是舉行禜檜之祭，號呼告神以求福祥②。（2）禜、檜皆有牲。（3）禜與檜有別，禜主於水旱及由此而引起的雪霜風雨之不時，檜則主於癘疫。雖然如此，禜與檜相似，禳癘疫亦可通稱禜。金説甚明，是禜與檜既同且異。至於檜祭的其他特點，還可以透過金氏説明的禜祭的特點及其與雩祭之別推知。禜祭的對象按照祭者的身份地位來區分，天子禜於日月星辰、山川社稷，非天子則禜於山川。禜有無定時者，有有定時者。無定時者，遇水旱則行；有定時者，行於春秋二仲，春祈雨暘得時，秋得求而報之。禜與雩相近，禜爲水旱而祭，雩則爲旱而祭。禜小而雩大，以天子言，禜祭日月星辰山川，大雩則祭天而日月星辰社稷山川百神皆從祀。

① 許慎撰，段玉裁注，許惟賢整理：《説文解字注》（南京：鳳凰出版社，2007年），頁10。
② 參鄭玄《大祝》注。詳孫詒讓撰，王文錦、陳玉霞點校《周禮正義》，頁1986—1987。

3.《周禮·神仕》之"檜"

通盤考察過檜字在《周禮》中的用法後，可以聚焦於《春官·神仕》之檜的分析上。《神仕》云：

> 凡以神仕者，掌三辰之灋，以猶鬼神示之居，辨其名物。以冬日至致天神人鬼，以夏日至致地示物魅，以檜國之凶荒、民之札喪。

《春官·敘官》云："凡以神仕者無數，以其藝爲之貴賤之等。"即凡是以事神事鬼任職者，數目不定，按照技藝的高低釐定他們的貴賤等級。鄭玄注云"以神仕者，男巫之俊，有學問才智者"[1]，是已。經文的意思是説，神仕者以日月星（"三辰"）的宿次作爲識别鬼神示之所處之位。鬼神示是此官檜祭的對象，《大祝》職掌六祈，"以同鬼神祇"，意即大祝通過六種祈禱之祭，協調人與天神、地祇、人鬼的關係，藉以消災解禍。正如鄭玄注所説："天神、人鬼、地祇不和，則六癘作見，故以祈禮同之。"[2] 换句話説，要想達到禳災的目的，就必須祈求天神、人鬼和地祇的祐助。《神仕》本文只分別用"天神人鬼"和"地示物魅"與冬日至和夏日至相配，没有明言兩者所指涉的範圍[3]。物老而成精作怪，物之神，即稱爲物，《周禮》或稱"物魅"、或稱"老物"，故鄭玄注云："百物之神曰魅。"孫詒讓云："《説文·鬼部》云：'魅，老精物也。'……百物之神，即物之老而能爲精怪者。"《籥章》有云："國祭蜡，則歙《豳頌》，擊土鼓，以息老物。""老物"，同《神仕》之"物魅"。

---

① 孫詒讓撰，王文錦、陳玉霞點校：《周禮正義》，頁 1294。
② 孫詒讓撰，王文錦、陳玉霞點校：《周禮正義》，頁 1986。
③ 由於鄭玄認爲此檜在祭天地之明日（即二至月内祀圜丘、方丘的翌日）舉行，而依鄭義，冬至於圜丘、方丘祀昊天上帝爲禘祭，祀五帝（感生帝）爲郊祀。

《大宗伯》云:"以疈辜祭四方百物。"表明若百物爲惡,癘疫有作,則"磔牲以禳之"①。如上引金鶚之説,禬祭主於除去癘疫,"物魖"自必在祈禱對象之列。而二至分祀天神人鬼與地示物魖的目的在於"以禬國之凶荒、民之札喪"。這個"禬"自然是指除去、消弭。"國"當指王國,即天子之國,而不是侯國②。"凶荒"、"札喪"連舉並稱,《周禮》文例屢見,除《神仕》外,還有《司市》的"國凶荒札喪",《朝士》的"若邦凶荒、札喪、寇戎之故,則令邦國都家縣鄙慮刑貶",《小行人》的"若國札喪,則令賻補之;若國凶荒,則令賙委之"、"其札喪、凶荒、厄貧爲一書",以及《掌客》的"凡禮賓客,凶荒殺禮,札喪殺禮"。所謂"凶荒",即年穀不登,亦即"無年"或"凶年"③。而"札喪",合指疫癘死喪④。

按諸《神仕》本文,可知此官掌管圖畫鬼神示的處位,分別於冬至與夏至招引天神人鬼與地示物魖降臨受祭,藉此消除天患民病。正如孫詒讓所言:"此官主祭禬之禮,而秉三辰圖象爲官法。其職蓋兼史巫之事,而與馮相氏、保章氏、司巫、男巫、女巫等爲官聯也。"⑤ 所謂"官聯",屬於《大宰》所掌"以八灋治官府"之

---

① 《周禮》"物魖"之意,可詳牟潤孫《説格物致知》,《海遺雜著》(香港:香港中文大學出版社,1990年),頁308。

② 金其源:《讀書管見》(上海:商務印書館,1957年)云:"《春官·大宗伯》'以禬禮哀圍敗',鄭注:'同盟者合會財貨,以更其所喪。《春秋》襄公三十年冬,會於澶淵,宋災故,是其類。'賈疏釋曰:'此經本不定,若馬融以爲"國敗",正本多爲"圍敗"。'竊謂當從馬作國。正本多爲圍敗者,猶公羊桓公十年傳近乎圍也,解云:考諸古本,圍皆作國字,而舊解以國爲圍也。然有下文凡神仕者以禬國之凶荒,可證圍之是國。敗者,穀梁莊公二十八年傳豐年補敗,敗謂凶年。則國敗謂國有凶年也,與禬國之凶荒亦合。"謂"圍敗"當作"國敗",説是。至謂此"國"即《神仕》之"國",則不可取。《周禮·司救》云:"凡歲時有天患民病,則以節巡國中及郊野而以王命施惠。""天患民病",義同凶荒札喪。

③ 《禮記·曲禮》云:"歲凶,年穀不登,祭事不縣。"鄭玄注《周禮·大司樂》"大凶"云:"凶年也。"孫詒讓撰,王文錦、陳玉霞點校:《周禮正義》,頁1791。

④ 鄭玄注《周禮·大司樂》"大札"云:"札,疫癘也。"孫詒讓撰,王文錦、陳玉霞點校:《周禮正義》,頁1791。

⑤ 孫詒讓撰,王文錦、陳玉霞校點:《周禮正義》,頁2229。

一。鄭玄説得很清楚"聯謂連事通職，相佐助也"，而官職"謂國有大事，一官不能獨共，則六官共舉之"①。依《小宰》，國有小事亦然。此官在史巫之間，以職事論之，其與馮相氏、保章氏等官的職掌確有關聯，與司巫之"若國大旱，則帥巫而舞雩。國有大災，則帥巫而造巫恒"、男巫之"冬堂贈，無方無算。春招弭，以除疾病"、女巫之"掌歲時祓除、釁浴。旱暵，則舞雩……凡邦之大災，歌哭而請"尤爲接近。不僅如此，詛祝掌"盟、詛、類、造、攻、説、禬、禜之祝號"，亦與之相關。依官聯之法，衆官同條共貫，各執其事。在舉行禬禮之時，此官爲男巫之俊，專司招引所禱祭者，其他事務則由他人負責。基於這個原因，經文只從其職事著筆，而沒有隻言談及禬禮的其他細節。

鄭玄注《神仕》，除了解"猶"爲"圖"、"居"爲"著位"確不可易，其餘注文，如引緯書《孝經援神契》"酒旗、坐星、廚、倉、席"諸星名證祭祀取象星辰，旁及郊祀"布席"之位，以象"五帝"内坐星之法，又謂虚、危有似宗廟，述説雖詳，未免枝蔓，不但對釋讀經文無甚助益，反而使人産生混淆。至於引《國語·楚語》觀謝父對昭王語，説明古神巫能制神之處位次主，注末論説漢時邪巫惑世，慨嘆古道不存，亦溢出經文之外②。

4.《説文》"禬"字釋義及甲骨文中的"禬"

《説文》云："禬，會福祭也。从示，會聲。《周禮》曰：'禬之祝號。'"③禬字從會聲，許君以會爲訓，是會既表聲亦兼義，禬爲諧聲兼會意。許君釋"禬"爲"會福祭"，蓋取其"事神致福"之意。段玉裁（1735—1815）援引鄭玄《周禮》注"除災害曰禬。

---

① 孫詒讓撰，王文錦、陳玉霞校點：《周禮正義》，頁62。
② 孫詒讓撰，王文錦、陳玉霞點校：《周禮正義》，頁2229。
③ 許慎撰，段玉裁注，許惟賢整理：《説文解字注》，頁11。

禬，刮去也"之文，認爲許、鄭異義①。朱駿聲（1788—1858）《説文通訓定聲》説"禬"之意云："除疾殃祭也。"亦引鄭玄《周禮·大祝》注爲據，並認爲許君之説，"聲是而訓非"②。案：許、鄭之説，著眼點雖有不同，實有内在關聯，不應視爲異訓。金鶚《求古録禮説》一併引録鄭注及《説文》二文，然後説："謂除去疾殃，所以會福也。"③ 鄭玄注《大祝》之"六祈"，這樣説明祈禱的性質："謂爲有災變，號呼告神以求福。"④ 除去疾殃，也就是求神致福，一爲手段，一爲目的，兩義關聯，並不衝突。《藝文類聚卷三十八·禮部上·祭祀》引《説文》曰："除惡之祭曰禬。"⑤ 同乎鄭注而與今本《説文》不同。即便依今本《説文》，説亦可通。"會"是合，"福"是備。《禮記·祭統》云："福者，備也。備者，百順之名也。無所不順者謂之備。"⑥ 所謂"會福祭"，蓋指會合百福之祭，簡言之，即祈求鬼神祐助，達成順心如意的願望。西周金文所見，祈福、致福之嘏辭甚夥，如"用匄眉壽多福"、"用祈多福"等，不勝枚舉⑦。

楊樹達（1885—1956）《積微居小學金石論叢·卷二説字之屬》裏有一篇題爲"説禬"的文章，兹具録其文如下：

> 《説文》一篇下示部云："禬，會福祭也。从示，會聲。"按：五篇下會部云："會，合也。从亼，从曾省。"曾，益也。禬字从會聲，許以會福祭爲訓，是聲兼義也。考會聲之字多含

① 許慎撰，段玉裁注，許惟賢整理：《説文解字注》，頁 10。
② 朱駿聲：《説文通訓定聲》（台北：世界書局，1936 年），頁 586
③ 金鶚：《求古録禮説》（濟南：山東友誼書社，1992 年），頁 385。
④ 孫詒讓撰，王文錦、陳玉霞點校：《周禮正義》，頁 1986。
⑤ 歐陽詢撰，汪紹楹校：《藝文類聚》（北京：中華書局，1965 年），頁 676。
⑥ 許慎撰，段玉裁注，許惟賢整理：《説文解字注》，頁 4。
⑦ 詳參鄧佩玲《天命、鬼神與祝禱——東周金文嘏辭探論》（臺北：藝文印書館，2011 年），頁 210—236。

會合之義。四篇下骨部云："髋，骨擿之可會髮者，从骨，會聲。"引《詩》曰："髋弁如星。"此一事也。五篇下會部云："曆，日月合宿爲曆，从會辰，會亦聲。"此二事也。十三篇上糸部云："繪，會五采繡也。从糸，會聲。"此三事也。此許君明以會合爲訓，與禬下云會福祭同例者也。又有許雖不明言會合，而其訓解實含有會合之義者：六篇上木部云："檜，柏葉松身。从木，會聲。"此言柏之葉與松之身相合會者也。此四事也。六篇下邑部云："鄶，祝融之後妘姓所封潧洧之間，鄭滅之。从邑，會聲。"此言潧洧二水所會流也。此五事也。九篇下广部云："廥，芻藁之藏也。从广，會聲。"此言芻藁所會聚也。此六事也。一篇下艸部云："薈，艸多皃。从艸會聲。"此亦言艸所會聚也。此七事也。又有許雖不言，而漢儒傳注言之足以補許之缺者：四篇下肉部云："膾，細切肉也。从肉，會聲。"《釋名·釋飲食》云："膾，會也。細切肉令散，分其赤白異切之，已乃會合和之也。"此八事也。八篇上衣部云："襘，帶所結也。从衣，會聲。"引《春秋傳》曰："衣有襘。"按文見左氏昭公十一年《傳》。杜預注云："襘，領會。"《漢書·五行志》注亦云："襘，領之交會也。"此九事也。又有許泛爲訓說今當補正之者：七篇上㫃部云："旝，旌旗也。从㫃，會聲。"引《傳》曰："其旝如林。"按此言會合士衆也。……此十事也。其他有許載其字而義訓不同，或許無其字而他說詳其義者：如十一上水部澮訓爲澮水。而《釋名·釋水》云："注溝曰澮，澮，會也。水溝之所聚會也。"此十一事也。又《一切經音義·六》引《聲類》云："儈，合市人也。"《後漢書·逢萌傳》注云："儈謂平會兩家賣買之價。"此十二事也。昏與會古音近，故昏聲之字亦多會合之義。八篇上人部云："佸，會也。从人，昏聲。"此一事也。《詩·小雅·車舝》云：

"德音來括。"《毛傳》云:"括,會也。"此二事也。《説文》二篇上言部云:"話,會合善言。从言,昏聲。"此三事也。《釋名·釋兵》云:"矢,其末曰桰。桰,會也。與弦會也。"此四事也①。

文中列舉《説文》載録的十二個從"會"聲而含有"會合"之義的字例,加上從"昏"得聲而有會合之義的四字,舉證如此精詳,其説確當。據《説文》,"舌"與"昏"字異義別,音亦不同。只是凡從"昏"聲字,隸變後改爲從"舌"②,除"袺"字及上引楊樹達所舉"佸"、"括"、"話"、"桰"四字外,還有"刮"字等。"昏"與"會"古音俱爲見紐月韻,雙聲疊韻,故從"昏"與從"會"聲之字可相通,鄭玄《周禮·大祝》注謂"禬猶刮去也"即爲一例。《説文》示部在"禬"後還收録"袺"字,解作"祀也。从示,昏聲。"段玉裁懷疑此字是"禬"的異體字③。

值得一提,楊樹達《左傳讀》將《左傳》"將會孟子餘"之"會"讀作"禬"。《左傳》昭公元年云:"十二月,晉既烝,趙孟適南陽,將會孟子餘。甲辰朔,烝于温。"楊樹達《左傳讀》釋"會"云:"《集解》云:'孟子餘,趙衰、趙武之曾祖,其廟在晉之南陽温縣,往會祭之。'樹達按:'會'讀爲'禬',《説文》示部云:'禬,會福祭也。'"④ 楊伯峻(1909—1992)《春秋左傳注》即採用其説⑤。楊樹達以爲,"會"當讀爲"禬",並引録《説文》有關解説。但對於禬祭的性質及具體内容,卻没有任何説明。若如楊説,

---

① 楊樹達:《積微居小學金石論叢》(北京:中華書局,1983),頁78。
② 説見段注。許慎撰,段玉裁注,許惟賢整理《説文解字注》,頁108。
③ 段注云:"《周禮》注:'禬,刮去也。'疑示旁乃禬字之或體也。"(漢)許慎撰,(清)段玉裁注,許惟賢整理:《説文解字注》,頁11。
④ 楊樹達:《積微居讀書記》(北京:中華書局,1962年),頁60。
⑤ 楊伯峻:《春秋左傳注》(北京:中華書局,1990年),頁1225。

則“將會孟子餘”意謂：趙孟到南陽去，在其曾祖（即孟子餘）之廟舉行被除災禍之祭①。

現代學者嘗試從卜辭中探尋“禬”祭的踪跡。饒宗頤教授《巴黎所見甲骨錄·附釋舌禬》認爲，卜辭中的“舌”經常用爲祭名，可通“禬”字。饒公云：

> “貞勿〼河弗其……（鐵九四·四、粹編五〇及京津六〇三重）“勿〼且辛”（六錄束四〇）“貞王〼父乙”（屯乙一四一九十一四一八即殷綴一四八對貞語僅存勿〼二字）“庚辰卜〼貞〼母庚”（前編一·二九·三）“庚…勿〼乙”（鐵一〇二·一）按：舌讀爲括，即袥字。《集韻》：“袥，報神祭也。”本作袥。《説文》：“袥，祀也。”凡言舌某先王先妣，皆謂袥祭。……《周禮·女祝》“掌禬禳之事”，鄭《注》：“除災害曰

---

① 也有學者把“將會孟子餘”與下文的“烝于溫”合看，認爲這個“會”字很可能與“祫”有關。竹添光鴻《左傳會箋》云：“會猶云祫也。非祭名。合祭先祖于孟子餘之廟，故曰會也。”（《左傳會箋》，第二十，頁39）假如“會”是祫的意思，這件事就容易理解多了。“祫”是一種祭法，具體的做法是把各廟的神主都搬到祖廟去，一起合祭。“禬”從“會”聲，含有會合之義，如此看來，“祫”與“禬”確實有相通之處。而且，用這種合祭的方式來進行烝祭，這在文獻裏並非無據。《國語·魯語上》所載魯文公烝將躋僖公之事，足爲明證。竹添光鴻以“祫”釋“會”，也許是受到杜預《注》的啓發，杜氏云：“孟子餘，趙衰，趙武之曾祖。其廟在晉之南陽溫縣。往會祭之。”杜氏説的“會祭”可能就含有合祭的意思。其實在竹添光鴻前，我國的學者早就提出了這種看法。清儒周悦讓《倦游庵槧記》云：“按：祭先稱會，不見он經。而《説文》會古作㣆，與祫形近，疑本作將祫，譌作㣆，因轉作會耳。據《禮·大傳》：大夫士有大事，省于其君，干祫及其高祖。《注》：大事，寇戎之事也。省，善也。善於其君，謂免君於大難也。（自注：“語見公羊春秋昭公二十五年《傳》。”）干猶空也，空（祫）謂無廟祫祭之於壇墠。《祭法》：大夫立三廟二壇，曰考廟，曰王考廟，曰皇考廟，享嘗乃止。是大夫得有祫，其曾祖得有廟也。而子餘有從亡之勳，政所云有大事省於其君者，又子趙氏爲別子之祖，故趙孟祇祫于其廟，而不及其高祖矣。”（周悦讓撰、任迪善等點校：《倦游庵槧記》[濟南：齊魯書社，1996年]，頁228）周氏謂“會”是“祫”譌變而成，這種改字説經的做法，恐怕不太謹慎。至於周氏提出的“大夫有祫”等論點，證明趙孟祫祭於孟子餘之廟的可能性，則能自圓其説。總之，“會”爲祫祭，也可備爲一説。

檜，檜猶刮去也。”是舌可通檜①。

“🐍”等字，説者以爲象人張口伸舌之形，小點爲唾液，釋作“舌”字，殆無可疑。饒公讀“舌”爲“䚗”，而“䚗”通“檜”。若此説可從，則“䚗”（段注謂是“檜”之或體），可溯源於殷禮。只是“舌”、“昏”實爲二字，如上引段注，隸變後“昏”始改從“舌”。然則，甲骨文時期，“舌”似乎未能讀作“䛷”或“䚗”。又案：説者或據“舌”、“告”的形近關係，釋“舌”爲“告”②。“告”可讀爲《説文》之“祰”，許君云：“告祭也。”段注以爲即《周禮·大祝》之“造”③。“造”與“檜”同列於六祈之中。杜子春云：“造祭於祖”。鄭衆則引《司馬法·仁本》云：“將用師，乃告于皇天上帝，日月星辰，以禱于后土、四海神祇、山川冢社，乃造于先王。”④“造”與“檜”性質類近，同爲遇有變異之時，告神以祈福祥。

後來，李實《甲骨文字叢考·釋檜》認定甲骨文的“🌿”、“🌿”及其繁化的“🌿”、“🌿”或“🌿”爲“會”字，以爲“字在卜辭均用爲會祭之會。會作祭名，與御、帝等用作祭名，後加示旁禦、禘同。卜辭用作祭名的會即檜字。”文中列舉經李先生釋讀的卜辭文例，除以檜祭祭祖外，還有貞問河水泛濫爲禍，是否於宗宇舉行檜祭。李先生認爲，“此檜祭明顯有除災之意”。李先生注意到在他所舉的卜辭文例中大多提及鼓樂，但只説“待考”⑤。李説可疑：一則，審視文字構形，難以找到“🌿”等字釋作“會”的確切

---

① 饒宗頤：《巴黎所見甲骨録》，《選堂叢書》之三（出版社不詳，1957），頁 32。又詳饒宗頤：《殷代貞卜人物通考》（香港：香港大學，1959 年），卷三，頁 158。
② 陳美蘭：《説“告”》，《中正漢學研究》，2013 年第 2 期，頁 1—18。
③ 許慎撰，段玉裁注，許惟賢整理：《説文解字注》，頁 7。
④ 孫詒讓撰，王文錦、陳玉霞校點：《周禮正義》，頁 1986—87。
⑤ 李實：《甲骨文叢考》（蘭州：甘肅人民出版社，1997 年），頁 49—53。

依據；再則，含有"帯"等字的卜辭一概用鼓，對照《周禮》，"用鼓爲攻禮"①，應與除災以祈福祥有關，但難以坐實爲"攻"或其他祈禳之禮。

若上舉二説中有一説得以成立，就顯示殷禮中有用於禳災的禬禮，而禬祭的對象包括先王先妣和山川之神。再聯繫出土戰國楚簡來看，溯源竟流，似可推想禬禮自殷周至漢代期間有所變化，説不定與祈禳等群祀之間出現轉移或合併的情況，到鄭玄的時候，就僅存禱禮。在《周禮》所建構的祭名譜系裹，禬已變成一種不太顯眼的小祀。

5. 從《詩經》祭天禮蘊含的禳災元素看《周禮》之"禬"

《詩經》所見與祭天禮相關的詩句，或帶有禳災的願望。《大雅·生民》詩首章云："厥初生民，時維姜嫄。生民如何？克禋克祀，以弗無子。履帝武敏歆，攸介攸止。載震載夙，載生載育，時維后稷"。據《周禮·大宗伯》"以禋祀祀昊天上帝"，可知"克禋克祀"指祭祀上帝而以后稷配之。緊接此句的"以弗無子"之"弗"，借爲"祓"，指祛除災難之祭，點明了祀帝的目的在於"祓除其無子之疾而得其福"（鄭玄語）②。專爲祈福而作的詩篇，所含禳災之意更爲明顯。如《雲漢》一詩，就是周宣王仰天求雨的禱詞。詩云："倬彼雲漢，昭回于天。王曰於乎！何辜今之人！天降喪亂，饑饉薦臻。靡神不舉，靡愛斯牲。圭璧既卒，寧莫我聽？"當時遇上荒年，宣王遍索鬼神，祈求消除天災。次章云："旱既大甚，蘊隆蟲蟲。不殄禋祀，自郊徂宮。上下奠瘞，靡神不宗。后稷不克，上帝不臨。耗斁下土，寧丁我躬！"詩中的"禋祀"、"郊"、"后稷"、"上帝"，表明王祭包含了郊祀上帝而以后稷配祭，祭祀的目的無疑就是禳災。

① 黃以周撰，王文錦點校：《禮書通故》（北京：中華書局，2007 年），頁 696。
② 鄭玄：《毛詩鄭箋》（臺北：新興書局，1981 年），頁 113。

　　《禮器》"祭禮不祈"，將六祈從祭禮中割裂開去。如上所述，祭祀常禮，主於孝敬，祈禱有爲言之，主於求福，從這個角度來看，祭禮與祈禳之禮確有分别。但從《詩》文可見，祭禮中也可能蘊含禳災的元素。因此，祭當分廣狹二義，祈禳（即禬所屬）之類，屬於廣義之祭，《廣雅·釋天》把祓、禊、祈、禳、禜、禬一概訓爲"祭也"①就是這個道理。再看《大司樂》記祭祀用樂，"凡六樂者，一變而致羽物及川澤之示，再變而致贏物及山林之示，三變而致鱗物及丘陵之示，四變而致毛物及墳衍之示，五變而致介物及土示，六變而致象物及天神"。細繹此文，川澤、山林、丘陵、墳衍、土示、天神六者，皆需要加"之示"二字，註明所招來的神，而六"物"則無所加②。"物"指精怪者，就是《神仕》篇的"物魅"。《大司樂》奏樂招引的對象既然包含此等物魅，就意味着它不是指純粹的祭禮。再者，孫詒讓區分《周禮》中禬的三種用法，有用作祭名的，有泛指除去災疫的，也有指稱會財救災的。其實，禬的三種用法，是以内在關聯爲條件。即便是嚴分《周禮》之禬的孫詒讓，將《神仕》"以禬國之凶荒、民之札喪"之"禬"歸入"通語"一類，但又説"此官主祭禬之禮"③，即視此"禬"爲與祭禱密不可分之禬。參照"禘"、"禦"等字從"帝"、"御"變化而成的情況，"禬"原來也可能是在"會"上加區别文"示"，作爲禬禮的專用字。禬字本義爲除去疫癘之祭，用作除去、刮去，是引申義而用作動詞。會財救災之禬，帶有消災除禍之意，同樣是引申的用法。《神仕》有云："以冬日至致天神人鬼，以夏日至致地示物魅，以禬國之凶荒、民之札喪。"説明二至廣招天神人鬼、地示物魅，帶有祓除不祥（即經文點明的凶年和疫病喪亡）的目的。

① 王念孫：《廣雅疏證》（北京：中華書局，1983年），頁289。
② 牟潤孫：《説格物致知》，《海遺雜著》，頁308。
③ 孫詒讓撰，王文錦、陳玉霞校點：《周禮正義》，頁2229。

6. 小結

就《周禮》本證而言，"禬"字有三義：一是祭名，屬於六祈之一；二是通語，泛指除去災疫；三專指會財救災，屬於凶禮。《神仕》"以禬國之凶荒、民之札喪"之"禬"固然可歸入通語一類，但此"禬"又與祭禱密不可分。參照"禘"、"禦"等字從"帝"、"御"變化而成的情況，"禬"原來也可能是在"會"上加區別文"示"，作爲禬禮的專用字。禬字本義爲除去疫癘之祭，用作除去、刮去，是引申義而用作動詞。會財救災之禬，帶有消災除禍之意，同樣是引申的用法。古人相信，人與鬼神示不和協，便有災變，癘疫大作，於是舉行禬禳之祭，號呼告神，祈求消災解患。《神仕》列於春官之末，敘述者只交代以神仕者的職事，並簡括籠統地點明此官行禬涉及的對象及目的。其指涉對象極爲寬泛，既包羅人鬼天神地示，還兼物老成精者而有之。依經文直解，以神仕者與司巫、男巫、女巫等爲官聯，掌三辰之法，圖畫鬼神示之處位，辨別其名號物色，在冬夏二至舉行禬禮之時，參與招引天神人鬼、地示物魅降臨受祭，以祈福祥，除去凶年和疫癘。二至之禬可能藉祀天祭地而行，也可能奏樂降神，只是難以坐實其中的細節。

第二章
"禮制語境"與《尚書》的詮釋

一、《尚書·顧命》之册命禮儀
及"廟"之所在

　　古今學者訓釋《尚書·顧命》册命禮儀，尤其是當中的"廟門"，持説不同，迄無定論。就"廟門"而言，説者持説大抵有二：一爲路寢殯宮之門説，另一爲廟門説。前説源於鄭玄（127—200）注、僞《孔傳》及孔穎達（574—648）等注疏家言，爲主流意見；後説主要源於司馬遷《史記》"二公率諸侯以太子釗見於先王廟"之文，論者主張此説的並不多。朱熹（1130—1200）雖曾説受册在廟，但對路寢殯宮之門説卻不置可否。然而，自王國維（1877—1927）提出"新説"後，支持後説者明顯增多。王國維在1916年先後撰成《周書顧命考》及《周書顧命後考》，提出《顧命》之"廟"實爲廟而非殯宮、路寢，即周康王受册命，在廟而不在寢，"廟門"自爲祖廟之門。直到十年後，王國維任教清華國學研究院時，還堅持這種看法。此後，注家多從王説，尤爲明顯的是曾運乾

（1884—1945）的《尚書正讀》。曾書詮釋《顧命》，除了對四坐爲
誰而設的看法跟王國維不同外，對王説多所承用。劉起釪（1917—
2012）《尚書校釋譯論》同樣大量採録王文，但對於"廟門"，題解
與注釋持論不一①，後來劉先生更特地撰文反駁王説②。現行多種
《尚書》簡注本，如屈萬里（1907—1979）《尚書今註今譯》、江灝
和錢宗武兩位先生所著《今古文尚書全譯》、黄懷信《尚書注訓》
以及陳戍國《尚書校注》等，對這個問題的看法仍不一致③。筆者
曾撰《王國維"〈顧命〉之廟爲廟而非寢"説探討》一文（刊載於
《中國經學》第三輯［2008 年］）④，針對陳漢章及黄侃譏詆王國維
説《顧命》廟義，辨析周代殯廟禮之有無。文中所論，僅舉禮書及
《左傳》爲證，著意探究周代殯禮之實，未有就《顧命》本文及王
説的重要關目展開必要的論證，也未有釐清王説與前人之説間的異
同優劣。今以王國維之説爲討論中心，探討前人以《禮經》之例詮
釋《顧命》的得失，重新梳理古今有關《顧命》"廟門"的訓釋，
爲此課題作一較全面的分析，冀能在王説的基礎上，參酌各説，附

---

① 《尚書校釋譯論》（北京：中華書局，2005 年）實爲劉起釪先生所著，爲紀念其師顧
　頡剛先生（1893—1980），故以合著名義出版。劉先生於《顧命》解題云："第二天
　成王死後，召、畢二大臣等率諸侯迎太子釗見於先王廟，即位爲康王。史臣録其
　文，即爲《顧命》篇。篇中詳細記載康王見於先王廟先受顧命之戒而後舉行即王位
　這一隆重典禮中的所有各種陳設。"頁 1711。但析論"諸侯出廟門俟"所列孔穎達
　《正義》、戴鈞衡《補商》全爲主張廟門爲殯宮門之説。
② 劉起釪：《〈尚書·顧命〉行禮場所在路寢在宗廟異説考》，《中國史研究》，2002 年第
　1 期，頁 5—6。
③ 屈萬里：《尚書今註今譯》（臺北：臺灣商務印書館，1993 年）於"諸侯出廟門俟"
　下註明本《尚書故》説，解"應門"爲廟門，並説"以上行事在廟，以下行事在
　朝"。頁 170。江灝、錢宗武著，周秉鈞審校：《今古文尚書全譯》（貴陽：貴州人民
　出版社，1990 年）總括"乃受同瑁"段意爲："記敘康王在祖廟接受册命的儀式。"
　頁 410。黄懷信：《尚書注訓》（濟南：齊魯書社，2002 年）頁 370 注 28 云："廟：即
　宫，路寢。"陳戍國：《尚書校注》（長沙：岳麓書社，2004 年）説："這裏所謂'廟
　門'非宗廟之門。"頁 182。
④ 拙著：《王國維"〈顧命〉之廟爲廟而非寢"説探討》，《中國經學》，第三輯，2008
　年，頁 265—280。

以己見，合理地解讀《顧命》的册命禮儀及"廟門"。

1. 王國維"《顧命》之廟爲廟而非寢"說

在《尚書》領域中，王國維的論著備受推崇[1]，《周書·顧命》二考是其中的表表者。就是王國維自己，也以此二文爲得意之作。王國維自言：

> 據禮經通例及彝器所載册命制度，以大保承介圭由阼階隮爲攝成王，以"乃受同瑁"一節爲康王受獻事，以大保受同降盥一節爲大保自酢事，以正鄭《注》及孔《傳》之誤。自謂得此解，則《顧命》一篇文字與其儀制，怡然理順矣。若如鄭《注》，則受册之禮行於殯所，祭咤之事所以對神。君臣吉服，拜起尸柩之側。獻酢同事，分於二人之手。凡此數者，無一與禮意相合[2]。

劉盼遂（1896—1966）《觀堂學書記》記王國維云：

> 鄭君注此篇，其於位置全行迷亂。蓋《顧命》一篇，主記康王即位之吉禮，其成王之柩，自在殯宮，而鄭君以爲册命之禮行於殯所、祭咤之事謂爲對神，其失措固宜[3]。

又云：

> 案：鄭説非也。此册命之地決非殯所。蓋成王之殯，若用殷禮，當在兩楹之間，若用周禮，當在西序。今據上文，則牖

---

[1] 如姚淦銘：《王國維文獻學研究》（南京：江蘇古籍出版社，2001 年）就説"《尚書》學是王國維燦爛學術宮宇中一殿堂"，並引述《尚書》學家劉起釪評價王國維的話説："在這一學術領域裏最推爲翹楚的是王國維的成就。"頁 204。
[2] 王國維：《觀堂集林》（北京：中華書局，1984 年），頁 58—59。
[3] 王國維：《古史新証——王國維最後的講義》（北京：清華大學出版社，1994 年），頁 294。

間南嚮、西序東嚮，皆布几筵。而赤刀、大訓、宏璧、琬琰，亦在西序。若成王之殯在，則几筵、宗器，何所容之？故知册命之地，非殯所也。鄭不知太保攝主，嫌非殯所，則無所受命，故爲此説。其言王與太史之位，亦不確。以禮言之，有大保當在阼階上西面，大宗居左，大史居右。王在賓階上東面，大史迎而命之。御之言迓也，迎也。古彝器紀王命諸臣事，皆王即位，受命者立中廷北鄉。《祭統》亦云所命北面。此册命王，用賓主禮者，大保雖攝先王，本是臣，故於堂上以賓主之禮行之。攝主者，禮不全於君；受册者，禮不全於臣全於子。此實禮之至精極微，而無可擬議者矣①。

又，王氏《周書顧命後考》云：

> 是古於嘉禮賓禮皆設几筵，以明有所受命。此大保攝成王以行册命之禮、傳天下之重，故亦設几筵以依神。其所依之神，乃兼周之先王，非爲成王也。……然則册命之地，自禮經通例言之，自當爲廟而非寢。畢門、應門，蓋廟與寢皆有之。藉云寢也，則必成王之殯不在於此也。古者賜爵祿於大廟，豈有傳天子之位，付天下之重，而不於廟行之者。下經云：“諸侯出廟門俟”，是册命之地之非殯所明矣②。

《顧命》“御王册命”，鄭玄注云：“御，猶嚮也。王此時正立賓階上少東，大史東面，於殯西南而讀策書，以命王嗣位之事。”③ 王國維

---

① 王國維：《古史新証——王國維最後的講義》，頁 296。
② 王國維：《觀堂集林》，頁 65—66。
③ 僞孔安國傳，孔穎達正義，黃懷信整理：《尚書正義》（上海：上海古籍出版社，2007），頁 739。

指出，鄭君誤以爲康王受册命於殯所，故注釋《顧命》之位置，幾乎全誤。爲此，王國維重新繪製《顧命》位置圖（見圖十），清楚

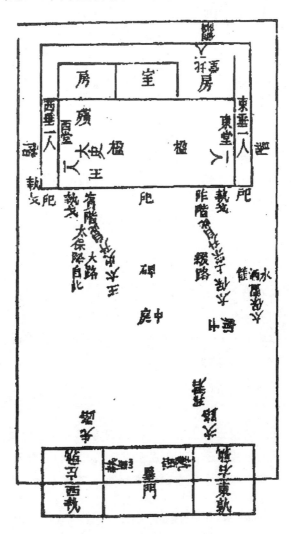

圖十　王國維《〈顧命〉位置圖》

（録自吳其昌《王觀堂先生尚書講授記》，《古史新證——王國維最後的講義》，頁 256。）

表明康王受册命於祖廟。王國維指出，成王殯宮與册命所在不在一處。按其説，册命在廟，而成王之柩則在別處。至於王柩是否就在寢宫，王國維卻没有明説①。

王國維揭示的鄭玄注《顧命》的兩大缺失，除錯認册命之禮在殯所舉行外，又把祭咤看作對神而爲②。王國維糾正鄭注，指出册命之禮在廟中舉行，受同瑁一節記嗣王（即康王）受獻事。王國維《顧命》釋義還包括：一、大保承介圭，由阼階隮，爲攝成王；二、大保受同降盥一節，承接康王受獻，爲大保自酢事。按照王國維的理解，鄭注致誤的主因，在於不知道大保攝主，心想册命若不在殯所，便無所受命。王國維自言掌握此等釋義，便能通曉《顧命》一篇文字及其儀制。

通覽前代經説，發現不少王氏所自以爲得意之見，前人已先言之。就是王氏所自詡的解讀《顧命》的方法——"以彝器册命之制與禮經之例詮釋之"，其中運用禮例釋經之法，並非王國維所發明。此法前人多有措意，而運用得最精到的應是孫希旦（1736—1784）。孫希旦《尚書顧命解》疏解經文，"皆由參考禮經得之"③。

2. 大保攝成王，爲册命之主；獻瑁於嗣王，用賓主禮

《顧命》"王麻冕黼裳"至"御王册命"一節專記册命事。王國維《周書顧命考》解曰：

> 王，謂康王。上言子釗，此變言王者，上紀成王崩日事，繫於成王，故曰子，此距成王崩已八日，稱王無嫌也。……王黼裳，卿士邦君蟻裳者，居喪釋服，不純吉也。大保、大史、

---

① 王國維：《古史新証——王國維最後的講義》（北京：清華大學出版社，1994），頁294。
② 鄭説，詳僞孔安國傳，孔穎達正義，黃懷信整理《尚書正義》，頁741。
③ 孫鏘鳴《尚書顧命解跋》，孫希旦：《禮記集解》（北京：中華書局，1989 年），頁1487。

大宗彤裳純吉者，大保攝成王，爲册命之主。大宗相之，大史命之，皆以神道自處。故純吉也。王由賓階隮者，未受册，不敢當主位也。大保由阼階者，攝主故由主階。何以知大保攝主也？曰：大保受顧命於成王而傳之於康王，有王道焉。成王不親命康王而命大保者何也？曰：康王之爲元子久矣，顧命也，命之爲王也。成王未崩，則天下不得有二王，既崩，則不得親命。故大保攝王以命之。册命之有攝主，猶祭之有尸矣。……介圭與瑁，皆天子之瑞信。奉先王之命，授天下之重，故以天子之瑞信將之。同者，鄭云酒杯，江氏聲以爲圭瓚。奉圭瓚者，將祼王也。……是命書本王或攝王者所持。此大史秉書者，大保承介圭。介圭重器，不能復持命書以授大史，故大史秉之。……鄭不知大保攝主，嫌非殯所，則無所受命。故爲此説。……此册命王用賓主禮者，大保雖攝先王，身本是臣。故於堂上以賓主之禮行之。攝主者禮不全於君，受册者禮不全於臣、全於子。此實禮之至精極微而無可擬議者矣[1]。

《周書顧命後考》云：

士之冠也，賓醴之。賓者，攝父者也。昏禮，婦之見舅姑也，贊醴之。贊者，攝舅姑也。此篇康王之受册也，大保醴之。大保者，攝先王者也。賓之攝父，贊之攝舅姑，以冠與見舅姑事輕。父與舅姑尊，不宜與子婦爲禮也。若成王倦勤，而生傳位於康王，則王當親獻。何則？女之嫁，父親醴之；士之親迎，父親醮之；舅姑之饗婦，以著代也，亦親獻之。此嗣位之事，其重相同故也。於禮，凡醴皆有獻無酢，而此有酢者，

---

[1] 王國維：《觀堂集林》，頁 51—54。

曰：此余前説所謂祼享之禮。鄭以此爲禮，意雖是而名則非
也。古獻有三種：以鬯曰祼，以醴曰醴，以酒則曰醲、曰獻。
醴與醲有獻無酢，祼與獻則有獻有酢。天子、諸侯之祼，即大
夫士之醴也。故士冠禮用醴或醲，而諸侯之冠則用祼享之禮①。

經文稱呼康王，以"王麻冕黼裳"爲分界。此句之前，先是成王於
顧命之辭中稱康王爲"元子釗"及"釗"，及後敘事者稱之爲"子
釗"；此句之後，則一概稱"王"。可見册命前後，稱呼不同。稱呼
上的這種轉變，被視作禮例。《白虎通·爵》更特地針對《顧命》
設爲問答説："父在稱世子何？繫于君也。父歿稱子某者何？屈于
尸柩也。""天子大斂之後稱王者，明民臣不可一日無君也。故《尚
書》曰：'王麻冕黼裳。'此大斂之後也。何以知不從死後加王也？
以上言迎子釗，不言迎王也。"按此禮例解説《顧命》中康王的稱
謂：則成王在世時稱"元子"（即世子或太子）；成王薨而未殯，改
稱"子釗"，在名前著一"子"字②；成王大斂之後，變稱"王"。
而大斂與殯相連，所以也可説是殯後稱王。《禮記·雜記》云："君
薨，大子號稱子，待猶君也。"③ 説經者往往在禮文或《春秋》中探
尋這種義例。如《儀禮·聘禮》記使者出使後，本國君薨，還國復
命於殯，世子在阼階上就位而不哭。鄭玄解釋經文稱世子爲"子"
的原因，説："不言世子，君薨也。"④ 蓋本《公羊傳》爲説。《公羊

① 王國維：《觀堂集林》，頁 63。
② 陳立云："案：上云'元子釗'，元子，太子也。又云'爾無以釗'，下云'迎子釗'，
  則子非康王名，與未殯稱子某之例同也。時成王新崩，故稱子釗，大斂之後即稱
  王，其義甚明。"陳立撰，吳則虞點校：《白虎通疏證》（北京：中華書局，1994 年），
  頁 35。
③ 鄭玄注，孔穎達正義，呂友仁整理：《禮記正義》，頁 1595。金榜《禮記》據此云：
  "經對王崩言，則曰子釗，號稱子之義也。對卿士邦君以下言，則曰王，待猶君之
  義也。"阮元編：《清經解》（上海：上海書店，1988 年），第 3 册，頁 837。
④ 鄭玄注，賈公彥正義，王輝整理：《儀禮注疏》（上海：上海古籍出版社，2008 年），
  頁 710。

傳》所立《春秋》稱謂義例，有"君存稱世子，君薨稱子某，既葬稱子，逾年稱公"（莊公三十二年）。可是，禮書之文與《春秋》書法或有不同，不必牽附。《禮記·曾子問》有君薨世子生而稱"世子"之文，《春秋》也有君在世而世子稱"子"的事例①。《顧命》所見康王稱謂的改變，是否可看成通例，恐怕不好説。王國維謂"繫於成王，故曰子"，只把"子"字當作表示父子關係，又説"距成王崩已八日，稱王無嫌"，沒有談及殯前殯後異稱的問題，並未依禮例立説。

大保攝主（或成王），元吳澄（1249—1333）已先於王國維創發此説。而大保授同與受同二節爲獻酢之禮，吳氏亦先得此意。王國維未有明言己説所本，是否有取於吳澄之説，亦未可知。吳澄《書纂言》詮解王乃受同一節云：

> 天子之禮，無可考證。今以士禮推之。父之命子，必醮以酒，醮者有獻無酬。太保攝王事，傳顧命，命嗣王，亦用酒者，如成王之生存親命其子也。然太保，臣也，不敢純如父醮子之禮，故略如臣獻君之禮，有獻有酢。其時太保執天子之圭爲攝主，太保以同酌酒，承以瑁，獻嗣王。王受同瑁，三宿而後三祭，三祭而後三咤。宿與肅通。肅者，肅拜也②。

吳氏此段經説，觸及解讀《顧命》的關鍵處，可取者大略有二：(1) 太保攝主，故執天子信物（介圭），由阼階升堂。(2) 太保傳顧

---

① 《春秋》桓公六年記"子同生"。同即魯莊公。楊伯峻注云："魯十二公，惟子同是嫡夫人之長子，備用太子之禮舉之，故書。稱'子同'者，魯國於公子，無論嫡庶，縱爲儲君，亦皆稱子，莊三十二年經書'子般卒'，襄三十一年經書'子野卒'，可證。《尚書·顧命》云'乙丑，王崩，逆子釗於南門之外'，則雖王世子亦稱子。"《春秋左傳注》（北京：中華書局，1990年），頁109。看法與王氏相近。
② 吳澄：《書纂言》，納蘭性德：《通志堂經解》（揚州：江蘇廣陵古籍刻印社，1993年），第6冊，頁517。

命，命嗣王，故以同酌酒獻王，猶如士昏禮中壻父以醮命子親迎。今案：太保所傳顧命之辭，開首"皇后憑玉几，道揚末命，命汝嗣訓，臨君周邦"云云，清楚表明是轉述乃父成王（即新陟王）之命。此等見解，已具備王國維説之雛形。吴説中也有兩處有待修正：（1）士昏禮中，父醮子，有獻無酢，今太保有獻有酢，吴氏説是由於以太保身爲臣子，不敢全用父醮子之禮。（2）解"宿"爲肅拜①。後來，孫希旦《尚書顧命解》指出，吴以父命子説"受同"之意，較舊説"受同以祭"優勝。孫氏遵循吴氏的思路，既推衍其説，又爲之填補漏洞。孫氏云：

《士昏禮》"父親醮子而命之"，蓋醮之者，所以禮之也。父將以大事命其子，必先有以禮之，親迎且然，况傳之以天下乎？故大保之同，所以爲成王禮康王者也。大保爲成王禮康王，猶《士昏禮》"奠菜"，"老醴婦于房中"之義也。下文云"以異同，秉璋以酢"，則知此同之所盛，乃鬱鬯，王則自圭瓚注之，大保則自璋瓚注之者也。用酒謂之醮，用醴謂之醴，用鬱鬯謂之灌。此所行乃灌禮也。同之爲器，他無所見，而獨見於此。蓋圭瓚重大，不可以祭以飲，故注之於同而祭之飲之，蓋凡行灌禮者皆然也。王再拜者，拜受也。王拜受而大保不拜送者，以此禮特爲成王致之，王之再拜非爲大保拜也。宿，進也。灌必設席，王既受同於大保，則進至席前也。三宿者，三受同而進也。《周禮》王於上公再灌而酢，侯伯一灌而酢，子男一灌不酢。此王三受同而後大保自酢，則三灌而酢矣。三灌而酢者，天子之禮也。……祭，祭酒於地也。《士冠禮》"以柶祭醴，三"，此三宿則有九祭矣。……咤者，既飲卒爵而奠之

---
① 詳本書《〈儀禮〉所見婦人拜儀》章，或拙著《〈儀禮〉婦人拜儀説》，《中國經學》，第18輯，2016年，頁69—91。

也。知王飲卒爵而奠之者，以上宗曰"饗"，則王饗此酒可知。蓋此酒乃成王之所以禮康王，雖在喪亦不敢不飲。《士虞禮》主人受尸酢，亦卒爵也[①]。

孫氏此段注解，由推衍並修訂吳説而成，現條舉其説的重點，並爲之辨析如下：（1）承襲吳氏的思路，孫氏同樣舉《士昏禮》父親醮子爲例，説明父命子必先有以禮之。親迎尚且如此，何況是命子繼位此等大事。孫氏一再強調"大保爲成王禮康王"，但始終不像吳氏般明言大保攝主或攝王事，而是直接舉出禮經之例——"老醴婦于房中"，作爲大保爲成王禮康王的參照。在孫氏看來，父醮子，僅能用以説明父命子必先有以禮之，卻未能充作父喪而使人代之的明證。與此不同，"老醴婦于房中"，即新婦三月廟見已殁的舅姑，由老（"羣吏之尊者"[②]）代舅姑醴婦，正堪與太保爲成王禮康王相比擬。（2）父用酒，稱醮；老用醴，稱醴；王與大保，皆以同盛鬱鬯，稱祼或灌，此其所同。而太保所獻之同，是用圭瓚注入鬱鬯；太保自酢之同，則用璋瓚注入鬱鬯。（3）孫氏取鄭玄説，訓"宿"爲進。三宿，指王受同後進至席前。如是者三次，故稱三宿。（4）醴與醮皆有獻無酢，即敬人飲酒而所敬者不須回敬。唯依《周禮·秋官·大行人》所記王禮諸侯及諸侯酢王之數推算，天子之禮，三灌而酢。（5）祭指祭酒於地。《士冠禮》祭醴三次，天子每宿三祭，三宿合爲九祭。（6）咤指奠爵，上宗既曰"饗!"勸王飲酒。饗辭非由祝説出，非勸神飲可知。

王國維以《儀禮》冠昏二禮通例推出天子之禮，取徑與吳澄及孫希旦不別。其説大保攝主之意，所憑藉的就是禮經中的冠昏

---

① 孫希旦：《禮記集解》，頁 1482—1483。
② 胡培翬撰，段熙仲點校：《儀禮正義》（南京：江蘇古籍出版社，1993 年）引鄭玄注，頁 156。

禮例。

　　"攝主"，依文直解，就是代理主人。綜觀禮書及其餘經書所記，以至後世注疏家言，就其性質、功能及適用範圍而言，"攝主"可區分爲攝喪、攝祭、攝政。三者之中，以所攝者論，攝喪爲代生者，攝政既可代生者亦可代死者，而攝祭除特殊情況外，一般代死者行祭，與前兩者判然有別。先言攝喪，《禮記·喪大記》訂明喪禮的原則："喪有無後，無無主。"也就是説，喪禮必有喪主。若遇喪者無子嗣，則以庶子或兄弟之子暫代，行喪主之事。禮書中有關喪事攝主之説，集中於《禮記·曾子問》中曾子與孔子的多番問答。曾子問孔子："君薨而世子生，如之何?"孔子答曰：

　　　　卿、大夫、士從攝主，北面於西階南。大祝裨冕，執束帛，升自西階，盡等，不升堂，命毋哭。祝聲三，告曰："某之子生，敢告。"升，奠幣于殯東几上，哭降。衆主人、卿、大夫、士、房中皆哭，不踊，盡一哀，反位，遂朝奠。小宰升，舉幣。三日，衆主人、卿、大夫、士如初位，北面，大宰、大宗、大祝皆裨冕，少師奉子以衰，祝先，子從，宰、宗人從，入門，哭者止。子升自西階，殯前北面，祝立于殯東南隅。祝聲三，曰："某之子某，從執事敢見。"子拜稽顙，哭，祝、宰、宗人、衆主人、卿、大夫、士哭，踊三者三，降，東反位，皆袒。子踊，房中亦踊三者三，襲，衰，杖，奠，出。大宰命祝、史以名徧告于五祀、山川。

孔子就君薨而世子生的特殊情況，分別述説告殯與見殯之禮。在告殯方面，參與其事的一衆卿、大夫、士，都要追隨"攝主"。此"攝主"設於世子出生之前，由他代理喪事。在參與見殯的人員行列中，不見"攝主"，這是由於此時君之子自爲喪主，攝主已退位。

這種攝主的實例，見於《左傳》哀公三年所記季康子之事。季桓子卒，就由其子季康子攝位，代爲喪主（孔子曾述其事）①。到季桓子葬後，其妻南孺子生男，季康子請退位②。鄭玄注《曾子問》"攝主"云："上卿代君聽國政。"③ 表面上只説攝政，實則同時攝喪，不言可知。季康子當日攝位就是如此，既主喪事，亦主政事。

攝喪還適用於喪主不在無法主理喪事的特殊情況。《喪服小記》云："士不攝大夫，士攝大夫唯宗子。"説明喪主不在，則使人代爲拜賓④。

攝主者，在未有世子的情況下，可能需要同時代理喪事與政事。若世子幼小，雖然毋須使人攝喪，但仍需他人攝政。《曾子問》記曾子問："如已葬而世子生，則如之何？"孔子答："大宰、大宗從大祝而告于禰。三月，乃名于禰，以名徧告，及社稷、宗廟、山川。"此時已無攝主，因爲先君葬後，殯宮無事，所以世子出生後，攝主早已告退。時蓋由大宰攝政，由其主持見子禮典，自不待言⑤。王鳴盛（1722—1797）《蛾術編》《説制七·攝主》以君薨世子未生有攝主爲據，力主世子幼小亦有攝主之禮：

　　《禮記·明堂位》："昔者周公朝諸侯于明堂之位，天子負

---

① 《禮記·曾子問》記孔子批評"喪有二孤"，即舉季康子爲例，説："喪之二孤，則昔者衛靈公適魯，遭季桓子之喪，衛君請弔，哀公辭，不得命。公爲主，客入弔。康子立於門右，北面。公揖讓，升自東階，西鄉。客升自西階，弔。公拜，興，哭，康子拜稽顙於位，有司弗辯也。今之二孤，自季康子之過也。"

② 《左傳》云："季孫有疾，命正常曰：'無死！南孺子之子，男也，則以告而立之；女也，則肥也可。'季孫卒，康子即位。既葬，康子在朝。南氏生男，正常載以如朝，告曰：'夫子有遺言，命其圉臣曰："南氏生男，則以告於君與大夫而立之。"今生矣，男也，敢告。'遂奔衛。康子請退。公使共劉視之，則或殺之矣。乃討之。召正常，正常不反。"事詳楊伯峻：《春秋左傳注》，頁1623。

③ 鄭玄注，孔穎達正義，呂友仁整理：《禮記正義》，頁749。

④ 鄭玄注云："士之喪雖無主，不敢攝大夫以爲主。宗子尊，可以攝之。"孫希旦：《禮記集解》，頁895。

⑤ 説參孫希旦《禮記集解》，頁510。

斧依，南嚮而立。"鄭注："周公攝王位。"天子即周公。又："武王崩，成王幼弱，周公踐天子之位，以治天下。七年，致政于成王。"《尚書·大誥》篇首王若曰，鄭注："王，謂攝也。"周公居攝命大事，則權代王也。《康誥》王若曰，鄭意亦指周公。蓋古有攝主①。

王鳴盛所謂"攝主"，實爲攝政。攝政之事，《左傳》有明説。《左傳》釋《春秋》經隱公"元年春王正月"書法大義云："不書即位，攝也。"下文云："公攝位而欲求好於邾。"桓公年少，故使隱公攝政②。

在喪而祭祀外神，也會設攝主。孔子答曾子問，曾提及天子崩後祭祀外神的安排，其中有"既殯而祭，其祭也，尸入，三飯，不侑，酳不酢而已矣。自啓至于反哭，五祀之祭不行；已葬而祭，祝畢獻而已"。注疏家從冢宰攝主的角度詮釋孔意。熊安生解三飯不侑、酳不酢云："謂迎尸入奧之後，尸三飯即止，祝不勸侑至十五飯。於時冢宰攝主，酳酒酳尸，尸受，卒爵，不酢攝主。"③ 冢宰代理天子在祭事中所扮演的角色，故酳酒酳尸，尸受而卒爵後，則不回敬冢宰。孔穎達説祝畢獻之意云："既葬彌吉，尸入三飯之後，祝乃侑尸，尸食十五飯。攝主酳尸，尸飲，卒爵而酢攝主。攝主飲畢，酳而獻祝，祝受飲畢則止，無獻佐食以下之事。"④ 同以冢宰攝行主祭者之事。由是而知，"在喪而祭，皆使人攝之"⑤。

孔子答曾子問，還提及一種特殊的攝行主祭者的情況。孔子説："若宗子有罪，居于他國，庶子爲大夫，其祭也，祝曰：'孝子

---

① 王鳴盛：《蛾術編》（揚州：江蘇廣陵古籍刻印社，1992年），頁723。
② 詳參楊伯峻《春秋左傳注》，頁9。
③ 鄭玄注，孔穎達正義，呂友仁整理：《禮記正義》，頁788。
④ 鄭玄注，孔穎達正義，呂友仁整理：《禮記正義》，頁788。
⑤ 孫希旦語，見《禮記集解》，頁530。

某使介子某執其常事。'攝主不厭祭,不旅,不假,不綏祭,不配。"攝主行祭,爲避正主,一概祭儀皆有所降殺。

還有另一種臨時攝任死者某項職能的情況,《儀禮‧聘禮》有云:"賓入竟而死,遂也,主人爲之具而殯,介攝其命。"賓當初受命於君之時,介亦在場,接聞君命。如今賓死,介就得代賓致命於所聘國國君①。這種攝命,有別於攝喪、攝祭,而所攝者爲死者,則同攝祭。

孫希旦所舉《士昏禮》之例,即舅姑已殁,婦入三月後,奠菜於禰廟,祭祀舅姑,"老醴婦于房中,南面,如舅姑醴婦之禮。"士的老,爲家臣之長,地位與天子冢宰相埒。舅姑生時,使贊醴婦於寢户牖之間。如今舅姑既殁,使老醴婦於廟之房中。蓋由老攝行舅姑醴婦之事。如此安排,反映生死殊禮。

釐清各種攝主之例後,可以回到王國維所津津樂道的太保攝主之事上。準上而論,成王薨,召公爲太保領冢宰②,攝行王事,禮所宜然。《顧命》記成王崩,太保命人"逆子釗於南門之外,延入翼室,恤宅宗",即位爲喪主③。康王自爲喪主,太保所攝行之事並非喪事不辯自明。其非攝政,更不必說。册命嗣王,姑不論在何處所舉行,既無祝以接神,亦不設尸爲神象,與祭祀無涉亦不待辨。太保攝主的本質,在於代死去的天子在策命禮中獻酒給嗣王,上舉天子崩而冢宰酌酒酳尸差可比擬。仔細檢視王國維用作參照的冠、昏二禮,所謂"賓攝父"、"贊攝舅姑",純屬王國維的創說,與上述各種攝主之例全然無涉。賓醴冠者時,冠者之父在場,贊醴新婦

---

① 鄭玄注,賈公彦正義,王輝整理:《儀禮正義》,頁719。
② 僞孔安國傳,孔穎達正義,黃懷信整理:《尚書正義》,頁722。
③ 太子釗當時身在何處? 前人説法不一。季旭昇:《〈上博二‧昔者君老〉簡文探究及其與〈尚書‧顧命〉的相關問題》指出,據《昔者君老》可證成王彌留之際,太子釗受召在側,王崩之後,太子出於南門(若依舊説,在路寢門外)。《中國文哲研究集刊》,第24期,2004年3月,頁285。

時，舅姑俱在場，不能説賓攝父或贊攝舅姑。須知冠禮之中，父仍爲冠主①，賓何攝之有？況且，女父醴女等待婿來迎也好，婿父醮子命其親迎也好，皆由其父親獻，相對於大保攝王來説，性質並不相同，不能強作比附。吳澄援父醮子爲證，不過是爲了説明父命子必先向其獻酒，而獻酒就是太保所代行的王事。對於"攝主"之例，王國維著力推闡，舉證雖繁，實有未安。假如王國維確曾參考吳澄或孫希旦之説，在這點上，其思慮或未及前人嚴謹。

王國維拈出"著代"之義，藉此説明使太保攝王獻酒的禮意。《禮記》於《冠義》及《昏義》一再用"著代"點明"冠於阼"與"舅姑先降自西階，婦降自阼階"的背後含意。"著代"表明冠者與新婦將分別繼任一家之主與主婦。册命嗣王，交付天下，確實包含冠昏"著代"所表達的重要意義。冠昏之"著代"皆由在生者親自交接，而傳顧命則以他人代行，此二者差異所在。

確定由太保攝王與康王行獻酢之禮，對判斷册命所在很有幫助。王國維表明，《曾子問》見殯之禮與此册命之禮絶不相同，"彼以子見於父，此以死者之命傳於生者；彼非殯所無所無所見父，此則有攝先王者。固不必於殯所行之也。"② 筆者以爲，《曾子問》所述，可作册命於殯所這種論調的反證。成王既殯，尸體還在柩中，凡涉及接神、告神之事，必請大祝爲之，上引《曾子問》記祝告殯就是如此。觀乎《顧命》所記册命儀節，太史御王册命，開首便説"皇后憑玉几，道揚末命，命汝嗣訓，臨君周邦"，顯然是成王（其尸在柩）不在場，以第三者的口吻轉述其意，而不是在殯前藉神職

---

① 吳定：《冠者見母説》云："冠行於廟，不待書也。不書見父，何也？父爲冠主，在東序。言適東壁見母，則其先以禮見父較然。"見氏著《紫石泉山房文集》，收録於《清代詩文集彙編》（上海：上海古籍出版社，2010 年），卷二，頁 23a。

② 王國維：《觀堂集林》，頁 66。

人員（祝、卜或巫）之口宣告其辭①。要説在殯宮傳顧命，就不免啟人疑竇：成王在殯，有奠而無祭，雖未有尸，但爲何要由大保攝行王事？在處理天子駕崩喪事中，大祝所扮演的角色至爲重要，《禮記·檀弓下》謂大祝要與喪主（世子）一樣在天子崩後三日服杖，爲何册命之禮無大祝等神職人員參與其事？要之，就文本所見，整個册命儀式中全然不涉在殯的先王，最合理的解釋就是殯宮並不是此次册命的場所。

3. “乃受同瑁”一節爲大保以同瓚祼獻嗣王並自酢事

王國維《周書顧命考》於“乃受同瑁”下云：

> 授同者何？獻王也。大宗奉同，大保拜送，王拜受。不書者亦畧也。何以知大保獻王也？曰：下云：大保受同，降，盥，以異同秉璋以酢。又云：大保受同，祭，嚌，宅。古禮，有獻始有酢，不獻王則何酢之有矣？何以知大宗授同也？曰：《周禮·大宗伯》職：“大賓客，則攝而載果。”鄭注：“載，爲也。果，讀爲祼。代王祼賓客以鬯。君無酬臣之禮，言爲者，攝酌獻耳，拜送則王也。”時大保攝主以命康王，故知授同者大宗也。册命嗣王，何以獻也？曰：古者爵禄之爵，用爵觶字，知古之授爵禄者，必以爵將之，有命亦以爵將之。《祭統》：“古者明君爵有德而禄有功，必賜爵禄於大廟，示不敢專也。故祭之日，一獻，君降立於阼階之南，南鄉，所命北面，史由君右執策命之。”一獻，鄭以爲一酳尸，竊謂當獻所命之人，以諸侯册命諸臣之用一獻，知册嗣王之亦有獻矣。彼先獻後命，此先命後獻者，彼因祭而命，此特行册命禮故也。冠禮，賓之醮

---

① 《左傳》定公四年記載周初分封，“分魯以祝宗卜史”，其時周王室有此四官可證。《左傳》僖公三十二年記晉文公卒，將殯於曲沃，出絳，“柩有聲如牛”。卜偃使大夫拜，曰：“君命大事：將有西師過軼我，擊之，必大捷焉。”

冠者也。（自注云："諸侯以上則用祼享之禮"）昏禮，父之醮子也；女父之醴女也；舅姑之饗婦以一獻之禮，以著代也。皆古禮之尚存於周世者也。此述先王之命，付天下之重，故行以祼享之禮①。

據王國維《周書顧命後考》引《通典》所錄，鄭玄別有一說，云："即位必醴之者，以神之。以神之者，以醴嚌成之也。以醴嚌成之者，醴濁，飲至齒不入口曰嚌。既居重喪，但行其禮而不取其味。"嗣位嚌醴，見於《漢舊儀》所記漢代諸王嗣位故事，鄭說蓋本今文家舊說。王國維認爲，鄭說即位有獻與己說正合，只是誤將祼享說成用醴②。

吳澄解"乃受同瑁"一節爲大保以同酌酒獻嗣王。孫希旦進而聯繫後文的"大保受同"作解，判斷此同所盛之酒就是鬱鬯，王與大保二同分別用圭瓚與璋瓚注入鬱鬯，大保所獻用灌（或祼）。孫希旦引《大行人》"王禮再祼而酢"爲證，說明"王三受同而後大保自酢，則三灌而酢矣"。王國維《周書顧命考》在釋讀"王三宿"一節時，同樣援引《大行人》文字，證明"此所獻爲嗣王，尊於上公，當三祼而酢"，所以這裏不再引文獻爲證。

周禮因應尊卑等差的不同，而制訂了祼、醴、醮三種用酒既別、儀節隆殺繁簡又異的獻。王國維創爲新說，認爲這種差異，落實在冠禮上，就表現爲士用醴或醮而諸侯用祼。《左傳》襄公九年記季武子言爲君加冠，必須於先君廟行"祼享之禮"。王國維以爲《左傳》之"祼享"相當於"醴或醮"，則"祼享"意謂以祼鬯饗人，相當於《國語·周語上》的"祼鬯饗禮"。按照這種理解，

① 王國維：《觀堂集林》，頁55。
② 王國維：《觀堂集林》，頁59—63。

"享"是饗冠者之意，與享神之"享"無涉①。夷考其實，説《士冠禮》之醴或醮指賓獻冠者，當然不錯；説祼鬯可飲，饗賓客用之，亦於禮有徵；但謂《左傳》"祼享"同樣指賓獻冠者，卻有違《左傳》之原意②。

"同"爲何物？古來注家説法不同。鄭玄訓作酒杯，江聲（1721—1799）以爲圭瓚③。王國維《書顧命同瑁説》則謂"同瑁一物，即古圭瓚"④。在傳世文獻中，"同"之爲器，獨見於《顧命》，各家訓釋，以酒器一説最切近文理，惜文獻無證。直至2009年，吴鎮烽先生在鑒定青銅器時，發現一件自名爲"同"的青銅酒器。器上銘文云："成王易内史亳豐祼，弗敢號，乍祼同。"⑤ 表明内史亳豐得到周成王賞賜祼鬯，因而醻造此祼同之器，藉以彰顯自己所得的榮寵。該器造型、紋飾亦皆與康王時代的器物吻合。這件祼同的發現，爲同是酒器、用作祼鬯提供實物證明。《顧命》上宗所奉與太保所受之"同"，應該就是這種酒器，與瓚配套使用（如孫希旦説）。

鬯，或稱鬯酒，用秬（黑黍）釀成，稱秬鬯。鬱金香草之汁築煮爲鬱。兩者攪和，稱鬱（俗作"鬱"）鬯，具有芬潔的特質⑥。《周禮·春官·鬱人》説得很清楚："鬱人掌祼器，凡祭祀賓客之祼

---

① 詳參周聰俊《祼禮考辨》（臺北：文史哲出版社，1994年），頁82。
② 詳拙著《"諸侯冠禮之祼享正當士冠禮之醴或醮"考辨》，《中國經學》，第十三輯（2014年），頁147—160。
③ 江聲：《尚書集注音疏》，阮元編：《清經解》，第2册，頁924。
④ 王國維：《觀堂集林》，頁70。
⑤ 吴鎮烽：《内史亳豐同的初步研究》，《考古與文物》，2010年第2期，頁30—33。
⑥ 《説文》説鬯云："目䰜釀鬱艸，芬芳條暢，目降神也。"許慎撰，段玉裁注，許惟賢整理：《説文解字注》（南京：鳳凰出版傳媒集團　鳳凰出版社，2011年），頁384。鄭玄注《周禮·春官·鬯人》則云："鬯，釀秬爲酒，芬香條暢於上下也。"又注"秬鬯"云："不和鬱者。"見孫詒讓撰；王文錦、陳玉霞點校《周禮正義》，頁1250、1496。許以鬯爲已和鬱之酒，鄭以鬯爲未和鬱之酒，持説不同，但皆點明鬯具有芬香條暢的特質。

事，和鬱鬯以實彝而陳之。"鬱鬯通用於祭祀與賓客之祼事。用於祭祀之祼，依鄭玄説，原指以圭瓚或璋瓚酌鬱鬯獻尸（見《祭統》"祼尸"、"亞祼"鄭注）。用於賓客之祼，《禮記·禮器》云："諸侯相朝，灌用鬱鬯。"鄭玄注云："灌，獻也。"[①] 是灌（或祼）用以獻賓。鬯爲可飲之物，如《國語·周語上》云"鬱人薦鬯，犧人薦醴，王祼鬯饗醴"。林昌彝（1803—1876）據之云："祼鬯飲醴，皆飲也。"[②] 是已。

灌鬯的應用場合及禮意，大概如孔《疏》所言，即"諸侯相朝，朝享禮畢，未饗食之前，主君酌鬱鬯之酒以獻賓，示相接以芬芳之德，不在殽味也。"[③] 諸侯朝覲天子，天子亦酌鬱鬯之酒以獻之。以鬱鬯獻賓，用意同獻神，皆象徵其德的芬芳。大保用鬱鬯獻酢，取義相同。祭祀與賓客之祼的行用場所，禮書有明確的記載。祭祀之祼，用以獻尸，必在廟中無疑。諸侯相朝，按常禮，饗於廟而燕於寢；諸侯朝覲天子，同樣在廟中行禮[④]。依此例推想，大保祼獻嗣王亦應在廟中。牟庭（1759—1832）《周文尚書》云："明乎王之即位受册，祼鬯饗醴，乃在廟堂，非路寢也。"[⑤] 説不可易。若説祼獻於殯前，經籍未之一見。

鄭玄説周王祭禮的獻尸之祼，其法大抵爲：主人以圭瓚酌鬱鬯之酒獻尸，尸受而祭諸地，乃啐之，奠之[⑥]。"啐"，《儀禮》今文以爲啐酒字，即小歠之意。用於獻賓之祼，飲法不致相同。《顧命》記王受同，"三宿，三祭，三咤"，述大保受同，"祭，嚌，咤"。孫希旦認爲上宗勸飲，可知王當卒爵。"嚌"與"啐"同中有異，兩

---

① 鄭玄注，孔穎達正義，呂友仁整理：《禮記正義》，頁968。
② 林昌彝：《三禮通釋》（北京：北京圖書館出版社，2006年），頁750。
③ 鄭玄注，孔穎達正義，呂友仁整理：《禮記正義》，頁969。
④ 鄭玄云："諸侯春見曰朝，受摯於朝，受享於廟。"鄭玄注，賈公彥正義，王輝整理：《儀禮注疏》，頁815。
⑤ 牟庭：《同文尚書》（濟南：齊魯書社，1981年），頁1433。
⑥ 孫詒讓撰，王文錦，陳玉霞點校：《周禮正義》（北京：中華書局，1987年），頁181。

者皆嚌，但"嚌"至齒而"啐"入口。孫氏以爲，大保因居喪哀
戚，故"嚌"而不卒爵。然王與大保俱在喪中，飲法何以不同？孫
説有進退失據之嫌。王國維對"宿"、"祭"、"咤"的訓釋，與孫希
旦不别。但基於經文不言王如何飲邑，與禮經例必言明的啐酒或卒
爵大别，王國維於是推想康王以居君父之喪故，"不啐酒不卒爵"，
異於大保居君喪而可嚌①。王説蓋遠承鄭玄别義而近師江聲説②，
惜經無明文，是否可從，疑不能定。

　　前人主張同瑁用以祼邑的還有牟庭，《同文尚書》云："冒，
瑁，所以祼邑也。王既受命，將朝諸侯，當祼邑饗醴以自香
潔。……《周語》虢文公曰：'王乃淳濯饗醴。及期，鬱人薦邑，
犧人薦醴，王祼邑饗醴乃行。'……灌邑飲醴，皆所以自香潔。据
此正文與注，古者將有大事，則先饗醴，饗醴必有侑者，侑者與王
同饗，即此經太保之爲也。所謂酢也。"③　謂以同祼邑，可爲正解。
但祼邑實爲册命而設，並非只爲使將朝的諸侯香潔。

　　王國維以《禮記·祭統》爲諸侯册命諸臣用一獻之證，不取鄭
玄"一獻，一酳尸也"之義。按照《祭統》行文，"所命"（即受册
命諸臣）與"一獻"中間隔著"君降立於阼階之南，南鄉"。若説
"一獻"指獻所命，顯然不合文理，不得其解。相反，依鄭義通讀
原文，則文理清晰。孔穎達疏釋鄭義甚明，云："酳尸之前，皆爲
祭事，承奉鬼神，未暇策命，至尸食已畢，祭事方了，可以行爵賞
也。若天子命羣臣，則不因常祭之日，特假於廟。故《大宗伯》云
'王命諸侯，則儐。'注云：'王將出命，假祖廟，立依前，南鄉。'
是也。"④　據此，主君在大廟舉行的册命之禮，安排在酳尸後進行。

① 劉盼遂《觀堂學書記》，王國維：《古史新證——王國維最後的講義》，頁296。
② 江聲：《尚書集注音疏》云："今成王崩未踰旬，嗣王以初喪之故，故不唯不啐，亦
　　不嚌也。"阮元編：《清經解》，第2册，頁924。
③ 牟庭：《同文尚書》，頁1422—1423。
④ 鄭玄注，孔穎達正義，吕友仁整理：《禮記正義》，頁1884。

賈公彥總述天子諸侯宗廟大祭的儀節序次爲：先祼（或灌），次獻尸，次朝踐薦血腥，次饋食薦熟食，食後酳尸（王酳尸爲朝獻，后酳尸爲再獻，諸侯爲賓者一獻）[1]。一獻後，主君就降立於阼階之南，面向南；此時，所命面向北，與其君相對。天子命諸侯及有大功者，不必等待祭時才進行[2]。《祭統》這條記文，堪作册命嗣王當於太廟的佐證。

王國維指出，"古者賜爵禄於大廟，豈有傳天下之位，付天下之重，而不於廟行之者"。成瓘（1763—1842）看法相近，《篛園日札卷八·春暉載筆·周書顧命條釋》云："天子七日而殯，是日受顧命。諸大臣奉元子入廟，以所受於新陟王之命授之元子，而嗣王之名正矣。其必授受於廟者，列祖列宗，受天眷命，傳之新陟王以及嗣王。不有祖宗降鑒之，新陟王何以正其終，嗣王何以正其始？祖宗降鑒，天即鑒之，其義重也。不以喪服受，必以冕服者，喪服乃人子伸其情於父之服，不能不暫絀於事天祖之服，亦其義重也。受命於廟，可即位於朝矣。……嗣王以冕服見諸侯，正其大統大體，亦其義重也。"[3] 成瓘與王國維一樣，都是以理説經。二人所言固然有理，只是單憑這點未足以證明册命必然在廟。

4. 册命之所，已陳几筵、宗器，尚有餘地可容成王之柩？《顧命》"狄設黼扆綴衣"云：

> 狄設黼扆綴衣。牖間南嚮，敷重篾席，黼純，華玉仍几。西序東嚮，敷重厎席，綴純，文貝仍几。東序西嚮，敷重豐席，畫純，雕玉仍几。西夾南嚮，敷重筍席，玄紛純，漆仍几。越玉五重，陳寶，赤刀，大訓，弘璧，琬琰，在西序。大

---

① 賈公彥：《十三經注疏·周禮注疏》（臺北：藝文印書館，1989 年），頁 82。
② 孫希旦：《禮記集解》，頁 1246。
③ 成瓘：《篛園日札》（臺北：世界書局，1963），頁 510。

玉夷玉,天球,河圖,在東序。胤之舞衣、大貝、鼖鼓,在西房;兌之戈、和之弓、垂之竹矢,在東房。

王國維《周書顧命考》解"御王册命"云:

> 鄭(玄)云:"御,猶嚮也。王此時正立賓階上少東,大史東面,于殯西南而讀册書。"今案:鄭説非也。此册命之地,決非殯所。蓋成王之殯,若用殷禮,當在兩楹之間;若用周禮,當在西序。今據上文,則牖間南嚮,西序東嚮,皆布几筵,而赤刀、大訓、宏璧、琬琰亦在西序。若成王之殯在,則几筵宗器何所容之?故知册命之地非殯所也[1]。

王國維認爲,如按周禮,成王之殯當在西序,但"若成王之殯在,則几筵、宗器,何所容之?"説經者大多認定王殯在西序(見圖十一),如孔《疏》云:"所陳坐位、器物,皆以西爲上,由王殯在西序故也。"[2]

實際上,在王國維之前,早有學者質疑西序同時停殯和設置几筵宗器的可能性。如孫希旦《尚書顧命解》云:"周人殯於西序,而下文西序有東鄉之席,又有赤刀、大訓、宏璧、琬琰之屬,則西序無殯。"[3]孫氏之意蓋謂:成王棺柩,若依周人之例,當停放在西序,但據經文,西序既敷席設几,又擺放了各種器物,已無餘地可以容殯,西序無殯不言而喻。再如成瓘(1763—1842)《篛園日札》卷八《春暉載筆·周書顧命條釋》云:

---

[1] 王國維:《觀堂集林》,頁53。
[2] 偽孔安國傳,孔穎達正義,黃懷信整理:《尚書正義》,頁735。
[3] 孫希旦:《禮記集解》,頁1479。

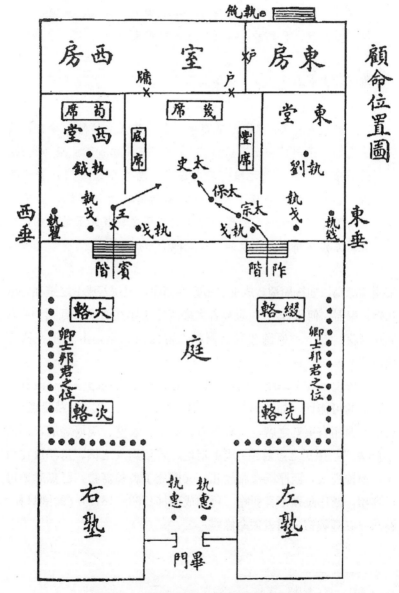

圖十一　江聲《殯宮出路陳兵衛受顧命圖》

（錄自江聲《尚書集注音疏》，阮元編：《清經解》，第 2 冊，頁 928。）

狄所兼設者，西序東嚮有席有几，聽事之座也。而赤刀、大訓、大璧、琬圭亦在焉。又宗器之所陳也。而余謂決非設於路寢之西序，何者？路寢之西序，乃新陟王之所殯。《喪大記》："大夫殯以幬，其欑至于西序。"按文，則殯在西序，古有明徵。況《大記》所言諸侯以上，其棺三重，外大棺八寸，中棺名屬六寸，中之内棺名椑四寸，椑内所容尺寸，尚不可考。大棺以外，仍有輴車，葬時用之，載棺以行者。輴外橫木四周，其狀如屋。最外塗之以泥，規模壯闊如是。尚多餘地廣有容乎？知狄所設又非路寢之西序無疑者也[①]。

孫希旦和王國維都只說册命之地既已陳几筵、宗器，便無餘地可容成王之殯。成瓘更著眼於天子殯宮結構的龐大規模，指出要是西序已構建這種殯宮，怎麼可能還有餘地容納狄所設的衆多器物？提出類近質疑的還有吳汝綸，其《尚書故》釋"牖間南嚮"云："此在廟中，舊以爲殯宮，則周人殯於西階，此南嚮之坐當設何處？若當殯前，則僻在西偏；若當堂正中，則與殯相左；且位在戶牖間，殯在西階上，是殯反在位前矣！"及後解"西序東嚮"云："下西嚮之坐，據《燕禮》，坐於阼階上，則此東嚮之坐，亦是西階上矣。若在路寢，將置殯於何所邪！"[②] 吳氏同樣考慮到空間配置的問題，認爲若在西階上停殯，不但在牖間陳設南向几筵會遇到困難，更遑論在那裏陳設東向的几筵。

據《考工記·匠人》所記，"周人明堂，度九尺之筵，東西九筵，南北七筵"，是周人明堂以長九尺的筵爲度量單位。現今學者

---

① 成瓘：《箎園日札》，頁 511—512。
② 吳汝綸：《尚書故》(上海：中西書局，2014 年)，頁 283。

一般按 23 厘米或 23.1 厘米的標準換算周尺①。一筵九尺，約合今
208 厘米，即 2 米多。"東西九筵"②，超過 18 米；"南北七筵"，超
過 14 米。宗廟、王寢與明堂同制。賈公彥疏解《匠人》，著意於論
證周人西階之上足以容殯，説："周人殯於西階之上。王寢與明堂
同，則南北七筵，惟有六十三尺。三室居六筵，南北共有一筵，一
面惟有四尺半，何得容殯者。按《書傳》云：'周人路寢，南北七
雉，東西九雉，室居二雉。'則三室之外，南北各有半雉，雉長三
丈，則各有一丈五尺，足容殯矣。"③賈氏引《尚書大傳》爲據，證
明周人路寢足以容納大型殯宮。王鳴盛《蛾術編·顧命宮室制度》
即據賈《疏》爲説，認爲"路寢之堂，南北更深于明堂之前堂一丈
有餘，殯在堂上甚明，安得在夾室中？鎬京路寢雖爲諸侯制，小于
明堂，但既爲三室，較彼明堂五室少其二室，則堂上轉覺寬深，所
以容殯外，尚得設三坐、陳寶玉，并獻醋拜起餘地"④。王鳴盛認
爲，路寢堂上寬深，不但足以容殯，即使再敷設几筵、陳列寶玉，
仍綽有餘地，可以舉行獻酢之禮。

　　上引成瓘所述周人殯宮之制，可得而詳焉。按照周代禮制，人

① 戰國以至秦漢尺長約合今 23.1 厘米，説參丘光明編著《中國歷代度量衡考》（北京：
科學出版社，1992 年），頁 10。聞人軍《考工記譯注》（上海：上海古籍出版社，
1993 年）説："一尺之長，各諸侯國不盡相同，大體上分爲大尺和小尺兩個系統。
大尺系統的代表是周尺，每尺約合二十三點一厘米；楚尺也是大尺，每尺約合二十
二點五厘米。小尺系統的代表是齊尺，每尺約合十九點七厘米。"（頁 14）或謂周尺
約合今 20 厘米，如吳大澂求得周鎮圭尺長合 19.5 厘米，吳承洛《中國度量衡史》
斷周尺長 19.9 厘米，參丘光明編著《中國歷代度量衡考》，頁 2 及 10。
② 《周書》逸文有云"明堂方一百一十二尺，室中方六十尺，牖高三尺，門方十六尺"。
清人如孔廣森等懷疑《匠人》"九筵""似記者之誤"。朱右曾據《大戴·明堂》佚
文"東西九仞，南北七筵"，謂"七尺曰仞，九尺爲筵。九仞七尺，變文言之，實
皆六十三尺"。然則"九筵"應爲七筵，可得六十三尺之數。詳黃懷信等：《逸周書
彙校集注》（上海：上海古籍出版社，1995 年），頁 1233—1234。
③ 鄭玄注《匠人》云："雉，長三丈，高一丈。度高以高，度廣以廣。"《尚書大傳》度
其廣，故以一雉長三丈計算。
④ 王鳴盛：《蛾術編》（揚州：江蘇廣陵古籍刻印社，1992），頁 686—687。

死，大殮於床，然後下棺，將棺柩臨時停放在西階上（客位），等待遷葬，稱殯。綜合《儀禮》、《禮記》的記載，以及漢、唐注疏家所言，周代殯禮，自天子以至士人，身份地位不同，其人殯禮自亦有異，而這種差異主要體現在棺柩的處理方式上。士禮，級數最低，形制也最簡單，四周不圍叢木，先在堂上西階某處掘一個坎，再把棺具放進去。《士喪禮》也說："掘肂見衽。"鄭玄《注》云："肂，埋棺次坎也。掘之于西階上。衽，小要也。"① "衽"又稱小要，其形兩頭大而中間小，是用來連接棺板與棺蓋的木製榫②。棺具放進坎，不全埋，要露出小要以上的棺蓋部分，再加塗飾，然後用帷幔圍住。又，《禮記·喪大記》析述大夫以至國君殯制之異云："君殯用輴，欑至于上，畢塗屋。大夫殯以幬，欑置于西序，塗不暨于棺。"《檀弓上》亦記天子殯禮云："天子之殯也，菆塗龍輴以槨，加斧于槨上。畢塗屋，天子之禮也。"鄭衆注《周禮·春官·喪祝》"及辟，令啓"引《檀弓》文，故解"辟"爲"除菆塗椁"③，指喪祝命人除去加於棺槨之上的菆木及塗飾，以便遷柩朝廟。鄭玄注《喪大記》文云：

> 欑，猶菆也。屋，殯上覆如屋者也。幬，覆也。暨，及也。此《記》參差，以《檀弓》參之，天子之殯，居棺以龍輴，欑木題湊象椁，上四注如屋以覆之，盡塗之。諸侯輴不畫龍，欑不題湊象椁，其他亦如之。大夫之殯廢輴，置棺西牆下，就牆欑其三面。塗之不及棺者，言欑中狹小，裁取容棺。

① 胡培翬撰，段熙仲點校：《儀禮正義》，頁 1756。

② 近人說"衽"之形制，見錢玄《三禮辭典》（南京：江蘇古籍出版社，1993 年），頁 678。另，可參王從禮《楚墓葬制分析》，《江漢考古》1988 年第 2 期，頁 104；彭浩：《江陵馬磚一號墓所見葬俗略述》，《文物》1982 年第 10 期，頁 14；沈其麗：《儀禮士喪禮器物研究》（臺北：臺灣中華書局，1985）頁 51。

③ 孫詒讓撰，王文錦等點校：《周禮正義》（北京：中華書局，1987 年），頁 2044。

> 然則天子、諸侯差寬大矣。士不欑，掘地下棺，見小要耳。帷
> 之，鬼神尚幽闇也，士達于天子皆然①。

孔穎達《疏》縷述殯之形制尤詳②。由記文及注疏可見，除了用帷
幔圍住棺柩外，士、大夫、諸侯與天子殯禮多有不同，等級分明。
掘坎停柩，僅限於士禮。大夫之殯，不用掘坎，也不用載柩之車，
只以衣覆蓋棺上。又棺之圍木剩三面，用叢木斜靠於牆。塗飾時也
不必塗棺。諸侯與天子之殯，則以輴居，其禮最隆，而以天子尤
甚。天子之殯，在棺具四周圍以叢木，表面塗滿白堊，而載柩車上
的轅木更畫著龍文，外層爲槨，槨上覆蓋著繡有斧文的圍幕。槨上
形如屋，整個用土塗了起來。所謂"題湊"，就是把木頭一根根地
按頭部向內的方式，堆疊起來，構成四堵牆壁，成四阿之形。這種
建築規模龐大，可以想見。後世帝王，尤其是南宋諸帝的殯宮，亦
因此被稱爲"欑宮"或"攢宮"③。當然，任何禮儀的發展演變都得
經歷一個漫長的過程，起初較爲簡易，後來才踵事增華、變本加
厲，殯禮也不應例外。《逸周書·作雒》記周武王崩鎬後"殣予岐
周"。"殣"用於殯禮，指臨時埋棺的坎穴。若依禮書所記，"殣"
僅屬於士一級的殯禮，顯然不適用於周天子。晉人孔晁注《作雒》，
解"殣"爲"欑塗"④。"欑塗"由"欑至于上，畢塗屋"（詳見上引
《喪大記》）兩語縮略而成，一仍天子殯禮。禮書記載的天子殯禮
是否合乎西周初年的情況，尚有待證明。雖說周初殯禮不無仍處大
路椎輪階段的可能，但當時正值周公制禮作樂之後、周禮盛極之
時，天子殯禮想不至於採用最簡樸、最卑微的殣。

---

① 鄭玄注，孔穎達正義，呂友仁整理：《禮記正義》，頁 1767。
② 鄭玄注，孔穎達正義，呂友仁整理：《禮記正義》，頁 1768—1769。
③ 詳參章忠民《"攢宮"考》，《華中建築》，1997 年，第 15 卷，第 4 期，頁 48—49。
④ 黃懷信、張懋鎔、田旭東撰，李學勤審定：《逸周書彙校集注》（上海：上海古籍出版
社，1995 年），頁 548。

周成王殯宮構造果如後世禮書所言，儘管西序如何“寬深”（王鳴盛語），在放置殯宮之後，也未必有餘地容納几筵及其他器物。這個懷疑，固然有理，但未足以充作册命之地不在殯所的有力證據。《禮記·曾子問》記孔子述君薨世子生而告殯之禮，其中包括“奠幣于殯東几上”，所奠者爲束帛。帛十端爲束帛，合爲五匹。鄭玄注“几筵於殯東”①，則兼陳筵席。而且，見殯之時，“子升自西階，殯前北面，祝立于殯東南隅”，殯前尚能容許數人周旋於其間。雖說諸侯之制不比天子，但西序殯宮之東，要像《顧命》那樣陳設，即“西序東嚮，敷重底席，綴純，文貝仍几”，甚或加些器物，也並非不可能。

5. 四坐爲誰而設？

王國維《周書顧命後考》談及對《顧命》册命前陳設几筵的看法，説：

> 古於嘉禮賓禮皆設几筵，以明有所受命。此大保攝成王以行册命之禮，傳天下之重，故亦設几筵以依神。其所依之神，乃兼周之先王，非爲成王也。昏禮與聘禮之几筵一，而此獨四者。曰：牖間、東序、西序三席，蓋爲大王、王季、文王，而西夾南嚮之席，則爲武王。然則何以不爲成王設也？曰：成王方在殯，去升祔尚遠，未可以入廟。且大保方攝成王以命康王，更無緣設成王席也。然則册命之地，自禮經通例言之，自當爲廟而非寢②。

---

① 鄭玄注，孔穎達正義，呂友仁整理：《禮記正義》，頁749。後世注疏家對天子、諸侯殯宮是否設有几筵，持説不同。詳孔《疏》。孫希旦以爲“鄭氏謂‘筵、几以明繼體’，不知明繼體何取於几、筵？且記但言‘几’，不言‘筵’也。《雜記》諸侯致含、襚，‘有葦席，既葬蒲席’，有筵而無几，此奠於殯東几上，有几而無筵，蓋皆特設之以受幣物，故不備几筵，與設坐位之法異，無他義也。”《禮記集解》，頁508。謂有几無筵，亦未可知。

② 王國維：《觀堂集林》，頁65—66。

在《殷周制度論》中，王國維重申其説云：

> 《書·顧命》所設几筵，乃成王崩召公攝成王册命康王時
> 依神之席，而其席則牖間、西序、東序與西夾凡四，此亦爲大
> 王、王季、文王、武王設①。

吳汝綸《尚書故》同樣認爲“此時羣祖皆在一廟，故徧布几筵，以
羣祖臨之也”②。斷定四坐皆爲先王而設。至於各坐與何祖配對，持
説與王國維不同。曾運乾《尚書正讀》於王國維《顧命》釋義多有
採用，獨獨批駁其四坐爲先王設一説，斥之爲“臆説”③。今按《覲
禮》記：“天子設斧依於戶牖之間，左右几，天子袞冕，負斧依。”
“斧依”，《顧命》作“黼扆”。“戶牖之間”，指文王廟堂正中。《周
禮·春官·司几筵》云：“凡大朝覲，大饗、射，封國，命諸侯，
王位設黼依。依前南鄉，設莞筵、紛純，加繅席、畫純，加次席、
黼純。左右玉几。”“凶事，仍几。”亦言大朝覲、饗、射，封國，
命諸侯等重要禮典，則爲天子設黼扆於廟中之牖間。至於設仍几，
蓋如孫希旦所言，“在哀戚而不敢伸也”，猶如穿著緦冕之服④。

　　四坐之席，究爲何人或何神而設？説經者議論紛紛，莫衷一
是。細審前人歧見並出的原由，在於忽略所設各席的性質。孫詒讓
（1848—1908）《籀廎述林》卷二《加席重席説》辨析經典所見“加
席”與“重席”極爲詳明，其文云：

> 《禮經》陳設筵席之法有二：有加席，有重席，各自爲等

① 王國維：《觀堂集林》，頁 471。
② 吳汝綸：《尚書故》，頁 284。
③ 曾運乾：《尚書正讀》（北京：中華書局，1964 年），頁 266。
④ 孫希旦：《禮記集解》，頁 1482。

數,不相錯雜,故《司几筵》説加席者不涉重席,《禮器》説重席者亦不涉加席……凡異席而增益設之者爲加席……凡同席而重纍設之者爲重席。《禮器》云:"天子之席五重,諸侯三重,大夫再重。"又云:"大饗,君三重席而酢焉,亦謂諸侯也。"《書·顧命》云:"牖間南嚮,敷重篾席黼純,西序東嚮,敷重厎席綴純,東序西嚮,敷重豐席畫純,西夾南嚮,敷重筍席玄紛純,亦謂王禮五重也……生人之席有不加無不重,不重者,《禮器》所謂鬼神之祭單席是也……若鬼神之單席則不重,《司几筵》:"諸侯祭祀席蒲筵加莞席",此爲生人設者,有加席又有重席,爲鬼神設者則唯有加席無重席。單席者不重之名,不害其上之有加也①。

據此,加席與重席性質有異,生人之席有不加無不重,鬼神之席則有加無重。《顧命》四坐所敷之席,用的是王禮五重。既是重席,即爲生人而非爲鬼神設。王國維設想四坐分別爲大王、王季、文王、武王設,自然就不能成立。如果四坐確爲生人而設,其人必然是康王。

偽《孔傳》以爲,四坐一仍王生時所設:牖間南嚮之席爲成王見群臣、覲諸侯之坐;西序東嚮之席,爲王旦夕聽事之坐;東序西嚮之席,爲養國老饗群臣之坐;西夾南嚮之席,爲親屬私宴之坐②。偽《孔傳》以爲册命於路寢(殯宮),故有是説。顧炎武説同,並補充説:"(四坐)皆新天下之所有事,而非事亡之説也。"③ 孫希旦則認爲四坐爲成王而設,説:"成王發顧命,設黼扆、綴衣於牖間,

---

① 孫詒讓:《籀廎述林》(上海:上海古籍出版社,1995年),頁69—75。
② 偽孔安國傳,孔穎達正義,黃懷信整理:《尚書正義》,頁728。
③ 顧炎武著,黃汝成集釋:《日知錄集釋》(石家莊:花城文藝出版社,1990年),頁82。

今將傳顧命，故復設此位，若成王之親命者然。”又推想連設四坐是由於不知神之所在，故凡常時有可能設席的位置都設①。其實，若果“狄設黼扆、綴衣”以下所陳爲康王即位之禮（詳下考論），康王自然是設此四坐的對象。

6. 劉起釪駁王國維册命於廟説辨

對於王國維之説，劉起釪先生先信後疑。劉先生的《尚書校釋譯論》撰成於 1999 年，前後共用了三十八年②。書中《顧命》解題説：成王死後，“召、畢二大臣率諸侯迎太子釗見於先王廟，即位爲康王”③。此處遠宗《史記》，近取王國維之説。書中釋論，同樣大量採用王國維之文④。然而，在 2002 年第 1 期上發表的《〈尚書·顧命〉行禮場所在路寢在宗廟異説考》，劉先生全面剖析鄭玄舊説與王國維之説。劉先生認爲鄭玄注，“把在路寢殿堂上成王殯宮西南册命康王嗣位之事説得清清楚楚”，強調鄭説爲後世注疏家及治經者所共遵；直至清代桐城姚鼐（1731—1815）才對殯前册命有異議，但文章家之言“在經學領域内影響不大”，“特别強調始終堅持在宗廟而不在路寢者，則爲現代大學者王國維”。通檢自宋迄清之經説，可知在王國維之前，除姚鼐等桐城中人外，尚可找到其他主張在宗廟册命的例子。最重要的是朱熹。朱熹云：“麻冕乃是祭服，顧命用之者，以其立後繼統事于宗廟故也。受册用之者，以

---

① 孫希旦：《禮記集解》，頁 1480。
② 顧頡剛、劉起釪著：《尚書校釋譯論》，《序言》，頁 3—19。
③ 顧頡剛、劉起釪著：《尚書校釋譯論》，頁 1711。
④ 劉起釪：《〈尚書·顧命〉行禮場所在路寢在宗廟異説考》説：“雖然我們向來對王國維先生之説是信服的，當初讀到他的《顧命考》時，非常高興他爲解決《顧命》問題提出了專論，以爲即可據以論斷篇中的問題，如篇中的同瑁、三宿、三祭、三咤諸問題。原所難解者，得王氏之釋而怡然理順；以及册嗣王亦有獻禮。還有升階、降階諸順序；太保阼階，西面；大宗、大史、賓階、東面諸位向；亦皆因王氏之説而明。但經過對《顧命》全文整理過程，發現行禮在宗廟舉行之説有時遇到捍格，例如南門、廟門、應門、路門等處，即不容易解通，就以爲要從長考慮了。”《中國史研究》，2002 年第 1 期，頁 5—6。

其在廟而凶服不可入故也。"① 表明繼統受册，在廟中舉行，受命者穿著吉服而小變。朱子自注云："舊説以廟門爲殯宮之門。不知是否。"② 對舊説主張的《顧命》廟門爲殯宮之門不置可否。劉先生説得不錯，沿承舊説的人的確佔大多數。上文談及的元人吳澄就是其中一例。孫希旦則認爲册命即位之禮在朝中舉行。

劉先生認爲王國維之説，多有未安，經不起檢驗。故重新探究，所得結論爲：

> 路寢在五門的最後一門路門（畢門）之内，而宗廟在五門的第三雉門第四應門之間，即應門之外。本篇文句本身即説明了行禮之地在畢門之内的堂上，群下諸侯朝見新王又都進到應門内的治朝之地，這些都無法到應門外的宗廟去。所以行禮之地只能在路寢堂上。根據禮俗，殯宮所在即稱廟，路寢内有殯宮，故路門臨時稱廟門。這是特定時期的廟門。司馬遷見到此"廟門"一詞，没有注意到它特定的性質，即理解爲一般的廟爲宗廟的意義，就在《史記》中寫成"先王之廟"。這是情有可原的。至於本篇中論廟門，就應按"殯所處故曰廟"來認識，知道這次顧命行禮之地在路寢殯宮前，由於有殯，故路寢臨時稱廟；並非在宗廟之廟③。

首先，必須辨明的是，檢視王國維的有關著作，可見王國維對《顧命》册命場所的看法前後有過改變。在撰於 1913 年的《明堂廟寢

---

① 李光地等纂修：《淵鑒齋御纂朱子全書》，康熙五十三年（1714 年），卷三十八，頁 60a。
② 李光地等纂修：《淵鑒齋御纂朱子全書》，卷三十八，頁 60b。
③ 劉起釪：《〈尚書・顧命〉行禮場所在路寢在宗廟異説考》，《中國史研究》，2002 年第 1 期，頁 4—5、9—10。

通考》中，王國維遵用鄭説，謂康王即位受册之禮，於路寢正屋舉行。劉先生探討廟寢與明堂關係之時，其實也節引王國維此文。但在 1916 年寫成的《周書顧命考》裏，王國維才改易前説，提出了與漢儒截然不同的看法，以爲康王受册命於祖廟，直到 1926 年在清華國學院講學時仍堅持此説①。

更重要的是，仔細紬繹劉文，可知其全文只圍繞兩點進行論述：一是漢儒主張的廟在應門之外説，另一是漢儒及僞《孔傳》的殯宮稱廟説。除了重申前人所言及藉比附故宮與古天子五門之制證明廟在應門外，劉文並沒有提出支持册命殯前的新證據②。嚴格來説，源於漢人的這兩種説法，都值得商榷，前人對之多抱懷疑態度，不能視作定論。今嘗試對此兩説及其相關問題稍作辨析如下。

（1）天子五門及祖廟所在

劉先生認爲，只要弄清楚天子五門三朝的大要，就能對行禮場所之所在瞭如指掌。劉先生自言爲此較繁備地系統地搜録相關資料，經梳理後，得出的結論是："路寢在'五門'的路門（畢門）內，宗廟在'五門'的應門外。這一制度現在明確可知，是自周至清相沿不變的。"③ 認定宗廟在應門外，完全襲用漢儒舊説。

今考鄭衆、鄭玄皆謂天子有五門，説見《周禮》《朝士》及

---

① 詳拙著《春秋左傳禮制研究》（上海：上海古籍出版社，2012 年），頁 260。
② 陳成國：《尚書校注》（長沙：岳麓書社，2004 年）引述劉起釪文中的"成王殯在路寢堂上，行册命禮即在路寢堂上成王殯前，故路門此時稱廟門，出廟門即出路門"，然後説："這是複述前人成説。起釪先生又説：《顧命》'本身即説明了行禮之地在畢門之內的堂上，群下諸侯朝見新王又都進到應門內的治朝之地'，既然他們都沒有到應門外的宗廟去，既然'行禮之地只能在路寢之上'，那麼，他們從舉行册命禮的路寢出來，所謂出廟門只能是出路寢之門（路門）。僞孔傳：'殯之所處故曰廟。'這樣説是對的。這裏所謂'廟門'非宗廟之門。"（頁 182）陳先生其實也是複述前人成説，同樣沒有提出新見。
③ 劉起釪：《〈尚書·顧命〉行禮場所在路寢在宗廟異説考》，《中國史研究》，2002 年第 1 期，頁 8。

《閽人》注。鄭玄注《小宗伯》"右社稷，左宗廟"，明説社稷與宗廟在庫門内雉門外之左右。按鄭義，天子以雉門爲中門，以宗廟在中門之外。二鄭五門説，受到宋儒的質疑。劉敞（1019—1068）《公是集·天子五門議》始倡天子三門説，從《詩》、《書》、《春秋》考察所得，"天子有皋門，無庫門；有應門，無雉門；有畢門，無路門。諸侯有庫門，無皋門；有雉門，無應門；有路門，無畢門。天子三門，諸侯三門。門同也而名不同。三同也而制不同"①。到了清代，五門説雖然仍受到普遍的認同，但主張三門説者也不在少數。戴震（1724—1777）《三朝三門考》即陰本劉敞三門説，更斷言"廟在中門内"②。其立説的依據，在於《儀禮·聘禮》"公出送賓及大門内"、《周禮·司儀》"出，及中門之外"及《禮記·禮運》記孔子與於蜡賓出遊觀上之事。三則禮文，皆以宗廟爲行禮場所，所説的"出"，自然是就中門之"内"（即宗廟所在）而言。天子以應門爲中門，其宗廟就在應門内、路門外③。金鶚（1771—1819）《求古録禮説·廟在中門内説》更列舉五證，申明戴説精確不可移易④。姑勿論廟在中門内之説能否如金鶚所言"可以無疑"，但庶幾可以肯定的是，漢儒以爲宗廟在應門之外，未爲的論。

反觀贊同王國維説的曾運乾，在他的《尚書正讀》中一再申明宗廟在應門之内、路門之外。曾氏採用漢儒五門説，可對於宗廟之所在，持説卻與漢儒不同。他説："宋劉敞、清戴震、金鶚、孫詒讓等，均説宗廟在應門之内、路門之外，與正朝平。"據此解説《顧命》之"諸侯出廟門俟，王出在應門之内"，"則出廟門而西，

①　劉敞：《公是集》（上海：商務印書館，1935年），卷41，頁1a。
②　戴震：《三朝五門考》，《戴震全集（第二册）》（北京：清華大學出版社，1992年），第二册，頁848。
③　《戴震全集（第二册）》，頁848—849。
④　金鶚：《求古録禮説》（濟南：山東友誼書社，1992年），頁52—57。

正當正朝之位，即兩階之間也。上云諸侯出廟門，則知王亦出廟門。此云王出在應門之內，則知諸侯出廟門爲出在應門之外"①，上下經文構成互補關係。因此，《顧命》文例，正可作宗廟在應門內的證明。

劉先生認爲，畢門即路門。畢門，除《顧命》外，別無所見。持冊命在廟說者，大多以爲畢門就是廟門，也有說畢門是廟之內門，相對於"廟門"所表示的廟之外門而言②。

劉先生文中，將北京故宮的建築格局與古制相比擬。他這樣說明兩者的對應關係："今所見北京的故宮（即古時路寢），在它的前面天安門（大概相當應門，其內的端門大概相當畢門，也就是路寢門），其左邊就是清代的太廟，右邊就是社稷壇。這個格局顯係從夏代相沿到清代。"③下文從外至內序列五門，還特意註明路門爲"畢門"。後文再次談及故宮與古制的對應關係時，卻說："今以天安門當應門，那麼太廟出在整個故宮（路寢）的大門（應門）外，不過不是直出應門的前面，而是稍改變到應門的側面，那麼廟與寢的位置對應關係，似委宛維持了古意，使人們確看到了'前曰廟，後曰寢'的格局。"註明路寢的大門爲"應門"，與前文相違異，恐是筆誤所致。故宮的設計者的確有意以天安門、端門諸門及其間所形成的空間，比附古五門及三朝之制。但正如彭林先生所言，學術界對古今門制的對應關係，看法分歧，彭、劉兩先生的

---

① 曾運乾：《尚書正讀》，頁 272。
② 金榜《禮說》云："畢門者，祖廟門也。"《清經解》，第 3 冊，頁 837。姚鼐則云："畢門者，廟之內門。"是廟門爲廟之外門。吳汝綸更進而申說"畢門"之命名取義云。詳《尚書故》，頁 286。曾運乾亦以"畢門"爲廟門，但讀"畢"爲"躄"，與吳說不同。詳《尚書正讀》，頁 267。王國維說"畢門、應門，蓋廟與寢皆有之"，以爲廟也有畢門、應門。此說缺乏文獻佐證。
③ 劉起釪：《〈尚書·顧命〉行禮場所在路寢在宗廟異說考》，《中國史研究》，2002 年第 1 期，頁 6。

看法就是如此①。筆者以爲，周代天子門制本身就難以徵實，何況以今制說古制，終究有欠謹慎。即便如劉先生《尚書校釋譯論》附《北京故宫前三殿至天安門平面圖》所示②，太廟與社稷分別位於天安門的東西兩側，但大廟正門設於天安門内御道東側，似乎不能説太廟就在應門（依劉説，與天安門相應）之外。

（2）"殯宫稱廟"與《顧命》之"廟門"

至於殯宫稱廟。劉先生以"廟謂殯宫"（首見服虔《左傳》注）爲主線，縷述自僞《孔傳》"殯之所處故曰廟"以至清人如江聲、王鳴盛、戴鈞衡（1814—1855）的相沿的成説。夷考其實，禮書及漢唐注疏，確有以寢爲殯宫、以寢門爲廟門的文例。

據《儀禮·士喪禮》所記小斂至殯禮儀，尸的位置有所轉移，從始死至小斂時的正寢堂後之室，再到堂上兩楹之間（堂中），最後到大殮入殯，被放入堂上當西階處的棺内。儘管如此，尸仍在正寢（適寢）中。期間行禮者所經之門，有"寢門"、"廟門"、"殯門"，或單稱"門"。其註明"寢門"者，如君使人弔，"主人迎于寢門外"；又如陳小斂奠，"陳一鼎于寢門外"。稱"廟門"者，有"巫止于廟門外"，其時君親視大斂，巫隨君前來，留止於門外。鄭注"廟門"云"凡宫有鬼神曰廟"，賈公彦點明"適寢爲廟"③。變言"殯門"者，見"獻材于殯門外"，指製作隨葬品的材料都要進獻到殯宫門外。單稱"門"者，如大斂奠畢，主人先後送賓與兄弟離開，皆"拜送于門外"。鄭玄不忘説："廟門外也。"賈氏疏釋注旨比前文更清楚，云："'廟門'者，士死于適室，以鬼神所在則曰

---

① 若彭林先生説："清代在天安門頒詔和秋審，在午門獻俘和頒發時憲書，是爲外朝。"見《〈周易〉、〈周禮〉與故宫、北京城》，收錄於《文物精品與文化中國》（北京：清華大學出版社，2003年），頁217。若套用到劉説之上，則太廟豈非在外朝之外。依劉起釪先生之説，端門與路門相應，而天安門與應門相應，則兩門之間爲治朝。
② 顧頡剛、劉起釪著：《尚書校釋譯論》，頁1896—1897。
③ 鄭玄注，賈公彦正義，王輝整理：《儀禮正義》，頁1118—1119。

廟，故名適寢爲廟也。"① 然則，"廟門"、"殯門"或"門"，不過是"寢門"的變稱，名異而實同。以死者生時所居，稱寢門；以其棺柩所在，則稱殯門；尊稱神明所在，則稱廟門②。簡稱則曰門。注疏家以《士喪禮》爲據，推想禮書所見的其他"廟"或"廟門"都是殯宮（正寢）或殯門（正寢門）的別稱，如《儀禮·士虞禮》："側亨于廟門之外。"同篇記云："陳牲于廟門外。"鄭玄注云："祭之殯宮也。"《周禮·小宗伯》："及執事眡葬獻器，遂哭之。"鄭玄即據《士喪禮》"獻材于殯門外"釋其義云："至將葬，獻明器之材，又獻素、獻成皆於殯門外。"③《禮記·喪服小記》云："無事不辟廟門。"孔《疏》云："殯宮也。"④ 又，《喪大記》云："甸人取所徹廟之西北厞薪。"孔《疏》云："謂正寢爲廟，神之也。"⑤ 即使在既葬之後，殯宮已無尸柩，仍稱殯宮。《曾子問》孔《疏》："禰，父殯宮之主也。既葬，無尸柩，唯有主在，故告於主，漸神事之故也。同廟主之名，故曰：'禰'也。"⑥ 正寢（或路寢）就這樣一直稱殯宮，到遷入新廟爲止。《大戴禮記·諸侯遷廟》："成廟。將遷之新廟。……徙之日，君玄服，從者皆玄服。從至於廟，羣臣如朝位。君入，立於阼階下，西鄉。有司如期位。……奉衣服者至碑，君從，有司皆以次從出廟門。"盧辯注云："廟，殯宮。"《大戴禮記彙校集注》王聘珍解"君入"云："入殯宮也。"⑦ 根據王聘珍的理解，既葬，卒哭之明日立主，祔廟畢，主還殯宮；練祭於廟，祭

---

① 鄭玄注，賈公彥正義，王輝整理：《儀禮正義》，頁 1097。
② 顧眉：《憺園文集·反哭不于廟辨》云："古以鬼神所在則曰廟，尊之也。故殯宮亦曰廟。"卷 16，《續修四庫全書》（上海：上海古籍出版社，1995 年），第 1412 冊，頁 175。
③ 《十三經注疏·周禮注疏》，頁 294。
④ 孫希旦：《禮記集解》，頁 881。
⑤ 孫希旦：《禮記集解》，頁 1152。
⑥ 鄭玄注，孔穎達正義，呂友仁整理：《禮記正義》，頁 755。
⑦ 黃懷信：《大戴禮記彙校集注》（西安：三秦出版社，2004 年），頁 1158。

畢，主仍還寢；直至三年喪畢才遷於新廟。

殯宮稱廟，連帶殯門亦稱廟門，禮書確有所見，尤其像《士喪禮》這般文理完具，可以無疑。問題是，在《顧命》中，"廟門"僅此一見，缺乏文例的前後照應，若釋作殯宮之門，上無所承，顯得突兀。禮書中稱廟門而確爲祖廟之門的例子不勝枚舉。以《儀禮》爲例，《聘禮》有"公迎賓于大門内，每門每曲揖，及廟門"之文，賈《疏》云："每廟之前，兩旁有隔牆，牆皆有闈門，諸侯受聘于太祖廟，太祖廟以西，隔廟有三，大門東行至大祖廟，凡經三闈門，故曰每門也。"然則自大門向東行，隔牆有門，經三闈門而北，則爲入廟之門①。

(3)"周朝而遂葬"與王殯之所在

論者以爲，周無殯廟之禮，只在葬前才朝廟。朝廟之說，見於現存禮書而爲論者所習引的，有《禮記·檀弓下》的"喪之朝也，順死者之孝心也，其哀離其室也，故至於祖考之廟而後行。殷朝而殯於祖，周朝而遂葬"。葬前朝廟還見於《儀禮》及《周禮》。《儀禮·既夕禮》有"將葬，遷于祖，用軸"之文，鄭玄注云："遷，徙也。徙於祖，朝祖廟也。蓋象平生將出必辭尊者。"②《周禮·喪祝》亦云："及朝，御柩，乃奠。""朝"亦指葬前朝於祖考之廟③。周人將葬之前，必行朝廟之禮，禮書鑿鑿言之。諸侯殯寢，《左傳》有一例，魯襄公二十八年記"齊人遷莊公，殯于大寢"。齊人遷葬莊公，葬前殯於路寢④。殯於寢而不殯於廟。

但據《左傳》所記，春秋實有殯廟之禮，理據有四：(1)《左傳》僖公八年立例云："凡夫人，不薨于寢，不殯于廟，不赴于同，

① 蘇文擢先生：《"庫門，天子皋門；雉門，天子應門"解》，未刊稿。
② 胡培翬撰，段熙仲點校：《儀禮正義》，頁1834。
③ 胡培翬：《儀禮正義》，頁2045。
④ 楊伯峻：《春秋左傳注》，頁1151。

不祔于姑，則弗致也。"《左傳》視"不殯於廟"爲降禮，換言之，要不是貶黜，則不應不殯於廟，是殯廟爲常禮所當有。（2）《左傳》襄公四年云："秋，定姒薨。不殯于廟，無櫬，不虞。"《左傳》紀錄匠慶就定姒之喪禮對季文子説："子爲正卿，而小君之喪不成，不終君也。君長，誰受其咎？"匠慶批評季文子不使魯襄公終其生母之喪，所指不成喪的內容，就包括不殯於廟。杜預大概就是根據這些事實和《左傳》凡例，斷定春秋之時以殯廟爲正禮①。（3）《左傳》僖公三十二年云："冬，晉文公卒。庚辰，將殯于曲沃。"曲沃是晉文公祖廟之所在地，故晉文公殯於此。（4）《左傳》哀公二十六年云："大尹立啟，奉喪殯于大宮。"俞樾（1821—1906）《群經平議》云："大宮者，宋之祖廟也。"② 此亦春秋殯廟之實例。姚際恒（1647—約1715）和楊伯峻（1909—1992）都察覺到《禮記·檀弓下》"周人朝而遂葬"與《左傳》所記"殯廟"不合的情況，都認爲服虔、鄭玄、何休及杜預拘泥禮書之説，不惜曲解《左傳》之廟爲殯宮而非祖廟。《檀弓下》"周朝而遂葬"與《左傳》"殯廟"不合，姚氏推測可能是春秋實有殯廟之禮而記禮者誤説，也可能記禮者説的是周初禮，而春秋禮有所變易③。二氏皆指出，既然《檀弓》與《左傳》不合，最好的做法是區分兩者，不可強相牽合④。

除《左傳》外，其他文獻也載及殯廟。《禮記·雜記》談及處理諸侯喪柩自外來的方法説：

諸侯行而死於館，則其復如於其國。如於道，則升其乘車

① 孔穎達語，見阮元校勘《十三經注疏·禮記注疏》（臺北：藝文印書館，1989年），頁172。
② 轉引自楊伯峻《春秋左傳注》，頁1730。
③ 《禮記通論輯本》，載《姚際恒著作集》（臺北：中研院文哲研究所，1996年），第3冊，頁136。
④ 楊伯峻：《春秋左傳注》，頁322。

之左轂，以其綏復。其輴有裧，緇布裳帷，素錦以爲屋而行，
至於廟門，不毀牆，遂入，適所殯，唯輴爲脱於廟門外。

此則記文談的是諸侯死於國外入殯於國的情況。棺柩運抵本國後，
便被送到廟裏安放。入廟門而適所殯，則其殯所必在廟中無疑。前
人多以"廟門"爲殯宫（即寢）之代稱，但柩從外來，殯宫未成，
殯所不應先稱"廟門"。成瓘《簀園日札・殯宫不得稱廟辨》指出
"《雜記》乃以宗廟爲殯宫，非謂路寢之殯宫可稱爲廟也"①。這是很
有見地的。總括成瓘所列四證，可知柩由内出，當殯於路寢西階堂
上，若柩從外來，則不入路寢，直殯於宗廟堂上兩楹之間，與朝廟
常禮正同。《春秋》記定公元年，昭公之喪至自乾侯，《穀梁傳》録
沈子云："正棺乎兩楹之間，然後即位。"説與《雜記》相符。是
《雜記》所言，當以宗廟爲殯宫。

《逸周書・作雒》記周武王克殷五年後，"既歸，成歲十二月崩
鎬，肂予岐周"，"周公、召公内弭父兄，外撫諸侯。九年夏六月，
葬武王於畢。""肂"，《説文》字作"瘗"，本義爲瘞埋②。"肂"用
於士一級的殯禮，專指臨時埋棺的坎穴。此處借代武王殯禮。武王
崩於鎬而殯於岐周，時以岐周爲宗周，其地爲周宗廟所在。晉文公
殯於曲沃，因曲沃爲晉宗廟所在③。然則，周武王肂於岐周，蓋指
殯於岐周之宗廟，看來晉文公殯於曲沃有效法周武故事的可能。

其實，鄭玄早就留意到春秋有殯廟之事，《鄭志》云：

趙商問："周朝而遂葬，則是殯于宫，葬乃朝廟。按：《春

---

① 成瓘：《簀園日札》，頁514—516。
② 許慎撰，段玉段注，許惟賢整理：《説文解字注》（南京：鳳凰出版傳媒集團 鳳凰出版社，2007年），頁290。
③ 詳參楊伯峻《春秋左傳注》，頁489。

秋》晉文公卒，殯于曲沃。是爲去絳，就祖殯，與《禮記》義異。未通其說。"答曰："葬乃朝廟，當周之正禮也。其末世諸侯國何能同也？《傳》合不合，當解《傳》耳，不得難《經》。"①

鄭玄雖然堅持"葬乃朝廟"才是周代的正禮，但並不否定春秋存在殯廟之實，只是把這種做法視作衰世之法罷了。值得注意的是，鄭玄認爲《左傳》與《禮記》所言，應該分別處理，不得以《傳》難《經》。這裏的《經》蓋指《儀禮》。鄭玄以爲，《儀禮》是周公所作，書中所述是周之正禮。《儀禮》無殯廟之事，只有朝廟乃葬之文，殯廟之禮就只能是衰世之法，或是棄周從殷②，不得據爲典要。

如上所述，春秋兼有殯廟與殯寢之禮。因此，若依《檀弓》所分，殷、周異禮，即"殷朝而殯于祖，周朝而遂葬"。宋爲殷人之後，宋景公殯於祖廟，或依殷禮而行。而齊莊公殯於寢，或依周禮而行。然則，可以說春秋時兼存殷、周二代殯禮。換言之，我們在肯定周有殯寢之禮的同時，也不容否定其時很可能存有殯廟的事實。王鳴盛《尚書後案》以"殷朝而殯于廟，周朝而遂葬"爲據，謂"殯在路寢"，故路寢殯所可稱廟。如此論斷，未免失之片面。

全祖望（1705—1755）在寫給方苞的書信中曾提及"近世有謂三代殯宮皆在祖廟"。全氏注意到當時有學者認爲夏、商、周三代皆以祖廟爲殯宮。全氏認爲此說大可懷疑：1."今曰殯當在廟，則廟在寢東，非咫尺所可到。此纍然之尸，何物舉之而至廟耶？"左廟右寢，寢在廟東，並非咫尺可達。在寢大斂之後，如何將載有棺柩的沉重的輴移到廟中？2."所殯之廟，其始祖之廟耶？其皇考之

---

① 皮錫瑞：《鄭志疏證》（光緒己亥［1900 年］刊），卷六，頁 5a—b。
② 皮錫瑞：《鄭志疏證》，卷六，頁 6a—b。

廟耶？其所祔之廟耶？"要説殯廟，該殯於何廟？3."夫倚廬、堊
室以衞殯宫，殯而在廟，則居喪之制，所有七月、五月之期，皆將
在廟中耶？何以絶無明證也？"① 遇喪出居倚廬，若説殯廟，在停殯
的五月（諸侯）或七月（天子）期間豈不是都要在廟外的倚廬暫
居？若然如此，爲何絶無明證？全氏於是認爲，《左傳》所謂"不
殯於廟"之廟實際上就是《儀禮》表示殯宫的寝，晉文公殯於曲
沃，只是末世變禮，不足爲憑。全氏所提質疑，看似有理，實則不
然。按其説，殯宫在寝，但葬前朝廟，不是同樣也要移柩於廟嗎？
就《左傳》所見，殯廟之廟應是祖廟，至於何廟，傳文未有明説。
若在廟停殯，倚廬該設何處，文獻無載。純粹因爲文獻闕略不全，
就否定殯廟的可能性，未免流於武斷。

　　有學者以爲，《史記》所云"二公率諸以太子釗見于先王廟"，
與《左傳》殯廟相合。柯劭忞（1850—1933）據《左傳》"不殯于
廟則弗致"及晉文公殯於曲沃，並《雜記》至於廟門適所殯，以及
《大戴禮記》諸侯遷廟之文，認定只有《左傳》所記才是先王禮經，
才與《史記》相合，而引申自《檀弓》"周朝而遂葬"的殯於路寝
稱廟説，皆不可據爲典要②。與柯氏同時的王樹枏（1851—1936）
也推想"周時亦殯於廟，即位柩前"③。平心而論，説周有殯廟之
實，不成問題，可不能以此認定先王廟就是成王殯宫所在。吳汝綸
（1840—1903）在引述柯文後就説："殯廟非《史》義。傳顧命於先
王廟，非必殯在廟中。"④《史記》只説"以太子釗見于先王廟"，全
然未提及殯廟，不能説其中有殯廟之意。在先王廟傳顧命，不等於
説就必須在廟中停殯。吳汝綸把傳顧命之所在與殯所區分開來，做

---

① 全祖望：《奉方望溪前輩書》，《鮚埼亭集外編》（臺北：華世出版社，1977 年），頁
　　1255。
② 吳汝綸：《尚書故》，頁 281—282 引。
③ 王樹枏：《尚書商誼》，光緒十一年［1885 年］刻本，卷三。
④ 吳汝綸：《尚書故》，頁 282。

法可取，對判斷册命究在何處，至爲關鍵。

綜上考論，禮書中確有稱殯宫爲廟之例，周朝而遂葬也可以在《儀禮》裏找到證明，只是不能説《顧命》之廟是殯宫的别稱。吴氏反駁柯説，有理有據。至於吴氏謂周無殯廟之事，並非事實。

成瓘認定康王受命於廟，又説"路寢堂上，新陟王初殯於西階"[1]。在成氏看來，受命之所與殯所不在一處，兩者互不相妨。王國維同樣認爲，成王殯宫與册命所在不在一處。如其説，册命在廟，而成王之柩則在别處。至於王柩是否如成瓘所言，就在寢宫，王國維卻没有明説。

7.《史記》記康王受册命於先王廟

就目前文獻所見，最早説康王受册命於先王廟的是司馬遷。《史記·周本紀》記成王崩、康王受册命之事云：

> 成王將崩，懼太子釗之不任，乃命召公、畢公率諸侯以相太子而立之。成王既崩，二公率諸侯，以太子釗見於先王廟，申告以文王、武王之所以爲王業之不易，務在節儉，毋多欲，以篤信臨之，作《顧命》。太子釗遂立，是爲康王[2]。

《史記》此段敍事，撮寫《顧命》原文而成。二公率諸侯以太子釗見於先王廟，隳括《顧命》所記康王受册命的整個過程。這個"先王廟"與《顧命》"諸侯出廟門俟"正相對應。後世主張康王受册命於廟者，多本《史記》爲説。金榜（1735—1801）、牟庭、吴汝綸、王樹枏（1851—1936）即持是説。王樹枏《尚書商誼》云："經自'命作册度'至'出廟門俟'，即史公所云見先王廟事。"[3] 金

① 成瓘：《箴園日札》，頁512。
② 司馬遷：《史記》（北京：中華書局，1982年），頁134。
③ 王樹枏：《尚書商誼》，卷三。

榜及牟庭更謂司馬遷説本孔安國。金榜《禮箋・明堂》云："（馬、
鄭、王）同謂于殯宮受册命，唯《史記・周本紀》云：（下引《史
記》文，此從略。）謂受册命在廟。先儒以司馬遷從安國受《尚
書》，故遷書多古文説，是也。"① 以爲司馬遷説本孔安國。牟庭
《同文尚書》也認爲《史記》所言是真孔安國古文《尚書・序》②。
吴汝綸《尚書故》則從辭章的角度，結合《史記》"二公率諸侯以
太子釗見於先王廟"，分析《顧命》相關章節行文前後的詳略關照。
"經不見入廟之文，惟以作策度捴目下事，而以出廟門結之於後。
言策告，則在廟可知；言出廟，則先入廟可知。非明於古人屬辭之
法，不能辯也。"③《顧命》先不點明入廟，只用"作册度"一語總
攝册命之事④，最後才用"出廟門"縮結整個册命儀節。在廟册命，
不言可知。吴汝綸還指出，《史記》只言册命於廟，並沒有説殯亦
在廟。孫星衍據《史記》"見於先王廟"之文，將《顧命》"逆子釗
于南門之外"之"南門"解作"廟門"，卻又説下文的"翼室"是
路寢。忽廟忽寢，不成文理⑤。王國維堅持康王受册命於廟，但其
研究《顧命》的論著中沒有提及《史記》的相關記載，未知是否也
有取於司馬遷此文。

　　僞《孔傳》也承認《顧命》有廟中之禮。細閲僞《孔傳》及孔
穎達《疏》，可以發現他們皆承認《顧命》禮儀中有"廟中之禮"，
如《顧命》云："二人雀弁執惠立于畢門之内"，僞《孔傳》云：
"士衛殯，與在廟同，故雀韋弁，惠，三隅矛。路寢門，一名畢
門。"孔穎達《疏》云："王殯在路寢。下云二人執惠立于畢門之

① 阮元編：《清經解》，第 3 册，頁 837。
② 牟庭：《同文尚書》，頁 1377。
③ 吴汝綸：《尚書故》，頁 280。
④ 吴闓生：《尚書大義》（臺北：臺灣中華書局，1986 年）於"丁卯，命作册度。越七日癸酉，伯相命士須材"下云："此爲提挈之筆，以下鋪陳弘麗，所以重顧命大典，特於此句先總挈綱領，以振起之。"（頁 90）"此句"應指後句，説與乃父稍異。
⑤ 孫星衍：《尚書今古文注疏》（北京：中華書局，1986 年），頁 479、487。

内。畢門是路寢之門。"又云："士入廟助祭，乃服雀弁。於此服雀弁者，士衛主殯，與在廟同，故爵韋弁也。"① 又，《顧命》"卿士邦君麻冕蟻裳入即位"，偽《孔傳》云："公卿大夫及諸侯皆同服，亦廟中之禮。"孔《疏》云："言同服吉服。此亦廟中之禮也。"② 偽《孔傳》及孔《疏》雖然承認《顧命》所行禮儀有"廟中之禮"，但囿於周殯於寢之説，故不得不強爲之説，把"廟門"説成路寢門。

8. 册命於廟的其他佐證

(1) 金榜之説

金榜（1735—1801）《禮箋·明堂》云：

> 《周官·司几筵》："凡喪事，設葦席，右素几。"明四坐數重篾席、黼純、華玉、仍几之等，非殯宫所設。《天府》："掌祖廟之守藏與其禁令，凡國之玉鎮大寶器藏焉。若有大祭大喪，則出而陳之，既事，藏之。"明陳寶在廟。凡天子諸侯之嗣位也，皆先朝廟，周之天下傳之文王、武王，受册命于祖廟，所以明有尊也。《曾子問》："天子崩，未殯，五祀之祭不行；既殯而祭。"《王制》："喪三年不祭，唯祭天地社稷，爲越紼而行事。"此皆行于既殯，明不以卑廢尊。曾是受册命于祖廟爲天地社稷宗廟主，而議其既殯行事爲已速乎？……康王受册命在祖廟。畢門者，祖廟門也③。

金榜所提出而未見於王國維論著的佐證有如下數項：(1)《周禮·春官·司几筵》記述，凡喪事之奠，要在殯宫陳設葦席、素几。《顧

---

① 偽孔安國傳，孔穎達正義，黃懷信整理：《尚書正義》，頁735—736。
② 偽孔安國傳，孔穎達正義，黃懷信整理：《尚書正義》，頁737—738
③ 阮元編：《清經解》，第3册，頁837。

命》四坐几筵與此不合，説明非殯宮所設。（2）《周禮·春官·天府》明言國之重寶皆藏於祖廟，遇有大喪，則在廟陳列。《顧命》陳設寶器應即在廟。（3）嗣位於祖廟，具有崇尚祖先神明的重大意義。（4）畢門即祖廟門。在《顧命》裏，"二人雀弁執惠，立于畢門之內"一節，包括在鋪陳顧命大典之中。若顧命大典在廟中舉行，畢門必然是一道廟門。只可惜在現存文獻中，畢門僅此一見，確證不易。

（2）康王如册命於殯前，必須服衰

康王如册命於殯前，必須服衰。《曾子問》記孔子細述君薨世子生而三日見殯之禮，中有"少師奉子以衰"，"衰"是殯服的概稱。孔子之辭，説明世子爲喪主，本應服衰，只因初生未能服衰，故使少師服衰而奉之①。少師服衰，有別於大宰、大宗、大祝服裨冕。衰服的具體內容，出現在另一則孔子答曾子問中。曾子問孔子：人君出國而薨，其棺柩該如何返國？孔子在答辭中就列出人君之子"殯服"的內容："麻弁絰、疏衰、菲、杖"。《儀禮·喪服》所列斬、齊二衰，分別是"斬衰裳"與"疏衰裳，齊"，兩者對言，互文見義。斬衰與齊衰同用疏布。鄭玄注："疏，猶麤也。"疏衰，即麤縗，亦即《左傳》襄公十七年晏嬰所服之"麤縗斬"②。以此作參照，假若康王當日受册命於殯前，按禮就必須服衰。今康王既不爾，而"麻冕黼裳"③，彼不在殯所，從可知矣。

康王受册命而即位之禮，性質屬於吉禮，若在殯所舉行，便會出現"君臣吉服，拜起尸柩之側"（王國維語）④ 的吉凶相妨的問

① 孫希旦：《禮記集解》云："初生未能服衰，故用衰奉之。"（頁 508）
② 詳拙文《〈左傳〉"晏嬰麤縗斬"楊伯峻注商榷》，《春秋左傳禮制研究》，頁 529。
③ 王國維以爲，王之黼裳與卿士邦君之蟻裳，"居喪釋服，不純吉也"。《觀堂集林》，頁 51。孫希旦亦云："此王與大保以下皆冕服，然皆不用上服，而但用絺冕以下，又以在衰戚而不敢伸也。"《禮記集解》，頁 1482。
④ 王國維：《觀堂集林》，頁 59。

題。其實，在王國維之前，成瓘就注意到這種可能出現的情況説："元子及大臣就新陟王殯前，忽侈其陳設，盛其冠裳，輝煌以出臨治朝，見諸侯，本屬可駭。"①

9.《左傳》"康有酆宮之朝"、《竹書紀年》"諸侯朝于豐宮"與《顧命》及《康王之誥》的關係

牟庭注意到今本《竹書紀年》有一則有關康王即位的記載，其文云：

> 元年甲戌春正月，王即位，命冢宰召康公總百官。

下文云：

> 諸侯朝于豐宮②。

今本《竹書紀年》記成王即位事云："元年丁酉春正月，王即位，命冢宰周文公總百官。庚午，周公誥諸侯于皇門。"③《逸周書·皇門解》有云："惟正月庚午，周公格左閎門，會群臣"可證。即位與誥群臣分爲二日，蓋即位翌日遂會群臣。揆乎牟氏之意，"諸侯朝于豐宮"緊接"（康）王即位，命冢宰召康公總百官"之後，應於同日進行。《左傳》昭公四年記楚椒舉曰："康有酆宮之朝。"酆宮即豐宮，當爲先王廟④。"康有酆宮之朝"同"諸侯朝于豐宮"。

---

① 成瓘：《篛園日札》，頁 513。
② 王國維：《今本竹書紀年疏證》，李民等：《古本竹書紀年譯註》（鄭州：中州古籍出版社，1990 年），頁 275。
③ 王國維：《今本竹書紀年疏證》，李民等：《古本竹書紀年譯註》，頁 270。
④ 洪亮吉：《春秋左傳詁》（北京：中華書局，1987 年）引服虔云："酆宮，成王廟所在也。"頁 660。杜預注《左傳》椒舉語云："酆在始平鄠縣東，有靈臺，康王于是朝諸侯。"《春秋經傳集解》（上海：上海古籍出版社，1978 年），頁 1243。楊伯峻以爲文王廟，見《春秋左傳注》，頁 1251。

牟庭結合《左傳》及《竹書紀年》,以爲"《康王之誥》作於豐矣",《顧命》之事與之相連。又說:"漢、晉人莫知此經爲元年正月事,而汲冢古文能言之,知非後人附會之書,可以證《尚書》古義,可寶貴者也。"① 果如牟庭所言,則《顧命》所記就包含康王即位於元年正月之事,而其行禮的地點無疑就是祖廟。

宋人黄榦(1152—1221)《儀禮經傳續解》卷五《喪大記上》曾綜合傳記所言,歸納出嗣君即位之禮的四個階段:

> 嗣君即位之禮,以傳記考之,其別有四:有正嗣子之位,始死是也;有正繼體之位,殯後是也。有正改元之位,踰年是也;有正踐祚之位,三年之喪畢是也②。

黄氏將"成王初崩,迎子釗入翼室,恤宅宗"歸入"正嗣子之位"的階段。鄭玄與王國維分別提出的康王受册命於寢或廟,皆屬於"正繼體之位"。清人詮解《顧命》,一說以爲篇中自"狄設黼扆、綴衣"以下記明年正月康王即位之事,把相關儀節推後到踰年即位之時。顧炎武(1613—1682)創說於前,孫希旦與牟庭推衍於後③。顧炎武《日知録》云:"'狄設黼扆、綴衣'以下,即當屬《康王之誥》;自此以上,記成王顧命登遐之事;自此以下,記明年正月上日,康王即位朝諸侯之事也。古之人君,於即位之禮重矣,故即位於廟,受命於先王,祭畢而朝羣臣,羣臣布幣而見,然後成之爲

---

① 牟庭:《同文尚書》,頁 1433。
② 黄榦:《儀禮經傳續解》,轉引自新田元規《蘇軾の"吉服即位非礼"説とその周辺——'尚書'顧命篇の解釈と即位儀礼をめぐって》,《德島大学総合科学部 人間社会文化研究》,第 23 卷(2015),頁 11。
③ 崔述:《豐鎬考信録・〈顧命〉有葬成王之脱簡》亦有采於顧説。見《崔東壁遺書》(上海:上海古籍出版社,1983 年),頁 229—230。

君。"① 依顧氏之義，自"狄設黼扆、綴衣"以下記即位廟中之事。後來，戴震也有類似的想法，他在《書顧命後》把《顧命》分爲三部分：一是羣臣受顧命；二是踰年即位康王先受册命；三是適治朝，踐天子之位。還說"考此篇自'狄設黼扆、綴衣'至末，踰年即位事也。必日前陳設，故不書日；踰年即位，禮之大常，不必書日而知也。'太保降收'，則受册命畢，而'諸侯出廟門俟，王出在應門之內'，乃記即位之儀。"② 設想不記錄即位月日，是因爲沒有必要。按《春秋》之例，舊君死，既殯，新君受命繼體，而即位之禮則在踰年改元朝正後舉行③。此制蓋源於周初。周武王以十二月崩於鎬，成王於元年正月即位，夏六月葬武王於畢④。成王以四月崩，十月葬，再過兩個月爲明年正月，而康王即位⑤。戴震對踰年即位大典也有一番考索，其《春秋改元即位考》云："即位之禮：先朝廟，明繼祖也；出適治朝，正君臣也；事畢反喪服，喪未終也。"⑥ 戴氏所描述的即位之禮，實際上是依仿《顧命》及《康王之誥》。自"狄設黼扆綴衣"至"諸侯出廟門俟"，對應朝廟；"王出在應門之內"至"羣公既皆聽命，相揖，趨出"，對應適治朝；"王釋冕，反喪服"，對應反喪服。

孫希旦及牟庭對顧炎武發明的即位說推崇備至。孫希旦謂其說，"雖聖人復起，不能易者也"。但不同意即位於廟說，認爲康王

① 顧炎武著，黃汝成集釋：《日知錄集釋》（石家莊：花山文藝出版社，1990 年），頁 80。
② 戴震：《戴震全集（第三册）》（北京：清華大學出版社，1994 年），頁 1253。
③ 《春秋》記定公元年"夏六月癸亥，（昭）公之喪至自乾侯。戊辰，（定）公即位"，楊伯峻注云："古代即位受命於殯，行奠殯之禮。《尚書·顧命》乃周成王死，康王即位之文。成王死于乙丑，四月十七日；康王即位于癸酉，四月二十五日，除去死日，七日也。此亦除去癸亥，五日定公即位。踰年始改元，朝正後，再行即位之禮，《經》所書'元年春王正月公即位'是也。"（頁 1526）
④ 武王崩、葬年月，見《逸周書·作雒解》。
⑤ 孫希旦：《禮記集解》，頁 1480。
⑥ 《戴震全集（第三册）》，頁 1657。

即位之禮在朝舉行。顧炎武推測《顧命》篇中有脱簡，孫希旦表示贊同，更坐實“越七日癸酉，伯相命士須材”一句與上下文皆無所連屬，其下必有記成王葬事，連帶“狄設黼扆、綴衣”之上不記即位月日，也是脱簡所致[1]。《顧命》篇中是否有脱簡，恐怕不好説。文中既説“諸侯出廟門俟”，若説不是即位於廟，顯然不符文意。牟庭雖謂顧説“盡袪古今諸侯之惑謬，復覩周家全盛之文，有功經學，大莫與京”。但對脱簡之説卻有所保留。牟氏云：“《顧命》篇末曰須材，言藏册以須裁度也。則《顧命》之篇終矣。《康王之誥》篇首曰狄設黼扆，此爲踰年即位，有常時，故不記月日，而直敘其儀物，足知爲正月上日之事也。前篇記日，後篇不記日，體例固自不同，此二篇中間不少一字。”[2] 不必記即位月日，説與戴震大同，未知有否暗用戴説。“丁卯，命作册度”，記成王崩後三日小斂事。“作册”，亦見《洛誥》之“王命作册逸祝册”，爲官名，彝銘習見。“度”，蓋指處理殯殮喪儀等事務[3]。“越七日癸酉，伯相命士須材”，記成王既殯後事。“命士須材”，僞《孔傳》解作“命士須材木，須待以供喪用”。孔穎達疏云：“謂椁與明器，是喪之雜用也。”[4] 當指籌備成王葬禮相關木材等物資而言。雖然牟氏訓釋“作册度”及“須材”之意，未達一間，但誠如他所説，自顧命至“伯相命士須材”，文意完足，與下文的“狄設黼扆、綴衣”也相連貫。將牟庭所舉《竹書紀年》之文，與顧炎武、戴震和孫希旦構想的踰年即位説整合起來，似乎可以説“狄設黼扆、綴衣”以下記敘踰年即位於廟之事。

筆者以爲，“康有酆宮之朝”所指爲康王受册命即位之事，不

---

① 孫希旦：《禮記集解》，頁 1479—1480。
② 牟庭：《同文尚書》，頁 1380。
③ 孫星衍：《尚書今古文注疏》云：“度者，《説文》云：‘法制也。’蓋謂喪儀。”頁 487。
④ 僞孔安國傳，孔穎達正義，黃懷信整理：《尚書正義》，頁 728—729。

無可疑。一則"狄設黼扆、綴衣……諸侯出廟門俟"與"王出，在應門之内……羣公既皆聽命，相揖，趨出。王釋冕，反喪服"前後貫通，文意相連，篇章組織完整。再則，按《顧命》行文，大史所宣讀的册命之辭，包含在"狄設黼扆、綴衣"以下的受册命即位禮中。其辭由"皇后憑玉几，道揚末命"開首，記叙成王顧命，當寫好於成王彌留之時，以備王崩後之用。如果説册命之辭要等到踰年即位才宣讀，顯然説不通。而且，椒舉勸説楚靈王以禮會諸侯，達到成霸的目的。椒舉列出前代故事爲證："夏啟有鈞臺之享，商湯有景亳之命，周武有孟津之誓，成有岐陽之蒐，康有酆宮之朝，穆有塗山之會，齊桓有召陵之師，晉文有踐土之盟。"所舉各人會合諸侯之事，均足以代表其人的功績。司馬遷説得很清楚："成王將崩，懼太子釗之不任，乃命召公、畢公率諸侯以相太子而立之。"意思是説：成王在彌留之際，擔心太子釗不能勝任治國，於是命令召公和畢公等大臣輔助他。觀乎康王誥命諸侯，言辭惓懇，冀得諸侯輔助。要説康王受册命即位之初，就有被後人歌頌的重大功績，不知有何確據。因此，將"康有酆宮之朝"看成《顧命》及《康王之誥》的概述，值得懷疑。《史記·周本紀》只説"成、康之際，天下安寧，刑錯四十餘年不用"。没有詳述康王的功績。"康有酆宮之朝"具體所指，只能付諸闕如。王國維在論證《顧命》之時，没有援引今本《竹書紀年》之文，或許對其文也有所保留。

說《詩》者，有以《詩·大雅·下武》爲康王即位而諸侯朝賀之作。陸奎勳《陸堂詩學》更條舉詩文與《顧命》互證[①]。其説不爲無據。最近，羅家湘先生進而斷言"《下武》創作的時間是在周

① 陸奎勳説，見陳子展《詩經直解》（上海：復旦大學出版社，1985年），頁901引。陳子展《下武》題解云："《下武》，康王即位，諸侯來賀，歌頌先世太王、王季、文武、成王之德，並及康王善繼善述之孝而作。此詩如非史臣之筆，則爲賀者之辭。"頁900。

康王元年十二月'酆宫之朝'上。"理由是:"今本《竹書紀年》在
康王元年下也有'諸侯朝于酆宫'的記載。酆宫之朝有兩件大事,
一是將周成王的靈位祔入祖廟,二是諸侯及四夷拜賀周康王繼位。
據《尚書·顧命》,周成王卒于四月乙丑日。其祔入祖廟的時間,
劉雨據《高卣蓋》'惟十又二月,王初饗旁,惟還在周,辰在庚申'
的記載,推定在康王元年十二月庚申日。"① 羅先生將"諸侯朝于酆
宫"與"甲戌春正月,王即位,命冢宰召康公總百官"分別看待,
並坐實爲康王元年十二月之事。成王何時出葬,何時祔廟,康王又
何時在酆宫朝諸侯,在缺乏文獻依據的情況下,各種説法,都只能
是猜想罷了。

　10. 小結

　王國維據《禮經》之例解説《顧命》,多有可取,尤其是對當
中重要關目的詮釋,更觸及周人制定册命即位禮的精微之處,值得
肯定。如上析論,王國維有關册命場所及部分儀節的考論,確不可
易。王國維指出,康王受册命之禮在祖廟中舉行,而成王之柩自在
殯宫(是否在路寢,王國維没有明説)。區分册命與停殯所在,解
决了過去在解讀《顧命》上的糾結。依王説,册命之禮包含裸鬯的
環節。大保攝主(成王),授同於康王,正行獻禮。大保受同自酢,
也符合"三灌而酢"的規格。"同"爲裸器,所盛者爲用於獻禮的
鬱鬯。大保用鬱鬯獻酢,遵行的是天子諸侯的獻賓之禮。康王受
同,"三宿,三祭,三咤",未有如禮經中言明啐酒或卒爵。王國維
據鄭玄別説,以爲不啐酒,也不卒爵,僅奠爵而已,有表示康王仍
在喪中之意。《禮記·祭統》明言古者必賜爵禄於大廟,於大廟册
命嗣王,禮所宜然。

　通檢自宋迄清之經説,可知在王國維之前,除姚鼐等桐城中人

---

① 羅家湘:《西周第一代應侯的詩〈詩經·下武〉考》,《河南師範大學學報(哲學社會
　科學版)》,2015 年 11 月,第 42 卷第 6 期,頁 140。

外，尚有其他主張在宗廟冊命者，其中最重要的是朱熹。朱熹表明繼統受冊，在廟中舉行，受命者穿著麻冕，是小變吉服。只是朱子對舊説以《顧命》之廟爲殯宮之門不置可否。

在論證方法及具體見解上，王國維與前人經説，尤其是吳澄及孫希旦之説，頗有類近，可相發明。在論證方法方面，王國維主要用禮經之例詮釋《顧命》，前人也有精通此法的先例。而在具體見解方面，王國維之説與吳澄及孫希旦多有相類。吳澄早就創發大保攝主及授同與受同二節爲獻酢之義。孫希旦推衍吳説，提出王與大保獻酢皆用鬱鬯，其差異在於王用圭瓚注鬯而大保用璋瓚，更舉禮經中"老醴婦于房中"爲大保攝成王禮康王的參照。王國維未有交代其説是否沿承前人，但可以肯定的是，其舉證之繁富，論説之通達圓融，多有超越前人之處。所謂後出轉精，信哉斯言。證明大保攝成王行獻酢禮，有助判斷舉行此等禮儀的場所。若説傳顧命在殯宮舉行，整個冊命儀式卻全然不涉在殯的先王，顯然有悖情理。

綜合王國維以外的經説及筆者所見，康王受冊命即位廟中，還有不少有力的本證和旁證。祭祀與賓客之祼的行用場所，禮書所記甚詳而明。祭祀之祼，固在廟中。天子諸侯用以饗賓之獻，同樣在廟中進行。以此例彼，大保祼獻嗣王亦應在廟。經文記狄設黼扆、仍几於牖間南嚮。而《周禮·春官·司几筵》敍述大朝覲、饗、射、封國、命諸侯等重要禮典，天子同樣設黼扆於廟中之牖間。兩文可相印證。《司几筵》又記凡喪事之奠，在殯宮陳設葦席、素几，《顧命》與之不合，或可作《顧命》設殯宮於廟的反證。《曾子問》記孔子述君薨世子生而見殯之禮，中有"少師奉子以衰"；又記孔子列明世子殯服的内容。參照記文，假如康王當日於殯前受冊命，按禮亦應服衰。今知不然，其非殯所，自不待辯。冊命即位屬於吉禮，若在殯所，必將出現吉凶相妨的問題。於今所見，司馬遷《史記·周本紀》最早記康王受冊命於先王廟。按吳汝綸的闡釋，史遷之意，只說册命於先王廟，並没有説殯宫亦在廟中。《顧命》受册命所在當在廟中，"廟門"爲先王廟之門，不言可知。只是無法確定此先王廟究爲何人之廟，就如《左傳》之豐宫有説是文王廟也有説是成王廟一樣。

顧炎武、戴震、孫希旦等人曾提出，《顧命》自"狄設黼扆、綴衣"以下實記明年正月康王即位之事。牟庭注意到今本《竹書紀年》有關康王即位故事的記載："元年甲戌春正月，王即位，命冢宰召康公總百官。諸侯朝于豐宫。"此則紀年似與踰年即位之説相契合。鄷宫爲周人祖廟所在，果如是，則《顧命》所記同爲廟中之事無疑。然而，從《顧命》及《康王之誥》文本的組織結構、册命内容，以至《左傳》"康有鄷宫之朝"原意來看，要説"康有鄷宫之朝"所指就是康王受册命即位之事，值得懷疑。王國維在論證《顧命》之時，没有援引今本《竹書紀年》之文，説不定也認爲兩者不存在甚麼關係。説《詩》者據《下武》，將"諸侯朝于鄷宫"坐實爲康王元年十二月事，更無實據。

王國維質疑鄭玄、僞《孔》傳以殯宫爲册命所在，皆有理有據，只是有些看法尚不足以推翻舊説。按周禮，成王之殯當在西序，若然，《顧命》所陳几筵、宗器應設何處？依禮書所述，天子殯宫結構規模甚大。成王之殯果真如是，難免令人懷疑西序尚有餘地陳設其他物品。可是，據《禮記·曾子問》所記孔子述君薨世子生而告殯之禮，可見諸侯殯前尚可放置几甚或筵及束帛，還可以容許數人周旋於其間。因此，遽然説天子殯前不得作册命場所，恐怕未足以服人。

劉起釪先生撰文反駁王國維册命於廟説，重申漢儒主張的廟在應門之外及殯宫稱廟説。夷考其實，廟在應門之内抑或之外，前人持説不同。"三禮"文例可證廟應在應門之内。以此解説《顧命》之"諸侯出廟門俟"、"王出在應門之内"，文理順達。殯宫稱廟，殯門亦稱廟門，《儀禮》確有此例。但《儀禮》也有稱廟或廟門而確爲祖廟或祖廟之門的文例。持册命路寢殯前之説者，好據《檀弓》"周朝而遂葬"爲説，以爲周無殯廟之禮。考之《雜記》及《左傳》等書，確知春秋甚或西周有殯廟之實。必須辨明的是，西周有殯廟之實，不等於説成王之殯就在廟中，應如吴汝綸及王國維那樣，將册命所在與殯宮區分開來。

　　總之，《顧命》之"廟"爲宗廟，所謂"廟門"，自必爲宗廟之門。舉行册命即位禮的場所與殯宮之所在，不必同在一處。換言之，經文稱"廟"，此廟不是指因殯宮所在得稱爲廟的路寢，也没有包含殯宮在廟的意思。

　　我們在肯定王國維之説的同時，不得不承認其説也有值得商榷的地方。王國維以爲，册命在廟，四坐分别爲大王、王季、文王、武王而設。須知鬼神之席有加無重而生人之席有不加無不重，四坐所設依王禮五重，當爲生人而非爲鬼神設。所設的對象，很可能就是康王，而四坐代表的意義則各别。王國維由《士冠禮》禮例推出王禮有"祼享"。但《左傳》"祼享"實指祭祀，王説不合《左傳》原意。

　　康王受册命即位的場所，當在宗廟。前人言之鑿鑿的册命殯前，疑點重重，難以自圓其説。持此説者，很可能是受到漢制的影響，爲先入爲主之見所囿。就帝王嗣位制度而言，説經者好言"柩前即位"[1]，甚至將此制推源於《顧命》中的康王故事。自宋迄清，很多學者都持有這種看法。如葉夢得（1077—1148）《春秋考》云："以吾考之《顧命》……蓋古一年之間不二君，故嗣位於柩前，而

---

[1]　詳參新田元規《蘇軾の"吉服即位非礼"説とその周辺——'尚書'顧命篇の解釈と即位儀礼をめぐって》，《德島大学総合科学部　人間社会文化研究》，第 23 卷（2015），頁 1—29。

受冊于殯。"① 徐乾學（1631—1694）《讀禮通考》云："柩前即位，即位禮畢，便反喪服，意亦采《尚書·顧命》之大略。"② 惲敬（1757—1817）《大雲山房文稿初集·顧命辨上》以爲，顧命之書，"非踰年即位之書，柩前即位之書無疑矣。"③ 孫詒讓《尚書駢枝》云："此經爲康王即位柩前之禮，於喪中而行即位之吉禮。"④ 後人就這樣把康王受冊命故事看成是即位柩前的濫觴。此説源於漢人。《後漢書·禮儀志》云：（漢大殮畢）"三公奏《尚書·顧命》，太子即日即天子位于柩前，請太子即皇帝位，皇后爲皇太后。奏可。羣臣皆出，吉服入會如儀。太尉升自阼階，當柩御坐，北面稽首，讀策畢，以傳國玉璽綬東面跪授皇太子，即皇帝位。……羣臣百官罷，入，成喪服如禮。"⑤ 據此，可見東漢皇位傳承制度大致效法《顧命》及《康王之誥》，反映漢儒對《顧命》的解讀。後世持康王受冊命於殯宮之説者，與此不無淵源關係。但以後代情事揣量古制，未免有失嚴謹。

二、"諸侯冠禮之裸享正當士冠禮之醴或醮"

近人談論先秦冠禮、注釋《左傳》、解説裸禮，每好引用王國維（1877—1927）"諸侯冠禮之裸享，正當士冠禮之醴或醮"一語，藉以説明諸侯與士在冠禮上的相通之處。此語出自王國維1915年（民國四年乙卯）再答日本學者林泰輔（字浩卿，1854—1922）與

① 葉夢得：《春秋考》，《武英殿聚珍版叢書本》，卷六。
② 徐乾學：《讀禮通考》，《文淵閣四庫全書》本，卷十八。
③ 惲敬：《大雲山房文稿初集》（臺北：世界書局，1937年），頁32。
④ 孫詒讓：《大戴禮記斠補　附九旗古誼述、周書斠補、尚書駢枝》（濟南：齊魯書社，1988年），頁51。
⑤ 范曄：《後漢書》（北京：中華書局，1982年），頁3143。尚可參秦蕙田《五禮通考》（臺北：聖環圖書公司，1994年），卷一百二十八，頁21b。

之辯論裸禮的書信中。當年，王國維撰成《洛誥箋》（"箋"後易爲"解"），印入《國學叢刊》中。林泰輔雖善其文，但對王賓殺禋的解釋卻持有不同見解，遂刊文指摘其瑕。王國維以書答之，林泰輔又有所辯爭，王國維於是再作書與之論難。1916 年，王氏將二人往返各書匯編成《裸禮榷》一卷。再答林氏之書，在收入《觀堂集林》時，改題爲《再與林博士論〈洛誥〉書》①。王國維此語，影響深遠。就目前所見，於專著中引用此語的學者有楊寬（1914—2005）《古史新探》②、楊伯峻（1909—1992）《春秋左傳注》③、吳靜安（1915—）《春秋左氏傳舊注疏證續》④、陳戍國《先秦禮制研究》⑤、周聰俊《裸禮考辨》⑥、戴龐海《先秦冠禮研究》⑦。筆者對上列六書引用此語的情況進行綜合考察，發現近人對王國維此語存有誤解，未得其意。下文將探明王國維此語的含意，並結合《左傳》舊注，剖析《左傳》"裸享"之意，藉此辯明王國維此語是否合乎《左傳》本意。

1. "諸侯冠禮之裸享正當士冠禮之醴或醮"解

王國維《再與林博士論〈洛誥〉書》駁斥林氏所謂裸"以灌地降神爲第一義，歆神爲第二義，用於賓客爲第三義"之説，曰：

> 考先秦以前所用裸字，非必有灌地之義。《大雅》："殷士膚敏，裸將于京。"毛以灌鬯、鄭以助祭釋之。然裸神之事，除王與小宰、大宗伯外，非助祭之殷士所得與。則《詩》之裸

① 袁英光、劉寅生：《王國維年譜長編 1877—1927》（天津：天津人民出版社，1996年），頁 164。
② 楊寬：《古史新探》（北京：中華書局，1965 年），頁 298。
③ 楊伯峻：《春秋左傳注》（北京：中華書局，1990 年），頁 970。
④ 吳靜安：《春秋左氏傳舊注疏證》（長春：東北師範大學出版社，2005 年），頁 73。
⑤ 陳戍國：《先秦禮制研究》（長沙：湖南教育出版社，1991 年），頁 345。
⑥ 周聰俊：《裸禮考辨》（臺北：文史哲出版社，1994 年），頁 82。
⑦ 戴龐海：《先秦冠禮研究》（鄭州：中州古籍出版社，2006 年），頁 150。

將，果爲祼神，抑爲朝事儀中酢王之事，尚不可知也。《周語》："王耕籍田，祼鬯享醴乃行。"此非祀事。則祼鬯非灌地降神之謂也。左氏襄九年《傳》："君冠，必以祼享之禮行之。"諸侯冠禮之祼享，正當士冠禮之醴或醮，則祼享非灌地降神之謂也。《投壺》："當飲者皆跪，奉觴，曰：'賜灌。'勝者跪，曰：'敬養。'"注："灌，猶飲也。"此明明是灌人，非灌地矣。《祭統》："君執圭瓚灌尸，大宗執璋瓚亞灌。"又明明云灌尸，非灌地矣。灌地之意，始見於《郊特牲》，曰："周人尚臭，灌用鬯臭，鬱合鬯，臭陰達於淵泉。"鄭注始以灌地爲説。然灌地之事，不過祼中之一節。凡以酒醴獻者亦無不然。鄭於《尚書・大傳》注云："灌是獻尸，尸既得獻，乃祭酒以灌地也。"夫祼之事，以獻尸爲重，而不以尸之祭酒爲重。此治禮者人人所首肯也。……且古天子於賓客皆祼，豈有尸而不祼者！故祼之義，自當取祼尸之説，而不當取灌地之説。故鄭於《周禮・典瑞》注曰："爵行曰祼。"於《禮器》注曰："祼，獻也。"此祼與灌地二義不必同者也。祼字形聲義三者皆不必與灌同，則不必釋爲灌地降神之祭。既非降神之祭，則雖在殺牲燔燎之後，固無嫌也。竊謂《郊特牲》一篇，乃後人言禮意之書，其求陰求陽之説，雖廣大精微，固不可執是以定上古之事實。毛公、許、鄭之釋祼字，亦後人詁經之法，雖得其一端，未必即其本義。吾儕前後所論，亦多涉理論。此事惟當以事實決之。《詩》、《書》、《周禮》三經與《左傳》、《國語》有祼字，無灌字，事實也。祼，《周禮》故書作果，事實也。祼從果聲，與灌從雚聲，部類不同，事實也。《周禮》諸書，祼字兼用於神人，事實也。《大宗伯》以肆獻祼爲序，與《司尊彝》之先祼尊而後朝獻再獻之尊，亦皆事實而互相異者也。吾儕當以事實決事實，而不當以後世之理論決事實。此又今日爲學者之所當然也①。

王國維説祼，還見於 1916 年撰成的《〈周書・顧命〉考》。此文著力詮釋篇中所載周室册命之禮，於康王受獻、大保自酢之儀節考釋綦詳。其解"乃受同瑁"云：

> 授同者何？獻王也。大宗奉同，大保拜送，王拜受。不書者亦畧也。何以知大保獻王也？曰：下云：大保受同，降，盥，以異同秉璋以酢。又云：大保受同，祭，嚌，宅。古禮，有獻始有酢，不獻王則何酢之有矣？何以知大宗授同也？曰：《周禮・大宗伯》職：大賓客則攝而載果。鄭注：載，爲也。果，讀爲祼。代王祼賓客以鬯。君無酌臣之禮。言爲者，攝酌獻耳。……竊謂當獻所命之人，以諸侯册命諸臣之用一獻，知册嗣王之亦有獻矣。彼先獻後命，此先命後獻者，彼因祭而命，此特行册命禮故也。冠禮，賓之醴冠者也。（自注云："諸侯以上則用祼享之禮"）昬禮，父之醴子也；女父之醴女也；舅姑之饗婦以一獻之禮，以著代也。皆古禮之尚存於周世者也。此述先王之命，付天下之重，故行以祼享之禮②。

及後《〈周書・顧命〉後考》有云：

> 士之冠也，賓醴之。賓者，攝父者也。昬禮，婦之見舅姑也，贊醴之。贊者，攝舅姑也。此篇康王之受册也，大保醴之。大保者，攝先王者也。賓之攝父，贊之攝舅姑，以冠與見

---

① 王國維：《觀堂集林》（北京：中華書局，1984 年），頁 47—50。"襄九年"，"九"原作"五"，今正。
② 王國維：《觀堂集林》，頁 55。

舅姑事輕。父與舅姑尊，不宜與子婦爲禮也。若成王倦勤，而生傳位於康王，則王當親獻。何則？女之嫁，父親醴之；士之親迎，父親醮之；舅姑之饗婦以著代也，亦親獻之。此嗣位之事，其重相同故也。於禮，凡醴皆有獻無酢，而此有酢者，曰：此余前説所謂祼享之禮。鄭以此爲醴，意雖是而名則非也。古獻有三種：以鬯曰祼，以醴曰醴，以酒則曰醮、曰獻。醴與醮有獻無酢，祼與獻則有獻有酢。天子、諸侯之祼，即大夫士之醴也。故士冠禮用醴或醮，而諸侯之冠則用祼享之禮①。

謹案：在《〈周書·顧命〉考》及《〈周書·顧命〉後考》兩文中，通過貫徹"以禮經之例"詮釋《顧命》的原則，王國維認爲，冠、昏所獻的醴或醮，都是尚存於周世的古禮，於是依據冠禮賓醴冠者，以及昏禮父醮子、女父醴女、舅姑饗婦，推出册命康王中的祼禮。周禮因應尊卑等差的不同，而制訂了祼、醴、醮三種酒類不同、儀節有異的獻。這種差異，落實在冠禮上，就表現爲士用醴或醮，而諸侯則用祼。此説實爲王國維所獨創。

據《士冠禮》所述冠禮儀節，在三次加冠之後，賓便以醴禮冠者。"若不醴則醮，用酒"，用"醴"是正禮，變禮則不用"醴"而用"酒"。用醴的儀節稱爲"醴"，用酒的稱爲"醮"，稱"禮"則兼"醴""醮"二法而言②。"醴"是未濾去酒糟的濁酒，"酒"是已濾去酒糟的清酒。這兩種儀節，有用醴與用酒之别，禮儀的隆殺繁簡自亦不同。"祼"所用者是鬯。鬯或稱鬯酒，或稱秬鬯，如再和以鬱金香草之汁，稱鬱鬯③。"醴或醮"與"祼"禮數雖有不同，用

---

① 王國維：《觀堂集林》，頁63。
② 《士冠禮》"禮于阼"，鄭玄注："今文禮作醴。"鄭不從今文，以"禮冠者"兼"醴"與"醮"二法，若改"禮"爲"醴"，則不合文意。詳楊天宇《鄭玄三禮注研究》（天津：天津人民出版社，2007年），頁315。
③ 詳參錢玄《三禮通論》（南京：南京師範大學出版社，1996年），頁127。

於獻人則一。

在王國維看來，士冠禮，賓以醴或酒獻冠者，謂之醴或醮，而諸侯冠禮，賓以鬯獻君，謂之祼。此所謂"醮於客位，加有成也"（《禮記·郊特牲》），表示冠者已成人，故待之以賓客之禮，使之勉力奮進，有所成就。

王國維一再申明此意，在《〈周書·顧命〉考》"冠禮，賓之醮冠者也"下不忘自注説"諸侯以上則用祼享之禮"。又於《〈周書·顧命〉後考》説："士冠禮用醴或醮，而諸侯之冠則用祼享之禮。"行文時，"祼""享"連言，顯然是受《左傳》原文"以祼享之禮行之"的影響。王國維以爲"祼享"相當於"醴或醮"，這就意味着"祼"與"享"有密切的關係，相當於《國語·周語上》的"祼鬯饗禮"，則"祼享"意謂以祼鬯饗人。按照這種理解，"享"是饗冠者之意，與享神之"享"無涉①。跟兩篇《〈顧命〉考》詮釋獻禮不同，駁難林泰輔之書側重於闡發祼不僅有灌地之義，説明祼兼行於祭、賓，灌地祭神不過是祼中一義而已，祼實亦有灌人、灌尸之義。在此語境下，王國維援引《左傳》"君冠，必以祼享之禮行之"爲據，基於"諸侯冠禮之祼享，正當士冠禮之醴或醮"的原則，證明此"祼享非灌地降神之謂也"。然則，王國維引《左傳》文，無非是爲了説明諸侯冠禮之祼享猶如士冠禮之醴或醮皆指獻人，既指獻人，則此祼必爲灌人而非灌地。總而言之，按照王國維的理解，在賓獻冠者的性質上，《左傳》所述用於諸侯冠禮的祼享，與《士冠禮》用於士冠禮的醴或醮，顯然無別。上列三文引述《左傳》祼享之文，正以此意貫穿其中。

假如像王國維所言，諸侯冠禮之祼享相當於士冠禮賓醴冠者之醴或醮，那麼，這個祼享的"祼"，就只能是灌飲的意思。前人説

---

① 詳參周聰俊《祼禮考辨》，頁82。

"祼",早有此意。郭嵩燾《禮記質疑》云:

> 據《特牲禮》,凡獻,尸皆祭、啐而後奠觶。奠,置也。
> 祭者,尸祭神。啐者,嘗而不飲。鄭(引者按:指鄭玄)以
> "明不爲飲"訓灌之義,而徐氏鉉云:"瓚亦圭,其首爲勺形,
> 其柄爲注水道,所以灌。"然則祼之言灌,因瓚以名之,而祼
> 遂亦通爲灌,其禮則始祭之正獻也。自《白虎通》創爲灌地降
> 神之説,孔《疏》遂據以爲訓。王氏(引者按:指王夫之)
> 《詩稗疏》:"《小宰》:'凡祭祀,贊祼將之事。'《小宗伯》:'凡
> 祭祀,以時將瓚祼。'《鬱人》:'詔祼將之儀與其節'。是祼將
> 之事,詔其儀節者鬱人,酌之於彝以授王者小宗伯,王奉之而
> 轉以授尸者小宰,尸受而祭之、啐之,不卒爵而奠之,并無灌
> 地降神之説。《禮器》諸侯爲賓,'灌用鬱鬯',灌用臭也,豈
> 諸侯賓客之前亦傾酒於地以求其降乎?《國語》'及期,鬱人薦
> 鬯,犧人薦醴,王裸鬯,饗醴乃行',韋昭《注》'灌鬯、飲
> 醴,皆所以自香潔',《投壺》曰'當飲者皆跪奉觴曰:賜灌',
> 《注》:'灌猶飲也。'然則灌之爲訓乃飲之異名,豈必傾沃之於
> 地乎?"王氏此辨至允[①]。

郭嵩燾此文,有兩點值得注意:第一、他引王夫之之説,指出灌與
飲同義;第二、否定《白虎通》、鄭玄灌爲灌地降神之説。

獻尸而尸"啐"之。"啐"、"嚌"義通,都是嚐的意思。《儀
禮·士冠禮》云:"有乾肉折俎,嚌之。"鄭玄《注》云:"嚌,嘗
之。"[②]《禮記·雜記下》云:"自諸侯達諸士,小祥之祭,主人之酢
也嚌之;衆賓、兄弟則皆啐之。大祥,主人啐之,衆賓、兄弟皆飲

---

① 郭嵩燾:《禮記質疑》(長沙:岳麓書社,1992),頁 320—321。
② 胡培翬著,段熙仲點校:《儀禮正義》(南京:江蘇古籍出版社,1993 年),頁 107。

之可也。”鄭玄《注》云：“嚌、啐，皆嘗也。嚌，至齒；啐，入口。”① 是“嚌”與“啐”同中有異。又，《士冠禮》記冠者：“興，筵末坐啐醴，建柶，興，降筵，坐奠觶，拜。”凌廷堪《禮經釋例》云：“凡醴皆用觶，不卒爵。”② 許慎《説文》云：“啐，驚也。從口卒聲。”段玉裁《注》云：“《儀禮》今文以爲哜酒字。”③《説文》又云：“哜，小歊也。從口率聲，讀若欶。”段氏《注》曰：“《士冠禮·注》曰：‘古文啐爲呼。’按呼與啐音義皆隔，必是誤字。當是古文啐爲哜之誤。”④ 據段《注》，可知“啐”通“哜”，都是小飲的意思。“啐”雖然不是一飲而盡，但並非倒於地上，則可斷言。

王夫之所舉灌鬯之事例，亦見上引王國維之文，同出《國語·周語上》。《周語上》記古籍田禮儀節云：

　　　　王乃淳濯饗醴，及期，鬱人薦鬯，犧人薦醴，王裸鬯饗醴，乃行。

韋昭《注》云：

　　　　淳，沃也。濯，溉也。饗，飲也。謂王沐浴飲醴酒也。期，耕日也。裸，灌也。灌鬯，飲醴，皆所以自香潔也⑤。

林昌彝《三禮通釋》“裸禮”條亦以此證明鬯爲可飲之物，云：

---

① 孫希旦撰，沈嘯寰、王星賢點校：《禮記集解》（北京：中華書局，1989 年），頁 1088。
② 阮元編：《清經解》（上海：上海書店，1988 年），第 5 册，頁 163。
③ 段玉裁：《説文解字注》（上海：上海古籍出版社，1988 年），頁 60。
④ 段玉裁：《説文解字注》，頁 55。
⑤ 《國語》（上海：上海古籍出版社，1988 年），頁 18。

按：此言耕籍之田，三日，齊之三日也。既沐浴矣，而及期乃薦鬯。又云祼鬯饗醴乃行，則祼鬯飲醴，皆飲也。是不獨以浴，亦以飲矣。賈《疏》謂鬯非可飲之物，誤矣。賓祭皆用之，且秬黍所醴，與五齊三酒同，何爲其不可飲？由籍田推之，則凡內外祭祀之齊，王皆飲鬯可知矣[①]。

據此，鬯之可飲，可以無疑。問題是，諸侯冠禮之"祼享"與士冠禮之"醴或醮"如何構成對等的關係。

賓客及祭祀皆用鬯，《周禮・春官・鬯人》説得很清楚："鬯人掌祼器，凡祭祀賓客之祼事，和鬱鬯以實彝而陳之。"祭祀行祼禮，用鬱鬯灌地，如《郊特牲》所言；賓客聘饗行祼禮，如《禮器》云："諸侯相朝，灌用鬱鬯，無籩豆之薦。"諸侯爲賓，"灌用鬱鬯"只能是郭嵩燾説的"灌飲"鬱鬯了。

夷考其實，説《士冠禮》的醴或醮指賓獻冠者，當然不成問題；説祼鬯可飲，通用於賓客與祭祀之禮，亦可徵信；但要是説《左傳》所記"祼享"同樣指賓獻冠者，卻不一定合乎事實，值得商榷。

2.《左傳》"祼享"解——兼論公冠禮之賓醴冠者

將《左傳》"祼享"釋作冠禮之賓獻冠者，實爲王國維所獨創，前此未聞。王國維引述的《左傳》的"祼享"，見於襄公九年的記載。《左傳》云：

（晉侯語）"國君十五而生子，冠而生子，禮也。君可以冠矣。大夫盍爲冠具？"武子對曰："君冠，必以祼享之禮行之，以金石之樂節之，以先君之祧處之。今寡君在行，未可具也。

---

① 林昌彝：《三禮通釋》（北京：北京圖書館出版社，2006），頁750。

請及兄弟之國而假備焉。"晉侯曰:"諾。"公還,及衛,冠于
成公之廟。假鐘磬焉,禮也。

季武子申明爲君加冠,必須舉行裸享之禮。杜預《注》云:

> 裸,謂灌鬯酒也。享,祭先君也①。

杜預之意,蓋謂"裸享"爲灌鬯祭神,即此裸用於祭祀先君的場
合。孔穎達《疏》云:

> 《周禮·大宗伯》:"以肆、獻、裸、享先王。"《鬱人》:
> "凡祭祀之裸事,和鬱鬯,以實彝而陳之。"……《郊特牲》云
> "灌用鬯臭",鄭玄《注》云:"灌謂以圭瓚酌鬯始獻神也。"然
> 則裸即灌也,故云"裸謂灌鬯酒也"。裸是祭初之禮,故舉之
> 以表祭也。《周禮》祭人鬼曰享,故云"享祭先君也"。劉炫
> 云:"冠是大禮,當遍群廟。"②

又云:

> 冠是嘉禮之大者,當祭以告神,故有裸享之禮,以祭祀
> 也。……既行裸享,祭必有樂。所言金石節之,謂冠時之樂,
> 非祭祀之樂也。諸侯之冠禮亡,唯有士冠禮在耳。其禮亦行事
> 於廟,而不爲祭祀。士無樂可設,而唯處祧同耳③。

---

① 《十三經注疏·左傳注疏》(臺北:藝文印書館,1989年),頁529。
② 《十三經注疏·左傳注疏》,頁529。又,《周禮》"肆、獻、裸、享"之意,參考孫
　詒讓《周禮正義》,頁1335。
③ 《十三經注疏·左傳注疏》,頁529。

又云：

> 以晉悼欲速，故寄衛廟而假鍾磬。其祼享之禮，歸魯及
> 祭耳①。

孔穎達所引《周禮‧春官‧大宗伯》文，除可作祼爲祭享之證外，"肆、獻、祼"與"享"的構詞方式，亦可爲探尋"祼享"之意提供依據。"肆、獻、祼"爲四時享祭宗廟的三種不同的方式，其中"祼享"就是用灌鬯的方式享祭先王②。《左傳》這裏的"祼享"也應作如是解。孔穎達明言，祼是祭初之禮，亦即灌鬯以降神。諸侯之冠禮已亡，僅士之冠禮保存在《儀禮》中。據《左傳》所記魯襄公之冠禮，可略知諸侯冠禮之梗概。士與諸侯冠禮的相同之處，在於兩者皆在廟中舉行，但諸侯冠禮含有士所沒有的祭廟之禮。魯襄公便宜行事，假借衛成公之廟及樂器舉行冠禮，返魯之後，還是要祼享先君。依劉炫之説，諸侯冠禮需要遍祭群廟。這種用法的"祼"無疑就是祭神，與用於賓客的"祼"截然不同，不能混爲一談。杜、孔之説，後世注家沿而不改，殆無異議。姚際恒《儀禮通論》論及士冠禮不拜祖云："郝氏（引者按：指郝敬）又駁其不拜祖考。不知古人惟祭乃拜。且祭必有尸，此不祭無尸，無徒拜禮也。凡此之類，所謂以今人之見説古禮，必不得也。（自注："《左傳》云'行以祼享之禮'，則惟天子、諸侯冠乃祭耳。"）"③亦據《左傳》"祼享"點明諸侯冠禮祭廟的特點。黃以周《禮書通故》引《左傳》此文並云："《士冠禮》無享廟作樂之文。"亦將"祼享"視

---

① 《十三經注疏‧左傳注疏》，頁 529。
② 詳參孫詒讓著，王文錦點校《周禮正義》（北京：中華書局，1987 年），頁 1330。
③ 姚際恒著，陳祖武點校：《儀禮通論》（北京：中國社會科學出版社，1998 年），頁 31。

作"享廟"①。

　　仔細辨析起來，宗廟祭祀之祼，有祼神與祼尸之分。祼神所以降神，在正獻之前；祼尸，所以獻尸，在正獻之中。然則《左傳》所説的"祼享"，固然很可能是降神之祼，但也有可能是獻尸之祼。若是降神之祼，則有灌地降神之意，與《士冠禮》賓醴冠者全然不類；如是獻尸之祼，則與賓醴冠者不無可通之處，但祭禮與賓禮性質不同，不能看成是一回事。林昌彝《三禮通釋·祼禮》曾引《國語》"祼鬯饗醴"證明祼鬯可飲，儘管如此，在論述冠禮之時，卻於"必以祼享之禮行之"下自注云："享祭先君。"② 表明《左傳》之"祼享"爲祭享而設，有別於饗賓。

　　盛世佐《儀禮集編》謂天子、諸侯冠禮雖亡，其大略仍可通過士冠禮得知，撇除尊卑隆殺的差異，諸侯以上的冠禮的"大節目"，"未嘗不以士禮爲準"③。此説很有道理。就賓醴冠者而言，所謂"醮於客位，加有成也"（《禮記·郊特牲》），賓醴或醮冠者，是以賓客之禮待之。《儀禮·聘禮》記諸侯款待國賓，有醴賓的儀節，依此類推，則諸侯冠禮亦當由賓醴冠者。散見於文獻的諸侯以上的冠禮，除《左傳》記載的魯襄公冠禮外，還有《大戴禮記》所述的公冠之禮。《公冠》篇云：

　　　公冠，自爲主，迎賓，揖，升自阼，立于席。既醴，降自阼。其餘自爲主者，其降也自西階以異，其餘皆與公同也。公玄端與皮弁，皆韠，朝服素韠。公冠四加玄冕，饗之以三獻之禮，無介，無樂，皆玄端。其酬幣朱錦采，四馬，其慶也同。天子儗焉。太子與庶子，其冠皆自爲主，其禮與士同，其饗賓

————————
① 黄以周撰，王文錦點校：《禮書通故》（北京：中華書局，2007年），頁235。
② 林昌彝：《三禮通釋》，頁576。
③ 黄以周撰，王文錦點校：《禮書通故》，頁235引。

也皆同①。

《説苑·修文》所記與此相近②。從"既醴，降自阼"，可窺見公冠之禮同樣也包含賓以醴禮冠者的儀節。再看《禮記·曾子問》記孔子答曾子除喪是否改冠説：

> 天子賜諸侯、大夫冕弁服於大廟，歸設奠，服賜服，於斯乎有冠醮，無冠醴。父没而冠，則已冠，埽地而祭於禰，已祭而見伯父叔父，而後饗冠者。

"有冠醮，無冠醴"，不醴是因爲改冠則當用醴③。諸侯、大夫的冠禮，有醮有醴，可據此推知。應該説，在賓醴冠者這點上，士與諸侯並無不同。因此，王國維所謂"諸侯冠禮之祼享，正當《士冠禮》之醴或醮"，不無可疑。

3. 近人引用"諸侯冠禮之祼享正當士冠禮之醴或醮"一語的綜合考察

就目前所見，於專著中引用此語的學者有楊寬、楊伯峻、吳靜安、陳戍國、周聰俊、戴龐海等，兹逐一剖析如下：

楊寬《古史新探·冠禮新探》引《周語上》"王祼鬯饗醴而行"，然後説：

> 可見在饗禮開始時，在獻禮之前確有"祼鬯"之禮。（下

---

① 王聘珍撰，王文錦點校：《大戴禮記解詁》（北京：中華書局，1992年），頁247。

② 劉向撰，向宗魯校證：《説苑校證》（北京：中華書局，1987年）云："公冠，自以爲主，卿爲賓。饗之以三獻之禮。公始加玄端與皮弁，皆必朝服玄冕，四加。諸侯太子、庶子冠，公爲主，其禮與士同。"（頁483）

③ 鄭玄説。見鄭玄注，孔穎達正義，吕友仁整理《禮記正義》（上海：上海古籍出版社，2008年），頁762。

引《左傳》所記季武子語，此從略）杜注："享，祭先君也。"
該是錯誤的。行"冠禮"時并無祭祀先君的節目，《左傳》常
以"享"假作"饗"。王國維説："諸侯冠禮之祼享，正當士冠
禮之醴或醮"（《觀堂集林》卷一《再與林博士論洛誥書》），
是正確的，"祼享"即指具有"祼"的儀式的饗禮。士冠禮中
對冠者的醴或醮，是當作賓客招待的，即所謂"醮于客位"，
到諸侯冠禮中，爲隆重起見，就改用饗禮，饗禮要先"祼鬯"，
所以也稱爲"祼饗之禮"①。

諸侯冠禮中的饗禮，對冠者而言，貼合王國維之意。至於區分
"祼"、"饗"，視作二事，先祼後饗，解"祼享"爲"具有'祼'的
儀式的饗禮"，則有違王國維原意。於王國維意中，"祼享"爲一
事，即指灌鬯饗賓。楊寬認爲杜預"享祭先君"之説應是錯誤的，
理由是行冠禮時並無祭祀先君的節目。説《士冠禮》無祭祀先祖的
節目，確得其實，但士禮不然，諸侯冠禮何必不然。説《左傳》常
以"享"假作"饗"也是事實，但也不盡然。

今考經典使用"享"（本作"亯"）與"饗"二字，用法並不
一致。段玉裁仔細考察過經典所見"享"、"饗"用字之例，對此分
辨極嚴，《説文解字注》云：

按：《周禮》用字之例，凡祭亯用亯字；凡饗燕用饗字。
如《大宗伯》吉禮下六言亯，先王嘉禮下言以饗燕之禮親四方
賓客，尤其明證也。《禮經》十七篇用字之例，《聘禮》内臣亯
君，字作亯，《士虞禮》、《少牢饋食禮》尚饗，字作饗。《小戴
記》用字之例，凡祭亯、饗燕，字皆作饗，無作亯者。《左傳》

① 楊寬：《古史新探》，頁 298—299。

則皆作亯，無作饗者。《毛詩》之例，則獻於神曰亯，神食其
所亯曰饗，如《楚茨》以亯以祀，下云神保是饗，《周頌》我
將我亯，下云既右饗之，《魯頌》亯祀不忒、亯以騂犧，下云
是饗是宜，《商頌》以假以亯，下云來假來饗，皆其明證也。
鬼神來食曰饗，即《禮經》尚饗之例也。獻於神曰亯，即《周
禮》祭亯作亯之例也。各經用字自各有例。《周禮》之饗燕，
《左傳》皆作亯宴，此等蓋本書固爾，非由後人改竄①。

又，段玉裁《經韻樓集·享饗二字釋例》揭示經典中用亯饗二字之
條例云：

　　祭祀曰享，其本義也。故經典祭享用此字。引申之，凡下
獻其上，亦用此字。而燕饗用此字者，則同音假借也。《說文
解字》又曰："饗者，鄉人飲酒也。從食從鄉，鄉亦聲。"是則
鄉飲酒之禮曰饗。引申之，凡飲賓客亦曰饗。凡鬼神來食亦曰
饗。而祭享用此字者，則同音假借也②。

段氏分辨文獻所見"享"、"饗"二字的用法，十分明晰。享，本作
"亯"，本義爲祭祀，借爲燕享；饗，本義爲鄉飲酒，借爲祭饗。段
氏謂《左傳》祭享、饗燕（亦作宴）皆作"亯"，固然符合實際情
況，但也有兩字混用的例子③。段氏注意到《左傳》使用"享"、
"饗"二字的某些情況説：

① 段玉裁：《説文解字注》，頁229。
② 阮元編：《清經解》，第4冊，頁543。
③ 阮元於《左傳》成公十二年"享以訓共儉"下出校勘記云："賈公彦《儀禮·燕禮·疏》引享作饗，共作恭。《詩·卷耳·正義》同。按依《左傳》字例作享，《周禮》、《儀禮》字例作饗。二《禮疏》引《傳》宜作享，而申明之曰：'享與饗同。'如李善之注《文選》則善矣。輒改《左傳》文作饗，未合也。"見《十三經注疏·左傳注疏》，頁469。

　　六經轉寫，雖梗概無差，而間有彼此齟齬不可知者，如《左氏傳》："有神降于莘"，"以其物享焉。"是祭享與他經同也。而凡"饗"、"食"、"燕"，則作"享"、"食"宴。如宣十六年："晉侯使士會平王室，定王享之，王曰：'王享有體薦，宴有折俎。公當享，卿當宴。'"成十二年："享以訓恭儉，宴以示慈惠。"定十年："齊侯將享公。"莊十一年："鄭伯享王於闕西辟。"莊六年："楚文王伐申，鄧侯止而享之。"十四年："楚子如息，以食入享。"十八年："虢公、晉侯朝王，王享醴，命之宥。"僖二十五年："戰克而王享，晉侯朝王，王享醴，命之宥。"二十八年："王享醴，命晉侯宥。"凡若此等，皆當作大飲賓之饗，而皆用祭享字爲之，此蓋左氏用六書假借之法也①。

據段氏此文，凡《左傳》大飲賓之"饗"作"享"者，皆假借字。今考楊伯峻先生《春秋左傳注》所據《經》、《傳》版本，以阮元刻本爲底本，再經過與各種善本仔細校勘而成②。從這個本子所見，《春秋經》無"饗"字，書"享"者也僅有一次。《左傳》"享"字九十六見，多數假借爲饗禮或饗燕之"饗"，少數用於表示祭享之

---

① 阮元編：《清經解》，第4冊，頁543—544。

② 楊伯峻：《春秋左傳注·凡例》云："《經》、《傳》以阮元刻本爲底本，一則以其流通廣，影響大；二者以其有《校勘記》，可以利用。（自注："阮元《校勘記》成於衆手，間有疏誤。……"）復取《校勘記》所未見者補校，其中有敦煌各種殘卷，除據前人各家題記外，復取北京圖書館所藏照片覆校。有楊守敬所藏所謂六朝人手書殘本，據有正書局石印本。楊守敬跋六朝人手書本記日本石山寺藏本三條，亦採入。而最可貴者，爲日本卷子本，以其曾有'金澤文庫'圖章，今稱金澤文庫本。（自注："此卷子本早已歸日本天皇宮内省圖書寮，其形制、來歷，可參島田翰《古文舊書考》卷一《春秋經傳集解》一文。島田翰之業師竹添光鴻作《左傳會箋》，即據此卷子本。此本首尾完具。吳闓生《左傳微》所謂'倭庫本'，疑即此本。然據其引文與《會箋》細校，頗有異同，不知其故。"）皆能於院本有所校正。凡改正底本者，多於《注》中作《校記》。其文字有重要不同，雖不改動底本，亦注出，以供參考。至一般異文，則省而不出注，以避煩瑣。"（《凡例》頁1）

意。用"饗"字三十次①，多用作饗禮或饗燕之"饗"，極少假借爲祭享之"享"，如"祭祀以爲人也。氏，神之主也。用人，其誰饗之。"（僖公十九年）"周公其不饗魯祭乎。周公饗義，魯無義。"（昭公十年）由此可見，"裸享"之享，固多假作饗燕之饗，亦不能排除表示祭享的可能性。

楊伯峻《春秋左傳注》注"裸享之禮"云：

> 裸亦作灌，以配合香料煮成之酒倒之于地，使受祭者或賓客嗅到香氣。此是行隆重禮節前之序幕。享亦作饗，王國維《觀堂集林》卷一謂"諸侯冠禮之裸享，正當《士冠禮》之醴或醮"。裸享即具有裸之儀式之饗禮。餘詳《士冠禮》及楊寬《古史新探》②。

楊伯峻引述王國維之説，認爲諸侯冠禮中的"裸享"儀節，相當於《士冠禮》的"醴或醮"。接著，楊伯峻又據楊寬之説，具體描述了這種裸禮的内容。楊伯峻指出裸是把鬯酒倒於地上，使受祭或賓客嗅到香氣。就這點來説，楊伯峻所理解的"裸"，卻又明顯與《士冠禮》的"醴或醮"有根本上的區別。須知《士冠禮》談到"醴或醮"的時候，是以"啐醴"的構詞形式出現。楊伯峻既然認爲裸是倒酒於地，又説這裏的"裸享"猶如《士冠禮》之"醴或醮"，似乎沒有察覺到這兩種觀點是不能並存的。楊伯峻提及的楊寬的《鄉飲酒禮與饗禮新探》，原文是這樣的：

---

① 此統計數字，見劉殿爵教授主編《春秋左傳逐字索引》（香港：商務印書館，1995），頁 2206（享）、頁 2207（饗）。據此書《凡例》所言，正文據清嘉慶二十年（1816年）江西南昌府學重刊之宋本《春秋左傳注疏》。
② 楊伯峻：《春秋左傳注》，頁 970。

饗禮的獻賓之禮，不僅比鄉酒禮次數增多，而且在開始獻酒之前，還有所謂"祼"，這是一種最隆重的獻禮的序幕，只有在饗禮和祭禮中才有。"祼"也叫做"灌"，就是用鬱鬯來灌，讓賓客嗅到香氣。《禮記·禮器》說："諸侯相朝，灌用鬱鬯，無籩豆之薦。"因爲"灌"在"獻"之前，還沒有把食物陳設出來。《禮記·郊特牲》說："至敬不饗味，而貴氣臭也。諸侯爲賓，灌用鬱鬯，灌用臭也。"這種"貴氣臭"的"至敬"的禮，只給賓客嗅到香氣，也不是給飲的。"祼"只有在饗禮和祭禮應用，同樣是用來表示隆重的敬獻之意的①。

楊伯峻認爲祼饗之法，是倒酒於地，使受祭者或賓客嗅到香氣，這種看法，完全是承襲楊寬之説而來的。事實上，楊寬之説是混淆了祭祀之祼與饗賓之祼，這兩種祼法的差別，體現在灌之於地與飲之之上。

周聰俊致力於古代祼禮的研究，並把研究成果寫成了專著②。他在《祼禮考辨》裏，批評楊寬及楊伯峻兩位先生的有關看法説：

楊寬説"祼，就是用鬱鬯來灌，讓賓客嗅到香氣，不是給飲的"，楊伯峻之《春秋左傳注》更進而以爲是將鬱鬯香酒傾倒於地，使賓客嗅到香氣，此與宗廟祭祀降神之灌儀無不同。按：斯説蓋有未然也。考諸漢儒經注，不見有鬱鬯不可飲之言，逮乎《周禮》賈公彥《疏》，乃有"鬯酒非可飲之物"之説（見《鬯人·疏》）。《周禮·大行人》"再祼"，鄭《注》云"再飲公也"，是知鄭氏於朝享禮畢，王以鬱鬯灌賓，實謂以鬱

---

① 楊寬：《古史新探》，頁297—298。
② 周聰俊有關祼禮的論著，除《祼禮考辨》外，單篇論文有《吉祼初探》，載《中國學術研討會論文集》（臺北：大安出版社，1994年），頁39—55。

豐飲賓。此明明是灌人，非灌地也①。

周聰俊此説甚爲精當，確得古代祼禮之真義，足爲兩位楊先生之諍臣。如上所述，涉及祭祀之祼有二：一爲降神，另一爲獻尸。降神之祼，灌鬯於地，獻尸之祼，授尸啐之。同名爲祼，而實則有異。這樣看來，兩位楊先生混淆灌地與獻尸二祼，固然有誤，而上引王夫之及郭嵩燾完全否定古代存在灌地之祼的可能性，把這種祼法看成是《白虎通》所創，也未免矯枉過正。

吴靜安《春秋左氏傳舊注疏證續》疏證部分云："劉炫云：'冠是大禮，當徧羣廟。'王國維曰：'諸侯冠禮之祼享，正當士冠禮之醴或醮。'"② 吴靜安引録劉炫及王國維兩文，蓋以爲兩義相合。但實際上，劉炫説"徧羣廟"，即將"祼享"解爲祭時祼享，與王國維之説齟齬不合。

戴龐海《先秦冠禮研究》説："國君行冠禮前，必行祼享之禮。祼享之禮，是一種酌酒灌地的祭禮。王國維説：'諸侯冠禮之祼享，正當士冠禮之醴或醮。'"③ 戴先生解祼享爲灌地，持説實與王國維相悖，引此語爲己説之證，顯然出於誤解。

陳戍國《先秦禮制研究》引述《左傳》原文，得出諸侯冠禮的五個要項，第三項爲"國君行冠禮前，必行祼享之禮。王國維説：'諸侯冠禮之祼享，正當士冠禮之醴或醮'。"④ 陳戍國將祼享之禮定性爲祭前降神之祼，與王國維所説的賓獻冠者之祼，兩説相妨，扞格不入。

跟前面四人不同的是，周聰俊《祼禮考辨》之説較接近王國維

① 周聰俊：《祼禮考辨》，頁76。
② 吴靜安：《春秋左氏傳舊注疏證續》，頁73。
③ 戴龐海：《先秦冠禮研究》，頁150。
④ 陳戍國：《先秦禮制研究》，345。

的原意，但仍未達一間。周聰俊説：

> 是冠禮醴醮之別，蓋在用醴與用酒之不同，其酌而無酬酢則一也。王國維《觀堂集林·再與林博士論洛誥書》云：“諸侯冠禮之祼享，正當士冠禮之醴或醮。”其説得之。杜預《集解》謂“祼”爲灌鬯酒，不誤，而釋“享”爲祭先君，則説有未確。此“享”，蓋謂饗醴也。易言之，“祼享”者，蓋猶《周語》王耕籍田之“祼鬯饗醴”，皆所以示隆重也。（下引楊伯峻《春秋左傳注》倒酒於地之文，此從略。）楊氏以爲冠禮之祼，與祭祼求神之儀相同，其説殆有未然。蓋諸侯冠禮之祼享，既當士冠禮之醴或醮，則非傾酒於地甚明①。

周聰俊重複引述王國維之語，除了説明“祼享”即“祼鬯饗醴”外，對王國維之語的含意沒有多少闡發。文中指斥杜預“享祭先君”之説，似乎也缺乏周詳的辯證。

4. 小結

如上考論，釋讀王國維“諸侯冠禮之祼正當士冠禮之醴或醮”一語，不能只靠《再與林博士論〈洛誥〉書》，而是必須結合撰作時期相近、同樣出現此語的兩篇《〈周書·顧命〉考》來看，只有這樣，才能確切掌握此語的含意。此語的提出，是王國維依據《儀禮》冠、昏禮儀推出諸侯冠禮的結果。士冠禮，賓以醴獻冠者，謂之醴，若用酒，則謂之醮。在王國維看來，士冠禮賓禮冠者的醴或醮，與諸侯冠禮賓獻冠者的祼享，都是“醮於客位，加有成也”，性質相同，不過所獻酒類有異而已。據此，“祼享”等於《國語》的祼饗，意謂灌鬯饗人。對《左傳》“祼享”的這種解釋，是王國

---

① 周聰俊：《祼禮考辨》，頁82。

維所獨創的。夷考其實，説《士冠禮》之醴或醮指賓獻冠者，當然不錯，説裸鬯可飲，饗賓客亦用之，亦於禮有徵，但要説《左傳》的"裸享"同樣指賓獻冠者，恐怕有違事實。季武子説的"君冠，必以裸享之禮行之"，自杜預以後的古代注家皆釋作灌鬯酒以祭先君，孔穎達更提出以祭廟與否作爲分辨諸侯與士冠禮的依據。姑勿論祭祀的"裸享"原指裸神抑或裸尸，其與饗賓客之裸截然不同，可以斷言。若舊注不誤，則王國維賓獻冠者之説有違《左傳》的原意。而且，《大戴禮記·公冠》和《禮記·曾子問》所記諸侯以上的部分冠禮，可知在賓醴或醮冠者這點上，士與諸侯並無不同。由是而知，王國維所謂"諸侯冠禮之裸享，正當士冠禮之醴或醮"，不無可疑。

第三章
"禮制語境"與《論語》的詮釋

《論語·八佾》："子曰：'禘自既灌而往者，吾不欲觀之矣。'"

一、對"禘自既灌而往"章主流
解讀的質疑辨惑

《論語·八佾》記："子曰：'禘自既灌而往者，吾不欲觀之矣。'"（下依前人慣例，凡引此文，皆簡稱"禘自既灌而往"章）古今學者解讀此章，大多認定孔子自言"禘自既灌而往者"不欲觀之，其中必定涉及失禮、非禮或僭禮（爲簡便計，除個別地方外，籠統地稱爲非禮）的成分。非禮無疑是主流解讀預設的基調，但如何落實非禮所在，是魯禘本就非禮，還是既灌後面的儀節非禮，也就是説究竟哪個地方出現問題，卻又言人人殊，甚至互相攻訐。究其實，持非禮説的人，所提論據並不一致。

就現存文獻所見，最早提出失禮説的是孔安國，見何晏（？—249）《論語集解》所引，原文蓋出孔安國《論語孔氏訓解》。孔安

國認爲，禘爲廟祭，用於序列昭穆。《説文》示部云："禘，諦祭
也。"言部云："諦者，審也。"則禘爲祭之審諦，乃宗廟審諦昭穆
之禮①。此爲古人所説禘本義之一。孔安國解灌爲酌鬱鬯灌於太祖，
用以降神；謂既灌之後，不按適當的昭穆序次排列神主，卻將僖公
躋於閔公上，犯上逆祀②，孔子因此不欲觀。孔安國將孔子不欲觀
的原因坐實爲逆祀③。皇侃（488—545）《論語義疏》承襲孔安國之
説，斷言孔子的話旨在譏諷魯祭逆祀失禮，所述禘祭灌地求神之禮
則較孔安國詳細④。北宋邢昺（932—1010）《論語注疏》，仍然沿用
逆祀説，只是略作補訂，指"躋僖公"，不過是説閔、僖二公位次
倒逆，並非説二公昭穆有異，由於是逆祀失禮，故孔子不欲觀⑤。
邢昺以後，宋儒不乏質疑逆祀説的人。儘管非禮的預設基調不變，
但對非禮所在卻有另一番見解。如朱熹（1130—1200）《論語集注》
引趙匡説。對禘字本義，趙氏提出有別於孔安國的另一解讀，認爲
禘是王者大祭，用於祭祀始祖所自出之帝，並以始祖配祭。此爲古
人所説禘之另一義。趙氏説，成王以周公有莫大功勳，把禘祭賞賜
給魯公，但魯行王者之禘，畢竟非禮所當有。朱子則推想，灌地降
神時，魯國君臣，誠意未散，仍有可觀，但灌後，漸漸懈怠，無足
觀處。這樣説，魯禘已是失禮，灌後無誠意，更是"失禮之中又失
禮"，孔子不欲觀，自不待言。觀乎趙匡和朱子二説，可見在宋人
的想法裏，不但失禮的焦點已有所轉移，而且已觸及魯禘的正當性

---

① 許慎撰，段玉裁注，許惟賢整理：《説文解字注》，頁 8。
② 《左傳》文公二年云："大事於大廟，躋僖公，逆祀也。"
③ 黃懷信主撰：《論語彙校集釋》，頁 229。有關躋僖公及兄弟昭穆異同的討論，可詳拙
　著《〈春秋〉"躋僖公"解》，《春秋左傳禮制研究》，頁 439—466。
④ 黃懷信主撰：《論語彙校集釋》，頁 229。
⑤ 黃懷信主撰：《論語彙校集釋》，頁 229—230。

問題①。朱子的誠意既散説，顯然是以理學家所闡明的祭禮精義（説詳上文）爲根本。朱子不取舊注逆祀説，而自行準情度理，重新解讀，爲後繼者敞開了想像和推測的空間，爲明清之後新説迭見創造了條件。

郝敬（1558—1639）以爲，祭帝曰禘，依禮，不王不禘，魯以諸侯而禘文王於周公廟，顯然是非禮。郝氏考索史事，試圖以"平王初年，魯惠公乃請郊禘"證明周成王雖以天子之禮尊周公，但未嘗賜予禘禮，因謂僖公、文公以後"盡用王禮"皆屬非禮。郝氏又推想，魯禘灌用天子禮器，薦獻用天子樂舞，所以孔子不欲觀②。

朱子雖不取逆祀説，仍未直斥其非，但到了清人那裏，逆祀説就備受攻擊。毛奇齡（1623—1713）對逆祀説提出三點駁難：1. 孔子助祭，應在仕魯之時，而其仕魯在定公十四年（公元前 481 年），當時不遭國喪，不容有吉禘。2. 閔、僖逆祀之事發生在文公二年（公元前 625 年），經歷文、宣、成、襄、昭五公才到定公。定公在位時，依諸侯五廟之制，閔、僖早就毁廟，遷入祧壇；3. 況且，定公八年，順祀先公，閔、僖位次得到理順，根本不存在逆祀的問題。毛氏所作批駁，除第一點理據較爲薄弱外，第二、三點皆具説服力。毛氏肯定禘爲王者大祭，又據《明堂位》及《祭統》所記，認爲魯獲賜重祭，得用天子禮樂，只是"羣公雜用，便屬非禮"③。

① 有別於唐代新《春秋》學三子啖助（724—770）、趙匡、陸質（？—805），孫覺（1028—1090）認爲禘嘗之禮通行於諸侯，並謂"《論語》之言曰'禘自既灌而往者，吾不欲觀之矣'（《八佾》十），《中庸》之言曰'明乎郊社之意，禘嘗之禮，治國其如指諸掌乎.'蓋孔子之言魯禘，則讃'既灌以往'。其諭治國，則先郊社而後禘嘗。"轉引吉原文昭著、劉怡君譯《北宋〈春秋學〉的側面——以唐代〈春秋〉三子之辨禘義的繼承和批判爲中心》，載林慶彰、張穩蘋編輯《啖助新春秋學派研究論集》（臺北：中研院中國文哲研究所，2002），頁 605。至於孔子言魯禘，對"既灌以往"之所讃，孫氏則未有明説。
② 郝敬：《論語詳解》，《續修四庫全書》，第 153 册，頁 102。
③ 毛奇齡：《論語稽求篇》，《叢書集成初編》（北京：中華書局，1991 年），卷二，頁 9。

至於群公如何雜用，毛氏未作任何説明。莊述祖（1750—1816）亦提出，孔子仕魯在從祀先公之後，不當再譏逆祀①。石韞玉（1755—1837）也對逆祀説表示懷疑，認爲僖公逆祀，一入廟即見，大可不觀，何須等待既灌之後才發出不足觀之嘆。石氏以爲朱子之説"於義爲優"②。其實，朱説縱然比舊注高明，又何嘗不受到後儒質疑。程廷祚（1691—1767）將舊注逆祀、朱注誠意既散二説一併否定，認爲夫子不欲觀，是因爲魯禘僭用天子禮樂，且降神之後節文繁多③。程樹德（1877—1944）甚至批評朱説空洞，毫無依據，暴露了"以理詁經"之弊。程氏強調，夫子之嘆，"在譏其僭，非譏其怠"④。王闓運（1833—1916）後來還斷斷於助祭諸臣"大慢不敬"，似乎已落後於衆人。爲遷就諸臣怠慢説，王氏不惜改訓"往"爲"往太廟"，增字解經，盡臆測之能事⑤。值得注意的是，不少清人都將矛頭指向魯人的"僭禮"行爲，並歸咎於既灌之後的儀節。上舉莊述祖的《論語別記》就是典型的例子。莊氏認爲，魯禘，灌祭之時，尚能克制，遵從諸侯之禮，到迎牲以後，卻兼用天子的四代之禮，應該説孔子所譏不在禘，而在既灌之後的僭禮行爲⑥。持相近看法的，有戴望（1837—1873），戴氏説魯之禘祭，自迎牲之後，就僭用天子的禮樂⑦；還有宦懋庸（1842—1892），認爲灌時未僭，既灌之後，才僭用天子禮樂⑧。至此，非禮説的最大轉變，是把焦點放在迎牲後所用禮樂的僭禮上。

① 黃懷信主撰：《論語彙校集釋》，頁 234。
② 石韞玉：《讀論質疑》，《續修四庫全書》，第 155 册，頁 7。
③ 程廷祚：《論語説》，《續修四庫全書》，第 153 册。
④ 程樹德撰，程俊英、蔣見元點校：《論語集釋》（北京：中華書局，1990 年），頁 170。
⑤ 王闓運：《論語訓》，黃巽齋校點：《論語訓 春秋公羊傳》（湖湘文庫甲編）（長沙：岳麓書社，2009 年），頁 20。
⑥ 黃懷信主撰：《論語彙校集釋》，頁 234。
⑦ 戴望：《戴氏注論語》，《續修四庫全書》，第 157 册，頁 84。
⑧ 宦懋庸：《論語稽》，《續修四庫全書》，第 157 册，頁 279—280。

　　自漢迄清，學者大多熱衷於從非禮的角度詮釋"禘自既灌而往"章。以優劣得失論，逆祀說無的放矢，不能成立，固不待辯。誠意既散說，在缺乏文本依據的佐證下，也難免招致自騁臆說的批評。平心而論，誠意既散說要是能擺脫以非禮爲基調的束縛，將更可取。較易令人取信的是僭禮說。僭禮說的依據，大抵有二：一是《禮運》記孔子所説的"魯之郊禘非禮也，周公其衰矣"，一是《史記・禮書》引述"禘自既灌而往"章後，接著就説"周衰，禮廢樂壞，大小相踰"，意味魯禘僭禮①。至於郝敬提出的"魯惠公乃請郊禘"，以及簡朝亮（1852—1933）說的"《呂氏春秋》云：'魯惠公使宰讓如周請郊禘禮，王使史角止之。'然則成王非賜魯郊禘矣"②，恐怕都不足爲憑。《呂氏春秋・仲春紀・當染》今本所記爲"魯惠公使宰請郊廟之禮於天子"③，郝、簡二氏的引文，都把"郊廟"寫成"郊禘"，不知何據。倘若《呂氏春秋》原文不作"郊禘"，禘祭雖屬廟祭之一，但很難説禘祭就包含在魯惠公所請之禮裏面。事實上，僭禮説同樣受到質疑。即便把此禘當作"不王不禘"（《禮記・大傳》）之禘，但《明堂位》、《祭統》都説周成王因周公有莫大勳勞於天下，於是賜魯重祭。魯得用天子禮樂，得到不少主張非禮説注家的承認。何況《春秋》及《左傳》記魯之禘祭共有九次，雖説各禘的性質難以論定，但可以肯定的是當時的確存在三年吉禘④。而且，《左傳》襄公十年記晉大夫荀偃、士匄曰："諸侯宋、魯，於是觀禮。魯有禘樂，賓祭用之。"是魯有周王之禘樂，用於饗賓及大祭，不但未被視作僭禮，更爲時人所樂道⑤。春秋時，不特魯公

---

① 學者向來懷疑《史記・禮書》非出自司馬遷之手。説詳鍾宗憲《先秦兩漢文化的側面研究・第一輯・史記八書初探之一》（臺北：知書房出版社，2005 年）。

② 簡朝亮：《論語集注補正述疏》，頁 97。

③ 陳奇猷：《呂氏春秋校釋》（上海：學林出版社，1990 年），頁 96。

④ 説詳拙著《〈春秋〉、〈左傳〉禘祭考辨》，《春秋左傳禮制研究》，頁 191—219。

⑤ 楊伯峻：《春秋左傳注》（北京：中華書局，1990 年），頁 977。

行禘，晉侯亦然，《左傳》襄公十六年記晉人曰"寡君之未禘祀"，即爲明證。面對魯得用禘的事實，主張僭禮的劉寶楠（1791—1855），除搬出《禮運》和《史記·禮書》試圖證明魯禘僭禮外，也只好説"此夫子譏伯禽之失，不當受賜"[①]，不惜將孔子所譏推到魯始封君伯禽的身上。前人預設非禮的基調，細驗之下，疑點重重，經不起嚴格的辯證。最根本的問題在於，試想，如果魯禘非禮，那麼，孔子在一開始時就不應該觀看，爲甚麼一直等到既灌之後才譏其非禮呢？儘管前人多方思考，在他們的論著裏都沒有爲這個問題提供合理的解釋。當然，不能排除有人刻意迴避此一問題的可能性。

綜上考論，前人從非禮的角度解説"禘自既灌而往"章，大多進退失據，未能自圓其説，讀之不免令人感到困惑[②]。倒是英譯《論語》，譯者只著眼於《八佾》本文，才得免於非禮論調的糾纏[③]。雖然如此，此等譯著仍未能爲"禘自既灌而往"章提出合理的解讀。

相對於以非禮爲基調的主流意見來説，鄭玄（127—200）的看法更接近孔子原意，只是由於《論語注》早佚，只憑僅存的片言隻語，前人無由得見其説。唐寫本鄭玄《論語注》的發現，爲準確詮釋"禘自既灌而往"章提供有利的條件。

---

① 劉寶楠：《論語正義》，頁 95。

② 現代學者以專文形式探討《論語》孔子言禘的，有左高山的《論〈論語〉中的"禘"及其政治倫理意藴》（載《孔子研究》，2005 年第 1 期，頁 31—41），認爲孔子"不欲觀之矣""很可能在於：第一，魯國的季氏僭禮，從'不王不禘'而言，季氏當道，其祭祀超越了周公所賜魯國舉行祭祀的範圍；第二，魯國在禘祭的過程中，可能出現了不誠敬的情形，僭越了'禘'作爲政治秩序的核心原則的意義。第三，孔子本人的原因，因爲孔子深知周禮，他可能認爲魯國的禘禮不符合他熟知的標準，故不欲觀之矣。"（頁 36）所提三種可能，除第三種可取後，其餘兩種欠缺實據，只能看作是臆測罷了。

③ 如 D. C. Lau, *The Analects（Lun Yü*）（Hong Kong：The Chinese University Press, 1983）譯爲："The Master said, 'I do not wish to witness that part of the ti sacrifice which follows the opening libation to the impersonator.'" p. 21 又如 Simon Leys, *The Analects of Confucius*（New York：Norton, 1997）譯爲："The Master said, 'At the sacrifice to the Ancestor of the Dynasty, once the first libation has been performed, I do not wish to watch the rest.'" p. 11.

二、唐寫本《論語》"褅自既灌而往" 章鄭玄注重勘發覆

鄭玄《論語注》成書於其遭逢黨錮事解之後，與《古文尚書注》、《毛詩箋》、《周易注》同爲鄭玄晚年完成的經注，當中以《周易注》的撰作時間爲最晚①。自北宋以後，鄭玄《論語注》不傳於世，除何晏《論語集解》所採及他書引用者外，餘皆散佚。南宋以後，學者雖爲鄭注多方輯佚，亦僅得斷章殘句，只能略窺一斑，而難見全豹。直至上世紀六七十年代，敦煌和吐魯番發現三十一件唐寫本《論語注》殘卷（見圖十二）。經過一衆中外學者的努力整理，今日差可掌握其書的一半内容②。清代之時，鄭玄《論語注》雖僅存吉光片語，但仍受到學者的珍視。俞樾（1821—1907）倡議"《論語》之學，宜以鄭爲主"，鑒於鄭注散佚不傳，故刺取《詩箋》、《禮注》之中涉及《論語》者，編成《論語鄭義》，以保存鄭學③。只是俞氏所得鄭注遺文不多，所存鄭義自亦有限。即以這裏所探討的《論語·八佾》"褅自既灌而往"章爲例，前人輯存，僅有"褅祭之禮，自血腥始"兩語，殘缺嚴重，注文殊不完整，其意實難考知。直至唐寫本《論語注》的出現，世人才得見鄭玄"褅自既灌而往"章的接近完整的注文。學者整理唐寫本，已取得矚目的成果，對"褅自既灌而往"章注文的理解，卻存有偏差，甚至受先入爲主之見的影響，錯誤解讀鄭注之旨。兹先準確釋讀鄭注文字，

---

① 鄭玄《〈周易注〉序》自言，"黨錮事解，注《古文尚書》、《毛詩》、《論語》，爲袁譚所逼，來至元城，乃注《周易》"。王利器《鄭康成年譜》列諸經注於"中平元年甲子（184）五十八歲"之下。事詳車行健：《論鄭玄〈論語注〉的經注思維及其經學思想》，《儒家典籍與思想研究》，2011年，頁110—129。

② 詳參車行健《論鄭玄〈論語注〉的經注思維及其經學思想》。

③ 俞樾：《論語鄭義》，《俞樓襍纂弟十三》，嚴靈峰編輯：《無求備齋論語集成》（臺北：藝文印書館，1966年），第240册，頁1a。

然後結合鄭玄《禮》注，闡明其立言要旨，並辨析其得失所在。此外，還將説明漢、宋《易》學所闡發的《觀》卦義理，正適用於詮釋鄭義。只有以鄭義爲基礎，才能合理詮解孔子之意。

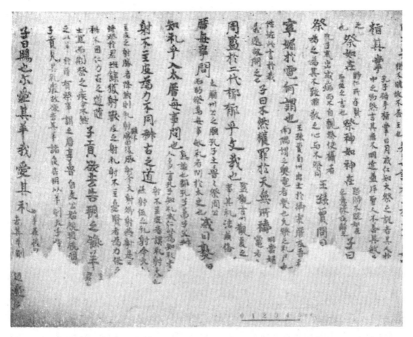

圖十二　唐寫本鄭玄《論語注》"褅自既灌而往"章圖版

（吐魯番阿斯塔那 363 號墓 8/1 號寫本（三），録自王素《唐寫本論語鄭氏注及其研究》（北京：文物出版社，1991 年），圖版三。）

1. 鄭注釋義

鄭玄有關"褅自既灌而往"章的解説，見於唐人所引。一見孔穎達（574—648）《禮記疏》（《禮器》）轉引北朝熊安生（？—578?）《禮記義疏》語，熊氏云：

宗廟之祭無血。鄭注《論語》云"褅祭之禮，自血腥始"

者，謂腥肉有血①。

腥之本義是生肉，指牲殺而未煮者。禘祭爲宗廟大祭。熊氏節引鄭君《論語注》，欲以此證明宗廟之祭無血。熊氏將鄭玄説的"血腥"看成一物，即帶血的生肉，而不是血和腥二物。另一見賈公彥《周禮疏》，《周禮‧天官‧籩人》"朝事"鄭玄注云："朝事謂祭宗廟薦血腥之事"。賈疏云：

> 案：《司尊彝》職，除二灌，有朝踐、饋獻，爲食前二節，彼又有朝獻、再獻、食後酳尸爲一節。又參《少牢》，主人酬尸，宰夫羞房中之羞，復爲一。摠四節，亦據祭宗廟，故鄭云然也。祭宗廟無血，鄭云"薦血腥"者，鄭注《論語》亦云："禘祭之禮，自血腥始"，皆謂毛以告純、血以告殺，是爲告殺時有血，與朝踐薦腥同節，故連言血耳，非謂祭血也②。

依鄭義，"朝事"，祭名，指朝早祭事，專指天子諸侯祭宗廟時薦血腥之事。賈公彥敘述的天子諸侯宗廟大祭的儀節序次爲：先祼（或作灌），次獻尸，次朝踐薦血腥，次饋食薦熟食，食後酳尸（王酳尸爲朝獻，后酳尸爲再獻，諸侯爲賓者一獻）。朝事亦稱朝踐，鄭玄《周禮‧司尊彝》注云："謂薦血腥、酌醴，始行祭事。"③《禮記‧祭義》注云："天子諸侯之祭，或從血腥始。"④"從血腥始"與"自血腥始"語義全同，血腥前皆省一"薦"字。"自"、"從"用法相當，皆爲介詞。薦血腥爲祭事（正祭）之始。而"二灌"指主人

---

① 鄭玄注，孔穎達正義，呂友仁整理：《禮記正義》（上海：上海古籍出版社，2008年），頁996。孔穎達斥熊説之非云："今案：《詩‧小雅》論宗廟之祭云'執其鸞刀，以啓其毛，取其血膋'，則是有用血之明文也，熊氏云'無血'，其義非也。"
② 賈公彥：《十三經注疏‧周禮注疏》（臺北：藝文印書館，1989年），頁82。
③ 孫詒讓撰，王文錦、陳玉霞點校：《周禮正義》（北京：中華書局，1987年），頁1514。
④ 孫詒讓撰，王文錦、陳玉霞點校：《周禮正義》，頁1814。

及主婦酌取鬱鬯獻尸，在薦血腥之前舉行。錢坫（1744—1806）《論語後録》謂"康成所説血腥，是獻在灌之後"。是已。然則，鄭玄何以不言"禘祭之禮，自灌始"？潘維城《論語古注集箋》措意及此，云："宗廟以灌鬯爲始，而言自血腥始，當指降神以後，正祭之始。""自血腥始"，即從薦血腥開始，所指涉者是降神之後開始舉行的正祭儀節。賈公彥同樣認爲祭宗廟無血，鄭注"血腥"不過是殺牲取血以告殺，故與腥連言，並不是説以血爲祭。《籩人》"饋食之籩，其實棗、栗、桃、乾藤、榛實"鄭注云："今吉禮存者，《特牲》、《少牢》，諸侯之大夫士祭禮也。不祼、不薦血腥，而自薦孰始，是以皆云饋食之禮。"賈疏云："若天子諸侯則有室中二祼，堂上朝踐，薦血腥之禮。"[①] 鄭注點明天子諸侯與大夫士之祭禮規格不同，正祭所從始自亦有異。《儀禮》《特牲饋食禮》和《少牢饋食禮》分別記述諸侯大夫士的祭禮，既"不祼"，即無室中二祼，亦"不薦血腥"，即無堂上朝踐，其祭自饋食始，故以饋食禮名篇。可見"自薦孰始"與"自（薦）血腥始"分別標誌貴族階級的兩種不同的正祭之禮。

唐寫本《論語注》所存鄭玄"禘自既灌而往"章的注釋接近完整（見圖十三）。唐寫本注文爲：

圖十三　唐寫本鄭玄《論語注》"禘自既灌而往"章圖版

（録自陳金木《唐寫本論語鄭氏注研究——以考據、復原、詮釋爲中心的考察》，臺北：文津出版社，1996年，頁381。）

---

① 孫詒讓撰，王文錦、陳玉霞點校：《周禮正義》，頁385。

　　既，已也。禘祭之禮，自血星（腥）始，至於尸灌而神士（事）訖。不欲觀之者，尸灌已後人士（事）耳，非禮之盛①。

除末尾一字形體下端小有殘缺外，整段注文可以清晰辨認。學者對這段注文的整理，集中於末尾一字。有的用問號標示，表示疑不能定；更多的是認作"盛"字，只是都不讀如字，視作"甚"的誤字。王素《唐寫本論語鄭氏注及其研究》在"盛"下用括號方式附"甚"字，説明"盛"當爲"甚"②。王先生未出校記。按照其書《校勘説明》，誤字、假借字和避諱改字，"一般不出校"③。王先生似乎是把"盛"字看成"甚"的誤字。果如是，則"非禮之甚"等於説極爲非禮。陳金木《唐寫本論語鄭氏注研究——以考據、復原、詮釋爲中心的考察》對鄭玄注文詳加解説：

　　注文"非禮之盛"的"盛"字，吐魯番出土文書寫成"彧"（頁五三六），考校記則作"□"缺文（頁六二），金校記補"盛"，旁加"?"（頁二五、一一〇）王校記釋文作"盛"並認爲其爲"甚"字之誤，但無校勘記（頁二〇），檢視原卷，此字下端有殘缺，但可辨其爲"盛"字，而以文義來看，當爲"甚"字音近而誤，金校記、王校記所論，可從④。

陳金木認爲，從文字來看，此字下端雖有殘缺，但其爲"盛"字仍清晰可見；從文義看，此字當爲"甚"字之誤。陳先生清楚交代其

---

① 陳金木：《唐寫本論語鄭氏注研究——以考據、復原、詮釋爲中心的考察》（臺北：文津出版社，1996年），頁381。
② 王素：《唐寫本論語鄭氏注及其研究》（北京：文物出版社，1991年），頁20。
③ 王素：《唐寫本論語鄭氏注及其研究》，頁11。
④ 陳金木：《唐寫本論語鄭氏注研究——以考據、復原、詮釋爲中心的考察》，頁382—383。所謂"吐魯番出土文書寫成'彧'"，大誤。"彧"即或字，實爲《論語》正文下章"或問禘之説"首字。

說的理據，說：

> "禘"指"大禘"而言，是古代天子於宗廟追祭始祖所自
> 出的帝王，而以始祖配祭。……孔子所觀看的"禘祭"，即是
> 在魯國國君所舉行的禘祭。孔子在觀看之後，發抒其感想，說
> "禘自既灌而往者，吾不欲觀之矣"，即是指在禘祭禮儀進行階
> 段中，自"灌"以下，則不欲觀，爲何不欲觀的原因，集解引
> 馬融的注釋，是"亂昭穆"的"逆祀"，朱熹《論語集註》則
> 以爲"（引者按：下引《論語》文，此從略）"，而鄭玄則從禘
> 祭在儀式進行中，可觀者爲"血腥"而"尸灌"，在"尸灌"
> 以後，則因非禮之甚而不欲觀，而此其中的關鍵在"尸灌"以
> 前是"神事"，以後是"人事"，潘維城稱"此章譏既灌而往者
> 之僭禮，不譏魯祭假禘之名。"（頁一一四），或可解鄭氏"神
> 事""人事"之區别。依前季氏八佾舞於庭章、三家以雍徹章、
> 季氏旅於泰山章，此三章，鄭玄皆以"僭禮""非禮"譏之，
> 此章亦一貫的以"非禮"說之①。

原來陳先生讀"盛"爲"甚"，是因爲參考了何晏《集解》和朱熹
(1130《集注》。所謂"集解引馬融的注釋"云云，實爲陳先生誤
記，《集解》所指爲亂昭穆的逆祀說，出於孔安國，馬融（79—
166）並無是說。孔安國以爲，既灌以後，孔子不欲觀，是因躋僖
公而亂昭穆的緣故。朱子引趙匡說，以爲魯禘周文王而以周公配
祭，是非禮之舉，且從灌地降神之後，魯君臣變得懈怠而不足觀，
是"失禮之中又失禮"②。儘管《集解》與《集注》立說不同，但都

---

① 陳金木：《唐寫本論語鄭氏注研究——以考據、復原、詮釋爲中心的考察》，頁383—
384。
② 黃懷信主撰：《論語彙校集釋》（上海：上海古籍出版社，2008年），頁230。

一致認爲孔子不觀既灌後事是因爲非禮。陳先生更把此章聯繫到前面的季氏"八佾舞於庭"、"三家以雍徹"和"季氏旅於泰山"三章，認爲鄭玄皆以"僭禮"、"非禮"譏之，則此章亦應以"非禮"説之。

王素和陳金木把末尾一字認作"盛"字，確不可易，但聯繫上文的"非禮之"三字，而把它讀成"甚"字，説是"非禮之甚"，則大誤，顯然是被先入爲主之見所囿，完全誤解了鄭玄注文的原意。須知"非禮之盛"或"非禮之盛節"一語，後世注疏多有言之。如《禮記·少儀》鄭注云："天子諸侯祭，有坐尸於堂之禮。祭所尊在室，燕所尊在堂。"孔穎達疏釋其意云：

> 朝事延尸於戶外，故坐尸於堂。若卿大夫以下，祭禮於室，無坐尸於堂也。……故卿大夫士正祭、饋食並在室中，而天子諸侯雖朝事延尸於戶外，非禮之盛節，初入室灌及饋熟之時，事神大禮，故云"祭所尊在室"[1]。

孔《疏》區別天子、諸侯與卿大夫以下的祭禮，並辨明天子、諸侯廟祭堂上室中儀節的差異。室中之禮，包括灌神及薦熟饋食，尤以灌神最爲隆重，是"事禮大禮"，亦即"禮之盛節"。相較之下，行朝事之禮時，延尸於戶外堂上，薦血腥朝踐，並非事神大禮，即"非禮之盛節"。"非禮之盛"的結構，當劃分爲"非"與"禮之盛"兩部分，前者表示否定；譯成今語，等於説不是祭禮最隆盛的儀節[2]。孔氏這段疏文可作鄭玄"禘自既灌而往"章注文的注腳。鄭

---

① 鄭玄注，孔穎達正義，呂友仁整理：《禮記正義》，頁1397。
② "禮之盛"見後人論著，如唐司馬貞説《荀子·禮論》"大隆"云："隆，盛也。得禮文理，歸於太一，是禮之盛也。"見王天海《荀子校釋》（上海：上海古籍出版社，2005年），頁763。

注的"非禮之盛"不就是孔疏的"非禮之盛節"？禮家所言"盛"有貴盛[①]、豐盛、隆重之意。淩廷堪歸納"禮盛"之例甚夥[②]。其實，在孔穎達之前，漢儒論及"禘自既灌而往"章，往往強調"灌"爲宗廟祭禮之"盛"。如馬融説《易》有云："王道可觀，在于祭祀；祭祀之盛，莫過初盥降神。"[③] 馬融解盥爲灌，指出初灌降神爲"祭祀之盛"，套用孔《疏》之語，就是祭祀之"盛節"。王肅（195—256）説《論語》"禘自既灌而往"章大旨，曾言"以禘爲盛"、"觀其盛禮"[④]。稍後於王肅的王弼（226—249），在其《易》注中，更重複提到廟祭之"盛"，説："王道之可觀者，莫盛乎宗廟。宗廟之可觀者，莫盛於盥也。……盡夫觀盛。"[⑤] 王注再三強調祭廟之"盛"就在於盥（即灌）。孔穎達疏釋王注，不忘補足其意説："（觀盥）其禮盛也"、"觀盛謂觀盥禮盛"[⑥]。"禮盛"或"盛禮"可擴充爲"禮之盛節"，與"非禮之盛節"恰成正反對立。馬融、王弼二注，説明在廟祭的繁複儀節中，盥（即灌或祼）是極其重要的一環。二人立論及用語蓋本《禮記·祭統》，其文云："凡治人之道，莫急於禮。禮有五經，莫重於祭。"在五禮的類別中，沒有比祭禮更隆重的。"獻"爲祭禮三個重要事項之一，而"獻之屬莫重於祼"，獻酒儀節中，沒有比灌更隆重的了。禮莫重於祭，祭莫重於灌，灌是祭的重中之重，其禮最盛，這是上舉注疏家的共識。灌之所以爲祭中盛節，是因爲灌爲求神，而求神講求誠敬之意，只有

---

① 《儀禮·士昏禮》"乘墨車"，鄭玄注云："士而乘墨車，攝盛。"胡培翬撰，段熙仲點校：《儀禮正義》（南京：江蘇古籍出版社，1993 年），頁 170。"攝盛"之盛，取貴盛之義。

② 淩廷堪著，彭林點校：《禮經釋例》（臺北：中研院中國文哲研究所，2004 年），頁 165 等。

③ 李鼎祚：《周易集解》（成都：巴蜀書社，1991 年）頁 93 引。

④ 杜佑著，王文錦等點校：《通典·禮九·沿革九·吉禮八》（北京：中華書局，1988 年），頁 1381。

⑤ 孔穎達：《十三經注疏·周易注疏》，頁 59。

⑥ 孔穎達：《十三經注疏·周易注疏》，頁 59。

備極精誠，達致人與神精神相交的狀態，神才會降臨。薛平仲云：

> 禮莫重於祭，祭莫重於灌。灌之爲義，先王所以致精神之
> 交，敬淵泉而貫冥漠也。……周人先求諸陰，故既灌而後逆
> 牲。夫子曰："禘自既灌而往者，吾不欲觀之矣。"精誠所交，
> 唯灌爲至①。

道出了祭莫重於灌的道理。

　　確立了鄭玄注文的文字後，接下來可以詮釋整段注文的大意。
而要想準確釋讀注文，不得不先梳理鄭玄《禮》注，歸納出其祼
（或灌）説的大要。

　　祼本身只是一種祭法，而非祭名，即没有以祼爲名的禮典。祼
兼用於祭祀和賓客，有祼尸，也有祼賓，同樣包含用圭瓚酌鬱鬯灌
漬之義。依鄭玄之義，"祼"，原指以圭瓚酌鬱鬯始獻尸（《祭統》
"祼尸"、"亞祼"注）。"祼"字，金文作"禩"②。經典中假借"果"
字以寄託其義，後來孳乳而新造形聲字"祼"，《説文》云："祼，
灌祭也。"作爲灌祭的專用字。《周禮》祭祀、賓客之祼，通作
"祼"，又借"果"爲之，錯出並見③。其餘經典所記祭祀之祼，或
通作"灌"。"祼"、"灌"音義相近。鄭玄《周禮·大宗伯》説
"祼"云："祼之言灌，灌以鬱鬯，謂始獻尸求神時也。《郊特牲》
曰：'魂氣歸于天，形魄歸于地，故祭所以求諸陰陽之義也。殷人
先求諸陽，周人先求諸陰。'灌是也。祭必先灌，乃後薦腥薦孰。"④

---

① 王與之：《周禮訂義》，卷33引，見納蘭性德主編《通志堂經解》（揚州：江蘇廣陵古
　籍刻印社，1993年），第12册，頁9。
② 《内史亳豐同》銘文"祼"字之隸定；金文所見其餘"祼"字，同參吳鎮烽《内史亳
　豐同的初步研究》，《考古與文物》，2010年第2期，頁30—31。
③ 楊天宇：《鄭玄三禮注研究》（天津：天津人民出版社，2007年），頁381、486、520。
④ 孫詒讓撰，王文錦、陳玉霞點校：《周禮正義》，頁1330。

鄭玄此注可注意的有五點：（1）祼與灌音義相近，故可通用①；
（2）灌以鬱鬯；（3）灌行於祭祀初始獻尸求神之時；（4）灌，爲求
形魄於地，有求諸陰之意，乃周人先求諸陰所使然；（5）廟祭節次
以灌爲先，然後朝踐（薦腥）、饋食（薦孰）。注中説灌，既然援引
《郊特牲》文爲證，從記文探明鄭注之意，自是不二之途。

　　人死而爲鬼，宗廟之祭的對象就是人鬼。按照《郊特牲》所呈
現的古人的觀念，人生魂魄和合，死則魂魄相離。魂氣升天而爲
神，形魄降地而爲鬼。祭祀旨在以人道奉祀先人，使其魂魄重新聚
合。而鬼神杳茫，故祭必求諸陰陽。周祭尚臭，先求諸陰。《郊特
牲》云：“周人尚臭，灌用鬯臭，鬱合鬯，臭陰達於淵泉……既灌
然後迎牲，致陰氣也。”鬯，或稱鬯酒，用秬（黑黍）釀成，稱秬
鬯。鬱金香草之汁築煮爲鬱。兩者攪和，稱鬱（俗作“鬱”）鬯。
《説文》説鬯云：“以秬釀鬱艸，芬芳條暢，以降神也。”② 以鬯爲已
和鬱之酒。鄭玄注《周禮·春官·鬯人》云：“鬯，釀秬爲酒，芬
香條暢於上下也。”③ 又注“秬鬯”云：“不和鬱者。”④ 以鬯爲未和
鬱。是許、鄭義有同有不同。酌鬱鬯灌地，使香氣通達於地下，求
形魄於陰，此記文所謂“臭陰達於淵泉”；又取膟膋，和蕭焫之，
求魂氣於陽，此記文所謂“臭陽達於牆屋”。以此祈求鬼神來格來
享。要使“臭陰達於淵泉”，把鬯灌注於地，似乎是最簡單直接的
做法。就現存文獻材料而言，最早明確説出灌地降神的是《白虎
通·考黜》：“秬者，黑黍，一稃二米。鬯者，以百草之香鬱金合而

---

① 　鄭玄《禮》注兩言“祼之言灌”。依其注例，“凡云‘之言’者，皆通其音義以爲詁
　訓，非如‘讀爲’之易其字，‘讀如’之定其音。”許慎撰，段玉裁注，許惟賢整
　理：《説文解字注》，頁9。
② 　許慎撰，段玉裁注，許惟賢整理：《説文解字注》，頁384。
③ 　孫詒讓撰，王文錦、陳玉霞點校：《周禮正義》，頁1250。
④ 　孫詒讓撰，王文錦、陳玉霞點校：《周禮正義》，頁1496。

釀之，成爲鬯。陽達于牆屋，陰入于淵泉，所以灌地降神也。"① 鄭注既然説"灌以鬱鬯，謂始獻尸求神時"，就隱含祭酒灌地降神之意②。

鄭玄《禮》注解説祼法，依經解義，詳略不同，若執著於一注，則僅能窺其一斑，只有合併各注，始得見其全豹。禘祭，由降神之樂領起，樂畢乃祼，祼後又合樂興舞③。《周禮·大司樂》"若樂九變，則人鬼可得而禮矣"，鄭玄注云："先奏是樂以致其神"，"而祼焉，乃後合樂而祭之。"④ 宗廟大祭，先演奏歌樂鼓舞，使人鬼降臨，再以祼鬯爲禮。是作樂灌鬯同爲求神降臨，而作樂又在祼鬯之前。杜佑（735—812）《通典》謂"前祼及樂，皆爲求神，謂之二始"⑤。熊安生則謂大祭有三始，就宗廟之祭而言，樂爲致神始，祼爲歆神始，腥爲陳饌始。（《郊特牲》疏引，《大宗伯》賈疏説同⑥）作樂降神，灌鬯獻神，薦腥亦獻神。潘維城《論語古注集箋》則藉尸入室與未入室分辨作樂與灌鬯，云："禘禮，尸未入，先奏《大韶》之樂九變，以致其神。然後尸入而行灌禮。"⑦ 然則負責灌鬯求神的是尸，鄭義亦然。鄭玄注《周禮·司尊彝》云："灌，謂以圭瓚酌鬱鬯，始獻尸也。"⑧ 上引《大宗伯》注云："灌以鬱鬯謂始獻尸求神時也。"類近的説法又見於《禮記·郊特牲》注，其

① 陳立撰，吳則虞點校：《白虎通疏證》（北京：中華書局，1994 年），頁 309。
② 王國維：《再與林博士論〈洛誥〉書》以爲"先秦以前所用祼字，非必有祼地之義"，"灌地之意，始見於《郊特牲》"，"鄭注始以灌地爲説"。謂灌地説始於鄭玄注，不確。《觀堂集林》（北京：中華書局，1984 年），頁 47—50。
③ 鄭玄原注爲"禮之以玉而祼焉"，禮之以玉與廟祭無關，爲免枝蔓，故刪節。原文見孫詒讓撰，王文錦、陳玉霞點校：《周禮正義》，頁 1767。作樂降神，可詳劉源《商周祭祖禮研究》（北京：商務印書館，2004 年），頁 186。
④ 孫詒讓撰，王文錦、陳玉霞點校：《周禮正義》，頁 1757。
⑤ 杜佑著，王文錦等點校：《通典》，《禮九·沿革九·吉禮八·祫禘上》，頁 1375。
⑥ 孫詒讓撰，王文錦、陳玉霞點校：《周禮正義》，頁 1765—1766。
⑦ 潘維城：《論語古注集箋》，《續修四庫全書》（上海：上海古籍出版社，1995 年），第 154 冊，頁 25。
⑧ 孫詒讓撰，王文錦、陳玉霞點校：《周禮正義》，頁 1514。

文云："灌謂以圭瓚酌鬯始獻神也。已乃迎牲於庭殺之。""始"言祭祀初始，"始獻神"指初獻、二獻，相對於後面的朝踐、饋食、酳尸而言。尸爲神象，尸、神合一，故注中"獻尸"、"獻神"互稱不別。注文以獻尸、求神連言，視二者爲一事，獻尸就是爲了求神。此意貫穿於鄭注之中。鄭注《祭統》"君執圭瓚祼尸，大宗執璋瓚亞祼"云："天子諸侯之祭禮，先有祼尸之事，乃後迎牲。"[1]灌即獻，"灌尸"亦即"獻尸"。鄭玄注《禮記·禮器》"諸侯相朝，灌用鬱鬯"即云："灌，獻也。"[2] 是灌屬於獻之一。自始灌至酳尸，"凡九酌，王及后各四，諸臣一，祭之正也。"（《司尊彝》鄭注[3]）獻尸之始，君祼尸，大宗代后亞祼，合稱"二祼"，皆行於室中，分屬天子廟祭九獻中的初獻與二獻。鄭玄説祼諸注，相較而言，以注解《小宰》"祼將之事"之職最爲詳贍，云：

> 謂贊王酌鬱鬯以獻尸謂之祼。祼之言灌也，明不爲飲，主以祭祀。唯人道宗廟有祼，天地大神，至尊不祼，莫稱焉。凡鬱鬯，受，祭之，啐之，奠之[4]。

此注闡明鄭玄所理解的灌鬯之法，大意爲：主人獻鬱鬯於尸，尸受而祭諸地，乃啐之，奠之。獻尸用祼法，即用圭瓚酌鬱鬯以獻，故獻尸亦稱祼尸。鄭注所述天子廟祭祼法，大概是藉《儀禮》推求而得。《特牲饋食禮》及《少牢饋食禮》分別記述諸侯之士與大夫之祭，皆包含主人及主婦獻尸而尸祭酒、啐酒、奠觶（《特牲饋食禮》，亦見《士虞禮》）的節次。"明不爲飲，主以祭祀"，認爲二

---

① 鄭玄注，孔穎達正義，呂友仁整理：《禮記正義》，頁1871。
② 鄭玄注，孔穎達正義，呂友仁整理：《禮記正義》，頁968。
③ 孫詒讓撰，王文錦、陳玉霞點校：《周禮正義》，頁1514。
④ 孫詒讓撰，王文錦、陳玉霞點校：《周禮正義》，頁181。

裸不飲，與其餘七獻皆飲不同。《司尊彝》注云："以今祭禮《特牲》、《少牢》言之，二裸爲奠，而尸飲七矣。"① 二裸爲奠，不計入飲數，故謂"尸飲七"，説與上引《小宰》注可相發明。裸求降神，明爲祭祀而設。廟祭有裸，賓禮亦有裸，是裸爲人道②，只用於祭祀人鬼，不適用於天地大神，所以祭天地没有二裸，只有七獻③。若依賈公彦所釋鄭義，王以圭瓚、后以璋瓚酌鬱鬯獻尸，"尸皆受灌地降神，明爲祭之。向口啐之，啐之謂入口，乃奠之於地也"④，則尸受而祭諸地表明祭諸地爲灌地降神。又，賈公彦疏解鄭玄《大宗伯》注"灌以鬱鬯，謂始獻求神時"之意云："凡宗廟之祭，迎尸入户，坐於主北。先灌，謂王以圭瓚酌鬱鬯以獻尸，尸得之，瀝地祭訖，啐之，奠之，不飲。尸爲神象，灌地，所以求神。"⑤ 賈疏明言，先獻尸，再由尸灌地，以此求神。注中説的祭諸地，在疏中已變成"灌地"。後世説者多沿此解。如明郝敬（1558—1639）《論語詳解》云："灌，始祭初、亞獻，求神之禮也。主祭者以圭瓚酌鬱鬯之酒授尸，尸受，灌于地。主婦再酌璋瓚授尸，尸受，再灌。是謂二始。既灌，乃迎牲、薦俎、朝踐、饋獻、饋熟，堂事、室事皆在灌以後。唯宗廟有灌，外神無之。"⑥ 郝敬以爲，始祭之初獻、亞獻，主於求神。尸所得主人及主婦之獻皆灌於地，迎牲以至堂事之朝踐、室事之饋獻皆在灌後。郝氏此説蓋推衍鄭義而成，同樣將鄭君"凡鬱鬯，受，祭之，啐之，奠之"概括成"灌于地"。又如

---

① 孫詒讓撰，王文錦、陳玉霞點校：《周禮正義》，頁 1514。
② 孫詒讓撰，王文錦、陳玉霞點校：《周禮正義》，頁 182。
③ 金鶚《天子宗廟九獻辨》據《禮器》"七獻神"之文，以爲天子祭宗廟，七獻而已。見《求古録禮説》（濟南：山東友誼書社，1992 年），頁 884。其實，七獻、九獻，視乎是否將二灌計算在内。
④ 孫詒讓撰，王文錦、陳玉霞點校：《周禮正義》，頁 183。
⑤ 孫詒讓撰，王文錦、陳玉霞點校：《周禮正義》，頁 1330。
⑥ 郝敬：《論語詳解》，《續修四庫全書》（上海：上海古籍出版社，1995 年），第 153 册。

黄式三（1789—1862）《論語後案》云："灌在祭之始也。凡祭之禮，質明而灌謂之晨灌，王以鬱鬯授尸，尸受之以灌地，故又謂之灌尸。初獻，王灌尸；二獻，后灌尸：是謂二始。"① 黄式三以爲，祭始灌地儀節，由王授尸鬱鬯，尸受而灌地，同樣將二始看成降神之灌。由此可見，自賈公彦以後，説祼禮者大多直截了當地將鄭君祭諸地説成"灌地"②。

皇侃《論語義疏》曾引《尚書大傳》鄭注云："灌是獻尸，尸既得獻，乃祭酒以灌地也。"③ 把尸祭酒視作灌地。後人或疑此文不是鄭玄原注。有謂此説並非鄭義，如黄以周認爲此説實出於皇侃之申説④；有謂此文是後人增益，非鄭注原文，如俞樾即謂"此數語鶻突，文有闕誤"⑤。黄、俞二氏所言不爲無據。即使撤除這條注文不算，遍覽鄭君《禮》注所説祼法，其間雖只説祭諸地，未曾直言灌地，但注中著實隱含灌地之意，上引《大宗伯》注可爲明證。皮錫瑞（1850—1908）概括鄭義説"祭者以酒灌尸，尸受，祭而灌於地以降神"⑥。應該説，後儒如賈公彦、皮錫瑞等將獻尸而尸祭諸地坐實爲灌地降神，大抵不違鄭義。

釐清了鄭玄《禮》注所説祼義，假設注《論語》時，其説不

① 黄式三：《論語後案》（南京：鳳凰出版社，2008 年），頁 59—60。
② 詹鄞鑫：《神靈與祭祀——中國傳統宗教綜論》（南京：江蘇古籍出版社，1992 年）這樣敘述降神禮："祼祭在奏樂中進行。王在肆師協助下，用圭瓚從彝中酌取鬱鬯，授尸；尸接過鬯酒，先將一部分酒灌澆在地上，接着自己代表神呷一口，然後將剩下的鬯酒陳在供桌上，叫'奠'（以下凡獻酒之禮，尸的動作皆如此）。這樣就完成'一獻'。接着王后在内宰協助下用璋瓚酌的鬯授尸，尸灌地嘗酒奠酒如前，叫'亞獻'，這是'二獻'。由於是合祭先祖，每一個神主都有一個尸，所以每獻都應是自太祖尸開始依次而獻。"頁 302。所述降神禮，實本於鄭注，再加引伸。
③ 簡朝亮：《論語集注補正述疏》（北京：北京圖書館出版社，2007 年），頁 97。
④ 黄以周撰，王文錦點校：《禮書通故·肆獻祼饋禮通故二》（北京：中華書局，2007 年），頁 794。
⑤ 俞樾：《論語古注擇從》，嚴靈峰編輯《無求備齋論語集成》（臺北：藝文印書館，1966 年），第 241 册，頁 6b。
⑥ 皮錫瑞撰，吴仰湘整理：《師伏堂經説·論語》，《中國經學》，第十三輯，2014 年，頁 47。

變，便可掌握"禘自既灌而往"章注文的確切含意。依鄭注之義，禘爲宗廟大祭①。"既，已也"，有完結之意。"自既灌而往者"指涉既灌之後的儀節。"自血腥始"，指君以圭瓚酌鬱灌尸求神，完結後便出迎牲，待后亞灌之後，就行正祭之始的薦血腥之禮。灌尸完結標誌著神事已訖。這裏的"觀"字固然有觀察、諦視之意，也不妨理解爲觀賞。孔子之所以表示不想再觀看下去，是因爲灌尸後面的儀節（包括朝踐薦血腥、饋食薦熟食、酳尸等），不過是繁縟的人事小節，並不是最隆重的大節，此即"非禮之盛"精義所在。

2. 鄭玄祼説質疑

鄭玄祼説，可質疑者有如下數端：

(1) 獻尸二祼與祭初降神之祼有別，不能混同：

綜合持説與鄭玄不同的禮家所論，用於宗廟祭祀之祼有二，一爲降神，另一爲獻尸。鄭注既説"始獻求神"，又説尸受而祭諸地，視獻尸而尸祭地與求神爲一事。此説大可商榷。須知《特牲饋食禮》所言尸之祭酒，實出於古人飲食必祭之法，説尸祭之、啐之、奠之，其義不應有別。祭諸地與灌地降神，兩義似不相當。也就是説，天子諸侯廟祭，尸受鬱鬯而"祭之"，此即飲食而墮祭，以示報本之意，由於神不能自祭，故以尸代之②，與求神無涉。黄以周（1828—1899）《禮書通故·肆獻祼饋食禮通故二》云：

> 《書》曰"王入太室祼"，明王自祼于大室主前也。王入大室親自灌鬯，出而又酌鬯獻其尸，尸直祭之，啐之，奠之，時

---

① 《禮記·王制》"祫禘"鄭玄注云："魯禮三年喪畢而祫於大祖，明年春，禘於羣廟。自爾之後，五年而再殷祭，一祫一禘。"（鄭玄注，孔穎達正義，呂友仁整理：《禮記正義》，頁526）鄭君蓋以《論語》此禘爲殷禘（吉禘）。

② 竹添光鴻：《論語會箋》（臺北：廣文書局，1961年），第三，頁15。

主在室，而尸在堂，故祼灌自室而獻于堂，祭之之祭與降神之祼迥別①。

黃氏由《尚書・洛誥》"王入太室祼"推知，周王之祭，主在室，而尸在堂，王先入太室祼於主前，然後獻尸於堂上，灌鬯與獻尸之節次，一先一後，分別甚明。且負責灌鬯求神與獻尸的是同一人——王（祭者）。降神之祼也好，獻尸之祼也好，都是酌鬱鬯以獻，此二者之所同，故皆稱祼（或灌）。降神之祼，只是灌於地下或束茅之上而已，反觀獻尸之祼，則由尸遵循日常飲食必祭之禮，雖然只是啐之，但畢竟是飲，而不是鄭君説的"明不爲飲"。可見灌地是灌地，灌尸是灌尸，二者判然有別。鄭玄及信從其説的後世禮家，將灌地降神之祼與廟祭獻尸（初獻、二獻）之祼視作一事，似有未當。降神之祼，先勿論是酌鬱鬯灌地，還是酌鬱鬯灌茅入地，都在正獻之前；獻尸之祼，授尸啐之，在正獻之中。名同爲祼，而實則有異。

小宰贊助祼將之事，以鬱鬯授尸，尸受而祭之，啐之，不卒爵而奠之。"啐"與"嚌"同中有異，"啐"入口，"嚌"至齒，都是嘗的意思。"啐"，《儀禮》今文以爲嗺酒字，即小歃之意。"啐"雖非一飲而盡，但並非倒於地下，則可斷言。鬯爲可飲之物，如《國語・周語上》云"鬱人薦鬯，犧人薦醴，王祼鬯饗醴"，林昌彝（1803—1876）據之云："祼鬯飲醴，皆飲也。"② 祼鬯兼行於祭、賓二禮，《禮器》云："諸侯相朝，灌用鬱鬯，無籩豆之薦。"諸侯爲賓，"灌用鬱鬯"，鬱鬯可飲，無可疑者。

---

① 黃以周撰，王文錦點校：《禮書通故》，頁 795。俞樾：《論語古注擇從》云："且謂尸受祭而灌於地，似是古人飲食必祭之意。然則此灌也，尸所以伸報之忱，而非祭者所以展降神之敬也。"嚴靈峰編輯：《無求備齋論語集成》，第 241 册，頁 6b。

② 林昌彝：《三禮通釋》（北京：北京圖書館出版社，2006 年），頁 750。

(2) 鄭玄與許慎所説裸法迥别

許慎《説文解字》説"茜"之義云："禮，祭，束茅加於裸圭，而灌鬯酒，是爲茜。象神歆之也。"[1] "茜"，《左傳》作"縮"，見僖公四年齊桓公伐楚之事。茅兼沛酒（縮酒）與降神二用。《周禮・甸師》鄭玄注引鄭興云："蕭字或爲茜，茜讀爲縮。束茅立之祭前，沃酒其上，酒滲下去，若神飲之，故謂之縮。縮，浚也。故齊桓公責楚不貢苞茅，'王祭不共，無以縮酒'。"[2] 鄭興此注，蓋據《儀禮・士虞禮》取束茅藉祭爲説。依《士虞禮》所記，虞祭所陳器具中有束茅。在設饌饗神陰厭時，祝取奠觶祭於苴，即所謂茜或縮酒。其法是：祭神之前，先用包茅漉酒去滓，再把酒倒在包茅之上，酒糟留在茅中，酒汁慢慢滲透流下，像神歆饗一樣。賈公彦認爲天子諸侯吉祭也有茅苴[3]。許君所據以立説者，蓋同鄭興；所不同者，許君點明裸事灌酒於茅[4]。皇侃《論語義疏》所記灌法舊説即云："於太祖室裏龕前東向，束白茅，置地上，而持鬯酒灌白茅上，使酒味滲入淵泉，以求神也。"説同許義。據此，祭初求神之裸，蓋灌鬯於茅，使之滲入淵泉，達致求神的目的，與獻尸二裸不同。鄭玄引述鄭興所言束茅灌祭之法，並補充説斷茅爲苴，既用於縮酒，也用於藉祭。《周禮》司巫職掌供給祭祀所用的苴館，鄭玄注云："苴之言藉

---

[1] 許慎撰，段玉裁注，許惟賢點校：《説文解字注》（南京：鳳凰出版社，2007年），頁1301。各本作"歆"，段作"歆"。

[2] 孫詒讓撰，王文錦、陳玉霞點校：《周禮正義》，頁289。

[3] 孫詒讓撰，王文錦、陳玉霞點校：《周禮正義》云："至《禮經》《少牢》、《特牲》，大夫士吉祭無茅苴，唯《士虞》喪祭有之。彼賈疏據《司巫》注，謂天子諸侯吉祭亦有苴。"頁290 按：《士虞禮》賈疏云："《特牲》、《少牢》吉祭無苴。案《司巫》'祭祀則供匪主及苴館'，常祀亦有苴者，以天子諸侯，尊者禮備，故吉祭亦有苴，凶祭有苴可知。"見孫詒讓書，頁2070。

[4] 《説文》謂"束茅加於裸圭"，孫詒讓《周禮正義》云："裸圭即圭瓚，用以酌鬱鬯，非束茅所加，許義與禮微迕，不知何據。"頁290。

也，祭食有當藉者。"① 按"之言"之例，苴、藉音義相通。注末引《士虞禮》苴茅云云，證明苴是藉祭之物，如《甸師》注所云。鄭玄引述鄭興注，卻始終没有正面評説束茅灌祭之法。皇侃引述舊説後，接言"鄭康成不正的道灌地，或云灌尸，或云灌神。"説明鄭玄不從舊説，而是將灌尸、灌神視作一事，其意爲：祭者灌尸而尸灌地以降神。若如許慎及皇侃之説，則祭初藉灌鬯於茅苴降神，而不像《白虎通》或鄭玄《尚書大傳》注所言般灌鬯於地。鄭玄把獻尸（實即神）二裸（初獻及二獻）當作求神之裸，把尸祭諸地當作灌地，與許君異義。

（3）降神應在尸未入之前

正如孫詒讓所説，天子祭禮，尸未入之前，應先降神，然後迎尸二裸②。這點可由《儀禮·特牲饋食禮》"陰厭"推知。《特牲饋食禮》記設陰厭以饗神之儀，首云："主人及祝升，祝先入，主人從，西面于户内。"鄭玄注云："祝先入，接神宜在前也。《少牢饋食禮》曰：祝盥于洗，升自西階，主人盥，升自阼階，祝先入，南面。"③ 説明接神在尸入以前。在尸未入室之前，設饌於奥以饗神，謂之陰厭。凌廷堪《禮經釋例》發凡起例云："凡尸未入室之前，設饌于奥，謂之陰厭。"④ "凡尸既出室之後，改饌于西北隅，謂之陽厭。"⑤ 凡言厭祭，皆指祭時無尸，僅以酒食供神，使其厭飫。祭於室内西南隅幽暗處，稱陰厭；祭於室内西北隅露光處，謂之陽厭。二者一先一後，如郝敬云："尸未入，神先降，故有陰厭。尸既出，神未散，故有陽厭。"⑥ 以此例彼，降神顯然要在尸入之前。

---

① 孫詒讓撰，王文錦、陳玉霞點校：《周禮正義》，頁 2066。
② 孫詒讓撰，王文錦、陳玉霞點校：《周禮正義》，頁 1330。
③ 胡培翬撰，段熙仲點校：《儀禮正義》，頁 2114。
④ 凌廷堪撰，彭林點校：《禮經釋例》，頁 490。
⑤ 凌廷堪撰，彭林點校：《禮經釋例》，頁 494。
⑥ 胡培翬撰，段熙仲點校：《儀禮正義》，頁 2115。

（4）王與后二祼，如祼賓客，非用以降神；且尸爲神象，不應自灌

自從鄭玄將王與后獻尸二祼視作灌地，並計入九獻之內，後儒多沿其說。如黃式三《論語後案》明言："《祭統》'獻之屬莫重於灌'，是灌在九獻之內。先儒說九獻之禮：灌，二獻；朝踐禮，二獻；饋食禮，二獻；朝獻禮，一獻；再獻禮，兩獻。灌在祭之始也。凡祭之禮，質明而灌謂之晨灌，王以鬱鬯授尸，尸受之以灌地，故又謂之灌尸。初獻，王灌尸；二獻，后灌尸：是謂二始。"[①]姚永樸（？—1939）據鄭義謂："蓋君與夫人灌尸後，尸皆受而灌之之地，以求神也。"[②]即如鄭說，王始灌以降神，灌後迎牲，則此時神已降，而謂后亞祼，仍爲求神，豈非多此一舉？再者，陳祥道《禮書》云："其祼尸也如祼賓客，則王與后自灌之矣。……然尸神象也，神受而自灌，非禮意也。"[③]祼尸如祼賓客，由王自灌，理固宜然；尸爲神象，要說尸受鬯而自灌，就違悖情理。竹添光鴻（1841/2—1917）對此大感疑惑，說："所謂灌地降神者，必以爲尸之自降其魂魄也。夫尸者神象也。既以爲神象，而神乃自求其魂魄，此可謂知幽明之故者耶？即使謂尸祇虛象，而其神必求之天地間，則亦當主其祭者求之。豈有主酌酒獻尸，使尸自取己神耶？"[④]尸爲神象，求神之事，理應由主祭者或祝爲之。

3. 馬融、虞翻、王肅《易·觀》注引"禘自既灌而往"章爲說及宋儒所論的灌禮

孔子與《易傳》關係密切，《論語》所載孔子言論與《易傳》

---

① 黃式三：《論語後案》，頁60。
② 姚永樸撰，余國慶點校，吳孟復審訂：《論語解注合編》（合肥：黃山書社，1994年），頁47。
③ 陳祥道：《禮書》，卷八五，頁3。周聰俊：《裸禮考辨》（臺北：文史哲出版社，1994年），頁56引。
④ 竹添光鴻：《論語會箋》，第三，頁17。

的衆多相合之處足以提供有力的證明。從義理看，此等相合處實相表裏①。馬融、虞翻及王肅引"禘自既灌而往"章注《易・觀》卦辭便是一例。《易・觀》卦辭云：

> 觀，盥而不薦，有孚顒若。

馬融《易傳》云：

> 盥者，進爵灌地以降神也。此是祭祀盛時。及神降，薦牲，其禮簡略，不足觀也。"國之大事，唯祀與戎。"王道可觀，在于祭祀；祭祀之盛，莫過初盥降神。故孔子曰："禘自既灌而往者，吾不欲觀之矣。"此言及薦簡略，則不足觀也②。

謹案：馬融注解"觀，盥而不薦"，將卦名"觀"與卦辭"盥而不薦"連讀，讀成觀盥而不觀薦，從祭禮語境闡釋其意。讀"盥"爲灌，謂是進爵灌地以降神，説同《白虎通》。灌地降神的過程，正是整個祭祀儀式中最隆重的時候。等到神降之後，再薦進牲體，"其禮簡略"③，故不足觀。注中引《左傳》"國之大事，在祀與戎"（成公十三年），説明祭祀和軍事爲國家大事。要觀視欣賞聖王道德之美，没有比祭祀更清楚的了；而祭禮中没有比初盥降神更隆重的了。孔子説不想觀看禘祭從已灌後的其他儀節，這是因爲薦血腥及其後的儀節，祭者精誠稍減，不比灌時那般慎重。馬融解説"有孚

---

① 詳參陳雄根師《從〈論語〉看孔子與〈易傳〉之關係》，嶺南大學中文系學術講座講稿，2013年2月22日。
② 李鼎祚：《周易集解》，頁93引。
③ 曹元弼針對"其禮簡畧"一語批評馬注，認爲"灌後禮節甚繁，不得云略"。見《周易鄭注箋釋》（臺中：文听閣圖書有限公司，2008年），頁666。誠如曹説，灌後人事儀節，遠比灌祭繁縟。細審馬注，"簡畧"相對"盛"而言，或者不是指儀節或祭器簡略，而是指祭者精神投入有所減少，亦未可知。

禮制語境與經典詮釋

顒若"之義云：

> 以下觀上，見其至盛之禮。萬民信敬，故云"有孚顒若"。
> 孚，信。顒，敬也。

聖王祭廟，當灌地降神之時，爲禮至盛，盡顯祭者的誠敬之心，使
神明感動，以此教化萬民；萬民受此熏染而生誠敬之心。此卦辭所
謂"下觀而化"。

虞翻（164—233）《易》注亦云：

> 盥，沃盥。薦，羞牲也。孚，信，謂五。顒顒，君德，有
> 威容貌。若，順也。坎爲水，坤爲器，艮手臨坤，坎水沃之，
> "盥"之象也。故"觀，盥而不薦"。孔子曰："禘自既灌，吾
> 不欲觀之矣。"巽爲進退，容止可觀，進退可度，則下觀其德
> 而順其化①。

虞氏將卦名與卦辭連讀作解，並引孔子語與之互證。抑有進者，虞
氏因象立說，解釋"盥"之象。注中讀盥如字，蓋指盥手然後灌
祭，說與馬融讀作灌看似不同，實則無別。

王弼（226—249）《易》注云：

> 王道之可觀者，莫盛乎宗廟。宗廟之可觀者，莫盛於盥
> 也。至薦，簡略不足復觀，故觀盥而不觀薦也。孔子曰："禘
> 自既灌而往者，吾不欲觀之矣。"盡夫觀盛，則"下觀而化"

---

① 李鼎祚：《周易集解》，頁94引。張惠言《虞氏易禮》所引，文字簡略得多。見《清
　經解》第7冊，頁98。

矣。故觀至盥則"有孚顒若"也①。

注文開首暗用馬融"王道可觀，在于祭祀；祭祀之盛，莫過初盥降神"之語，點明"盥"之爲禮至盛。及至薦牲，其禮簡略，無足觀者。孔穎達解説注義云：

> "觀"者，王者道德之美而可觀也，故謂之觀。"觀盥而不薦"者，可觀之事，莫過宗廟之祭盥，其禮盛也。薦者，謂既灌之後，陳薦籩豆之事，故云"觀盥而不薦"也。……曰盡夫觀盛則下觀而化者，觀盛謂觀盥禮盛，則休而止。是觀其大，不觀其細。此是下之效上，因觀而皆化之矣。故觀至盥，則有孚顒若者，顒是嚴正之貌，若爲語辭。言下觀而化，皆孚信，容貌儼然也②。

孔《疏》清楚説明宗廟祭盥最能體現王者道德之美。薦指薦籩豆之事，其節次在既灌之後。觀其大而不觀其細，大指大節，細指小節，巧妙地以大小分別代稱灌之"盛"與薦之"細"。是故觀至盥而止。下民觀盥而被感化，容貌顯現敬信。

唐李鼎祚（生卒年不詳）《周易集解》云：

> 案：鬼神害盈，禍淫福善。若人君脩德，至誠感神，則"黍稷非馨，明德惟馨"。故觀盥而不觀薦，饗其誠信者也。斯即"東鄰殺牛，不如西鄰之禴祭，實受其福"，是其義也③。

---

① 孔穎達：《十三經注疏·周易注疏》（臺北：藝文印書館，1989年），頁59。
② 《十三經注疏·周易注疏》，59。
③ 李鼎祚：《周易集解》，頁94。

李鼎祚紹纘馬融、虞翻及孔穎達之説，而又有所引伸。盥爲至誠感神所繫，故“觀盥而不觀薦”。“東鄰殺牛”云云，見《既濟》卦九五爻辭。引此説明祭祀要在修德信誠，自能得鬼神福佑，不在乎所薦祭品的厚薄。

漢、唐《易》學家津津樂道的灌祭所包含的深義，在宋代理學家那裏得到進一步的發揮。程頤（1033—1107）、呂大臨（1046—1092）闡發“盥而不薦”的義藴，可謂淋漓盡致。程頤《伊川易傳》釋《觀》卦辭云：

> 予聞之胡翼之先生（引者按：即胡瑗［993—1059］）曰：君子居上，爲天下之表儀，必極其莊敬，則下觀仰而化也。故爲天下之觀，當如宗廟之祭始盥之時，不可如既薦之後。則下民盡其至誠，顒然瞻仰之矣。盥，謂祭祀之始，盥手，酌鬱鬯於地，求神之時也。薦，謂獻腥獻熟之時也。盥者，事之始，人心方盡其精誠，嚴肅之至也。至既薦之後，禮數繁縟，則人心散，而精一不若始盥之時矣。居上者正其表儀，以爲下民之觀，當莊嚴如始盥之初，勿使誠意少散，如既薦之後。則天下之人莫不盡其孚誠，顒然瞻仰之矣①。

程頤釋“盥”爲盥手，並將盥手聯繫到灌鬯求神，這樣的話，“盥”便兼有盥手、灌地二義於一身。當灌鬯求神時，祭者竭誠盡敬；及至後面的儀節，即獻腥獻熟之時，禮數繁縟，人心已由精一變得渙散。居君上者爲天下表率，臨祭莊敬，下民仰觀而化，而最能感化下民的，莫過於灌地求神一節。這可套用於解釋孔子觀止於灌的原因。如説程頤意中隱然有孔子語在，應不違事實。類近的説法，還

---

① 程頤：《伊川易傳》，卷二，頁38b—39a，《四庫全書》本。

見於《伊川易傳》對萃卦象辭"孚乃利用禴"的解説中。程頤云：

> 孚，信之在中，誠之謂也。禴，祭之簡薄者也。菲薄而
> 祭，不尚備物，直以誠意交於神明也。孚乃者，謂有其孚則可
> 不用文飾，專以至誠交於上也。以禴言者，謂薦其誠而已。上
> 下相聚而尚飾焉，是未必誠也。蓋其中實者，不假飾於外。用
> 禴之義也。孚信者，萃之本也①。

此"孚"與《觀》卦之"孚"同義，都是信誠的意思。祭不在乎厚
薄，此意李鼎祚已發之於前。程頤拈出"以誠意交於神明"，作爲
祭祀的必要條件。《論語》云："祭如在，祭神如神在。子曰：'吾
不與祭，如不祭。'"這則記載與"禘自既灌而往"章同見於《八
佾》篇，大概是門人所記孔子談論祭祀的誠意。祭祀先祖也好，祭
祀外神也好，都必須心存誠敬。朱子《集注》引述范處義説："君
子之祭，七日戒，三日齊，必見所祭者，誠之至也。……有其誠則
有其神，無其誠則無其神，可不謹乎？吾不與祭如不祭，誠爲實，
禮爲虚。"② 誠意充實於心，則能見其神。因此，祭者必先通過滌淨
心靈的過程——齋戒。《祭統》闡述齋戒之意極爲詳贍。齋分散齋
和致齋。散齋亦稱戒，七日，可以外出，但不御、不樂、不弔喪。
致齋三日，日夜居於室，靜心修養。要言之，祭祀前行齋戒，旨在
摒除嗜欲、雜念，務求精誠一心。唯其如此，才能見到所祭者，這
就是《禮記》數數言之的"交神明之道"（《雜記》）。《祭統》有
云："薦其薦俎，序其禮樂，備其百官，奉承而進之。於是諭其志

---

① 程頤：《伊川易傳》，卷三，頁 16a—b，《四庫全書》本。
② 朱熹：《四書集注》（北京：中華書局，1983 年），頁 64。

意，以其恍惚以與神明交，庶或饗之。庶或饗之，孝子之志也。"①
言孝子思念情深，恍惚與神明交接，見其來格來享。

孔子曾自言祭祀務求與神明相交。《禮記·祭義》記孔子曰
"濟濟者，容也遠也。漆漆者，容也自反也。容以遠，若容以自反
也，夫何神明之及交？夫何濟濟漆漆之有乎？反饋樂成，薦其薦
俎，序其禮樂，備其百官，君子致其濟濟漆漆，夫何慌惚之有乎？
夫言豈一端而已，夫各有所當也。""濟濟"，則不親近；"漆漆"，
則自我矜持。祭祀親人而儀容如此，便無法與神明相交感。言下之
意，濟濟漆漆不適用於親祭祖先。只有作爲助祭的百官，在薦腥、
饋食之時，身處這種場面，才表現出濟濟漆漆嚴整肅穆的樣子。
《禮記》好言"交神明之道"，蓋據孔子言行而詳加推衍。

呂大臨《易章句》說《觀》，當中闡發觀盥的要旨更爲朗暢：

　　觀，以下觀上也。惟至誠可以交神明，然後動而爲天下
信。信，心服也。聖人設教於上，天下不心服而化者，未之有
也。祭祀之實，以誠敬交乎神明；誠敬之至，莫先乎盥。當是
時也，恍惚以與神明交，使人觀之，斯心可以化天下矣！及乎
饋薦之入，則其事也其誠不若盥之始也。"有孚顒若"，不言而
信也。荀卿云："祭祀之未入尸也，大昏之未發齊也，喪之未
小斂也，一也。"斯得之矣！"天何言哉？四時行焉，百物生
焉"。天之神，道也，惟聖人至誠然後可與天通，此所以"設
教而天下服"也②。

呂氏在《論語解》裏，更效法漢儒的做法，取《易》與《論語》轉

---

① 《祭義》云："以其慌惚以與神明交"；《祭統》云："交於神明"；《郊特牲》云："交
　於神明之義"、"交於神明者"。
② 陳俊民：《藍田呂氏遺著輯校》（北京：中華書局，1993 年），頁 95—96。

相發明：

> 荀卿言"喪之未小斂也，大昏之未發齊也，祭祀之未納尸也"，正與此意合。禮既灌，然後迎牲迎尸，則未灌之前，其誠意交於神明者至矣，既灌而後特人事耳。故有不必觀也①。

呂氏探賾鈎深，道出了盥（灌）的要義。簡言之，灌施於祭初，其時鬼神杳茫，祭者必須竭盡誠敬，方能進入《祭統》所説的"恍惚以與神明交"的精神狀態。呂大臨在《易章句》及《論語解》一再引《荀子·禮論》爲據，説明未灌之前正是交於神明的重要時刻。《禮論》原文云：

> 大饗，尚玄尊，俎生魚，先大羹，貴食飲之本也。饗，尚玄尊而用酒醴，先黍稷而飯稻粱。祭，齊大羹而飽庶羞，貴本而親用也。貴本之謂文，親用之謂理，兩者合而成文，以歸大一，夫是之謂大隆。故尊之尚玄酒也，俎之尚生魚也，豆之先大羹也，一也。……昏之未發齊也，太廟之未入尸也，始卒之未小斂也，一也。

玄酒、黍稷、大羹三物，表示貴本，尸舉而至齒而已。酒、稻粱、庶羞諸物，可以飽食，表示親用。貴本追溯上古，禮質而未備。親用，切近日用，曲盡人情②。太一，指太古時。一謂一於古也，以象太古時，皆貴本之義。《禮記·禮運》有云"夫禮必本於太一"，説明禮雖備成文理，仍要歸於太一，以示不忘本。祭於太廟，以降神爲首務，其時尸尚未入室，鬼神既無形可見，祭品亦最單薄，爲

① 陳俊民：《藍田呂氏遺著輯校》，頁431。
② 參王天海《荀子校釋》（上海：上海古籍出版社，2005年），頁762。

禮卻最隆盛。此時此刻，祭者的誠敬是能否成功求神的關鍵。只有精誠所至，才能"恍惚以與神明交"，這種精神狀態無疑最值得觀視欣賞，也因此成爲神道設教的宗旨所在。

　　就祭祀而言，只有敬誠在中，專心一意，方能虔誠事神，這是主祭者以至助祭之人不可或缺的精神狀態。程頤對此有非常深刻的揭示。程氏主張涵養功夫全在一個"敬"字。敬爲心主，正所謂"主一之謂敬"，"無適之謂一"。其說蓋根源於孔子。《禮記·緇衣》記孔子引書說明南人所言"人而無恒"之弊，其中就有《尚書·兌命》"事純而祭祀，是爲不敬。事煩則亂，事神則難"之文。劉台拱（1751—1805）依鄭注，謂"純"當作"煩"，進而論曰："言爵無與惡德之人，民將立以爲正。言傚效之也，引之以明無恒之人不可居民之上。又言事煩之時以臨祭祀，是爲不敬。蓋敬者主一之謂。事煩者其心必亂，不主於一。以之事神，不亦難乎？引之以爲無恒之人不可交神明。"[1]"敬者主一"即二程所謂"主一之謂敬"，朱熹所謂"只是心專一，不以他念亂之。每遇事，與至誠專一做去，即是主一之義"[2]。無不強調臨祭敬慎、用心專一。

　　誠敬是禮的根本精神。在具體執行《儀禮》十四種禮典的儀節及禮容時，只有具備恭敬、肅靜、潔淨三項基本禮意，方能支撐禮典的進行。三項禮意相輔相成，以恭敬貫通於其中。以祭禮爲例，所謂"祭祀主敬"（《禮記·少儀》），祭祀以恭敬爲主，體現於祭祀中人的肅靜和人與禮器等的潔淨。"恭敬者，蘊於內，肅靜、潔淨者形之於外，內外結合，乃能顯示禮意，有誠意，乃有基本禮意可言，有基本禮意可言，各種禮典之主要禮意方可顯現而無憾。"[3]

---

① 劉台拱《經傳小記》，《劉端臨先生遺書》（臺北：藝文印書館，1970 年），據清光緒十五年（1889）廣雅書局刊本影印，卷二，頁 24a—24b。
② 朱熹：《朱子語類》，《朱子全書》，第 16 冊，頁 2326—2327。
③ 葉國良：《〈儀禮〉各禮典之主要禮意與執禮時之三項基本禮意》，"《嶺南學報》名家講座系列"講稿，頁 10。嶺南大學，2014 年 11 月 11 日。

（葉國良先生語）

清代《易》學家，如惠棟（1697—1758）亦有取於漢、唐《易》説，引《觀》卦與《論語》相爲印證。惠棟《周易述》闡釋虞翻之注甚精且詳，並據《周禮‧鬱人》"祼事沃盥"之文，證明"盥與灌通"，説明馬融與虞翻之説無别。惠棟在漢、唐《易》説的基礎上略作推衍，説："以灌禮降神，推人道以接天，所謂自外至者無主不止，故云祭祀之盛，莫過於初盥也。禘行於春夏，物未成熟，薦禮獨略，故云神降薦牲，其禮簡略不足觀也。"① 説禘行於春夏，兼存《郊特牲》及《祭義》"春禘"與《王制》"夏禘"二説②，認爲其時物未成熟，導致薦禮簡略，不免拘泥於馬融"其禮簡略"一語。惠氏又解讀"吾不欲觀"之意云："非不欲觀也，所以明灌禮之特盛，與此經觀盥而不觀薦同義。"③ 孔子説"不欲觀"，無非是爲了表明灌禮特盛。

不僅説《易》者如此，清代《論語》注家中亦不乏引《易》説解"禘自既灌而往"章義的例子，但各家持説不一而已。其代表人物及主要説法，歸納起來，大抵有三：1. 有認爲馬融、虞翻、王弼之説雖不必勝於朱熹《集注》（朱子説，詳下文），但也值得注意，如徐鼒（1810—1862）④。2. 有批評馬、虞、王説誤解《易》義，但認爲以此説《論語》卻於義可通，如黄式三（1789—1862）《論語後案》列舉"禘自既灌而往"章異説，其一即爲馬融、王弼、程頤所主之説，云："《易》'觀盥而不薦'，馬融《注》引此《經》云：'灌時禮盛，及神降薦牲，其禮簡略。'王《注》、程《傳》略

---

① 惠棟：《周易述》（成都：巴蜀書社，1993 年），頁 70。
② 四時祭之名義，詳拙著《〈春秋〉、〈左傳〉禘祭考辨》，《春秋左傳禮制研究》（上海：上海古籍出版社，2012 年），頁 214—218。
③ 惠棟：《周易述》，頁 70。惠棟《禘説》亦引録馬融、王弼《易》注及自撰《周易述》之文，見《清經解續編》，第 1 册，頁 835。
④ 徐鼒：《讀書雜釋‧禘自既灌而往者》（北京：中華書局，1997 年），頁 158—159。

同。説《易》雖誤，以説此《經》，於義亦通。"黄氏認爲，馬融之説誤解《觀》卦辭旨，但適用於詮釋《論語》。3. 也有認爲馬融等人之説才是《論語》的確解，如丁晏（1794—1875）和錢坫。丁晏《論語孔注證僞》不認爲"不欲觀"有譏魯僭禮之意，卻以爲馬融、虞翻、王弼之説當得其確解。丁氏強調"禘之可觀，莫盛於此（引者按：指灌鬯之禮）。自是以往，則禮殺矣"。禮殺自無足觀。錢坫主張以《周禮》、《禮記》、《易》參互推求《論語》之意。於是擷取《禮記》《祭統》、《郊特牲》及《周禮·大宗伯》所記灌祭，指出"祼"、"灌"、"盥"字異而義同，"凡祭重灌，於禘尤甚"，故孔子欲觀之①。錢氏意中，《易》"觀盥而不薦"與《論語》"自既灌而往""不欲觀"語義正相契合，所以馬融、虞翻以《論語》釋《易》自是順理成章。

今人所著《易》注，仍有取用馬融等人之説者，如徐芹庭《細説易經六十四卦》在"觀盥而不薦"下注："古今賢哲很多解作：觀祭祀前先潔手盥洗，而不觀奉酒食之禮，實則非也，盥洗潔手，人人能之，何必觀看？比之奉獻酒食之禮尤爲淺薄汙穢，何必觀看？"②徐氏準情度理，否定"盥"爲盥手，主張沿用馬融説，將盥解作祼（即灌），認爲是"把鬱金酒灌在地上，請天神地祇與人之祖先降臨之禮，酒性蒸發於天，下透於地，中聞於四方，故天地人之神明聞而來享受祭祀"③。徐氏述説灌法，同馬説，或然，但謂祼通用於天地人之神明，則大誤。鄭玄早已揭示，祼以人道奉祀先人，只用於廟祭人鬼，天神地祇已超出灌祭的適用範圍。

4. 鄭玄對《觀》卦的注解

鄭玄一生博學多師，就《易》學而言，鄭玄師事第五元先，學

---

① 錢坫：《論語後録》，《續修四庫全書》，第 154 册，頁 239。
② 徐芹庭：《細説易經六十四卦》（北京：中國書店，1999 年），頁 287。
③ 徐芹庭：《細説易經六十四卦》，頁 288。

今文《京氏易》，其後隨馬融治古文《費氏易》。傳費《易》者初無
其書，至馬融才著《易傳》，以之授鄭玄，鄭玄後爲《易注》。鄭玄
《易注》本於馬融《易傳》的並不多①，此治漢《易》者不可不知。
對《觀》卦的注解，鄭玄持説與馬説不同。現存鄭玄注《易》佚文
並未見引《論語》"禘自既灌而往"章爲證。鄭注云：

> 坤爲地爲衆，巽爲木爲風，九五天子之爻，互體有艮，艮
> 爲鬼門，又爲宫闕，地上有木而爲鬼門宫闕者，天子宗廟之
> 象也。
> 　諸侯貢士於天子，鄉大夫貢士於其君。必以禮賓之。唯主
> 人盥而獻賓，賓盥而酢主人，設薦俎，則弟子也②。

鄭玄認爲以象言之，卦爻顯示天子宗廟之象。現今研究鄭氏《易
注》的學者一般都認爲，跟馬融以灌祭説《觀》不同，鄭玄將"盥
而不薦"歸屬賓禮飲酒賓主獻酢之禮的類別③。鄉大夫貢士於諸侯，
諸侯貢士於天子，皆以飲酒禮禮賓④。依《鄉飲酒禮》，主人獻賓、
賓酢主人，都要盥洗，潔淨其手，表示敬意，故注中解"盥"爲盥
洗。就如《鄉飲酒禮》所記，薦脯醢、設折俎，則由後生子弟爲

---

① 張惠言《易義別録》云："鄭《易》之于馬，猶《詩》之于毛。然注《詩》稱箋，而
　《易》則否。則本之于馬者蓋少矣。今馬《傳》既亡，所見僅訓詁碎義。就其一隅
　而返之，大抵以《乾》、《坤》十二爻論消息，以人道政治議卦爻，此鄭所本於馬
　也。馬於象疏，鄭合之以爻辰，馬於人事雜，鄭約之以《周禮》。此鄭所以精於馬
　也。"《清經解》（上海：上海書店，1988年），第7册，頁135。
② 賈公彦《儀禮注疏·鄉飲酒禮》引。見鄭玄注，賈公彦疏，王輝整理《儀禮注疏》
　（上海：上海古籍出版社，2008年），頁195。胡自逢《周易鄭氏學》（臺北：文史哲
　出版社，1990年），頁35—36。
③ 詳參羅燕玲《〈周易〉鄭玄注研究》，香港中文大學中國語言及文學系哲學博士論文，
　2008年，頁69。又詳蘭甲雲：《周易古禮研究》（長沙：湖南大學出版社，2008年），
　頁272—273；劉幸瑜：《〈易經〉古禮考論》，臺灣師範大學國文學系碩士論文，2014
　年，頁60。
④ 鄭玄注，賈公彦疏，王輝整理：《儀禮注疏》，頁195。

之。張惠言《周易鄭氏義》認爲，《象傳》既言"觀天之神道，而四時不忒。聖人以神道設教，而天下服矣"，而鄭注也説卦爻有天子宗廟之象，據義《觀》卦當兼有祭禮。李道平（1788—1844）亦云："'神道設教'承'盥''言之'，謂祭祀也。……鄭注（引者按：指鄭玄《祭義》注）云'合鬼神而祭之，聖人之教致之'，是其義也。"[1] 曹元弼（1867—1953）《周易鄭注箋釋》作了更深入的推測，認爲鄭玄説盥，旨在辨明"凡禮，皆以盥爲重"之意，在宗廟之象下當先言及宗廟祭事之盥，順帶談論賓禮之盥，是因爲《觀》卦六四爻辭"觀國之光，利用賓于王"的緣故。誠如淩廷堪所歸納的禮例："凡禮盛者必先盥。"[2] 曹説合乎禮例，只可惜注文闕佚，無法徵實[3]。

張惠言《易義別録》云："馬解觀盥而不觀薦，與經不比，又以盥爲灌字。故鄭不從，以爲主人盥獻而不設薦俎。"[4] 鄭玄原意若如張氏所言，則其不從師説原因有二：一則，馬融將卦名與卦辭連讀，不合經文文理；再則，改讀盥爲灌，以通假説經。

張氏援引鄭玄《震》卦"震驚百里，不喪匕鬯"注文作解，重新演繹"盥而不薦"之意云："盥而不薦者，盥以匕牲，盥而酌獻，薦牲則卿大夫爲之。"[5] 簡言之，就是"主人盥獻而不設薦俎"。曹元弼謂"張説至精確"，並發揮當中包含的禮意説："人君盥以灌鬯，盥以匕牲，齊莊中正之德，誠中形外，不必事事親爲，而卿大夫以下觀感興起，各揚其職。駿奔走，薦牲體。咸孚於其德容之誠敬。"[6] 張、曹之説頗有深意，只是由於《觀》卦注文闕佚，無法得

① 李道平撰，潘雨廷點校：《周易集解纂疏》（北京：中華書局，1994 年），頁 231。
② 淩廷堪著，彭林點校：《禮經釋例》，頁 142。
③ 曹元弼：《周易鄭注箋釋》（臺中：文听閣圖書有限公司，2008 年），頁 660、664、667。
④ 張惠言：《易義別録》，《清經解》（上海：上海書店，1988 年），第 7 冊，頁 136。
⑤ 張惠言：《周易鄭氏義》，《清經解》，第 7 冊，頁 112。
⑥ 曹元弼：《周易鄭注箋釋》，頁 665。

知鄭注原意是否如此。

5. 小結

總結前人的研究經驗，詮釋《論語》部分章節，確定語境最難①。《八佾》篇“禘自既灌而往”章只記録孔子的話語，没有清楚交代孔子説話的特定語境。想是孔子仕魯，作爲宗廟助祭的一份子，目睹禘禮的進行，有感而發。應該説，文本透露的語境訊息是相當有限的。況且，禘祭本身就難有確解。就是孔子，在回答别人問禘之説時，也説“不知也”，並説懂得個中禮義的人，治理國家就好像把東西放在手掌上那麽容易。説禘之難，可想而知。《禮記》言及禘禮最爲多見，《周禮》、《春秋》、《左傳》、《國語》等也有一些記載，鄭玄《禮》注曾引用《禘于太廟禮》，惜此書已佚，而鄭玄的《魯禮禘祫志》同樣殘缺不全②。禘祭聚訟千餘年，主因是可資憑信的實例確實很少，而相關禮説紛然殽亂，甚或互相牴牾，鄭玄及其後禮家，又往往糾纏於禘祫分合的問題，更爲後人理解《論語》此章平添了許多障礙。

唐寫本鄭玄《論語注》的發現，對理解鄭義至關重要。鄭玄“禘自既灌而往”章注文近乎完整地保存在寫本中。要是不發現唐寫本，對鄭義的理解就僅能依靠唐疏引録的“禘祭之禮，自血腥始”。如果過分解讀殘存的這兩句話，即使是禮學大家也難免會誤解鄭義③。

兹再録鄭玄注文並略説其大旨如下：“既，已也。禘祭之禮，

---

① 如杜維明：《詮釋〈論語〉“克己復禮爲仁”章方法的反思》（臺北：中研院文哲所，2015年）指出，要想詮釋“克己復禮爲仁”章“需要考慮到語境的問題”（頁4）。

② 詳皮錫瑞《魯禮禘祫義疏證》，收録於《師伏堂叢書》。

③ 曹元弼：《周易鄭注箋釋》云：“鄭注《論語》云：‘禘祭之禮，自血腥始。’此蓋破馬氏之説。馬注《易》，謂既灌禮略，不足觀；注《論語》當同。鄭破之，謂灌特祭初降神之事，神既降，正祭之禮，自薦血腥始，其禮甚盛，不得云略、不足觀。孔子所謂不欲觀者，自歎魯禘失禮，非汎論禘禮也。”（頁670）曹氏未見鄭注全文，故有此誤説。

自血腥始。至於尸灌而神事訖。不欲觀之者，尸灌已後人事耳，非禮之盛。”“禘祭之禮，自血腥始”，意謂禘祭的正祭就從薦血腥開始。“至於尸灌而神事訖”，指灌尸而尸祭於地以求神，神降之後神事也就此完結。不欲觀，是因為灌尸祭地降神後的儀節，包括朝踐薦血腥、饋食薦熟食及食後酳尸，都是些相當繁縟的人事小節，並非禘禮的大節。按照鄭義解讀“禘自既灌而往”章，孔子的話是說：宗廟禘祭從灌尸獻神完結後的其他儀節，我都不想再觀看了。鄭玄賦予灌祭豐富的內涵，灌與祼音義相通，灌尸與獻神為一事，所言灌尸即獻尸之初獻、二獻（即二祼），相對於後面的七獻而言；灌法為主人獻鬱鬯於尸，尸受而祭於地，乃啐之、奠之。灌法獻尸祭地求神，有求陰之意。

這條注文揭示了鄭玄《論語注》說禮的特點，那就是本《周禮》為說，以《周禮》為說禮之主體。換言之，在鄭玄意中，《論語》與《周禮》相通，故注解《論語》時自亦以《周禮》貫通始終。

鄭玄此注的漏洞，就表露在對灌法的理解上，其說不能使人無疑。獻尸二祼與祭初降神之祼有別，兩義似不相當，不能混同。降神之祼，灌於地下或束茅之上；獻尸之祼，則按照日常飲食必祭之禮而行。前者在正獻之前，後者在正獻之中。兩者名同而實異。祭初求神之祼，或當如許慎所述般，灌鬯於束茅，使酒滲入淵泉，達致求神的目的。依陰厭之禮類推，降神應在尸未入之前。且祼尸如祼賓客，由王自灌，理固宜然，但尸為神象，不應自降其形魄。

就義理而言，《易傳》與《論語》每有契合、可相發明之處。王弼說《易》往往援引《論語》為證，就是深明個中精義的表現。事實上，除了王弼，在他之前的馬融和虞翻早就以“禘自既灌而往”章說《易·觀》之意。王弼認為《觀》卦表明，要觀視君王的道德之美，沒有比宗廟大祭更合適的了，而要觀視廟祭，則沒有比盥（實即灌祭）更合適。盥為禮最盛，及至薦牲以後，便無足觀處。漢、唐《易》學家津津樂道的灌祭所包含的深義，在宋代理學家那裏得到進一步的發揮。要言之，當灌鬯求神時，祭者竭誠盡敬，一心專注於祭上，只求與神明相交，最爲可觀；及至薦腥獻熟，禮數繁縟，人的精誠稍稍渙散。因此，孔子就説觀灌而不觀其餘。姑勿論漢、唐、宋諸儒所言是否合乎《觀》卦原意①，可以肯定的是，他們述説的《觀》卦之意，恰恰可與鄭玄"禘自既灌而往"章注文互相發明。鄭玄受費氏《易》於馬融，但就今存《易注》佚文所見，在解釋《觀》卦方面，並未從其師説。

　　《八佾》篇中有多個章節記録孔子批評季氏等的僭禮之事，如季氏"八佾舞於庭"章、"三家者以雍徹"章、"季氏旅於泰山"章，難怪乎論者大多數認定"禘自既灌而往"章與前列數章一貫，同樣譏諷魯人失禮。這種想法似是而非。其實，同篇中，"或問禘之説"、"祭如在"兩章，與"禘自既灌而往"的關係也許更形密切。尤其是"祭如在"章表明祭祀講求誠意，堪與"禘自既灌而往"章相比照。陳祥道《論語詳解》串講三章的做法無疑值得後人借鑒②。

────────────

① 黄式三引"觀盥而不薦"馬融注，説："王（引者按：指王弼）《注》、程（引者按：指程頤）《傳》略同。説《易》雖誤，以説此《經》（引者按：指《論語》"禘自既灌而往"章），於義亦通。"《論語後案》，頁 59。曹元弼甚至認爲，"馬、虞説，似與兩經（引者按：指《易·觀》及《論語》"禘自既灌而往"章）並違。"《周易鄭注箋釋》，頁 666。

② 陳祥道：《論語全解》云："禘之爲祭，其文煩而難行，其義多而難知。難行也，故自灌而往者多失於不敬。難知也，故知其説者之於天下如指掌。此孔子所以於禘自既灌不欲觀之，於禘之説，則曰不知也。夫郊社之禮，禘嘗之義，其粗雖寓於形名度數，其精則在於性命道德。明其義者君也，能其事者臣也。不明其義，君人不全。不能其事，爲臣不全。然則魯之君臣，其不能全也可知矣。所謂祭如在祭神如神在，吾不與祭如不祭。祭如在，事死如事生也。祭神如神在，事亡如事存也。吾不與祭如不祭，此所以禘自既灌不欲觀之也。"卷二，《文淵閣四庫全書》本。江聲《論語竢質》謂"或問禘之説"一章當在"禘自既灌而往"章之後，並解説其文意云："或因是而意孔子必知其説，故問焉。雖然其禮可觀也，其説難知也，豈觀之而遂敢自信爲知之哉。故答以不知。"《論語竢質　附校訛及續校》，《叢書集成初編》（上海：商務印書館，1937 年），頁 6。

相對於以非禮爲基調的主流意見來說，鄭注要優勝得多。只要以鄭玄注爲基礎，再結合禮書及漢宋諸儒所闡發的灌祭背後的禮意精神，以此通讀《論語》"禘自既灌而往"章，了無窒礙之處。鄭玄《論語注》的價值，不言而喻。

今以江聲（1721—1799）《論語竢質》爲全文作結。江氏云：

> 禘莫盛於灌。孔子觀之，意豈神洽。故曰既灌而往，吾不欲觀。此歎美之言，猶左氏襄廿九年傳季札觀《韶》舞而歎觀止也①。

江聲以孔子觀禘與季札觀樂互相比擬，指出孔子的言辭純然出於觀賞者對灌祭的讚美。以季札觀樂比照孔子觀禘，以季札觀賞《韶箾》嘆爲觀止，自《檜》以下，因其微小，不復譏評，比照孔子觀止於灌而不觀既灌之後的繁縟儀節，可謂發前人所未發。江説廓清雲霧，予人豁然開朗、意暢神怡之感。

---

① 江聲：《論語竢質 附校訛及續校》，頁6。

第四章
"禮制語境"與《左傳》的詮釋

一、"旌繁"

"旌繁"一語，見《左傳》哀公二十三年，原文云：

> 宋景曹卒。季康子使冉有弔，且送葬，曰："敝邑有社稷之事，使肥與有職競焉，是以不得助執紼，使求從輿人，曰：'以肥之得備彌甥也，有不腆先人之產馬，使求薦諸夫人之宰，其可以稱旌繁乎！'"①

宋景曹是宋元公夫人、宋景公之母，爲太夫人。魯上卿季桓子（季孫斯）爲季平子（季孫意如）與宋景曹之女所生，則宋景曹是季桓子的外祖母，而宋景公則爲其親舅，故其子季康子（季孫肥）致辭

---

① 楊伯峻：《春秋左傳注》（北京：中華書局，1990年），頁1720—1721。

於宋景公，自稱彌遠之甥（遠房外甥）①。季桓子死於哀公三年，此後由季康子執持魯政。宋景曹死後，季康子便派冉有去弔唁、送葬，並致送馬匹作爲助喪之物。冉有轉達季康子之辭中就提及"旌繁"。此段禮辭的含意，竹添光鴻（1842—1917）《左傳會箋》有透徹的詮釋，説："馬以駕車，車有旌旐，仍以繁飾馬，皆國君之服也。馬不良，則不副於旌旐，與馬飾之美。此謙言不腆之馬，不知能稱旌繁之飾否。"② 季康子説"旌繁"，用以借代送葬或隨葬的車馬，表示希望這些馬匹可與夫人旌旗及馬飾相稱。

自漢代以來，不少注家都熱衷於解説"旌繁"中"繁"字的含意，卻又歧解並出，莫衷一是。對於"繁"字前面的"旌"字，説者蓋寡，或許是認爲"旌"義易明，不煩贅説，亦未可知。筆者綜合考釋文獻所見與此"繁"字相關之字詞，以及古今各家説法，既爲之疏通證明，辨析其間異同所在，亦嘗試評定各説之得失利弊，藉此推求《左傳》"繁"字之義，並連帶解説"旌"字。

1. 季康子贈馬是賵而非賻

楊伯峻（1909—1992）明言季康子"賵以馬"，《春秋左傳注》云：

> 稱，副也。……此季康子賵以馬，謂能稱宋君太夫人之馬飾不③。

---

① 《左傳》昭公二十五年載："季公若之姊爲小邾夫人，生宋元夫人，以妻季平子。昭子如宋聘，且逆之。公若從，謂曹氏勿與，魯將逐之。曹氏告公。公告樂祁。樂祁曰：'與之。如是，魯君必出。政在季氏三世矣，魯君喪政四世矣。無民而能逞其志者，未之有也，國君是以鎮撫其民。《詩》曰："人之云亡，心之憂矣。"魯君失其民矣，焉得逞其志？靖以待命猶可，動必憂。'"（楊伯峻：《春秋左傳注》，頁1456）樂祁之言與季派冉有爲宋元夫人送葬事首尾呼應。杜預注季氏致辭時特意補上："終樂祁之言政在季氏。"（見《十三經注疏·左傳注疏》[臺北：藝文印書館，1989年]，頁1049）指出《左傳》記載季氏送馬助宋元夫人之喪，是爲了照應樂祁之言，説明即使到了哀公晚年，季氏仍執魯政。
② 竹添光鴻：《左傳會箋》（臺北：廣文書局，1963年），第三十，頁47。
③ 楊伯峻：《春秋左傳注》，頁1720。

謹按：楊先生説"季康子賵以馬"，即季康子送馬給宋人是"賵"。按禮，賵但用財物而不用馬。《左傳》隱公元年云："天王使宰咺來歸惠公仲子之賵。"楊先生注云："賵，音鳳。助喪之物，用車馬束帛。《既夕禮》'公賵，玄纁束，馬兩'是也。"① 楊先生引《既夕禮》，説明贈馬爲賵，即以馬爲助喪之物，這是對的。鄭玄（127—200）注《既夕禮》這段文字説：

> 公，國君也。賵，所以助主人送葬也。兩馬，士制也。《春秋傳》曰："宋景曹卒，魯季康子使冉求賵之以馬，曰：'其可以稱旌繁乎？'"②

鄭玄表明"魯季康子使冉求賵之以馬"，確定贈馬是"賵"。分別言之，賵以玄纁及馬，而賻則用財物。《左傳》隱公三年云："武氏子來求賻。"楊先生注云：

> 賻，助喪之財物。……考《周禮·宰夫》鄭玄注云："凡喪，始死，弔而含襚，葬而賵贈，其間加恩厚則有賻焉。《春秋》譏武氏子求賻。"推鄭玄之意，則以爲含襚賵贈是正禮，魯已行之。賻以大量財幣，是加禮，魯未如此，故使人求之，非禮。鄭説可採③。

賵是最基本的禮節，賵所用者只是一般助喪之物，而賻則爲加禮，得用上大量財幣。綜括而言，賻是賻，賵是賵，性質不同，不能混爲一談。楊先生清楚知道賵、賻之别，不過在解説季康子之事時，

---

① 楊伯峻：《春秋左傳注》，頁8。
② 胡培翬：《儀禮正義》（南京：江蘇古籍出版社，1993年），頁1867。
③ 楊伯峻：《春秋左傳注》，頁24。

偶一不慎，才誤以膴爲賻。

2. 文獻所見與此 "繁" 字相關字詞考釋

就現存文獻所見，許慎最早提出對 "繁" 字的解讀。許慎（約 58—約 147）《説文》解 "緐" 字云：

> 馬髦飾也。從糸每。《春秋傳》曰："可㠯稱旌緐乎！" 緐
> 緐或从鬲，鬲，籀文弁。

許慎謂 "緐" 本義是 "馬髦飾"，即馬髦上的飾物，並援引《左傳》 "其可以稱旌緐" 作爲書證。換言之，在許慎看來， "旌繁" 的 "繁" 就是馬髦飾。段玉裁（1735—1815）闡明許義云：

> 馬髦，謂馬鬣也。飾亦妝飾之飾。蓋集絲條下垂爲飾曰
> 緐。引申爲緐多，又俗改其字作繁，俗形行而本形廢，引申之
> 義行而本義廢矣。至若鄭注《周禮》、《禮記》之繁纓，繁讀爲
> 鞶帶之鞶，謂今馬大帶也。此易字之例，其説與許説絕殊[①]。

段注可歸納爲三點：1. "馬髦" 即馬鬣。髦是毛中之豪者，馬鬣而稱髦，亦同其義。鬣本作 "巤"， "象髮在囟上及毛髮巤巤之形"[②]。簡言之， "馬髦" 就是指馬頭頂端以至頸上豎起的長而壯的鬃毛。2. 許慎只説 "馬髦飾"，沒有交代其所用材料及形制，而段氏推想它是用衆多絲線編織而成的穗狀飾物。3. "緐" 俗字作 "繁"。段氏此説要比許慎原文具體得多。

《左傳》記敘駕具，多稱個別駕具之名。漢以後人才用 "駕被具" 或 "鞍駕具" 統稱包含馬的首、胸、腹、臀各部位在內的一整

---

① 段玉裁：《説文解字注》（上海：上海古籍出版社，1988 年），頁 658。
② 段玉裁《説文解字注》，頁 426。

套靸駕工具，如《説文》云："靸，車駕具也。"由於靸駕具分別用皮革、金屬或絲線製成，各字便以革、金或糸爲形旁，其中從革之字佔最多。同樣地，車駕飾物原亦按所用材料造字，如"緌"以絲，而"錣"以金。此外，《説文》金部"鍚"下云："馬頭飾也。"[1] 鍚，經典作鍚。漢人通稱當盧，爲馬眉上飾物，刻金爲之，故字從金。段氏大概就是根據"緌"字從糸及其引申爲繁多之義，得出"緌"爲"集絲條下垂爲飾"的結論。對於這種飾物如何施於馬髦之上，許慎固然語焉不詳，段氏也沒有提及這個問題，想是無法徵驗的緣故。

2009 年，黨士學在秦始皇陵博物院網頁上發表《秦陵銅車馬具馬飾擷考》。文中摘引《秦始皇陵銅車馬修復報告》記述纓絡出土情況的幾段文字，包括："一、二號銅車馬均出土了八個纓絡"，"其中每乘車上有四枚應懸掛於四馬勒的喉部下方，但另外四個又懸於何處呢？"引起作者注視的是下列一段記述：

> 纓絡出土時，有兩枚出於左右驂馬的耳根下，此處的白色彩繪因銅銹的污染已成了綠色。但據實際觀察，耳根處亦無懸掛位置。修復一號車時，我們在馬勒的上方發現一結構引人深思。在勒的最上部，是兩個銀環被一鏈條所連，在鏈條上有一半環形鉤，經仔細觀察，一、二號車的八匹馬的勒上都發現了掛鉤的殘迹。並且，在馬的頭部，即耳根與鬃花根部殘存着一些朽斷的細銅鏈，與其他部位所用的銅鏈相同。我們分析，其一端與纓絡相連，另一端即掛於此環形鉤上[2]。

---

① 段玉裁《説文解字注》，頁 712。

② 黨士學：《秦陵銅車馬具馬飾擷考》，載：http://www.bmy.com.cn/contents/10/3303.html

出土秦始皇陵一、二號銅車馬各有八枚穗狀纓絡，其中四枚分別懸掛於四匹銅馬頸下喉部的馬勒連接帶的鈎上（見圖十四）。每乘車上剩下的四枚纓絡，黨先生斷言："原來就是用銅絲鏈懸掛於四匹馬頭頂鬃花根部的勒帶上，衆多的證據充分表明了這一點。"被黨先生視爲一大證據的是孫詒讓（1848—1908）對"繁"形制的描述，孫氏《周禮正義》云：

> 繁者弁也，猶人之有冠也。《文選·東京賦》云"金鋄鏤鍚"，鋄，《續漢輿服志》作"鏤"，訛。《獨斷》云："金鋄，馬冠也，在馬髦前。"蓋即古繁之遺制。凡馬領有鍚，則似冠武；繁前屬於鍚，落馬髦而後接於馬背之革，則似冠梁；又以削革綴於繁，而下復繞胸而上，則似冠纓；纓之下有冠緌。繁落髦而纓落胷，縱橫上下，互相貫屬，故馬、賈以爲一物也。凡經典言繁纓者，義並如此。繁或借作樊，作鞶，說者遂失其義[1]。

圖十四　秦始皇陵 2 號車銅馬

（見孟劍明：《夢幻的軍團》，西安：西安出版社，2005 年，頁 31。）

---

[1]　孫詒讓：《周禮正義》（北京：中華書局，1987 年），頁 2148。繁，孫書原文作"繁"，今更正。本文引錄各書文字，凡原作"繁"者，均改爲繁。

謹按:《周禮·春官·巾車》云:"王之五路:一曰玉路,錫,樊纓,十有再就,建大常,十有二斿,以祀。"漢人解讀"樊纓",異説紛呈。孫詒讓在《周禮正義》裏用了很大篇幅來分析這個問題,結論是:

> 綜而論之,鞶纓古義約區三科,所施各異。後鄭説樊爲馬大帶,則施於脅下;纓爲靼,則施頸下也。賈(逵)、馬(融)以纓爲當膺革,而鞶爲纓下飾,則施於胸前也。許(慎)以繁爲馬髦飾,則施於髦上也。漢晉諸儒所説,要不出此。今考馬鞁具之有大帶與當胸,貴賤所同,而樊纓爲諸侯以上之盛飾,則不可并爲一,明矣①。

綜觀漢人之説,孫氏以爲大別有三,並指出導致異説的根本原因,在於判斷"樊"、"鞶"、"纓"的正字與借字關係出現分歧。三説之中,孫氏以爲僅許慎馬髦飾之説得其確解。實際上,孫氏對三説的理解不盡確當。兹辨明三説的確切含意如下:

(1)鄭玄(127—200)之説

鄭玄讀"樊"爲"鞶",釋爲馬大帶,等於《説文》所説的"鞶",又讀"纓"爲"靼",謂是馬頸之革帶,等於《説文》釋作頸鞁的"靼"②。依鄭玄此説,"樊"與"纓",俱是曳車承力的革帶,或施於馬腹,或置於馬頸,亦皆有其飾。換言之,在鄭玄看來,"樊"、"纓"實兼革帶及其飾物而言。在《周禮》天子五路中,玉路、金路、象路之樊、纓,皆以五采罽③飾之十二就,而革路、

---

① 孫詒讓:《周禮正義》,頁2147。
② 詳參孫詒讓《周禮正義》,頁2142。
③ 《説文》:"罽,西胡毳布也。"罽,群書省作罽。罽是用毳(即獸細毛)織成的氈。漢時,五色罽,出安息國。詳段玉裁《説文解字注》,頁662。

木路之樊及纓，則皆以絛絲飾之。鄭玄注《儀禮·既夕禮》之"纓"，說同。《既夕禮》記薦車，"薦馬，纓三就"。鄭玄同樣讀"纓"爲"靭"，解作靭及其飾物，又謂士纓猶如王革路之纓，纓上纏以三色絲帶（即絛絲），每色纏三成（三匝、三圈），看似用獸細毛織成的染色罽氈那樣[1]。馬纓（靭）有飾，尊卑所同，此天子以

圖十五　諸侯繶藉

（見聶崇義纂輯、丁鼎點校解說《新定三禮圖》，北京：清華大學出版社，2006 年，頁 318。）

至士共有之物，只是采數與就數因尊卑而不同，如天子五采而十二就，士三采而三就[2]。《既夕禮》只説"纓三就"，沒有提及"樊"。"有纓而無樊"，被學者理解爲反映臣禮的緣故[3]。鄭玄對"樊纓"的解説，清人認爲不可從。鄭君之説，雖不可從，但其所言"樊""纓"，均兼革帶及其飾物而言，前人多未措意及此。考釋周禮名物，必須注意這點，如繶既是圭墊之名，又特指墊上所綴之五采絲帶，圭墊與五采絲帶實，一體二物，故皆稱爲繶（見圖十五）。鄭君正是從這個角度來訓釋"樊纓"，值得借鑒。

(2) 賈逵（30—101）、馬融（79—166）及其餘漢晉儒者之説

賈逵及馬融皆以爲，纓是當膺（胸）之革帶，而鞶則爲與纓

---

[1] 胡培翬：《儀禮正義》，頁 1843。

[2] 《儀禮·聘禮》有圭繶，《記》云："三采六等，朱白倉。"又云："問諸侯，朱綠繶八寸。皆玄纁繫，長尺，絢組。"繶是圭墊，用皮革包住木板，上畫三采，三采相間，各橫繞着圭墊畫兩圈（等、就同義）。又聯以五采絲帶（組），既用以繫玉，又以爲飾。詳參聶崇義纂輯、丁鼎點校解説：《新定三禮圖》（北京：清華大學出版社，2006），頁 314—322。所謂"纓三就"、"樊纓，十有再就"，應當從這個角度來理解。

[3] 如敖繼公云："馬有纓而無樊，蓋臣禮也。"（見胡培翬：《儀禮正義》引，頁 1844）孫詒讓《周禮正義》亦云："賈子《新書·審微》篇亦云：'繁纓者，君之駕飾也。'若然，則大夫以下不得有樊纓。《士喪禮》有纓而無樊，就數又少，明與諸侯以上禮異矣。"見孫詒讓《周禮正義》，頁 2147。

相連之采飾。《周禮・巾車》賈公彥（生卒年不詳）疏引賈、馬說云：

> 鞶（引者按：作"鞶"，從鄭玄説。當作"樊"或
> "繁"[①]）纓，馬飾，在膺前，十有二币，以毛牛尾金塗十
> 二重[②]。

賈逵、馬融皆曾爲《周禮》解詁，此文釋讀的對象相信也是《巾車》的"樊纓"。"十有二币"，即十二成。對照上引《既夕禮》"纓三就"及《巾車》"樊纓十有再就"，"十有二币"所描述的，應是馬纓之飾。而"以毛牛尾金塗十二重"則針對"樊"而言。"樊""纓"俱在馬胸之前，關係密切，以某種形式互相聯繫。"毛"，正字當作"氂"，毛牛尾即《説文》在"氂"下所説的"犛牛尾"[③]。犛牛尾爲飾，應呈穗狀，注中未言用何色[④]。以犛牛尾爲飾，還見於"纛"上。鄭衆將《周禮・地官・鄉師》的"纛"比擬爲漢時所見的"羽葆幢"[⑤]。所謂"羽葆幢"，羽指鳥羽，葆如蓋，幢即杠（橦，旗杆），合而言之，羽葆幢，就指注鳥羽於幢首，其形下垂若蓋然[⑥]。羽保幢或用犛牛尾製成。蔡邕（133—192）《獨斷》釋纛云："以旄牛尾爲之，大如斗，在左騑馬頭上。"[⑦] 纛的作用在於指麾輦樞之役，使其行列進退得宜。纛見於考古發掘，如秦始皇陵 2

---

① 孫詒讓云："賈、馬及先鄭蓋並讀樊爲緐，賈疏引賈、馬乃從後鄭作鞶者，誤也。"指出賈疏采鄭君樊爲鞶之説，故誤將"樊"寫作"鞶"。詳《周禮正義》，頁2147。

② 賈公彥：《周禮注疏》（臺北：藝文印書館，1989年），頁413。

③ 段玉裁：《説文解字注》，頁53。

④ 《宋史・儀衛志六》云："纓以紅、黃犛牛尾。"

⑤ 孫詒讓：《周禮正義》，頁826。

⑥ 詳參孫詒讓《周禮正義》，頁827—828。

⑦ 詳參林昌彝《三禮通釋》（北京：北京圖書館出版社，2006年），卷二百十一，頁256。

圖十六　秦始皇陵 2 號車右驂額頂上的纛

（見孟劍明：《夢幻的軍團》，西安，西安出版社，2005 年，頁 38。）

號車的右驂在額頂立一裝繮的銅杆，蓋即此物，用於自右向左折旋時起帶頭作用①（見圖十六）。"塗"，即後世説的鍍。"金塗十二重"，指在表面上用金鍍附十二層。據梁蕭子顯（489—537）《南齊書·輿服志》所記，古"繁纓"形制，是"金塗紫皮，紫真牦，横在馬膺前。"② 按此推想，用金塗附皮革，作爲"纓"，配上"牦"（通"旄"，蓋即犛牛尾③），當是與纓相連的繁，二者相屬，横掛於馬膺之前。由是而知，"樊""纓"相連，固可合稱，但兩者在材料和形制上都存在差異，應予分辨。

鄭衆（？—83）釋讀的"纓"字，意思跟賈、馬比較起來，同中有異。鄭玄注《周禮·巾車》引鄭衆云："纓謂當胸。《士喪禮》下篇曰：'馬纓三就。'禮家説曰：'纓，當胸，以削革爲之。'"④ "以削革爲之"，蓋指取皮革剪裁縫綴以製成其物。至於形狀如何，鄭衆未有交代。應該説，鄭衆與賈逵、馬融雖同以纓爲當胸之革帶，但所言飾物的材料及製作方式容有不同。

以"纓"爲當胸之革帶，除鄭衆（及所引《禮經》家"）、賈

---

① 孫機：《始皇陵 2 號銅車對車制研究的新啟示》，《中國古輿服論叢》（北京：文物出版社，1993 年），頁 11。

② 蕭子顯：《南齊書》（北京：中華書局，1972 年），卷十七，頁 334。又，范曄《後漢書·輿服志上》有"朱兼樊纓，赤罽易茸，金就十有二"。見《後漢書》（北京：中華書局，1965 年），志第二十九，頁 3644。《晉書·輿服志》亦有"繁纓赤罽易茸，金就十有二"。見《晉書》（北京：中華書局，1974 年），卷二十五，頁 754。"金就"指用金黄色綢緞絜的球狀飾物。

③ 段玉裁《説文解字注》云："凡經云干旄、建旄、設旄、右秉白旄、羽旄、齒革干戚羽旄，今字或有誤作毛者，古注皆云：旄牛尾也。旄牛即犛牛。犛牛之尾名氂，以氂爲幢曰旄，因之呼氂爲旄。"（頁 53）

④ 孫詒讓：《周禮正義》，頁 2142。

逵、馬融外,漢晉學者普遍有此主張①。《毛傳》亦以膺、繘爲當胸之革帶,故訓《小雅·采芑》之"鉤膺"爲"樊纓",又解《秦風·小戎》"鏤膺"之"膺"爲"馬帶"②。也有注家表明這種馬胸之帶的飾物就是漢晉時的"索帬"。杜預(222—284)注《左傳》桓公二年"鞶、厲、游、纓"云:"鞶,紳帶也。一名大帶。厲,大帶之垂者。游,旌旗之游。纓,在馬膺前,如索帬。"③ 孔穎達(574—648)《疏》引服虔云:"纓如索帬,今乘輿大駕有之。"④ 服虔(生卒年不詳)以今物比擬古物,説"纓如索帬",把漢時天子大駕馬膺的索帬看成古纓的遺象。蔡邕《獨斷》也説:"繁纓在馬膺前,如索裙者是也。"⑤ 不同的是,服虔單稱"纓",兼包繁纓,而蔡邕跟賈逵、馬融一樣,連言"繁""纓"。依此説,馬胸之帶及其飾,稱爲"纓",而"繁"與"纓"有所聯繫,一體二物,自可連言。也就是説,單説"纓",固多指稱纓(革帶)及其本身的裝飾。連言"繁纓",無疑就指"纓"及與之相連的"繁"。稱名不同,其實或别或不别。漢晉間人好言"索帬",可惜没有談及其物的形制。按字面理解,"索"蓋指絲條,"帬"同裙,表披帶之意,索裙似是用絲條製成披帶於馬胸前的飾物。出土漢晉陶馬,有胸前

---

① 劉熙《釋名·釋車第二十四》云:"靷,嬰也,喉下稱'嬰',言纓絡之也。其下飾曰:'樊纓',其形樊樊而上屬纓也。"見任繼昉纂:《釋名匯校》(濟南:齊魯書社,2006年),頁426—427。釋纓爲靷帶,即頸粗,與賈、馬略異,至若解纓下飾曰"樊飾",則與賈、馬相近。

② 陳奐:《詩毛氏傳疏》(北京:北京中國書店,1984年),卷十七,頁22b。東漢之時,以馬引車的裝置,是用靳靷結合的方式。馬胸前的靳,"先秦時稱膺,或爲當膺;上面鑲有銅飾,又稱鉤膺、鏤膺,所謂'鉤膺濯濯'是也。東漢時,胸膺互訓,故又稱當胸、襠胸、樊纓,均爲一物,即馬革大帶也。"詳參王振鐸《東漢車制復原研究》(北京:科學出版社,1997年),頁68。

③ 《十三經注疏·左傳注疏》,頁94。楊伯峻《春秋左傳注》云:"纓即馬靷,馬頸上之革用以駕車者。杜《注》謂纓在馬胸前,恐誤。"(頁88)

④ 《十三經注疏·左傳注疏》,頁94。

⑤ 孫詒讓:《周禮正義》,頁2148。

披帶飾物者，近人孫機認定是"索帬"狀的繁纓①（見圖十七、十八、十九）。漢晉人説的索帬只爲天子大駕所有，此等出土陶馬胸前的飾物，是否就是索帬，還需要有更確鑿的證明。

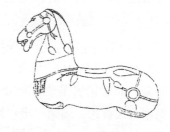

圖十七　長沙西晉永寧二年墓出土冠服騎俑上所見如"索帬"狀的繁纓　　圖十八　漢代陶馬上的繁纓

"繁纓"連言，也見於《左傳》。《左傳》記成公二年，衛侯孫良夫等率師與齊人打仗，新築人仲叔于奚救了孫良夫，衛人賞之以邑，他卻推辭，"請曲縣、繁纓以朝"，並得到衛人的答應。孔子聽聞此事後，非常憤慨，説："惜也！不如多與之邑。唯器與名，不

---

① 孫機《從胸式繫駕法到鞍套式繫駕法——我國古代車制略説》説："繁纓又作樊纓或鞶纓，是一種裝飾品。賈誼《新書·審微篇》：'繁纓者，君之駕飾也。'《釋名·釋車》：'靽，要也。……其下飾曰樊纓，其形樊樊而上屬纓也。'《周禮·巾車》賈公彦疏引賈逵、馬融説云：'鞶纓，馬飾，在膺前，十有二帀，以旄牛尾金涂十二重。'可見它是綴在纓即靽下面的。它的式樣如蔡邕《獨斷》所説：'繁纓在馬膺前，如索帬。'又《孔子家語·正論篇》王肅注亦云：'馬纓，當膺，似索帬。'這種索帬狀的繁纓在長沙西晉永寧二年墓所出陶冠服騎俑上可以看到。但古文獻中又有關於繁纓之就數（就即重，即帀，指條數）的等級的記載，如《巾車》所説的十二就、九就、七就等。《續漢書·輿服志》劉昭注引傅玄《乘輿馬賦》注云：'繁纓飾以旄牛尾，金涂十二重。'可見它有時又用牦牛尾做穗狀。這樣的繁纓在一件傳世的漢代陶馬上也發現過。總之，它和曳車承力的靽雖有關連，但二者並不是一件東西。"見《考古》，1980年第5期，頁452。又詳孫機《兩唐書輿（車）服志校釋稿》，《中國古輿服論叢》，頁257—8。

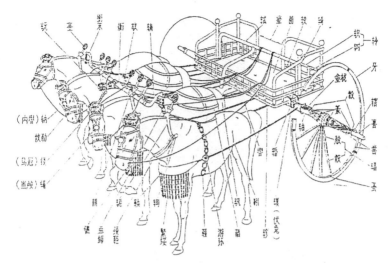

圖十九 孫機構擬周代駟馬車綜合復原圖

（以上三圖見孫機《從胸式繫駕法到鞍套式繫駕法》）

可以假人，君之所司也。名以出信，信以守器，器以藏禮，禮以行義，義以生利，利以平民，政之大節也。政亡，則國家從之，弗可止也已。"[1] 孔子之辭，語重心長，闡明了禮的重大意義，也揭示了"繁纓"並非尋常物，而是標誌着國君名分的禮器，絕非臣人所當有。賈誼（前200—前168）《新書·審微》云："禮，天子之樂宮縣，諸侯之樂軒縣，大夫直縣，士有琴瑟。叔孫于奚者，衛之大夫也。曲縣者，衛君之樂體也；繁纓者，君之駕飾也。"[2] 點明"繁纓"是諸侯以上車駕的飾物。上引《既夕禮》所薦馬，有纓而無樊（或繁），因士禮故。又，《國語·晉語二》説夷吾出亡，"懷挾嬰纕"[3]，同樣是有纓無繁。斯皆國君以下不得有"繁纓"之證。

---

[1] 楊伯峻：《春秋左傳注》，頁788。

[2] 吳云、李春台校注：《賈誼集校注》（鄭州：中州古籍出版社，1989年），頁64。

[3] 韋昭注云："嬰，馬纓。纕，馬帶。"見董增齡《國語正義》（成都：巴蜀書社，1985年），頁704

　　漢晉諸儒所持各説，略如上述，其實質含意不盡如孫氏所言。即使被孫氏推許爲"最塙"的"許義"，也不必如孫氏所説。許君釋"緐"爲"馬髦飾"，其飾如何？實未可知。所可知者，許君既然引《左傳》"旌繁"爲證，理應認定"繁"爲諸侯以上的盛飾。段氏根據"緐"字形義，推想"緐"是用衆多絲綫編織而成的穗狀飾物，但也没有將"緐"與任何一種漢以後人所説的馬飾牽合起來，做法嚴謹可取。反觀孫氏，在肯定許説的同時，還對"許義"别有一番"發明"，坐實"緐"即馬冠，認爲經典之"緐"義並無别。

　　今考《説文解字》，馬冠專字作"夋"。《説文》"夋"下云："𪖋蓋也。象皮包覆𪖋，下有兩臂，而夂在下，讀若范。"① 段玉裁注云：

　　　　司馬彪《輿服志》："乘輿金鍐。"劉昭引蔡邕《獨斷》曰："金鍐者，馬冠也。高廣各五寸，上如五華形，在馬髦前。"薛綜注《東京賦》同。按：在馬髦前，則正在馬之𪖋蓋。其字本作金夋，或加金旁耳。馬融《廣成頌》："揚金夋而拖玉瓖"，字正作夋，可證。《西京賦》："璿弁玉纓"，薛曰："弁，馬冠叉髦也。"徐廣説金鍐云："金爲馬叉髦。"然則弁也，叉髦也，夋也，一也。……《玉篇》又誤作金駿，皆音子公反，非也②。

段氏此段注文，釐清了馬冠之本字、形制、别名。文中引述的《西京賦》寫天子車馬有"璿弁玉纓"，此語出自《左傳》。《左

---

① 段玉裁：《説文解字注》，頁233。
② 段玉裁：《説文解字注》，頁233。

傳》僖公二十八年記:"初,楚子玉自爲瓊弁、玉纓,未之服也。"① "瓊"與"璚",古書多相亂。此"瓊"字原當作"璚"。《説文》云:"璚,美玉也。"並引《左傳》此文爲證,正作"璚弁玉纓"②。璚弁、玉纓,服虔注云:"馬飾也。"薛琮(生卒年不詳)注《西京賦》,據鄭玄《周禮注》,釋"纓"爲馬鞅(馬頸之革),"玉纓"即以玉飾纓;釋"弁"爲馬冠,"叉髦以璚玉作之"③。"叉髦"一詞,可與考古發現相印證。秦始皇陵銅車馬中,除兩車的右

圖二十　秦兵馬俑坑出土陶馬人形鬃花

(見孟劍明:《夢幻的軍團》,西安:西安出版社,2005年,頁93。)

驂馬額頂縛有纛外,其餘六匹銅馬的額頂上均有一朵"人"字形鬃花。黨士學《秦陵銅車馬具馬飾擷考》認爲這些鬃花就是文獻上所見的"叉髦"。"叉"取其分叉歧出之義,人形鬃花與此相符。馬冠雖與叉髦有關,但並非如段《注》所言是同物異名。況且,秦兵馬俑坑出土的陶質車馬和騎兵鞍馬,同樣有人形鬃花(見圖二十),不獨見於皇帝乘輿之上。馬冠還必須配有金或玉造成的飾物。孫機《中國古獨輈馬車的結構》認爲在出土物中可以找到實物馬冠,他説:

　　裝在馬身上的銅件,有的純屬裝飾品,馬冠(錣)即爲其一,和鑾一樣,始見於西周。冠體應是一個皮套子,出土時皆已朽失不存,但附在上面的銅獸面卻保存了下來,有合鑄爲一

① 楊伯峻:《春秋左傳注》,頁467。
② 段玉裁:《説文解字注》,頁11。
③ 詳參沈欽韓《左傳補注》,見《清經解續編》,第3冊,卷588,頁34。

體的，也有耳目鼻分鑄的。此物流行時間比較短，春秋時已不再出現①。

說春秋時馬冠已不再出現，考古發掘所見或許如是。在缺乏更多實物佐證的情況下，要想弄清楚先秦時期的馬冠的模樣，着實不易。綜合前人的描述，可以確鑿無疑的是，馬冠著於馬䫉蓋上，在馬髦之前的馬頭上，其所處部位與作爲馬髦飾的"緣"顯然不合。再者，若"緣"與"㚆"果是同物，許慎何不直接解"緣"爲馬冠？段玉裁也無此說。就是在蔡邕《獨斷》裏，"馬冠"與"繁纓"也是並列分釋，足見在許慎和蔡邕等漢人看來，二者顯非一物。後人不辨馬冠與繁纓，混淆二物，難免治絲而棼之之病②。

由此可見，孫詒讓解"緣"爲"鍐"或"弁"，即馬冠，違背了許慎的原意。孫氏還推衍己說，比附冠的形制而擬出"緣"的整體結構。按照他的構擬，錫充當冠武；"緣"前與錫連屬，再後接到馬背之革，跨越馬髦之上，充當冠梁；又用縫綴的革帶從下繞着馬胸而上，充當冠纓；纓下有冠緌。如是說來，馬冠就不是單一的實在的飾物，而是統攝錫、緣、纓三者而成的純粹虛擬的東西。此說實爲孫氏所獨創，是想當然的產物，不能視爲實物的描繪，構思雖巧，而實不可信，不特與前人所言多有不合，更無法合理地解釋

---

① 孫機：《中國古獨輈馬車的結構》，《中國古輿服論叢》，頁42。其《兩唐書輿（車）服志校釋稿》在"金鍐。方釳插翟尾五隼。鏤錫。鞶纓十二就"下又說："西周、春秋時的鍐即馬冠，在出土物中有其實例，但到了戰國以後就不再出現。兩志所記，尚不知其所指。至於《蠻書》附錄所稱金鍐，也應別是一物，不會和先秦時的馬冠相同。"見《中國古輿服論叢》，頁256。

② 如馬宗璉《春秋左傳補注》云："賈子《新書·審微篇》曰：'繁纓者，君之駕飾也。'薛綜《西京賦注》：'弁，馬冠也，叉髦以瑁玉飾之。'纓，馬鞅也。繁，《說文》作'緣'，云：'馬髦飾也。'是繁爲馬髦之飾，或以瑁玉爲之，非纓也。"見《清經解》，第7冊，卷一二七九，頁369。竹添光鴻《左傳會箋》持說幾同，云："薛宗《西京賦注》：'弁，馬冠也。叉髦，以瑁玉飾之。'《說文》作'緣'，云：'馬髦飾也。'是繁爲馬髦之飾，或以瑁玉爲之。非纓也。纓，馬鞅也。"見《左傳會箋》，第三十，頁47。

像《左傳》"璿弁玉繂"以"弁"、"繂"並稱的文例。

馬冠與馬髦飾，義不相當，不宜混而同之、視爲一物，已如上述。黨先生謂孫説精當，恐非的論。黨先生援引孫説佐證自己的想法，殊不知在孫氏意中之"緣"，絶非他所説的"馬額頂的穗狀纓絡"。根據黨先生的理解，修復者認爲，秦始皇陵銅車馬剩下的四枚纓絡，原來就是用銅絲鏈懸掛於四匹馬頭頂鬃花根部的勒帶上[1]。其實，黨先生引述的修復者的文字，只説在耳根及鬃花根部殘存一些細銅鏈，因而推想這些細銅鏈一端與纓絡相連，另一端掛於勒的最上部的鏈條。至於細銅鏈與纓絡如何連屬，修復者並没有清楚交代。馬勒喉部下方的那四枚纓絡都掛在掛鉤上[2]，這四枚纓絡理應也懸於掛鉤之上，可是，修復者除了説八匹馬的勒上都發現了掛鉤的殘迹以外，隻言不提掛鉤的具體位置及數目。因此，黨先生所言是否合乎修復者原意，恐怕還有待進一步的證明。

其實，古今學者對"樊繂"的解讀，以陳奐之説最爲有見。陳奐（1786—1863）《詩毛氏傳疏》云：

> 樊者，繂之飾。（引者按：下引《周禮》鄭司農注、賈疏引賈馬文、《説文》説"緣"，此處從略）緣，今俗作繁。樊爲假借字。漢之羽葆幢，以犛牛尾爲之，如斗，在乘輿左騑馬頭上。馬纓飾，其狀相似。是謂之緣繂，亦與旌竿析羽注旄首相似。故哀二十三年《左傳》言薦夫人馬，稱旌緣。蔡邕《獨斷》云："緣繂，在馬膺前，如索帬。"《方言》："帬，陳魏之

---

[1] 黨士學：《秦陵銅車馬具馬飾攟考》，載：http://www.bmy.com.cn/contents/10/3303.html
[2] 錢玄、錢興奇《三禮辭典》（南京：江蘇古籍出版社，1993）以爲"秦始皇陵出土二號銅車馬。兩驂馬有兩鏤金之革套環。一在頸部，下垂繂，此即樊繂；一在腹部，此即大帶，亦稱鞶帶，又謂之靷。"（頁1045）二號銅馬頸部和腹部各有鏤金之革套環，但上無掛鉤，恐非掛樊繂之處。

閒謂之帔，自關而東或謂之襬。"蔡以漢索帬比況緐纓，皆謂下垂緐多之狀。《既夕禮》："薦馬，纓三就。"《記》："纓彎貝勒，縣于衡。"又，《晉語》："亡人之所懷挾纓纕。"韋注："纓，馬纓也。"《既夕》，士禮，夷吾出亡，未立爲君，故馬皆有纓而無緐。成二年《左傳》：衛仲叔于奚請緐纓以朝。《新書·審微篇》云："緐纓者，君之駕飾也。"是緐纓爲尊者之馬飾。馬有緐纓，猶人有綏纓。綏與纓異材，賤者止有冠纓，尊者以綏爲飾。人之纓結頷下，馬之纓結膺前。《小戎》《傳》："膺，馬帶也。"纓即馬帶，以革爲之。緐下垂，其上有鉤，金以爲飾①。

陳奐此文考證精審，可以確信者有三：1. 纓爲馬帶，緐爲纓飾，其上有鉤，金以爲飾，緐纓可以連言；2. 緐形狀與犛牛尾相似，取其下垂繁多之義，《左傳》"稱旌繁"之"繁"即用此義；3. 緐纓爲尊者馬飾，猶人有綏纓。許慎《説文》引"旌繁"以説"緐"，説是"馬髦飾"，而段玉裁更具體地説"蓋集絲條下垂爲飾曰緐"。陳奐以犛牛尾比況"緐"，正合段義。如取許君之説，仍以"旌繁"之"繁"爲馬髦之飾，它可能是犛毛尾狀的垂飾，只是不像繁纓般施於馬膺之前而已，但應同樣具備標誌尊者身份的作用②。

3."旌"字之取義

郭沫若（1892—1978）《兩周金文辭大系考釋》云：

《師虎簋》銘文云："載先王既令乃祖考事嫡官司左右戲緐

---

① 陳奐：《詩毛氏傳疏》（北京：北京中國書店，1984 年），卷十七，頁 22b。
② 《左傳》成公二年"請曲縣、繁纓以朝"，楊伯峻注云："繁音盤，《説文》作緐，馬鬣毛前裝飾，亦諸侯之禮。詳《周禮·春官·巾車》孫詒讓《正義》。"（見《春秋左傳注》，頁 788）謂馬鬣毛前裝飾，亦諸侯之禮，未知是否有根據還是推想。

荆."左右戲緐荆，許翰云："《説文》云：戲，軍之偏也。戲之本義惟此銘足以當之。"案與《師毁簋》"耤司我西偏東偏僕馭百工牧臣妾"辭例相同。東西偏即左右戲，緐荆則當與僕馭等相當。緐當即馬飾緐縷之緐，荆蓋假爲旜。緐荆與《左傳》之旜緐殆是一事①。

郭沫若推想，《師虎簋》"緐荆"與《左傳》"旜繁"相當，認爲"緐"就是馬飾。至於"荆"（假爲"旜"）究爲何物，與"緐"又有甚麽關係，郭氏一概未有申説②。陳夢家（1911—1966）釋《師虎簋》之"繁荆"云：

> 繁荆，郭沫若謂即《左傳》哀廿三之"旜繁"，杜預注云："繁，馬飾繁縷也。"《東京賦》曰"咸龍旂而繁纓"，《七啟》曰"飾玉路之繁纓"，是繁纓與旂相屬，《周禮·巾車》曰"王之五路：一曰玉路，錫，樊纓，十有再就，建大常，十有二旒"，是樊纓與旜旗皆車上相屬之物。荆，《説文》以爲"楚木"，《漢書·郊祀志》"以牡書幡"，《注》云："作幡柄也。"荆猶竿也。是左右戲、繁、荆應分讀爲大麾繁纓與旗竿③。

陳氏分"繁"與"旜"爲二物，可以無疑。其説"荆"字，則不取郭氏假爲"旜"字之説，而是依文直解，謂"荆"是旗竿。然而，旗竿不當稱"荆"，此字還是當作"旜"字來看比較容易理解。至

---

① 郭沫若：《兩周金文辭大系考釋》（1957 年），頁 74。
② 楊伯峻曾引録郭説後，但没有進一步探討，不能不説是一個缺憾。詳楊伯峻《春秋左傳注》，頁 1720。
③ 陳夢家：《西周銅器斷代（六）》，王夢旦主編：《金文論文選》（香港：諸大書店，1968），頁 279。

於馬承源讀"繁荆"爲"繁纓"，説："荆從刑聲，與纓爲旁紐同部字，如讀若見紐音，則亦聲之通轉。"①"荆"與"纓"，古音的確相當接近，固可通假。但正如陳夢家所引《巾車》之文，足以證明"繁"與"旌"都是古車馬上的重要部分，應該分開來看，"繁"爲馬髦飾物，"荆"假作"旌"，指車上的旌旗。

旌是銘旌一類的旗幟。古代各級喪禮，都設有旗幟，只是因應死者階層的不同，數目或樣式有所區別而已。據《既夕禮·記》，車上"載旜"，鄭玄注云："旜，旌旗之屬，通帛爲旜。孤卿之所建，亦攝焉。"② 鄭《注》説明了出殯時，就是士，也可以在乘車上插旌旗，還容許攝盛，借用孤卿之旗。又，《周禮·春官·巾車》云："及葬，執蓋從車，持旌。"鄭玄釋此"旌"云："所執者銘旌。"賈公彦《疏》云：

> 將葬之旌，士有二旌；大夫已上皆有三旌。知者，以《既夕禮》是士禮，而有乘車所建旜，是攝盛，故用孤卿所建通帛之旜也；又有銘旌。以其士無遣車，故無廞旌也。大夫以上有乘車所建旌，卿已上尊矣，無攝盛，以尋常所建旌。王則大常，孤卿建旜，大夫亦應攝盛用旜，是一也。又有廞旌，又有銘旌也。

孫詒讓《周禮正義》云：

> 賈《疏》大夫以上葬有三旌，《檀弓》孔《疏》引熊安生説同。鄭知巾車所持是銘旌者，大常建于車，不須人持，廞

---

① 《商周青銅器銘文選（三）》（北京：文物出版社，1988），頁168。
② 胡培翬：《儀禮正義》，頁1953。

旌《司常·注》謂行廞車時脱之，故知巾車持旌，非彼二
旌也[1]。

從上述可見，出葬之禮，士有二旌，包括旐及銘旌。大夫以上則有
三旌，除銘旌外，還有廞旌及大常。《司常》云"建廞車之旌，及
葬亦如之"，鄭注云："葬云建之，則行廞車解説之。"説明廞車之
旌的設置方式。廞旌在陳廟即將出殯時建於遣車上，前往壙穴途
中，則除下來，使人執持，到入壙後，才再張舉起來[2]。三種旌旗
之中，銘旌是喪禮所必備，不論哪個階層都不能缺少。《儀禮·士
喪禮》云："爲銘，各以其物，亡則以緇，長半幅，經末，長終幅，
廣三寸。書銘於末，曰：'某氏某之柩。'"鄭玄《注》云："銘，
明旌也。雜帛爲物，大夫士之所建也。以死者爲不可別，古以其旗
識識之。愛之斯録之矣。無旗，不命之士也。"[3] 所謂"銘旌"，簡
單地説，就是表識死者姓名的旌幡。這種旌旗與一般的不同，它很
可能具有招魂的作用。由於銘旌由絲麻織成，容易朽蝕，現在很難
看到先秦的實物。近年考古發現的銘旌都是漢代的，如長沙馬王堆
漢墓一號及九號墓各出土旌幡帛畫一幅，其他像武威磨咀子漢墓也
出土了多張銘旌[4]。然則，《左傳》此處的"旌"是指哪一旌呢？當
時，宋景曹應依諸侯夫人規格舉喪，所用旌旗當爲三旌。按照孫詒
讓的看法，三旌中銘旌使人持之，出殯時走在載柩之車前面，作爲
先導。這樣看來，銘旌與車馬的關係較疏。三旌之中，以建於車上
的旌旗，最有可能與這裏的"旌"相當，究竟是兩旌中的哪一旌，
卻怕不好説。

---

[1] 上引《周禮》鄭《注》、賈《疏》及孫詒讓文，見《周禮正義》，頁 2189。
[2] 孫詒讓：《周禮正義》，頁 2221。
[3] 胡培翬：《儀禮正義》，頁 1664。
[4] 參考李如森《漢代喪葬制度》（長春：吉林大學出版社，1995），頁 26—33。

4. 小結

《左傳》記宋景曹卒後，季康子使冉求賵之以馬，冉求轉達季氏之辭中提及"旌繁"一語。據《説文》及段注，此"繁"字係俗字，正字當作"鰲"，經典如《周禮》或借"樊"字爲之。其義當如許君所言，即馬髦上飾。此字從糸，又引申爲繁多之義，段玉裁據此推斷其物是"集絲條下垂爲飾"，由是其材其形，俱可知曉。依賈逵、馬融之説，繁纓都在馬胸前，互相連屬，可視爲一體二物，故可單稱纓，亦可連言繁纓。纓指馬胸之革帶及其飾，尊卑所同，只是名位不同，采數與就數亦異。而繁是諸侯以上的馬飾，或以爲犛牛尾，或將之比況爲漢晉時的索幘，兩義差近，皆指穗狀飾物，合乎段注"集絲條下垂爲飾"的基本定義。謂繁是犛牛尾，既近其實，其形亦較易掌握。秦始皇陵銅馬掛於喉部下方及所在部位尚待確定的穗狀纓絡，以及馬頭上的纛，狀甚相似，可資佐證。可以説，"旌繁"之"繁"與繁纓之"繁"應是一物，只是所在部位不同而已。"旌繁"連舉，繁既爲馬飾，則旌是建於送葬或隨葬車上的旌旗。

二、"使宰獻，而請安"

《左傳》昭公二十七年（齊景公三十三年，公元前 515 年）云：

> 冬，公如齊，齊侯請饗之。子家子曰："朝夕立於其朝，又何饗焉。其飲酒也。"乃飲酒，使宰獻，而請安。子仲之子曰重，爲齊侯夫人，曰："請使重見。"子家子乃以君出[①]。

---

① 　楊伯峻：《春秋左傳注》（北京：中華書局，1990），頁 1489。

　　魯昭公二十五年，昭公因忍受不了季氏的僭越欺辱，在郈昭伯等人的慫恿下，起兵攻伐季氏。季氏得到孟氏與叔孫氏之助，執殺郈昭伯，又擊敗公徒。昭公一敗塗地，被逼去國奔齊。齊景公既慰問昭公，又給他千社，並承諾助他復國。昭公二十六年，景公奪取魯國鄆地，作爲昭公的居處。景公本擬率兵護送昭公回國，但梁丘據接受季氏賄賂，從中作梗，謂宋元公和叔孫昭子皆因欲助昭公復國而速死，若非上天棄魯君於不顧，便是鬼神作祟。齊景公竟信其言，對納昭公之舉心存顧忌，於是改派公子鉏率兵跟從昭公包圍孟氏成邑。由於帥賤衆少，齊師無功而還。爲商量送昭公回國，景公也曾與昭公及二三小國諸侯在鄟陵結盟，但實質作用不大。景公對昭公的態度也由熱心漸轉冷淡，竟將其視爲齊臣，失去對鄰國國君應有的尊重，與當初以國君之禮待之大相逕庭[①]。景公給予昭公千社，已隱然有使其爲臣於齊之意。《春秋經》昭公二十六年記，公居鄆，"至自齊"；二十七年更於春冬兩季一再記載"公如齊"與"公至自齊"。正如范獻子所説，"魯君守齊，三年而無成"（昭公二十七年）。昭公寄居於齊，至此已三年，雖多番往來於齊、鄆之間，請求齊景公襄助復國，但景公似乎虛與委蛇，並未用心盡力。本文考釋的對象，正是二十七年冬天昭公這次由鄆往齊之事。

　　對於這段紀事，古今注家大多聚焦於"請安"一語。各家持説不一，紛然殽亂。值得注意的是，現代注家幾乎一致沿用杜預

---

① 《公羊傳》昭公二十五年詳敘齊景公啗魯昭公之禮及賓主應對之辭，其文云："高子執簞食，與四脡脯，國子執壺漿，曰：'吾寡君聞君在外，餕饗未就，敢致糗於從者。'昭公曰：'君不忘吾先君，延及喪人，錫之以大禮，再拜稽首，以衽受。'高子曰：'有夫不祥，君無所辱大禮。'昭公蓋祭而不嘗。景公曰：'寡人有不腆先君之服，未之敢服，有不腆先君之器，未之敢用，敢以請。昭公曰：'喪人不佞，失守魯國之社稷，執事以羞，敢辱大禮？敢辭。'……（景公曰）'請以饗乎從者。'昭公曰：'喪人其何稱？'景公曰：'孰君而無稱？'……以遇禮見。"景公與昭公以遇禮相見，孔子以爲其禮其辭皆足觀。見陳立《公羊義疏》（臺北：臺灣商務印書館，1982），頁1721—1744。

(222—285) 所創之說，擾攘了千餘年的爭論似乎平息了下來。現代多種《左傳》新注，自楊伯峻以後，幾乎一概沿用杜說。楊伯峻 (1909—1992)《春秋左傳注》釋"請安"云："請安，古燕禮有安賓之儀節，此則是齊侯請自安，離席而去。"[①] 陳戍國《春秋左傳校注》引杜《注》、孔《疏》後，云："而劉炫説'請安'有異議，但無論如何，'請饗之，乃飲酒，使宰獻'，那分明是以臣禮待魯昭。齊侯怠慢魯昭公已經很明顯了。楊注用杜注孔疏説。"注中詳引杜、孔之文，卻只説劉炫有異議，一筆帶過，蓋不甚重視劉説[②]。趙生群《春秋左傳新注》云："請安，請自安。即離席。"[③] 説與楊注不殊。與前面三位先生不同的是，李夢生《左傳今注》云："請昭公安席，自己退出。"竟糅合服、杜二説[④]。夷考其實，杜説不無可商，若未經嚴格的辯證，不宜視作定論。平心而論，古今注家對這段紀事大多欠缺周詳而完整的考量；對"請安"所涉禮儀，以至其他關鍵字詞及上下文理的理解也不盡恰當，未能令人愜意。筆者以爲，要想確切理解"請安"以至整段紀事的含意，就必須全盤考察，把文字、語法、敘事、禮制四者都考慮在內，稍有偏廢，就難免糾纏不清，猶治絲而棼之也。茲循此原則，試爲之考釋。

1. "請饗" 釋義

魯昭公入齊，齊景公請求用大饗禮來款待他，以示禮遇。諸侯相爲賓主之禮，有饗（亦作享、亯）、食、燕（亦作宴），以饗禮最隆重。"饗"字，本義爲鄉飲酒，借爲祭饗；"享"字，本義爲祭祀，借爲宴享。段玉裁 (1735—1815)《經韻樓集·亯饗二字釋例》歸納經典所用享（亯）、饗二字的條例，最爲明晰。段氏指出，《左

---

① 楊伯峻：《春秋左傳注》，頁 1489。
② 陳戍國：《春秋左傳校注》（長沙：岳麓書社，2006），頁 1093。
③ 趙生群：《春秋左傳新注》（西安：陝西人民出版社，2008），頁 917。
④ 李夢生：《左傳今注》（南京：鳳凰出版社，2008），653。

傳》凡大飲賓之饗，皆借祭享之享爲之。遍覽《左傳》，"享"字九十六見，多數假借爲饗禮或饗宴之"饗"，很少用於表示祭享之意。用"饗"字三十次[1]，多用作饗禮或饗宴之"饗"，極少假借爲祭享之"享"[2]。除了齊景公請"饗"魯昭公外，《左傳》"饗"字的這種用例，還見於"楚子入饗于鄭⋯⋯饗畢"（僖公二十二年）、"晉侯饗公"（文公二年）等。據禮書（如《儀禮·聘禮》等）及《左傳》所載，國君款待賓客之禮有三，即上文提及的饗、食、宴。饗、食在廟，而宴在寢。饗爲大禮，主敬，嚴肅莊重。食、宴較輕，而宴主於歡，食以明養賢之禮[3]。饗有酒，"亨太牢以飲賓"[4]，獻數視乎爵位與命數而定，其中酒醴酬酢，儀節繁複。按行禮序次，饗在先，食與宴在後。若獻數不多，饗終即宴[5]，饗宴同日相繼進行，故《左傳》有不少"饗"或"享"字兼饗宴而言。如獻數較多，需時甚長，則宴禮將於隔日舉行[6]。《左傳》所記春秋諸侯相饗之事甚夥，正如楚大夫子反（公子側）所説，"世之治也，諸侯間於天子之事，則相朝也，於是乎有享、宴之禮"（成公十二年）。説明諸侯完成天子使命，可於閒隙之時，互相朝見，舉行饗宴之禮。魯公接受別國國君饗宴之禮亦不少見，如"（魯文）公如晉，及晉侯盟。晉侯饗公"（文公三年）等。齊景公向魯昭公"請饗"，表示準備爲

---

[1] 以劉殿爵主編《春秋左傳逐字索引》（香港：商務印書館，1995）爲統計依據，頁 2206（享）、頁 2207（饗）。據此書《凡例》所言，正文據清嘉慶二十年（1816年）江西南昌府學重刊之宋本《春秋左傳注疏》。

[2] 如"祭祀以爲人也。氏，神之主也。用人，其誰饗之"（僖公十九年）。"周公其不饗魯祭乎。周公饗義，魯無義"（昭公十年）。

[3] 胡培翬：《儀禮正義》（南京：江蘇古籍出版社，1993），頁 665。

[4] 鄭玄注，賈公彥正義，王輝整理：《儀禮注疏》（上海：上海古籍出版社，2008），頁 683。

[5] 饗宴同日進行之事例，如《左傳》昭公元年記："趙孟、叔孫豹、曹大夫入于鄭，鄭伯兼享之。""乃用一獻，趙孟爲客。禮終乃宴。"

[6] 先饗而隔日宴飲之事例，如《左傳》昭公二十五年記："宋公享昭子，賦《新宮》。昭子賦《車轄》。明日宴，飲酒，樂，宋公使昭子右坐。"詳參楊伯峻《春秋左傳注》，頁 1209。

他"設饗禮"①，用現在的話説，就是用最高級別、最隆重的禮來款待昭公。依照當時國君相饗的禮數，景公要向昭公行"九獻"之禮。獻、酢、酬合稱一獻。獻酬是主人獻賓，酢是賓答主人。如是者九次，稱爲"九獻"。鄭文公饗楚成王、楚成王以君禮饗晉公子重耳、秦后子享晉平公，皆九獻、庭實旅百②。即使減殺禮數，改用饗卿大夫之禮，也有三獻③。景公"請饗"，不過是以饗爲名罷了。

2. 子家羈之辭釋義

目前所見，服虔和杜預先後爲齊景公請饗魯昭公作注，但都只着眼於包含"請安"在内的飲酒儀節，對子家羈（即子家子、子家氏、子家懿伯）這段話似乎不甚措意。孔穎達（574—648）疏通杜義時，才直接解讀這段話。孔《疏》云：

> 子家以公雖居鄆，以齊爲主，此年已再如齊。數相見，不爲賓客。故言朝夕立於其朝，又何須設饗禮焉。其飲酒也，勸其用宴禮而飲酒耳④。

---

① 阮元校勘，《十三經注疏·左傳注疏》（臺北：藝文印書館，1989），頁910。
② 《左傳》僖公二十二年記："楚子入饗于鄭，九獻，庭實旅百。"楊伯峻注云："《晉語四》'遂如楚，楚成王以君禮享之，九獻，庭實旅百'云云，則'九獻，庭實旅百'爲國君相饗燕之禮。《國語》韋注及此文杜注俱謂九獻爲上公之享禮，蓋本之《周禮·秋官·大行人》'上公之禮，饗禮九獻'之文。"（《春秋左傳注》，頁399）秦后子享晉侯，見昭公元年。楊伯峻注云："后子享晉侯，係用最隆重九獻之禮。九獻之禮，春秋時亦曾用之，皆招持國君。"（《春秋左傳注》，頁1214）
③ 賈公彦：《儀禮疏》云："案：《左氏傳》云：'季孫宿如晉，拜莒田也。晉侯享之，有加籩。武子退，使行人告曰："小國之事大國也，苟免於討，不敢求貺，得貺不過三獻。"'又《禮記·郊特牲》云：'三獻之介。'亦謂卿大夫三獻之介。案：《大行人》云：上公饗禮九獻，侯伯七獻，子男五獻，是以大夫三獻，士一獻，亦是其差也。"見鄭玄注，賈公彦疏，王輝整理《儀禮注疏》，頁49。但是，《左傳》昭公元年記："趙孟、叔孫豹、曹大夫入于鄭，鄭伯兼享之。……及享，具五獻之籩豆於幕下。"根據"列國之卿當小國之君，固周制也"（《左傳》昭公二十三年）的原則，趙孟爲晉重臣，相當於小國之君，故鄭伯爲之設享而具五獻之籩豆。
④ 阮元校勘：《十三經注疏·左傳注疏》，頁910。

孔《疏》可注意者有幾點:1. 子家羈這段話是對齊景公説的,是爲了辭謝景公"請饗";2. 子家羈辭謝的理由是,魯昭公寄居於鄆,以景公爲主人,此年已兩次到齊,頻頻與景公相見,與尋常情況不同,毋須設饗;3. 子家羈勸説景公改用宴飲之禮接待昭公。自孔氏創爲此説,後代注家鮮有異議,幾成定論。現代多種《左傳》新注也一致沿用孔説,如楊伯峻《春秋左傳注》云:

> 古代享禮最隆重,諸侯間相聘問行之。今魯君在齊,猶寓公也,經常在齊之朝廷,齊景之漸不尊重魯昭可知。此請饗禮,僅以享名招其飲酒耳。故子家子先辭之,使名實相符,免受輕侮[①]。

楊先生指出,子家羈知道景公請爲昭公設饗,只是假託"饗"名,實爲邀其飲酒。但下面又説,子家羈辭饗,並建議景公乾脆改用飲酒之名,使名實相符,避免昭公遭受輕侮[②]。此説大有可商。楊先生之説,其實是以孔《疏》爲據而略作敷演。楊先生把"朝夕立於其朝"解爲"經常在齊之朝廷",猶未達一間。就筆者所見,歷代注家中,僅有馮李驊(? —?)對孔《疏》提出異議。馮氏《左繡》云:

> 此子家料事之詞。《正義》謂勸公用宴禮而飲酒,未合[③]。

---

① 楊伯峻:《春秋左傳注》,頁1489。
② 近期出版的英譯本承用此説,譯作:"Let him entertain you with a wine feast." 見 *Zuo Tradition / Zuozhuan: Commentary on the "Spring and Autumn Annals"*, Translated by Stephen Durrant, Wai-yee Li, and David Schaberg, Seattle and London: University of Washington Press, 2016, p. 1683.
③ 馮李驊:《左驢》,頁七a,馬小梅主編:《國學集要二編》(臺北:文海出版社,1967)。

馮氏把子家羈所言看作"料事之詞",明晰通達,確乎有見。暫且不論子家羈這段話對誰而言,先從文本意思來看,"朝夕立於其朝",是説時常朝見於其人之朝(或庭)。"朝夕"爲當時習語,指時常。"朝",義近"庭"①。《左傳》襄公二十二年記晉侯徵求鄭伯朝見,公孫僑(子產)對曰:"大國若安定之,其朝夕在庭,何辱命焉?"②合證兩語,可知"朝夕立於其朝"等於説"朝夕在其庭"。"其"是言者對着聽者指稱第三方,"其朝"指他者之朝甚明。"又何饗焉?"可語譯爲"又行甚麼饗呢?""又何"連言,用於問句,表示反詰,《左傳》多見③。能否準確解讀子家羈之辭,關鍵在於對"其飲酒也"的理解。在《左傳》裏,"其"固然可用於表示勸告或使令的語氣,相當於"就"、"還是",略如孔《疏》所言④。然而,"其"還用作測度副詞,表示估計推斷的語氣,相當於"大概"⑤。句末的"也"字,用作語氣詞。"其"、"也"相配,用於推測判斷。《左傳》襄公二十九年記叔向曰:"鄭之罕,宋之樂,其後亡者也,二者其皆得國乎!民之歸也。施而不德,樂氏加焉,其以宋升降乎!"⑥語中正用"其"與"也"或"乎"來表示推測判斷⑦。據

---

① 《左傳》隱公十年云:"以王命討不庭",楊伯峻注云:"庭,動詞,朝于朝廷也。《詩·大雅·常武》'徐方來庭',猶言徐國來朝。不庭即不朝。九年傳云'宋公不王',故此云以討不庭。此不庭爲名詞,義謂不庭之國,即《詩·大雅·韓奕》之'不庭方',毛公鼎之'不廷方'。"(《春秋左傳注》,頁68)
② 楊伯峻:《春秋左傳注》,頁1067。
③ "又"表示反詰語氣。"何"爲疑問副詞,同樣表示反詰,相當於"哪裏"、"甚麼"。"又何"連言,見於《左傳》者,如桓公十一年記莫敖曰:"盍請濟師於王?"鬭廉曰:"成軍以出,又何濟焉?"即謂"又增甚麼兵呢?"又,桓公十七年記魯及齊師戰於奚。疆吏告請魯桓公,桓公曰:"事至而戰,又何謁焉?"即謂"又何必請示呢?"
④ 詳參陳克炯《左傳詳解詞典》(鄭州:中州古籍出版社,2004),頁161。
⑤ 上文引述子產所説"其朝夕在庭"中的"其",即屬其例。詳參陳克炯《左傳詳解詞典》,頁161。
⑥ 楊伯峻:《春秋左傳注》,頁1157—1158。
⑦ "其"與"也"、"乎"的這種用法,可詳參何樂士《左傳虛詞研究》(北京:商務印書館,1989),頁357。

此，可知子家羈説“其飲酒也”，意思是説“大概是飲酒吧”。孔穎達謂子家羈勸説景公改用宴飲之禮接待昭公，顯然歪曲了原文的意思。如上考述，把子家羈整句話翻成白話，就是：“時常朝見於其人之朝，又行甚麼饗呢？大概是飲酒吧。”語氣中帶有不滿不屑之意。若用於辭謝齊景公請饗，措辭既不得體，對方亦聽不明白。寄人籬下，有求於人，而失辭無禮，顯非知禮者如子家羈所當爲[①]。考之《左傳》記録賓主對答的慣例，主人有請於賓，賓推辭，一般記作“辭曰”；如派人辭謝，則書“使某辭曰”或逕書“某辭曰”。且禮辭中通常綴有“敢辭”之語[②]。若請主人降低禮數，則在説出所請内容時冠以“請”字[③]。像孔《疏》所理解的那樣勸説主人，未見一例。因此，當如馮李驊所言，子家羈之辭，表明他料想齊景公借饗爲名而以邀飲爲實。子家羈只能是對魯昭公説出這番話，不然，又怎會説“其朝”？唯其如此，《傳》文才能得到合理的解讀。

　《傳》文接著説：“乃飲酒。”在行文上，“乃飲酒”一語發揮承上啟下的作用。“乃”承接上文，證明正如子家羈所料，景公“請饗”之言，不過是借大饗爲名罷了，實際上只是以飲酒禮招待昭公。當日飲酒的場地，大概就在景公的寢宮之中。雖然子家羈知道景公只會招待昭公飲酒，但後來所用的飲酒禮的級别，似非他始料所及。“乃飲酒”同時也是下文敘述飲酒儀節的發端。

---

① 子家羈知禮的事例，如昭公二十八年，昭公如晉，將如乾侯，子家羈曰：“有求於人，而即其安，人孰矜之？其造於竟。”昭公當初奔齊（昭公二十五年），齊侯將唁公於平陰，公先迎齊侯於野井。《左傳》作者評曰：“禮也。將求於人，則先下之，禮之善物也。”褒揚有求於人而先下之的做法。子家羈勸説昭公先往晉魯邊境，與《左傳》禮意正相契合。
② 除上引《公羊傳》記敘齊景公當初唁之禮辭外，見於《左傳》的，如僖公十二年，“王以上卿之禮饗管仲。管仲辭曰：‘……陪臣敢辭。’”又如襄公十年，“宋公享晉侯於楚丘，請以《桑林》。荀罃辭”。
③ 如《左傳》文公十五年，“公與之（宋華耦）宴。辭曰：‘……其敢辱君？請承命於亞旅。’”又如昭公十二年，“晉侯享諸侯，子産相鄭伯，辭於享，請免喪而後聽命。晉人許之，禮也。”

3."乃飲酒，使宰獻，而請安。子仲之子曰重，爲齊侯夫人，曰：'請使重見。'子家子乃以君出"釋義

(1)杜預説評議

古今注家熱衷於討論這段敘事中"請安"的含意，只是歧解紛呈，莫衷一是。各家説法，大抵可歸納爲二：一説，以服虔（？—？）（見劉炫［約546—約613］轉述）爲本；一説，以杜《注》爲濫觴。兹以杜、劉（附服虔説）二説爲主，旁及後人諸説，一併析論如下。

杜預注"使宰獻，而請安"云：

> 比公於大夫也。禮，君不敵臣。宴大夫，使宰爲主。獻，獻爵也。請安，齊侯請自安，不在坐也[1]。

依杜預之見，"使宰獻而請安"當讀作"使宰獻，而請安"，中間有語音停頓，分作兩句。"而"是順承連詞，連接"使宰獻"與"請安"兩個先後相承的儀節，兩個分句的主語都是齊景公。杜預認爲，景公使宰獻後，便請離席自安。杜預指出，君臣尊卑不同，不能對等行禮，故宴飲之時，使宰代行主人事，向賓獻爵。此説於禮有徵。《燕禮》敘公宴大夫，即使宰爲主人[2]。《禮記·燕義》更明言："設賓主，飲酒之禮也。使宰夫爲獻主，臣莫敢與君亢禮也。"[3]

---

[1] 阮元校勘：《十三經注疏·左傳注疏》，頁910。

[2] 孔穎達《左傳疏》闡釋杜注云："《燕禮》者，公燕大夫之禮也。公雖親在，而別有主人。鄭玄云：'主人，宰夫也。宰夫，太宰之屬，掌賓客之獻飲食者也。君於其臣雖爲賓，不親獻，以其尊，莫敢亢儷也。'今齊侯與公飲酒，而使宰獻，是比公於大夫也。獻，獻爵者，禮有三酌：獻也、酬也、酢也。獻酬是主人獻賓，唯酢是賓答主人耳。禮，君不敵臣，宴大夫使宰爲主，即《燕禮》是其事也。"見阮元校勘《十三經注疏·左傳注疏》，頁910。

[3] 鄭玄注云："設賓主者，飲酒致敬也。宰夫，主膳食之官也。天子使膳宰爲主人。"見鄭玄注，孔穎達正義，呂友仁整理《禮記正義》（上海：上海古籍出版社，2008），頁2330。

"宰"，既可單稱，亦可複稱"宰夫"、"膳宰"、"膳夫"[①]，是主管膳食的官員，包括爲賓客獻飲食。諸侯之宰屬於士一級[②]。君與大夫宴飲，爲免大夫不敢與之抗禮，未能歡飲爲樂，就由宰代行主人事，代君向賓獻酒；又爲怕賓過尊，無別於君，故不以所爲宴者（公〔孤〕、卿）爲賓，而命大夫爲賓[③]。但這種規定，僅限於本國君臣，卻不適用於諸侯相宴飲之禮。由於文獻有闕，諸侯相宴飲禮中與宴者的具體安排，已無法詳考。然而，兩君宴飲，身份對等匹敵，當可自爲賓主，相敬行禮。且考之《左傳》饗宴實例，其中晉昭公與齊景公宴，兩人蓋自爲主人[④]。又，趙孟與叔孫豹、曹大夫入鄭，鄭伯爲三人設饗宴，而以趙孟爲客，饗終即宴[⑤]。趙孟爲晉重臣，位居正卿[⑥]，鄭人原擬用小國君禮款待其人[⑦]。趙孟自爲賓，鄭伯亦自爲主人。"飲酒樂，趙孟出"，賓主歡飲作樂，盡興而散。齊景公"請饗"魯昭公，即請求設饗禮款待他，兩人自是此次所謂"饗"禮中的主賓。賓主同爲一國之君，按理説，主人應當親自向賓獻爵，以表敬意。但在實際行禮時，景公卻行君飲大夫之禮，使宰獻爵，而不親自向昭公敬酒。杜預點明，景公這樣做，就表示他把昭公比作大夫，以大夫之禮來招待他，失去對鄰國國君應有的尊重。淩廷堪（1757—1809）《禮經釋例》也説："然則昭公失國，齊

---

① 錢玄、錢興奇編著：《三禮辭典》（南京：江蘇古籍出版社，1993）《膳夫》下云："《左傳・昭二十七年》：'乃飲酒，使宰獻而請安。'按此宰即宰夫。"（頁 1129）
② 詳胡培翬《儀禮正義》，頁 682。
③ 《禮記・燕義》云："不以公卿爲賓，而以大夫爲賓，爲疑也，明嫌之義也。"詳參孫希旦《禮記集解》（北京：中華書局，1989），頁 1452。
④ 淩廷堪：《禮經通例》（臺北：中研院中國文哲研究所，2004），頁 241。
⑤ 《左傳》昭公元年。見楊伯峻《春秋左傳注》，頁 1208—1209。
⑥ 《左傳》昭公元年記劉定公云："諺所謂老將知而耄及之者，其趙孟之謂乎？爲晉正卿以主諸侯，而儕於隸人，朝不謀夕，棄神、人矣。"見楊伯峻《春秋左傳注》，頁 1210—1211。
⑦ 詳參陳戍國《先秦禮制研究》（長沙：湖南教育出版社，1991），頁 336。

侯不以兩君之禮待之矣。"① 景公向昭公 "請饗"，説得冠冕堂皇，不過是門面話，骨子裏不把他當作國君看待。此時，景公怠慢昭公之意，已昭然若揭。兩年後，景公甚至稱呼昭公爲 "主君"，輕視其人之意更是表露無遺，無怪乎子家羈斷言 "齊卑君矣"②，杜《注》也一再説 "比公於大夫"。昔日衛獻公失國，出奔齊，齊人以郲寄衛侯，待之以寓公之禮③。如今昭公寄居於鄆，齊人儘可用寓公之禮待之④，不應比之於大夫，更不能把他當臣子看待。《禮記·郊特牲》云："諸侯不臣寓公。"説明國君不能把逃避到自己國家的諸侯當成臣子。景公之所爲，顯是失敬無禮。

杜《注》把 "請安" 解爲 "齊侯請自安，不在坐"⑤。杜預之所以這麼説，是由於他把 "請安" 聯繫到與下文的 "請使重見"，認爲景公請自安不在坐是爲了使重見。杜預注 "子仲之子曰重，爲齊侯夫人，曰：'請使重見'" 云：

> 子仲，魯公子憖也。十二年，謀逐季氏，不能，而奔齊。今行飲酒禮，而欲使重見，從宴媟也。

又注 "子家子乃以君出" 云：

---

① 淩廷堪：《禮經通例》，頁 241。
② 據《左傳》昭公二十九年所記，昭公去齊適晉，不見受，返自乾侯，仍居於鄆。齊侯使高張來唁昭公，"稱主君"。"主君" 是春秋時卿大夫家臣對卿大夫的稱呼。詳參楊伯峻《春秋左傳注》，頁 1573。
③ 詳見《左傳》襄公十四年。
④ 楊伯峻説："今魯君在齊，猶寓公也。"見《春秋左傳注》，頁 1489。
⑤ Stephen Durrant，Wai-yee Li，and David Schaberg 合譯的 *Zuo Tradition / Zuozhuan: Commentary on the "Spring and Autumn Annals"* 承用此説："The Prince of Qi then did entertain our lord with wine, but he had his steward pour, while he excused himself, saying that he was resting." p. 1683.

辟齊夫人。

"子仲"即公子慭,"重"爲其女之名。公子慭奔齊,見載於魯昭公十二年(齊景公十八年,公元前530年)時季平子執掌魯政,費邑宰南蒯未獲禮遇,與公子慭(字子仲)合謀驅逐季氏。公子慭將此事告知魯昭公,並隨昭公如晉,打算朝見新立的晉昭公,要結外援。但晉侯拒絕魯昭公的朝見,南蒯怕大事不成,便以費叛而附齊。公子慭使晉歸,途經衛國,聽説叛亂之事,遂丟下副使,自己先行逃回魯國。公子慭到了國都郊外,聽説費邑叛變,便逃奔到齊國去。公子慭奔齊,至此時(昭公二十七年)已十五年,其女爲齊侯夫人,應是奔齊後事。齊景公嫡夫人爲燕姬(齊景公十三年[魯昭公七年]燕人所嫁之女)①。依禮論,只有嫡夫人才得以稱爲"夫人"②。《左傳》稱重爲"夫人",固然可能是泛稱,更可能是齊禮本就如此。齊侯多內寵(妻妾),最典型的例子莫過於齊桓公。據《左傳》記述,單是夫人,齊桓公就有三位:王姬、徐嬴、蔡姬,內嬖如夫人者更多達六人③。《左傳》僖公二十二年記"鄭文夫人芈氏、姜氏勞楚子於柯澤"。"芈氏"與"姜氏"同稱"夫人",反映春秋時稱夫人不以嫡夫人爲限,不獨齊禮爲然。

杜預認爲,齊景公使宰獻後,便請自安,離席而去(即不在坐)。孔《疏》引申杜《注》,謂"請自安"是"請自安於別室"。在唐人的用法裏,"別室"蓋指正室以外的妾或側室④。魯僖公三十

---

① 《左傳》哀公五年"齊燕姬生子",楊伯峻注引服虔云:"燕姬,齊景公嫡夫人。"(《春秋左傳注》,頁1630)《傳》又云:"諸子鬻姒之子荼嬖。"

② 孔穎達《左傳疏》解釋這種現象説:"二者共以夫人冠之,蓋俱是夫人。禮無二適,而有兩夫人者,當時僭恣不如禮也。"見阮元校勘《十三經注疏‧左傳注疏》,頁249。

③ 見《左傳》僖公十七年。詳楊伯峻《春秋左傳注》,頁373。

④ 參《漢語大詞典》編輯委員會、《漢語大詞典》編纂處編纂《漢語大詞典》(上海:漢語大詞典出版社,1997),頁1004。

三年，僖公如齊，既爲朝見齊侯，亦爲弔齊有狄師。僖公返國後，便薨於小寢，《左傳》說是"即安也"。"即安"一語，或作"即其安"①，《左傳》多見。"即"指就，"安"指安逸之居。《左傳》定公四年記申包胥乞秦師，秦伯使辭之，曰："寡人聞命矣。子姑就館，將圖而告。"對曰："寡君越在草莽，未獲所伏，下臣何敢即安?""即安"對應"就館"，意指往安逸之居②。杜預注"公薨於小寢，即安"云：

> 小寢，夫人寢也。譏公就所安，不終于路寢③。

杜預解"小寢"爲"夫人寢"，以爲《左傳》譏刺僖公就所安居，褻近妻妾而絕於其手，未能齋終於路寢（正寢或適寢）。杜《注》其實是沿用了服虔之說④。杜預很可能把僖公的"就安於夫人寢"與景公的"請安"看成是同一回事。

"重"只能是景公自稱其妻之名，"請使重見"也只能是景公自

---

① "即安"的用例如：襄公八年："知武子使行人子員對之曰：'君有楚命，亦不使一个行李告于寡君，而即安于楚。君之所欲也，誰敢違君? ……'"見楊伯峻《春秋左傳注》，頁959。"即安"與"即其安"同時出現的用例，如昭公二十八年："公如晉，將如乾侯。子家子曰：'有求於人，而即其安，人孰矜之? 其造於竟。'晉人曰：'天禍魯國，君淹恤在外，君亦不使一个辱在寡人，而即安於甥舅，其亦使逆君?'"見楊伯峻《春秋左傳注》，頁1491。

② 楊伯峻：《春秋左傳注》，頁1548。

③ 杜預集解：《春秋經傳集解》（上海：上海古籍出版社，1988），頁291。

④ 《儀禮·既夕禮》云："男子不絕於婦人之手。"鄭玄注云："備褻。"賈公彥疏云："僖三十三年冬，'公薨于小寢'，《左氏傳》曰'即安'，服注云：'小寢，夫人寢也。禮，男子不絕於婦人之手，今僖公薨于小寢，譏其近女室'，是男子不絕于婦人之手，備褻也。"見鄭玄注，賈公彥疏，王輝整理《儀禮注疏》，頁1220。楊伯峻云："杜注誤會即安之文，認小寢爲夫人寢，非也。小寢，爲諸侯之燕寢，已詳莊三十二年經注。《禮記·玉藻》云：'朝，辨色始入。君日出而視之，退適路寢聽政。使人視大夫，大夫退，然後適小寢釋服。'則小寢爲諸侯燕安之所，非夫人寢明矣。疾病當居路寢。魯僖病，未嘗移居路寢，即就小寢以死，故《傳》云即安也。"見《春秋左傳注》，頁503。

請。景公“請使重見”，指請求引其妻出與昭公相見①。杜預以爲，景公讓妻子參與宴飲，自己離席而去，是“從宴媟”。“媟”同褻，指媟嬻②，輕佻褻慢，毫不莊重。杜預的想法是，景公自己不在坐，卻讓妻子接待外賓宴飲。夫人與宴，不別男女，這在時賢如子家羈看來，誠然是失禮之舉。今按：《禮記·坊記》記孔子云：

> 禮，非祭，男女不交爵。以此坊民，陽侯猶殺繆侯而竊其夫人。故大饗廢夫人之禮。

是大饗之時，夫人本與君同饗於賓，交替向賓獻爵敬酒。後來，繆侯及夫人共饗陽侯，陽侯見夫人之美，遂殺繆侯而娶其夫人，又篡奪其國而自立。從此，夫人不得參與饗獻，改爲使人攝行其事③。因此，國君夫人親自接待外賓，被視作非禮。春秋時人譏論及此而見載於《左傳》的，如僖公二十二年記：

> 丙子晨（引者按：指十一月八日），鄭文夫人羋氏、姜氏勞楚子於柯澤。楚子使師縉示之俘馘。君子曰：“非禮也。婦人送迎不出門，見兄弟不踰閾，戎事不邇女器。”丁丑（引者按：指九日），楚子入饗于鄭，九獻，庭實旅百，加邊豆六品。

---

① 《左傳》中“見”的這種用法，還見於如文公元年，公孫敖聞周王内史叔服能相人，“見其二子焉”。楊伯峻注云：“見，舊讀去聲，此謂引此二子出與叔服相見。”《春秋左傳注》，頁 510。

② 段玉裁：《說文解字注》（上海：上海古籍出版社，1988），頁 622。

③ 鄭玄注云：“夫人之禮，使人攝。”孔穎達疏云：“案：王饗諸侯及諸侯自相饗，同姓則后、夫人親獻，異姓則使人攝而獻……故《宗伯》職云“大賓客，則攝而載裸”，謂異姓也。《内宰》職云：“凡賓客之裸獻、瑤爵，皆贊。”注云：“謂王同姓及二王之後來朝覲”，王以鬱鬯禮之，后之瑤爵亞獻，謂同姓也。自陽侯殺繆侯後，其后、夫人獻禮遂廢。並使人攝也。鄭玄注，孔穎達正義，呂友仁整理：《禮記正義》，頁 1981。

> 饗畢，夜出，文芈送于軍。取鄭二姬以歸。叔詹曰：'楚王其
> 不没乎！爲禮卒於無別。無別不可謂禮。將何以没。諸侯是以
> 知其不遂霸也。'"①

叔詹以男女無別批評楚王失禮，持論與"君子曰"② 一致。"君子曰"列舉男女有別的規例，其中有男女相見，以不踰門限爲禮，不僅見兄弟如此。《國語·魯語下》云："公父文伯之母，季康子之從祖叔母也。康子往焉，闔門與之言，皆不逾閾。"③ 季康子與敬姜談話，二人皆不踰閾。孔子以爲"別於男女之禮"。所敘可與"君子曰"交驗互證④。鄭文公使兩位夫人接待楚王，自然招致褻慢無禮之譏。景公使其夫人與昭公相接宴飲，同樣是"爲禮卒於無別"，是非禮的表現。

　　注家或援引《周禮》，認爲天子、諸侯相爲賓主，饗宴之時，本有后、夫人獻賓之禮，只是春秋時此禮已不復存，所以子家子與君出，避見夫人。沈欽韓（1775—1832）持此説云：

　　　　請使重見，亦是獻酬之禮。時不行，故子家子以君出⑤。

正如沈欽韓所説，"請安"爲請賓安留，請賓安留在獻酬之後。竹添光鴻説得對，"謂獻酬畢而安坐飲酒也。此在君三舉爵、正歌備

---

① 阮元校勘：《十三經注疏·左傳注疏》，頁 249。
② 《左傳》"君子曰"之"君子"，所指有多種可能，有的是"孔子"，有的是"時君子"，有的是作者自稱。
③ 詳參董增齡《國語正義》（成都：巴蜀書社，1985），頁 511。
④ 詳參楊伯峻《春秋左傳注》，頁 399。
⑤ 沈欽韓：《春秋左氏傳補注》，見王先謙《清經解續編》（上海：上海書店，1988），第 3 册，頁 68。竹添光鴻引用沈文，而未注明出處。見《左傳會箋》（臺北：廣文書店，1963），第 26，頁 11a。

之後。"① 則是正獻禮畢，將行旅酬。此時再請夫人出獻，顯與儀節序次不合。"請使重見"，應是將使夫人參與宴飲。誠然，天子、諸侯饗宴，后、夫人有亞獻（二獻），見載於《周禮》（《宗伯》、《內宰》）②。況且，景公飲昭公酒，用的是公宴大夫之禮，與諸侯相與饗宴之禮，不能相提並論。

"子家子乃以君出"，"乃"承接上文，相當於就，表示子家羈對齊侯"請使重見"的直接回應。"以"同與，《左傳》習見。如昭公十二年記"晉侯以齊侯宴，中行穆子相。""公孫傁趨進，曰：'日旰君勤，可以出矣！'以齊侯出。"文中兩個"以"字都是與的意思③。昭公君臣匆忙離開，可能是出於子家羈的主意。

杜預以爲，景公請自安，不在坐，在"請使重見"後，子家羈就與君出，避見齊侯夫人。杜說建基於他對這段紀事的整體考量，嘗試把這段紀事整合成一個互爲關聯、首尾呼應的有機體。把"請安"解爲"齊侯請自安，不在坐"，既參照了《左傳》裏"安"的類近用法，又聯繫下文的"請使重見"及"子家子以君出"。只可惜杜氏"請安"之說，疑點重重，根本站不住腳。事件的起因是景公請饗昭公，其實志在飲酒。要是景公使宰獻酬之後，尚未歡飲，便離席自安，豈不有違本意，多此一舉？再者，景公使重參與宴飲，只爲助興盡歡。既使重見，自己卻不在坐，豈不掃興？杜說於情於理，都說不通。況且，就敘事順序來說，若依杜說，"請安"與"請使重見"兩語，便會出現顛倒錯亂、文意不通的問題。試想，如景公請自安，賓許之後，當即離席而去，又怎能再說"請使重見"？由此可見，杜說雖巧，實不可從。

---

① 竹添光鴻：《左傳會箋》，第 26，頁 11a。
② 詳沈欽韓《春秋左氏傳補注》，見王先謙編《清經解續編》，第 3 冊，頁 68。祭禮獻尸，大夫、士之主婦有亞獻，見於《儀禮》（《特牲饋食禮》、《少牢饋食禮》）。
③ 楊伯峻：《春秋左傳注》，頁 1333。

• 287 •

支持杜說的注家，還闡明杜義說：設若景公在坐，子家羈便不能與昭公遽然離開。趙汸（1319—1369）《春秋左氏傳補注》云：

> 按下文云：請使重見，則齊侯欲自安可知，故子家子得以君出，使齊侯在坐，魯君豈容遽出也[①]。

趙汸認爲，景公"請使重見"之後，倘仍在坐，昭公便不能急忙離開。趙氏背後的想法，大概是說，儘管子家羈爲免失禮而促請昭公急忙離去，也不應不辭而別。夷考其實，《燕禮》記公宴本國卿大夫，賓醉，"遂出。卿大夫皆出。公不送。"是知君宴其臣之禮，公在坐而賓出，賓不用請辭，公也毋須送行。這樣安排，似乎有違賓主之禮，實則不然。由於君不敵臣，故燕禮，君使宰爲主人，行獻賓之禮，由宰負責迎送之事。凌廷堪《禮經釋例》立例云："凡君與臣行禮皆不送。"[②] 君所宴者若是異國使臣，則雖不以正使而以上介爲賓，君亦不爲獻主，但仍迎賓於大門內，且須送之[③]，既以禮始亦以禮終。抑有言者，宴飲之禮，飲酒樂，醉而止，賓自可出，如此方可避免賓主既醉之後輕慢失禮。《詩·小雅·賓之初筵》云："賓既醉止，載號載呶。亂我籩豆，屢舞僛僛。是曰既醉，不知其郵。側弁之俄，屢舞傞傞。既醉而出，並受其福。醉而不出，是謂伐德。飲酒孔嘉，維其令儀。"飲酒樂，既醉而出，恪守禮儀，若然醉而不出，便會敗德。再證以《左傳》實例，如上引鄭伯宴趙孟之事，"飲酒樂，趙孟出"。又，昔日齊景公與晉昭公宴飲（事見昭

---

① 趙汸：《春秋左氏傳補注》，見納蘭聖德輯《通志堂經解》（揚州：江蘇廣陵古籍刻印社，1993 年），第 11 册，頁 235。梁履繩《左傳通釋》贊同趙說，見王先謙編《清經解續編》，第 2 册，頁 166。
② 凌廷堪撰，彭林點校：《禮經釋例》（臺北：中研院中國文哲研究所，2004 年），頁 110。
③ 詳參凌廷堪《禮經釋例》，頁 111。

公十二年），齊大夫公孫傁在堂下，聽聞晉卿中行穆子與士文伯相對之語，怕有變故，欲與景公出，趨進曰："日旰君勤，可以出矣！"審其語意，應是促請齊侯離開，而不是向晉侯請辭。由是而知，在"飲酒樂"之時，儘管景公在坐，昭公君臣也可以不辭而別。景公"使宰獻，而請安"，既用公飲大夫禮來接待昭公，自然也行"公與其臣燕而不送"[1] 之禮，想必也不會親自拜送昭公。無論如何，不能因爲子家羈與昭公遽出，就斷言景公不在坐。趙氏之假設，不能成立。

"請使重見"與"子家子乃以君出"，時間緊接，互爲因果。以《儀禮》所記飲酒儀節進程爲準，宰獻酬後，正禮已成，賓可離去。君命"請安"留賓，賓禮辭許，便行旅酬。然後排列席次，安坐飲酒，盡歡而出。按照《左傳》的敘事順序，可確知"請使重見"在"請安"之後。"請使重見"的確實時間，《左傳》沒有交代清楚。依禮，君命"請安"，要待賓答應後，才可以進行餘下的儀節（即旅酬、請坐等）。"請使重見"必然意味賓已答應安留，只是《傳》文爲簡約計而省略其辭。以此推斷，"請使重見"，應在旅酬後宴飲之時，景公或有幾分醉意亦未可知。"請使重見"，表面是請求讓重與昭公相見，實則"請使重見"是讓她參加宴飲，助興盡歡。揆諸情理，景公一再失敬無禮，魯侯君臣必然會因爲不受尊重而深感屈辱，但對其兩"請"，還是不得不許諾。如果像杜預所説，子家羈與昭公的離開，是爲了避見夫人，以免失禮，那麼，他們就只能在夫人出現之前離開。

清人姜炳章（1754 年進士）《左傳補義》補述杜義云：

---

[1] 敖繼公曰："公與其臣燕而不送者，以其不爲獻主也。"見胡培翬《儀禮正義》，頁763。《鄉飲酒禮》云："賓出，奏《陔》。主人送于門外，再拜。"主人拜送賓，以主賓非君臣關係故。

　　所以使宰獻者，爲請安也。其實公燕大夫之禮也。齊侯何以請安？以夫人欲見公，當居主席，故公不在坐也。齊景之宴媟無禮，故内寵多，而繼嗣無定。子家以君出，禮也[①]。

姜炳章嘗試爲杜預作了幾點補充：1. 景公使宰獻酒，是因爲自己要退席；2. 不自獻而使宰獻，説是設饗，實用公宴大夫之禮；3. 景公夫人欲與昭公相見，故景公請退席自安，讓出席位給其夫人；4. 景公妻妾（内寵）衆多，宴媟無禮，固其宜然；5. 子家立即與君出，是合於禮的。其中第 2、4 兩點重申杜意，可以成立。第 5 點説明景公的宴媟無禮與其私生活有關。考察景公的私生活，確實有助於理解他邀請昭公飲酒，特别是使其夫人招待賓客飲酒的行爲。從《左傳》、《晏子春秋》等文獻所見，景公縱情聲色犬馬、驕奢淫逸的形象十分鮮明。景公好酒，是個"酒鬼"，時常飲醉，更有一次"酲，三日後發"。他還是個好色之徒，對内寵之妾多所縱容[②]。説景公好内尤甚於齊桓公，恐不爲過。就在與魯昭公宴飲之時，請同是魯人的妻子招呼賓客歡飲作樂，不足爲怪。當然，景公"請使重見"，也可能是由於夫人（重）欲見昭公[③]。可是，在時賢如子家羈看來，讓夫人接待外賓，男女雜坐，相與宴飲，於禮不合，不可接受。至於姜説中的第 1、3 兩點，仍沿杜説之誤，值得商榷。先談第 1 點。果如姜説，景公在使宰獻的同時，就請自安，

---

① 姜炳章：《左傳補義》，卷 43，頁七 b，馬小梅主編：《國學集要二編》。景公"繼嗣無定"之事，詳《左傳》哀公五年。

② 詳參孫綠怡《〈晏子春秋〉中的齊景公形象》，《管子學刊》，1988 年第 1 期，頁 75—79。《淮南子·要略》云："齊景公内好聲色，外好狗馬，獵射亡歸，好色無辨。"見張雙棣《淮南子校釋》（北京：北京大學出版社，1997），頁 2151。《左傳》昭公二十年記景公"宮室日更，淫樂不違。内寵之妾，肆奪於市"。同樣的記載，還見於《晏子春秋·外篇·景公有疾梁丘據裔款請誅祝史晏子諫第七》、《景公信用讒佞賞罰失中晏子諫第八》、《上博簡六·景公瘧》。

③ 姜炳章：《左傳補義》，卷 43，頁七 b。謂夫人欲見昭公，只屬推測，並無實據。

不與行獻酬之禮，卻又使重見，即使卑視昭公，有意怠慢，也不至於如此不近人情。再看第 3 點。姜氏謂“夫人欲見公，當居主席，故公不在坐也。”其説似是而非。殊不知古人宴禮，雖有既定的席次安排，但在特殊情況下，也容許靈活變動。據《左傳》昭公二十五年所記，魯大夫叔孫婼（即昭子）如宋，宋元公既設饗禮招待昭子，明日又宴，“飲酒樂，宋公使昭子右坐”。“右坐”，杜《注》謂是“坐宋公右以相近，言改禮坐”[①]。昭子由原來坐於阼階之西，北面，移坐於阼階上宋公的右邊，與公密邇，以便相語[②]。是齊侯夫人之席自有可設之處（説不定就設於景公之右），景公用不着先行退席，讓出主席予其夫人。姜氏以爲，夫人將居主席是景公請安離席的理由，顯然不能成立。姜氏此説，有欠圓通，無補於堵塞杜《注》的漏洞。

（2）服虔、劉炫之説補義

孔穎達《疏》引述劉炫之説云：

> 案：《燕禮》：“司正洗角觶，南面坐，奠于中庭，升，東楹之東受命，西階上北面命卿大夫：‘君曰：“以我安”。’卿大夫皆對曰：‘諾。敢不安！’”彼是請客使自安，當如彼，使宰請魯侯自安耳。主人請安，謂主人使司正請安于賓。服虔亦然。杜今云齊侯請自安，非也。

孔《疏》所引劉炫之文，蓋出《春秋述議》。劉炫指出，杜《注》解“請安”爲“齊侯請自安”，並不可取，並舉《燕禮》司正請安於賓之文爲證，表明《傳》文意謂“使宰請魯侯自安”，以規正杜過。劉氏表明其説源自服虔。劉氏所述，似是撮寫服《注》大意，

① 杜預：《春秋經傳集解》，頁 1515。
② 改禮坐後，昭子或徑與公同西向，或南向，疑不能定。

不必視爲服虔注文的直接引用①。服虔、劉炫把"請安"看成是
《儀禮》的"請安",這是很有道理的。鄭玄(127—200)注劉炫所
引《燕禮》本文云:"君意殷勤,欲留賓飲酒,合卿大夫以我故安,
或亦其實不主意於賓。"② 則請安出於國君之意,欲使賓與羣臣共
安。《左傳》的"請安"與《儀禮》的"請安",可相印證。

《儀禮》《燕禮》、《鄉飲酒禮》、《鄉射禮》諸篇所記飲酒儀節,
大同小異,都必然包含"請安"於賓一節。宴飲之禮,正禮(主賓
獻酬)已成,君任命司正,既爲留賓,亦使司正監察禮儀的進行。
司正並不是常職,而是飲酒時,君臨時由相禮者中選任的。司正職
無常官,一般使相禮者擔任,如《燕禮》射人爲擯,即以射人爲司
正;《大射》大射正爲擯,以之爲司正;《鄉飲酒禮》、《鄉射禮》皆
以相爲司正③。正禮已成,賓將離去,公使司正加以挽留。這個儀
節便稱爲"請安"。除劉炫所舉《燕禮》外,再如《鄉飲酒禮》云:
"主人曰:'請安于賓。'司正告于賓。賓禮辭許。"④《儀禮》的"請
安于安",堪當《左傳》"請安"的注腳。司正請安,賓謙辭後同意
留下來。蔡德晉(1726年舉人)闡釋"請安"的命名取義,説:
"案:《爾雅·釋詁》曰:'安,止也。'因賓欲去,故止而留之。下
文二人舉觶後,請坐於賓。始言坐,此請安,請其止耳。《左傳》
襄公七年'吾子其少安',亦謂其少止也。"⑤ "安"取其留止之意。

留賓之後,便舉行旅酬。旅酬由賓酬主人,主人酬介,介酬衆
賓,衆賓再依長幼尊卑遞相勸酬,同時排列席次。《左傳》記録的

---

① 吳靜安:《春秋左氏傳舊注疏證續》(長春:東北師範大學出版社,2005)截取劉炫文
　中"主人請安,謂主人使司正請安于賓"兩句,上冠以"服虔曰"(頁1577),恐無
　確據。
② 鄭玄注,賈公彦正義,王輝整理:《儀禮正義》,頁433—434。
③ 説詳錢玄、錢興奇《三禮辭典》"司正"條,頁263—264。
④ 胡培翬:《儀禮正義》,頁380。
⑤ 胡培翬:《儀禮正義》,頁381。

飲酒實例中，襄公二十三年云："季氏飲大夫酒，臧紇爲客。既獻，臧孫命北面重席，新尊絜之。召悼子，降，逆之。大夫皆起。及旅，而召公鉏，使與之齒。季氏失色。"① 先獻後旅，儀節序次，與《儀禮》正相契合。

春秋宴禮設司正的實例，見於《國語·晉語一》。晉獻公伐驪戎，大勝，獲驪姬，飲大夫酒，"令司正實爵與史蘇"。晉獻公飲大夫酒，以里克等大夫爲酬勞對象。既立司正，則向史蘇獻酒當爲正獻後事。旅酬自卿及士、由貴逮賤。獻公使司正在旅酬之時向史蘇獻酒，以示對史蘇預言驪戎之役"勝而不吉"的懲罰②。

旅酬畢，"使二人舉觶于賓介"（《鄉飲酒禮》）。二人舉觶是行無算爵之始。司正受命於主人，"主人曰：'請坐于賓。'賓辭以俎。""請坐"猶言"請安"，亦即請賓安坐，表示將與其宴飲盡歡。"請坐"而隨即徹俎，方便安坐暢飲。此前，除因禮儀需要而暫坐外，與者皆站着行禮。請坐之後，賓及卿大夫等便脫屨於堂下，安坐飲酒，行無算爵，賓主盡歡，醉而止，賓出。

《傳》文記"使宰獻，而請安"，完全合乎飲酒禮的程序安排。景公使宰獻後，命人（蓋即司正）請昭公留止，準備行宴飲之禮。即此二端，已透露其輕視昭公之意。顧炎武（1613—1682）《左傳杜解補正》云："《燕禮》：司正命卿大夫以安。皆享臣下之禮，卑公也。"③ 王紹蘭（1760—1835）《王氏經説》亦云："請安就命卿大夫，即是卑公。"④ 景公以飲大夫之禮招待昭公，將之比作大夫之意甚明。

劉欽韓《春秋左氏傳補注》注意到"使宰獻"的獻數問

① 詳參楊伯峻《春秋左傳注》，頁1078。
② 詳參董增齡《國語正義》，頁618。
③ 顧炎武：《左傳杜解補正》，見阮元編《清經解》（上海：上海書店，1988），第1冊，頁18。
④ 王紹蘭：《王氏經説》（光緒功順堂叢書本），卷5。

題，説：

> 按：《燕禮》，旅畢，樂卒，立司正，而後命即安。彼是燕
> 其臣下之禮，猶備儀節，今始獻而請安，是亦卑公也①。

"始獻"，蓋指一獻。既説"始獻"，則沈氏意中使宰獻不止一獻。
"始獻而請安"，指景公刻意借減省儀節來表示"卑公"。《傳》文只
説"使宰獻"，沒有明言獻數多少，大概是因爲由宰獻爵，自用士
一獻之禮，毋庸贅言。淩廷堪《禮經釋例》云：

> 《燕禮》、《大射》主人獻賓，亦一獻禮成，獻卿，獻大夫，
> 皆不酢，禮漸殺也。《鄉飲》、《鄉射》大夫與士行禮，《燕禮》、
> 《大射》君與臣行禮，膳宰爲主人，故皆用士禮，一獻也②。

宰代行主人事，向賓獻爵，用士禮，一獻而畢。景公使宰向昭公獻
爵，大概如此。淩説精審明晰，可解沈氏之惑。宴飲儀節雖説較簡
便，但從使宰獻到命司正請安，再到旅酬、請坐、行無算爵，整個
流程還是相當繁複。《左傳》敘事，向來對其中過程（尤其是儀節）
有所選擇去取。只拈出"使宰獻"與"請安"兩個公飲大夫禮中不
可或缺的儀節，就足以凸顯景公卑視昭公之意，其餘細瑣小節，自
可省略。《傳》文記當時行禮實況，必然經過剪裁。沈氏所言，未
免執文害意，膠柱鼓瑟。

孔穎達反駁服、劉之説云：

> 今知不然者。案：《鄉飲酒禮》，賓主相敵，主人亦請安于

---

① 沈欽韓：《春秋左氏傳補注》，王先謙編：《清經解續編》，第 3 册，頁 68。
② 淩廷堪：《禮經釋例》，頁 177。

　　賓。然則齊侯與公敵禮，安賓乃是常事，何須《傳》載其文，
　　以見卑公之義。明是齊侯請欲自安，不在其坐，明慢公之甚。
　　劉不審思此理，用《燕禮》請安之義，而規杜，非也[①]。

孔氏認爲，景公飲昭公酒，用的是"鄉飲酒禮"。嚴格來説，此説
不盡符合事實，須知《鄉飲酒禮》是大夫與士行禮。景公所用者，
其實相當於公飲大夫之禮，其等級猶如"（晉獻公）飲大夫酒"
（《國語·晉語一》）。"使宰獻"與"請安"，正是依照公飲大夫之
禮而行，視昭公爲大夫，卑之甚明。孔氏謂安賓爲常事，理應不載
於《左傳》。如此駁議，無非爲"常事不書"觀念所囿，尤不足以
服人[②]。《左傳》所載時人行禮儀節，何嘗皆非常事？劉炫用《燕
禮》解説《左傳》"請安"之義，確不可易。杜預不應不知《左傳》
"請安"與《儀禮》相合的事實，應是被先入爲主之見所蔽，故謂
景公"請自安"，"不在坐"。景公説"請使重見"，只能是當面向昭
公提出，則"請安"之後，景公必在坐，亦從可知矣[③]。杜預誤釋
"請安"爲景公請自安，遂不得不説景公"不在坐"。傅遜以爲，
"杜偶不考，以致斯謬"[④]。恐是臆測。孔穎達本着"疏不破主"的
原則，極力迴護杜説，可惜理據相當薄弱，不足以服人。

　　按照服、劉之説，這句話只能讀作"使宰獻，而請安"。使宰

─────────────

① 阮元校勘：《十三經注疏·左傳注疏》，頁910。
② 後世注家駁難孔《疏》的，如傅遜云："孔《疏》又援《鄉飲酒》，以請安爲常。不
　見卑公之實，尤爲阿杜，非正也。"見《春秋左傳注解辨誤》（明萬曆十三年日殖齋
　刻本），卷下。
③ 李貽德《春秋左傳賈服注輯述》云："按：《燕禮》是君燕臣之禮，公必在坐，齊侯
　即以臣禮待魯侯，何容不在坐？"見王先謙《清經解續編》，第3冊，頁1033。
　又，俞正燮：《癸巳類稿》（臺北：世界書局，1965）〈《儀禮》行於春秋時義〉云：
　"《傳》言請使夫人見，必賓許安而後可使夫人見。又稱夫人之名，是齊侯自請，知
　齊侯在坐，即《儀禮》請安法也。"（頁70—71）竹添光鴻《左傳會箋》所言相同，
　但未注明出處。
④ 見《春秋左傳注解辨誤》（明萬曆十三年日殖齋刻本），卷下。

獻與命人請安的人都是景公。若讀作"使宰獻而請安",則與服、劉之意相違。在"使宰獻而請安"裏,"而"用作連詞,連接先後相承的"獻"與"請安"。"宰"仍作兼語,變成是"獻"與"請安"的主語。古漢語中,兼語若出現於上文,則下文往往省略。"宰"未見上文,故此處不省。相類句式見於《左傳》的,如"使夫(引者按:謂尹何,代詞作兼語)往而學焉"(鄭子皮語,見襄公三十一年),但甚少見①。再驗之於禮,"宰"代行主人事,向賓獻酒,已述如上。無論《燕禮》,還是記有飲酒儀節的《鄉飲酒禮》、《鄉射禮》等,負責"請安"的都是"司正",而不是"宰"。從上述飲酒禮的通例可見,正獻與立司正,時間一先一後,分屬兩個不同的儀節。宰既代行主人事,不能再爲司正,斷然可知。獻賓者爲宰,請安者爲司正,二人各有所司,角色不同,不能混爲一談。把獻酒與請安一併歸屬於宰,不符宴禮之實。

4. 小結

魯昭公朝見齊景公,景公説要用大饗禮來款待他,以示禮遇。子家羈知道景公必不爲昭公設大饗之禮,只是借饗爲名,接待昭公飲酒。子家羈説:"時常朝見於其人之朝,又行甚麼饗呢?大概是飲酒吧。"語氣中不免帶有不屑不滿之意。説"其飲酒也",並不是勸説景公乾脆改用飲酒之禮,使名實相符,而是料事之詞,推斷設饗只爲宴飲罷了。"乃飲酒"一語,證明果如子家羈所料,景公確實是接待昭公飲酒。當日行宴之所,應在景公的寢宮之中。雖然子家羈知道景公只是接待昭公飲酒,但後來所用的飲酒禮的級別,似非子家羈始料所及。

純以句法論,"使宰獻而請安"可有兩種讀法:一爲"使宰獻,而請安",一爲"使宰獻而請安"。就語義而言,兩讀有同有不同:

---

① 《左傳》的兼語句式,可參管燮初《左傳句法研究》(合肥:安徽教育出版社,1994),頁225—228。

讀爲"使宰獻而請安",請安的只能是宰;讀爲"使宰獻,而請安","請安"與"使宰獻"爲同一人,即隱含在句中的齊景公。宰既代行主人事,不應又兼行司正請賓安留之禮。可見"使宰獻而請安"一讀,不能成立。因此,"使宰獻而請安"當讀爲"使宰獻,而請安"。其中"使宰獻",即使宰獻爵,意思較明確。至於獻數多少,《傳》文未有明言。大概是因爲由宰獻爵,自用士一獻之禮,故毋庸贅言。"請安"一語可有兩解,既可解作景公請自安,又可說是景公命人(蓋即司正)請昭公安留。兩解分歧,引申出景公在坐不在坐的問題。請自安,景公不在坐;請昭公安,景公仍在坐。好在下文的"請使重見",爲判斷兩解孰是孰非提供充分的依據。"重"只能是景公自稱其妻之名,"請使重見"也只能是景公自請。景公"請使重見",請求引其妻出與昭公相見。"請使重見"既在"請安"之後,足以證明"請安"之後,景公仍然在坐。那麼,"請安"就只能解作請昭公安留。依公飲大夫之禮,景公不應直接向魯昭公請安,大概是命司正爲之。又依禮,君命"請安",賓答應後,便可進行旅酬以下的儀節。只有昭公答應安留,才能"請使重見"。換言之,昭公答應安留,是景公請夫人與昭公相見的先決條件。《傳》文敘述的行禮進程,使宰獻,請賓安留,與《儀禮·燕禮》等篇所記飲酒儀節契合無間。而"請使重見",應在旅酬後宴飲之時,亦可推而知。

　　景公請求設饗禮款待魯昭公,兩人自是此次所謂"饗"禮中的主賓。但在實際行禮時,卻只在寢宮之中飲酒。即使名饗而實宴,兩君相宴,景公亦應自爲主人,與昭公相敬行禮。可是,景公沒有親自向昭公敬酒,而是使宰獻酬,又命人留賓,就像君飲大夫酒那樣。景公這樣做,顯然不以兩君之禮對待昭公,竟將他比作大夫,輕慢之心昭然若揭。後來,景公想讓夫人與昭公相見,參與宴飲作樂,更顯得褻慢輕佻。《傳》文的第二個"乃"字,點明魯侯君臣

遽然離開是"請使重見"的結果。在子家羈看來,讓夫人接待外
賓,男女雜坐,相與宴飲,失禮已甚,便與昭公急忙離開。揆諸情
理,景公一再失敬無禮,魯侯君臣想必因不受尊重而深感屈辱,只
是敢怒而不敢言。畢竟寄人籬下,有求於人,即使心中憤懣,百般
不願,對景公兩"請",昭公還是不得不許諾。景公"使宰獻,而
請安",既用公飲大夫禮來接待昭公,自然也行"公與其臣燕而不
送"之禮,想必也不會親自拜送昭公。且證以《燕禮》及《左傳》
所記事例,宴禮,飲酒樂,賓自可出,不必請辭。子家羈與昭公為
避見夫人、以免失禮,大概就選擇在夫人出現之前離開。景公"使
宰獻,而請安",既用公飲大夫禮來接待昭公,想必也不會拜送昭
公。《傳》文只拈出"使宰獻,而請安"及"請使重見",足以凸顯
景公的輕慢無禮,無關宏旨的小節小事(如賓主應對之辭等)皆一
概省略。

綜上考述,《左傳》敘事縱然簡略,但只要結合字詞、語法、
敘事、禮制,多方思考,細加研討,還是大致能合理地解讀包含
"請安"在內的這段紀事。

三、"孔子與弔,適季氏,季氏
不綏,放絰而拜。"

《左傳》哀公十二年記:

> 夏五月,昭夫人孟子卒。昭公娶于吳,故不書姓。死不
> 赴,故不稱夫人。不反哭,故不言葬小君。孔子與弔,適季
> 氏,季氏不綏,放絰而拜。

這段《傳》文,最引人注意的,除了解經之語外,便是有關孔子與

季氏的紀事。對於“孔子與弔，適季氏。季氏不絻，放絰而拜”，古今注家持説不一，迄無定論。綜合各家所論，主要涉及以下四個問題：(1)“孔子與弔，適季氏”是弔於季氏家而就其哭位，還是弔公畢而適季氏家？(2)“放絰而拜”者是孔子還是季氏？有説“放絰而拜”接言“孔子與弔”，主語仍指孔子，只是承前省略，有説“季氏不絻，放絰而拜”自爲一句，“放絰而拜”者是季氏；(3)“放絰而拜”中“絰”與“拜”屬何類别？(4)“放絰而拜”究竟是“禮從主人”，還是别有深意？今嘗試結合相關禮制，合理地解答上述問題。

1.“適季氏”解

杜預没有直接注釋“適季氏”三字，只説：“孔子以小君禮往弔。”對“適季氏”的解讀，最早見於孔穎達《疏》，其文云：

> 孔子以季孫當服臣爲小君之禮，故以小君禮往弔季氏。《傳》言“適季氏”，謂適季氏哭位。故杜言往弔，謂就其哭位也。季孫既不服喪，孔子不得服弔服，故去絰，從主節制也①。

孔穎達謂季孫當服臣爲小君（君妻）之禮，本《儀禮·喪服》立説，《喪服》訂明爲舊君、君之母妻服齊衰三月。季孫有喪，故孔子往弔季氏。《疏》言“適季氏哭位”，蓋指就季氏居所之哭位。《禮記·檀弓上》云：

> 孔子哭子路於中庭，有人弔者，而夫子拜之。既哭，進使者而問故。使者曰：“醢之矣。”遂命覆醢。

① 《十三經注疏·左傳注疏》(臺北：藝文印書館，1989)，頁1025。

"中庭"爲寢中庭，孔子以此爲哭位①。以此例彼，季氏喪小君，亦有哭位，理所宜然。有人弔者，而孔子拜之，孔子是主人；孔子弔季氏，則主人是季氏。至於季氏以何處爲哭位，孔氏並未明言。嚴格來説，"適季氏"不等於説"適季氏哭位"。"適某氏"，《左傳》習見，如"出朝，則抱以適趙氏"（文公七年）、"公與夫人每日必適華氏，食公子而後歸"（昭公二十年）、"而能以我適孟氏乎?"（定公八年）、"適趙氏"（定公九年）、"適伯姬氏"（哀公十五年），一概指往某氏之家或其居所。以某氏代稱某家，見於同時期文獻如《論語‧憲問》記子路答"奚自"之問云："自孔氏"，即指從孔家來。由是而知，"適季氏"只表示往某人之家或其居所，不包含哭位之意。再律以敘事慣例，就某人哭位，禮書也不用"適某氏"來表達。舉《禮記‧檀弓上》爲例，走到某人哭位前，該説"趨而就某人於某處"，如檀弓"趨而就子服伯子於門右"、"趨而就諸臣之位"，足爲明證。

杜預謂孔子往弔季氏，孔穎達申明杜意，説是就季氏哭位而弔之，在他們看來，"孔子與弔"與"適季氏"爲一事，孔子之弔只爲季氏，與哀公無涉。後代有注家將"孔子與弔"與"適季氏"分成前後接續的兩件事，即孔子先弔於哀公，弔畢才適季氏，而適季氏並非弔季氏。持此説者如傅遜《左傳注解辨誤》云：

> 想孔子時以弔於朝矣，而後適季氏，豈向季氏弔乎! 其交拜者，如常時相見而拜耳②。

---

① 鄭玄以爲，孔子哭子路於中庭，"與哭師同，親之"。《禮記‧奔喪》云："哭父之黨於廟，母、妻之黨於寢，師於廟門外，朋友於寢門外，所識於野張帷。"（吕友仁整理：《禮記正義》[上海：上海古籍出版社，2008]，頁 2145）孔穎達據此，以爲若不親之，當與朋友同，哭於寢門外。

② 傅遜：《左傳注解辨誤》，《續修四庫全書》（上海：上海古籍出版社，1995），第 119 册，頁 575。

安井衡也提出類似的看法。安井衡同樣認爲孔子先弔於哀公，弔畢才適季氏，跟傳説不同的是，他認爲適季氏還是弔喪，就像"弔國喪"一樣。《左傳輯釋》云：

> 孔子既老，而季氏爲正卿。適季氏，蓋亦弔國喪也[1]。

竹添光鴻《左傳會箋》襲用其説云："弔者弔於公也。弔畢而適季氏。季氏爲上卿，適季氏亦弔國喪也。"[2] 分開來説，"孔子與弔"指孔子無服，僅與弔公而已，而"適季氏"則指因國小君之喪而弔季氏。説適季氏是常時相見禮也好，説是弔喪也好，都不成問題，但説先弔於公，則似有可商。魯哀公爲定公之子，定公蓋昭公之弟[3]，若然，則昭公爲哀公伯父，而孟子爲昭公夫人，爲哀公之伯母。哀公會否爲孟子服喪頗成疑問。《儀禮·喪服》齊衰不杖期章云："世父母，叔父母。"據《喪服傳》的解釋，伯母、叔母本無血親關係，只因伯母、叔母與伯父、叔父"牉合"，故爲其服期服[4]。然而，《儀禮·喪服》除了列明"君爲姑、姊妹、女子子嫁于國君者"服大功，沒有説國君於旁親有服。《白虎通·喪服》明言"天子諸侯絶期"[5]，自此以降，形成了相沿既久的成説。所謂"諸侯絶旁期"，就是説諸侯一般只爲高曾祖父母、父母及妻、世子等直系親屬有服，同士人；而於伯叔父母、兄弟、姑、姊妹及其他旁系親

---

① 安井衡：《左傳輯釋》，《域外漢籍珍本文庫》（重慶：西南師範大學出版社，北京：人民出版社，2008），第一輯，經部，第2—3册，頁270。
② 竹添光鴻：《左傳會箋》（臺北：廣文書局，1963），第二十九，頁77。
③ 楊伯峻：《春秋左傳注》（北京：中華書局，1990）云："何休以爲昭公子，恐不確。"（頁1521）
④ 詳參丁鼎《〈儀禮·喪服〉考論》（北京：社會科學文獻出版社，2003），頁145。
⑤ 陳立：《白虎通疏證》（北京：中華書局，1994）對此考論極詳。（頁505—506）

屬無服，與士人不同①。在特定情況下，諸侯須爲旁親服喪，如姑、姊妹所嫁者爲國君，其尊同，故爲之服大功。君爲姑、姊妹之嫁於國君者服大功，可以魯莊公爲齊襄公夫人（王姬）服大功之事爲證②。至於諸侯絶旁期，晉平公不爲杞孝公服喪可充當例證。據楊伯峻《注》，晉悼公夫人爲杞孝公幼妹，又爲晉平公之母。悼夫人爲兄服喪，所服喪服包括《左傳》後文的"墨縗、冒、絰"③。晉平公不徹樂，自亦不爲舅服喪。"禮，爲鄰國闋"，闋即徹樂，意謂鄰國有喪，諸侯亦徹樂。《左傳》譏貶平公，只是針對他不徹樂，而不是因爲他不爲舅服喪，楊先生《注》揭櫫《左傳》之意云："杞孝公于晉平公雖爲舅甥，但于古禮，諸侯于朞年之喪不服，故以鄰國責之。"④ 由是觀之，在《左傳》作者看來，諸侯於期年之喪不服。無可否認，孟子身爲國小君，情況或有不同，但通覽《左傳》，始終找不到國君爲先代旁系君夫人服喪的事例。哀公爲孟子服喪，頗成疑問。若哀公於孟子果真無服，則説孔子弔於哀公，便是無的放矢。而且，哀公亦非喪主。《禮記·服問》云："君所主：夫人妻、大子、適婦。"孔《疏》講得很明白："'君所主：夫人妻、大子、適婦'者，此三人既正，雖國君之尊，猶主其喪也。非此則不主也。"⑤ 國君主喪，對象有三：正室夫人、太子、太子正室，此外皆所不主。《禮記》所言雖不足以概括春秋時禮，《左傳》確曾記録

---

① 丁鼎：《〈儀禮·喪服〉考論》，頁 273。在特定情況下，諸侯須爲旁親服喪，如姑、姊妹所嫁者爲國君，其尊同，故爲之服大功。

② 《禮記·檀弓下》云："齊穀王姬之喪，魯莊公爲之大功。或曰：由魯嫁，故爲之服姊妹之服。或曰：外祖母也，故爲之服。"鄭玄《注》云："穀當爲告，聲之誤也。王姬，周女，齊襄公之夫人。春秋周女由魯嫁，卒，服之如内女服姊妹是也。天子爲之無服。嫁於王者之後，乃服。莊公，齊襄公女弟文姜之子，當爲舅之妻，非外祖母也。外祖母又小功也。"（吕友仁整理：《禮記正義》，頁 358）

③ 詳楊伯峻《春秋左傳注》所引沈欽韓之説。（頁 1075）

④ 楊伯峻：《春秋左傳注》，頁 1072。

⑤ 吕友仁整理：《禮記正義》，頁 2162。

君爲妾服喪之事，但君爲喪主的對象畢竟有限。倒是季康子身爲上卿，執持國政，説不定就由他來主孟子之喪。《左傳》襄公四年記載定姒薨，定姒爲襄公生母。季孫行父不以夫人之禮葬之，匠慶批評他説："子爲正卿，而小君之喪不成，不終君也。"[①] 可見小君之喪向由正卿主持。孔子與弔而適季氏也就順理成章了。

2."放経而拜"誰屬的問題

杜預《注》云：

> 孔子以小君禮往弔，季孫不服喪，故去経，從主節制。

依杜意，"季氏不絻"與"放経而拜"分屬兩句，"放経而拜"接言"孔子與弔"，主語承前省略，仍是孔子。提出異議的後代注家不多，大概只有明代的陸粲和近人傅隸樸。現在先討論陸粲的看法，《左氏春秋鐫》云：

> 依此禮（引者按：指《曲禮》喪賓不答拜之禮），則言孔子拜者，誤。

又云：

> 以季氏不絻，而放経，則夫子貶禮以徇強臣乎！疑《傳》文當以"不絻放経而拜"爲一句，蓋言其不著喪服，又去経而拜耳，非謂孔子去経也。

"絻"，本作"免"。絻爲遭喪之服，以免代冠。據鄭玄《儀禮注》，

---

① 楊伯峻：《春秋左傳注》，頁 934。

具體做法是：去冠，括髮，用布寬一寸，從項中而前，交於額上，又繞後繫於髮結。紒爲始發喪之服，服成則衰絰①。《左傳》哀公二年記"使太子絻，八人衰絰僞自衛逆者。"正以"絻"（初死之服）與"衰絰"（成服）對言。陸氏認爲"季氏不絻"與"放絰而拜"爲一句，同爲季氏所爲。陸氏的理據是，如果"季氏不絻"，孔子因而放絰，即除掉弔服，便是遷就強臣而貶棄正禮。既然孔子肯定不會這樣做，那麽，"放絰而拜"者就不是孔子了。可是，陸説的最大漏洞在於，正如陸氏所説，季氏不絻，即不著喪服，既如是，又怎會有"放絰"之舉呢？傅遜《左傳注解辨誤》反駁説："絰因喪服而有，季氏既不絻矣，又何絰之有？"針砭陸説，可謂一矢中的。安井衡《左傳輯釋》則説：

> 禮從主人，主人不以喪禮自處，而客獨行之，非禮也。孔子放絰而拜，所以深喻季氏，非廢禮以徇強臣也。

季氏不絻，孔子放絰，既合乎"禮從主人"的原則，又能曉之以理，不存在陸粲説的廢禮以徇強臣之事。

近人傅隸樸不約而同地提出與陸粲相近的看法，《春秋三傳比義》説：

> 孔子在公弔之後，又往季氏家爲私人之弔，季氏在家雖不絻不絰，然仍以受弔主人身份，向孔子爲答謝之拜，杜注以"放絰而拜"，是指孔子言，乃完全錯誤，因弔無拜法，且季氏之家，非殯宮所在，孔子拜什麽？惟受弔主人，對弔客則不問誰何？都必須下拜②。

---

① 詳參鄭玄《儀禮·士喪禮》"主人髺髮袒，衆主人免于房"下注文。
② 傅隸樸：《春秋三傳比義》（北京：中國友誼出版公司，1984），頁561。

"公弔"恐無其事，已辨如上。季氏不著喪服，"放絰"者只能是孔子。《孔子家語・曲禮子貢問第四十二》同記此事，有云：

> 季氏不絰，孔子投絰而不拜。

最明顯不過的是，《孔子家語》在"投絰而不拜"前補上主語"孔子"。觀乎此文，陸粲與傅隸樸二人之説不攻自破。季氏之家，當然不是孟子殯宮所在。季氏身爲主人，不以喪禮自處，孔子自然不能依弔禮而行。季氏向孔子行拜禮，孔子只得答拜[1]。

3. "放絰而拜"中"絰"與"拜"的類屬問題

"統"與"絰"同爲遭喪之服。絰分葛絰與麻絰兩種，麻重而葛輕。戴於頭者爲首絰，繫於腰者爲腰絰，腰絰亦曰帶。弔喪者所服之絰，除特殊情況外，一般都用葛絰。楊伯峻《注》云："孔丘去絰而答拜也。絰亦喪服，以葛麻爲之。"籠統地説"以葛麻爲之"，不予區分，稍欠嚴謹。孫希旦《禮記集解》辨析葛絰與麻絰之異云：

> 《喪服・記》："朋友麻。"《奔喪》："無服而爲位者惟嫂叔，及婦人降而無服者麻。"此二者之麻，皆弔服也。而特言麻，可以見凡弔絰之非麻矣。……《士虞禮》："祝免，澡葛絰、帶。"祝乃公有司，其所服固弔服也。而葛絰、帶，則弔服之絰、帶，於此可見矣。士爲朋友麻，若弔于未成服，則亦葛絰、帶，蓋未成服則弔者猶玄冠，麻不加于采也。又《注》謂

① Stephen Durrant，Wai-yee Li, and David Schaberg 合譯的 *Zuo Tradition / Zuozhuan: Commentary on the "Spring and Autumn Annals"* 將此段文字譯爲："Confucius took part in the condolences and visited Ji Kangzi. Ji Kangzi did not wear a mourning cowl, so Confucius removed his hempen cap and sash and bowed." p. 1907. 是已。

子游"所弔者朋友",《疏》謂"弔服惟有経,朋友乃加帶",
非也。子游所弔,不言其爲何人,安知其爲朋友乎?《喪大記》
"弔者加武,帶、経",則凡弔者皆帶、経備有,不獨朋友矣①。

據此,葛経與麻経分別甚明,凡弔経不用麻,亦彰彰明矣。孔子
"放経而拜",可從弔喪"禮從主人"、"隨之而變"的制禮原則加以
分析。杜預《注》云:

> 孔子始老,故與弔也。絻,喪冠也。孔子以小君禮往弔,
> 季孫不服喪,故去経,從主節制。

依杜説,孟子舉喪之時,孔子已致仕,不復爲臣②,故無須服齊衰
三月之喪,只因小君之喪往弔季孫,卻發現季孫不服喪服,因應主
人這個舉動,也只好除去経帶③。

如果引證《禮記》弔喪事例,孔子"放経而拜"的舉措就更容
易理解。《禮記·檀弓上》云:

> 曾子襲裘而弔,子游裼裘而弔。曾子指子游而示人曰:
> "夫夫也,爲習于禮者,如之何其裼裘而弔也?"主人既小斂,

---

① 孫希旦:《禮記集解》(北京:中華書局,1989),頁 204。"弔服",可參考《周禮·
司服》鄭《注》及孫詒讓《正義》,見《周禮正義》(北京:中華書局,1988),頁
1647;另可參看《禮記集解》,頁 201。

② 杜預以爲,孔子曾仕哀公,只是已去臣位,故與弔而不爲小君服喪。劉炫則認爲哀
公不曾用孔子。孔穎達反駁劉説。詳見《十三經注疏·左傳疏》,頁 1025。傅遜
《左傳注解辨誤》又復質疑杜注,以爲"孔子仕於定公十年,距此已遠,而云始老,
又云去経從主節制。夫豈孔子弔季氏而云從主哉?"(頁 575)

③ 沈欽韓曰:"経即齊衰三月之経。《喪服》'齊衰三月章:爲舊君之母妻。'《傳》曰:
'君之母妻,則小君也。'孔子嘗仕於昭公之世,又其本國。《疏》謂'大夫之弔服
弁経',非也。"見《左傳補注》,《清經解續編》(上海:上海書店,1988),第三冊,
頁 220。沈氏以爲孔子著経,是服齊衰三月喪的緣故。但《左傳》明言"孔子與
弔",顯然是著弔服。沈説站不住腳。

袒、括髮，子游趨而出，襲裘、帶、経而入。曾子曰："我過矣！我過矣！夫夫是也。"

孫希旦云：

> 始死，主人笄、纚、深衣，至小斂，乃袒、括髮，始變服也。帶、経，服弔服之葛帶、経也。出而帶、経者，死者之寢門外。蓋張次以爲弔者之所止息，而其経、帶亦饌焉，故出而取服之也。凡弔者，主人未變，則吉服，羔裘、玄冠，緇衣、素裳，又裼而露其中衣；主人既變，則襲而加経、帶，其冠與衣猶是也；主人既成服，則服弔衰。

又，《檀弓下》記：

> 衛司徒敬子死，子夏弔焉。主人未小斂，経而往。子游弔焉。主人既小斂，子游出経，反哭。子夏曰："聞之也與？"曰："聞諸夫子：主人未改服，則不経。"

孫希旦云：

> 愚謂改服者，主人既小斂，始服未成服之麻也。凡弔者之服，隨主人而變；主人改服，則弔者加経帶；主人成服，則弔者服弔衰[1]。

歸納上引弔喪事例及孫希旦的分析，可得出弔者之服隨主人而變的

---

[1]　孫希旦：《禮記集解》，頁 204、267。

通例：凡弔者，主人未變，則吉服，主人既變，則襲而加絰帶，主人成服，則服弔衰。想是當時孔子往弔季氏，以爲季氏已改服，故穿弔服加絰[1]，豈料季氏並未服喪，即"主人未改服"，於是"禮從主人"，脫掉葛絰帶。孔子不這樣做，才是貶禮。杜預説："季孫不服喪，故去絰，從主節制。"道出了個中的道理。

尤可注意者，子游引述孔子説的"主人未改服，則不絰"，正是"季氏不絻"、孔子"放絰"的最好注腳，兩者恰恰構成凡例（理論）與事例（實踐）的緊密關係。難怪在《孔子家語・曲禮子貢問第四十二》裏，兩者就拼湊在一起。其文云：

> 魯昭公夫人吳孟子卒，不赴于諸侯，孔子既致仕，而往弔焉，適于季氏，季氏不絰，孔子投絰而不拜。子游問曰："禮與?"孔子曰："主人未成服，則弔者不絰焉，禮也。"

如果這段紀事確有依據，上引《檀弓下》子游複述孔子的話語，便是以此事爲語境，也可用於補足《左傳》的闕漏。這段紀事與《左傳》文字略有出入："不絻"與"不絰"，問題不大，但"放絰而拜"與"投絰而不拜"兩語，"放"與"投"義近，可置不論，"拜"與"不拜"截然相反，自然引起學者注意。黄以周《禮書通故》云：

> 孔穎達云："昭夫人孟子卒，孔子與弔，適季氏，季氏不絻，放絰而拜。據此《傳》文，弔有拜法，《記》文不具爾。"

或説《左傳》之文，當依《家語》作"投經而不拜"。以周案：《記》云"非弔喪，無不答拜者"，是弔喪不答拜，《記》有明文。孔子放經，以季氏不成喪，己亦不成弔也，故得拜爾，如可成弔不拜，亦何容放經矣。王肅私改《家語》，殊失《左傳》之意，孔《疏》亦謬。但俗情以答拜爲重，儼然以賓自處。司馬《書儀》、朱子《家禮》亦有弔喪答拜之文，狗俗爲之，非古也①。

案：《禮記·曲禮下》訂明"凡非弔喪，非見國君，無不答拜者"，換言之，如非弔喪、見國君，都必須答拜。鄭玄拈出"禮尚往來"作爲制禮原則。喪賓不答拜，是因爲此來全然爲了幫忙辦理喪事，而不是欲行賓主相見之禮。在主人對己行拜禮之時，要是答拜，就有違本意，相反，只有不答拜，則符合此來的目的②。既有禮例可援，孔子此"拜"就只能是別種之拜。黃以周指出，《孔子家語》作"投經而不拜"，"投經"與"不拜"不相應，兩者並存是誤解《傳》文所致。季氏如已改服，孔子成弔，依禮，自然不答拜，不可能投經。事實是，季氏不成喪，孔子不成弔，自然要投經而拜。迄今所見，最早探討這個問題的是孔穎達，他説：

> 禮，弔無拜法。而此言孔子放經而拜者，《記》言喪賓不答拜，謂喪主既拜賓，賓不答拜耳。其初見主人，或弔者先拜。據此《傳》文，必有拜法。《記》無其事，《記》不具耳③。

孔穎達因確信"弔無拜法"，排除是喪賓答拜的可能，於是推想弔者初見主人，或會先拜，然後又據《左傳》斷言"必有拜法"，只

---

① 黃以周：《禮書通故》（北京：中華書局，2007），頁487。
② 呂友仁整理：《禮記正義》，頁158。
③ 《十三經注疏·左傳注疏》，頁1025—1026。

是記禮者有所闕略而已。孔氏立説，"或"、"必"相雜，游移不定，淆亂不清。黃以周斥爲"謬"説，不爲無理。竹添光鴻《左傳會箋》云：

> 拜者，賓主之拜也。古者弔無拜禮也。禮從主人，主人不以喪禮自處，而客獨行之，非禮也。見季之不綃，則亦去其絰，禮之稱也[①]。

竹添光鴻將孔子此"拜"視爲賓主相見之拜，是已。孔子此"拜"只能屬於相見禮類別，而相見禮有初見之拜與別離之拜。若是拜送，賓退，主人或送於門内，或送於門外[②]，再拜，而賓不答拜[③]。《論語·鄉黨》記録孔子行事，"君召使擯……賓退，必復命曰：'賓不顧矣。'"然則，孔子此"拜"，蓋爲初見迎拜之禮。當時，孔子見季康子，季康子迎拜，故孔子答拜。孔子拜季康子，見於《論語·鄉黨》："康子饋藥，拜而受之。曰：'丘未達，不敢嘗。'"然此爲拜受，與答迎拜之拜各自不同。

4. 孔子"放絰而拜"是否别有深意？

有注家認爲，針對季氏不綃，孔子"放絰而拜"，别有深意存焉。武億《群經義證》云：

> "放絰而拜"《注》："孔子以小君禮往弔，季氏不服喪，故去絰從主節制。"《疏》："季孫既不服喪，孔子不得服弔服，故去絰從主節制也。"案：《禮記》："公儀仲子之喪，檀弓免焉。"

---

① 《左傳會箋》，第二十九，頁77。
② 淩廷堪《禮經釋例》（臺北：中研院中國文哲研究所，2004）云："凡送賓，主人敵者于大門外，主人尊者于大門内。"（頁107）
③ 淩廷堪《禮經釋例》云："凡拜送之禮，送者拜，去者不答拜。"（頁101）

《注》："故爲非禮以非仲子也。""司寇惠子之喪，子游爲之麻衰牡麻絰。"《注》："惠子廢適立庶，爲之重服以譏之。"蓋君子救時之失有如此者。竊以放絰而拜，亦用此意以譏季氏，如杜所云從主節制，非也①。

楊伯峻《注》亦云：

> 古代喪禮，主人拜，賓不答拜。季氏既不行喪禮，孔丘亦拜。武億《義證》引《禮記·檀弓上》"公儀仲子之喪，檀弓免焉"及"司寇惠子之喪，子游爲之麻衰牡麻絰"鄭玄《注》皆以爲譏主人，因云："放絰而拜，亦用此意，以譏季氏。"②

楊先生注末介紹了武億對這件事的看法，似乎代表了他的意思。武億認爲，孔子的做法原來寄寓褒貶之意。也就是説，孔子故意"放絰而拜"，就像檀弓之免及子游之麻衰牡麻絰一樣。正如楊先生所説，檀弓及子游有意譏刺主人之説，是鄭玄首先提出來的。對於檀弓之事，鄭玄説："檀弓故爲非禮以譏仲子也。禮，朋友皆在他邦，乃袒免。仲子所立非也。"事實上，學者或對鄭説抱持懷疑的態度，如孫希旦《禮記集解》就説："檀弓於仲子，乃不當免者，未知其所以免之意。鄭氏謂檀弓以仲子廢適立庶，故爲非禮之服以非之，蓋以子游之弔司寇惠子者推之。然《記》文上言'檀弓免焉'，下言'仲子舍孫立子'，則似檀弓既弔，方見仲子立子而怪之，《注》説亦未知是否也。"③ 孫氏之説是有道理的。司寇惠子之喪，子游以輕衰重絰服之，連帶其餘舉動，似乎都在在表示了不滿惠子之意。

---

① 《清經解續編》（上海：上海書店，1988），卷二二一，册1，頁1029。
② 楊伯峻：《春秋左傳注》，頁1670。
③ 孫希旦：《禮記集解》，頁164。

但個中因由是否就如鄭玄所説，後人的看法並不一致①。至於孔子因季孫不服喪而放經，禮固宜然，容易理解，不必也不能説孔子故意用這種舉措來譏刺季氏。武氏之説，未免求之太深。

除了武氏外，也有學者提出更迂曲的看法，如梁履繩《左傳補釋》載録黃震《讀左日鈔》云：

> 觀季氏不服喪冠，則當時不以夫人禮待之可知，孔子去經而拜，因不欲矯季氏之失，亦所以掩昭公之非禮也。（《讀左日鈔》十二）②

按照這種看法，孔子因應季氏的做法，放經而拜，原意是爲了避免因矯正季氏的過失，而暴露了"昭公之非禮"。昭公違反了"同姓不婚"的禮法，竟娶了同姓吳國的孟姬。現在季孫不以夫人禮葬孟姬，正好掩蓋了昭公之非禮。這只能看作黃氏的揣測，孔子是否有這個意思就不得而知了。

其實，孔子放經而拜，全因季氏不服喪，孔子的舉動，本身就反映季氏失禮。杜預《春秋釋例》云："若昭之孟子者，以同姓爲闕，生革其姓，過而知悔也。然吳之大伯，下及魯昭，於親遠矣，所諱在於名義而已。居夫人之位，籍小君之尊，已三世矣。季氏當國，而不爲之服，至令仲尼釋己之經，國朝不成其喪，以世適夫人不書於策，此季氏之咎也。"③孔子放經而拜，暴露了季氏的罪咎。

5. 小結

綜上所論，可以合理地解答《緒言》中提及的四個問題：

---

① 贊同鄭説者如孫希旦，詳見《禮記集解》，頁206；反對鄭説者如王夢鷗，詳見《禮記今註今譯》（天津：天津古籍出版社，1988），頁91。
② 《清經解續編》，第二册，頁192。
③ 《十三經注疏‧左傳注疏》，頁1025。

(1)"孔子與弔，適季氏"，指弔於季氏家，季氏爲主人，不絰，故孔子亦放絰。《孔子家語·曲禮子貢問》於《左傳》紀事之後補綴孔子語曰："主人未成服，則弔者不絰焉，禮也。"足爲明證。"孔子與弔"與"適季氏"是一回事，往季氏家的目的就在於弔季氏，不涉及弔於哀公的問題。(2)"放絰而拜"者是孔子，而不是季氏。《孔子家語》"孔子投絰而不拜"，補出主語，可與《傳》文互爲參證。(3)弔服之"絰"實爲葛絰，而非麻絰。孔子之拜，應屬賓主相見禮之答拜，想是季氏迎拜，故孔子答拜。(4)孔子"放絰而拜"，是基於"禮從主人"的原則。季氏（主人）既不服喪，孔子（賓）不成其弔，無著絰之理，否則便是失禮。孔子放絰而拜，暴露了季氏不爲小君服喪之罪。

四、"葬鮮者自西門"與"卿喪自朝"

"葬鮮者自西門"與"卿喪自朝"，同見於《左傳》昭公五年，分別代表魯大夫叔仲帶與叔孫氏宰杜洩[1]提出的出葬介卿叔孫豹的兩種方案。事情的原委是這樣的：豎牛——叔孫豹與庚宗婦人私通所生之子，欲亂叔孫氏之室而有之，因而設計陷害叔孫豹與嫡妻齊國姜所生二子孟丙和仲壬。先是拘殺孟丙，繼而令仲壬避禍奔齊，最後逼使叔孫豹飢渴而死。叔孫豹"好善而不能擇人"（吳公子季札語），終致不得壽終，應驗了季札説他"不得死乎"的讖言。魯昭公派杜洩辦理叔孫豹的葬禮。之所以這樣安排，很可能是由於其嫡子或死或奔，不得爲喪主的緣故。杜洩打算按照魯卿的規格來辦理叔孫豹的葬禮。豎牛卻賄賂叔仲帶及季氏家臣南遺[2]，從中作梗，

---

[1]　杜預注云："杜洩，叔孫氏宰也。"見《十三經注疏·左傳注疏》（臺北：藝文印書館，1989），頁734。

[2]　杜預注云："南遺，季氏家臣。"見《十三經注疏·左傳注疏》，頁734。

企圖令季氏厭惡杜洩而趕走他，達到貶抑叔孫豹的目的，因而引發杜洩與叔仲帶及南遺二人對葬禮安排的爭端。

杜洩與南遺之爭，在於是否用天子所賜路車隨葬的問題。《左傳》昭公四年記：“杜洩將以路葬，且盡卿禮。”杜洩打算用天子賜予叔孫豹的路車隨葬，並完全按照卿禮來安葬叔孫豹。南遺則以叔孫生前未曾乘路及正卿季氏無路爲由，加以阻撓。二人因此在季氏面前爭辯。南遺之議雖然得到季氏的支持，但杜洩嚴辭抗辯，季氏只好容許用路隨葬。

杜洩與叔仲帶之爭，則在於從哪座城門出葬的問題。《左傳》記此事之本末云：

> 叔仲子謂季孫曰：“帶受命於子叔孫曰：‘葬鮮者自西門。’”季孫命杜洩。杜洩曰：“卿喪自朝，魯禮也。吾子爲國政，未改禮而又遷之。群臣懼死，不敢自也。”既葬而行①。

叔仲帶，即叔仲昭伯，與叔孫豹同屬魯公室成員。叔仲帶自言“葬鮮者自西門”一語是受命於“子叔孫”。“子叔孫”實爲叔孫豹，就像晉叔向稱魯叔弓（魯宣公弟叔肸之曾孫，又稱子叔敬叔②）爲“子叔子”一樣，前面加“子”，表示敬稱③。叔仲帶的意思是說，既然叔孫豹自己說過“葬鮮者自西門”，便可依此辦理他的喪事。

---

① 《十三經注疏・左傳注疏》，頁 742—743。

② 楊伯峻：《春秋左傳注》，頁 1229。

③ 當代注家誤當“子叔孫”爲“叔孫州仇”，如陳克炯：《左傳詳解詞典》（鄭州：中州古籍出版社，2004）“子叔孫”條說：“魯臣。叔仲子謂季孫曰：‘……’（昭 5）參‘叔孫仇牧（引者按：“仇牧”爲“州仇”之誤）、‘武叔’、‘武叔懿子’。”（頁 469）互見“叔孫州仇”、“武叔”及“武叔懿子”各條（頁 223、頁 717—718）。李夢生《左傳今注》（南京：鳳凰出版社，2008）說：“子叔孫：叔孫州仇，魯大夫。”（頁 539）此人實不知禮，《禮記・檀弓上》記：“叔孫武叔之母死，既小斂，舉者出戶，出戶袒，且投其冠，括髮。子游曰：‘知禮？’”武叔失禮，故子游嗤之。《論語・子張》記“叔孫武叔毀仲尼”，適見其不自量。

叔仲帶没有交代叔孫豹是在甚麽時候、何種場合説過這句話。杜洩所爭，似乎不在於叔孫豹有否説過這句話，而在於"葬鮮者自西門"不合乎魯國特有的葬卿之禮。"卿喪自朝，魯禮也"，申明魯卿葬禮有特定安排，有異於別國之禮。至於魯卿以外的各級貴族（卿上之君，卿下之大夫、士）自何門出葬？爭辯雙方均未見提及，《左傳》以至其他文獻也没有相關記載。從西門出葬是否存在於魯國某個級別的喪禮也不得而知。可以確知的是，即使叔孫豹在生時説過此話，其或有過這樣的主張，在其生前死後，魯國固有的"卿喪自朝"之禮始終未變。因此，當季武子從叔仲帶之議下令從西門出葬時，杜洩不從，據禮力爭，申明"卿喪自朝"才合乎魯禮，還説季氏秉持國政，如未通過正式程序便擅自改動魯禮，殊不恰當，表明玆事體大，自己身爲下臣懼怕被戮，不敢這麽做。

俞樾（1821—1906）《群經平議》這樣理解叔仲帶的話：

> 叔仲帶謂此言受之叔孫，疑叔孫生時因論喪禮，曾有此言，然未嘗行之魯國，使爲常法也。叔仲帶追述之，蓋欲貶損叔孫，不依舊典，故借此爲由耳①。

俞氏推想，叔孫豹生時，或許在某種場合，曾與叔仲帶論及喪禮，因有此言，但未嘗推行，使之成爲常法。叔孫豹賢能知禮②，或如俞氏所言，在談論喪禮時説過這句話，當中或許參照了別國之禮。但説叔孫豹主張普遍推行從西門出葬之禮，使爲常法，卻難有實

---

① 俞樾：《俞樾劄記五種》（臺北：世界書局，1963年），《經二十七》，頁2a—b。
② 叔孫豹曾概述魯國當時的政治情況説："叔出季處。"即季孫守國而叔孫出使。事實確是如此，自魯襄公二十一年後，《春秋》書魯國參與之盟會聘問，皆有叔孫名字。趙武説過："魯叔孫豹可謂能矣。"並以"忠、信、貞、義"許之。（《左傳》昭公元年）叔孫豹諳熟聘禮，可想而知。其人知禮，還表現於"趙孟欲一獻"、"楚人使公襚"諸事上。

據。叔仲帶這樣説，意圖非常明確，無非是以此爲藉口，使叔孫豹不得依魯卿禮葬，達到貶損其葬禮的目的。“葬鮮者自西門”，與代表當時魯卿葬禮的“卿喪自朝”迥别，分屬兩種葬禮，兩者在出葬路線以至於從何門而出都存在差異。依魯禮，“卿喪自朝”，體現死者身份地位與别不同。古今注家對叔仲帶與杜洩提出的這兩種方案，持説不同，莫衷一是①。筆者以爲，要想確切理解“葬鮮者自西門”與“卿喪自朝”的含意，文字、語法、敘事、禮制四者都必須考慮在内，稍有偏廢，便會糾纏不清，猶治絲而棼之也。茲循此原則，試爲之考釋。

1. “葬鮮者自西門”解

(1) “鮮”及“鮮者”的含義

杜預（222—284）注“葬鮮者自西門”云：

> 不以壽終爲鮮。西門非魯朝正門。

孔穎達（574—648）《疏》云：

> 叔孫餓死，而帶言葬鮮。知不得以壽終者，名之爲鮮，言年命鮮少也。叔仲帶得以此言告季孫，則季孫知豎牛餓殺叔孫矣，而不討者，季孫利其禍而己得專，故舍之而不討也。杜洩云：卿喪自朝，知西門非正門②。

---

① 近期出版的英譯本《左傳》，仍不得其解。Stephen Durrant，Wai-yee Li，and David Schaberg 合譯的 *Zuo Tradition / Zuozhuan: Commentary on the "Spring and Autumn Annals"* 將叔仲帶與杜洩語分别譯作：“In burying those who have died without living out their years, proceed from the western gate.” "The funeral for a high minister proceeds from court: that is the Lu ritual." p. 1385.

② 《十三經注疏·左傳注疏》，頁 742。

杜預解"鮮"爲"不以壽終"，孔穎達則用"年命鮮少"詮釋其意。"鮮"中古有仙、癬二音①。讀癬，訓"少"，指稀少，《左傳》多見②，以叔孫豹之言爲例，就有"不度之人，鮮不爲患"（襄公三十一年）。"鮮少"連言，見於《國語·楚語上》記伍舉曰："且夫私欲弘侈，則德義鮮少。"③但謂"鮮"指"年命鮮少"，文獻無例可援④。而且，叔孫豹死時年齡不小，何以得稱"鮮少"？竹添光鴻（1841/2—1917）《左傳會箋》云："《正義》云：'鮮言年命鮮少也。'然叔孫自父莊叔卒，既已六十七年矣。有二孫能殺豎牛，不可謂年命鮮少。"⑤根據莊叔死至此年已六十七年，可推知叔孫豹的年齡或在七十左右⑥。竹添光鴻反駁孔説，合理有力。況且，叔仲帶接受豎牛賄賂，爲其黨羽，要是説出叔孫豹不得壽終，豈不將豎牛餓死其父之罪暴露於人前？俞樾説得好："杜謂不以壽終爲鮮。夫帶乃豎牛之黨，豈肯發其餓死叔孫之罪?"⑦孔穎達也察覺到杜注的漏洞，巧辭迴護説："叔仲帶得以此言告季孫，則季孫知豎牛餓殺叔孫矣，而不討者，季孫利其禍而己得專，故舍之而不討也。"⑧

---

① 陸德明《經典釋文》云"鮮音仙"，又録徐邈音云："息淺反。"見《十三經注疏·左傳注疏》，頁742。
② 《左傳》的"鮮"共40例，作形容詞用者，表示"少"或"稀少"，作副詞用者，表示動作行爲範圍之小，作名詞用者，指新宰殺的野獸。詳參何樂士《〈左傳〉範圍副詞》（長沙：岳麓書社，1994），頁232—234；陳克炯《〈左傳〉詳解詞典》，頁1329。
③ 徐元誥：《國語集解》（北京：中華書局，2002），頁495。
④ 《禮記·月令》："季夏行春令，則穀實鮮落。"孔穎達《疏》既云："'穀實鮮落'，謂鮮少墮落。"復云："穀實累而墮落。"（見吕友仁整理《禮記正義》［上海：上海古籍出版社，2008］，頁683）前讀"鮮"上聲而訓爲鮮少，後讀"鮮"平聲而訓爲鮮累，模棱兩可。王引之《經義述聞·〈禮記〉穀實鮮落》訓"鮮"爲"散"，又將"鮮"轉讀爲"斯"，以爲只有這樣，"鮮落"兩字才能連屬，表示散落、解落之意。詳王引之《經義述聞》（南京：江蘇古籍出版社，1985），頁341。《月令》之"鮮落"實即《白虎通·五行》之"遷落"。
⑤ 竹添光鴻：《左傳會箋》（臺北：廣文書局，1963），卷第二十一，頁26。
⑥ 楊伯峻：《春秋左傳注》，頁1262。
⑦ 《俞樾劄記五種·群經平議》，《經二十七》，頁2。
⑧ 《十三經注疏·左傳注疏》，頁742。

南遺曾以“叔孫氏厚，則季氏薄”勸季武子不要立仲壬，說明兩家
有此消彼長之勢，叔孫氏禍亂大作，自然不能再對季氏構成威脅。
且叔孫豹對季武子多有所怨，其死對季氏無疑有利。豎牛餓殺叔孫
豹，罪莫大焉，季武子蓋知之而不討。若叔仲帶公然宣之於口，季
氏再不聲討，則上無以告君，下無以服衆。揆之當時情勢，孔穎達
所言，實不可取。由是觀之，“年命鮮少”一語，顯然無助於證成
杜說，反倒啟人疑竇，難怪後人對杜注多有質疑，如汪中（1745—
1794）斷言杜說“義無所據”[1]，安井衡（1799—1876）也質疑其說
“未知所據”[2]。

　　杜預用“不以壽終”訓釋《左傳》字義，還見於另一處。《左
傳》僖公二十二年記叔詹曰：“楚王其不沒乎！爲禮卒於無別。無
別不可謂禮。將何以沒？”杜預解“沒”爲“不以壽終”[3]。“沒”借
爲“歿”，而“歿”同“殁”[4]。《說文》云：“殁，終也。”“終”特
指壽終，《左傳》有此用例，昭公十五年，周景王居太子壽及穆后
之喪，卻失二禮（與喪賓宴樂，又求彝器），叔向聞之，譴責說：
“王其不終乎！吾聞之：‘所樂必卒焉。’今王樂憂，若卒以憂，不
可謂終。”“王其不終乎”與“楚王其不沒乎”相契合，除了指稱對
象不同，句法、語義完全一致，皆謂其人不得壽終。孔穎達疏解叔
向之語云：“言王其不得以壽終乎，言將夭命而橫死也。”[5] 杜預以
“不以壽終”解此“沒”字，得其確解。“不沒”、“不終”語義明
晰，但不能套用於“鮮”字的解讀上。

　　前人曾徵引文獻中“鮮”的其他用例及舊注，嘗試爲杜注提供

① 汪中著、田漢雲點校：《新編汪中集》（揚州：廣陵書社，2005），頁 12。
② 安井衡：《左傳輯釋》，《域外漢籍珍本文庫》（重慶：西南師範大學出版社，北京：人
　民出版社，2008），第一輯，經部，第 2—3 冊，頁 97。
③ 《十三經注疏·左傳注疏》，頁 249。
④ 段玉裁注，許惟賢整理：《說文解字注》（南京：鳳凰出版社，2007），頁 288。
⑤ 《十三經注疏·左傳注疏》，頁 824。

證明。其中沈欽韓（1775—1832）和章炳麟（1868—1936）同樣引"定計于鮮"爲據。沈欽韓《左傳補注》云："《漢書・司馬遷傳》：'定計于鮮也。'文穎曰：'未遇刑自殺爲鮮明也。'與杜預解同。"[①]章炳麟亦謂杜預本此語爲説[②]。今案："定計于鮮"一語，實出司馬遷《報任少卿書》，班固沿用其語而已。司馬遷原文云："士有畫地爲牢勢不入，削木爲吏議不對，定計於鮮也。"顏師古（581—645）《漢書注》引三國魏文穎曰："未遇刑自殺爲鮮明也。"只要細心抽繹文意，就知道注文用"鮮明"對譯文本中的"鮮"字[③]。而"未遇刑自殺"則撮述前文旨要，並非針對"鮮"字而言。據文穎的理解，司馬遷原意不過是表明砥礪士節，情願自殺，也不忍遇刑受辱。沈欽韓和章太炎錯誤解讀文穎的意思，謂是杜説所本，顯然不足爲據。

也有學者引杜注爲據，詮釋經典中的"鮮"字，如《詩・邶風・新臺》既云："籧篨不鮮。"又云："籧篨不殄。"胡承珙（1724—1777）《毛詩後箋》云：

> 戴氏《詩考正》云："鮮讀如《史記》數見不鮮之鮮。"《詩序廣義》云："昭五年《左傳》'葬鮮者自西門'，注：'不以壽終爲鮮。'與次章'不殄'意同。'不鮮'、'不殄'，猶言須臾無死，尸居餘氣耳。"承珙案：姜説是也。次章"不殄"，《傳》云："殄，絕也。"《爾雅》訓同。《瞻卬》《傳》又云："殄，盡也。"《説文》訓同。《易・繫辭傳》："故君子之道鮮矣。"《釋文》引師説云："鮮，盡也。"是鮮與殄同義。張湛

---

① 沈欽韓：《左傳補注》，《清經解續編》（上海：上海書店，1988），第三册，頁 61。

② 章炳麟：《春秋左傳讀》，《章太炎全集》（二）（上海：上海人民出版社，1982）"葬鮮自西"條云："杜預注：'不以壽終爲鮮。'麟按：《漢書・司馬遷傳》'決計於鮮也。'杜本此。《尚書大傳》：'西方者，何也？鮮方也。'故葬鮮自西，義取此。"（頁 605）

③ 高步瀛：《兩漢文舉要》（北京：中華書局，1990）引吳汝綸云："鮮洗先同聲通借，此借鮮爲先也。舊注以鮮爲鮮明，亦通。"（頁 101）

《列子注》亦云："人不以壽死曰鮮。"毛訓殄爲絶，而鮮不言者，意在當時，鮮之爲盡，人所共知，不煩故訓歟？……其實不鮮不殄皆言胡不遄死也。蓋深惡之之辭①。

對於姜炳璋（1709—1786）及胡承珙之説，黄焯（1886—1936）《毛詩鄭箋平議》表示贊同②。"殄"有盡義，由盡而引申爲絶之義。"鮮"與"殄"義正相近。依此釋讀《詩》文，怡然理順，自成一説。"鮮"、"殄"皆指壽命終盡，與"不以壽終"之義並不相當。"不鮮"、"不殄"不能理解爲"不終"、"不没"。

胡承珙引"張湛《列子注》"云云，實爲唐殷敬順《列子釋文》之文。《列子·湯問篇》云："越之東有輒沐，其長子生，則鮮而食之，謂之宜弟。"殷敬順《釋文》云："杜預注《左傳》云'人不以壽死曰鮮'，謂少也。"③ 訓"鮮"爲"少"本孔穎達《左傳正義》爲説。上文説"其長子生"，可知生而即食之，若"鮮"作"少"解，便令人費解。此"鮮"字蓋"解"字誤寫④。

也有學者牽合《小雅·蓼莪》之"鮮民"，藉以詮解叔仲帶説的"鮮"字，爲免枝蔓，兹不贅論⑤。

---

① 胡承珙：《毛詩後箋》，《清經解續編》，第二册，頁864。
② 黄焯：《毛詩鄭箋平議》（上海：上海古籍出版社，1985），頁50。
③ 楊伯峻：《列子集釋》（香港：太平書局，1965），頁104。
④ 王重民説，見楊伯峻《列子集釋》，頁104。孫詒讓説，見《墨子閒詁》（北京：中華書局，1986），頁432。
⑤ 《詩·小雅·蓼莪》"鮮民之生"，戴震《毛鄭詩考正》云："《春秋傳》：'葬鮮者。'謂不得以壽終爲鮮。鮮似有少福之意，名無怙恃曰鮮民。"見戴震《戴震全書》（合肥：黄山書社，1994），第一册，頁624。"鮮似有少福之意"，蓋爲揣度之詞，欠缺實據。安井衡指出，"杜云：'不以壽終爲鮮。'未知所據。"別出新説云："《詩·小雅·蓼莪》云：'鮮民之生，不知死之久矣。'《傳》云：'鮮，寡也。'謂父母既没，寡獨居室。叔孫信讒殺孟丙，仲任避禍奔齊，死無喪主，其禍與遠征喪父母者同。蓋古者謂遭禍孤獨者爲鮮，生死同之，故《小雅》之民遠征喪父母，自稱鮮民，叔孫殺逐其子，魯侯使其臣葬之，則叔仲帶稱爲鮮耳。"此文緣事曲説，強相牽附，不足以説明"鮮"字取義。

　　"鮮"與"珍"義近，"葬鮮者自西門"之鮮正取其義。汪中和俞樾不約而同地談及此"鮮"字之取義。汪中《經義知新記》云：

　　　　《爾雅·釋詁·釋文》："鮮，本或作澌。沈云：'古斯字。'"《說文》云："死，澌也。"《曲禮下》："庶人曰死。"蓋庶人之死者自西門出葬。此當時之制。季孫欲以葬庶人者葬叔孫，故杜洩曰："卿喪自朝，魯禮也。"卿正對庶人言。《尚書大傳》曰："西方，鮮方也。"《檀弓》："君子曰終，小人曰死。"《疾醫·注》："少者曰死，老者曰終。"鮮、斯、死、西，語之轉也[①]。

《說文》以"澌"訓"死"，澌爲盡的總稱，故人壽命終盡曰死[②]。"鮮"亦有盡義，與"澌"、"死"義近。且"鮮"、"斯"古音相通，"鮮"屬心紐元部，"斯"屬心紐支部，聲紐相同，韻爲支元旁對轉。二者之關係，阮元（1764—1849）論之已詳。《揅經室集·釋鮮》云：

　　　　"鮮"義屬于"魚"，而古音與'斯'近，遂相通藉，顧氏亭林、惠氏定宇已發之矣。元謂"鮮"、"斯"通藉之迹，求諸經傳多有可稽釋者，少誤便成舛誼，今試釋之。有以"斯"本語詞，藉聲近之"鮮"爲用者……至於"鮮"之訓"善"、訓"少"，及"斯"之轉通于"須"、"西"等音，更不可枚舉矣[③]。

①　汪中著，田漢雲點校：《新編汪中集》（揚州：廣陵書社，2005），頁 12。
②　段玉裁注，許惟賢整理：《說文解字注》，頁 292。
③　阮元著，鄧經元點校：《揅經室集》（北京：中華書局，1993），頁 6—8。

"死"、"西"同爲心紐脂部，支、脂古音密近。鮮、斯、死、西
四字的確構成音轉的關係。楊伯峻《春秋左傳注》云："'西'、
'鮮'古音近。漢唐猶然。曹丕《燕歌行》之押韻，《匡謬正俗》
卷八之'西'字條皆可證。"[1] 也注意到"西"、"鮮"在語音上
的關係。俞樾《群經平議》曾博引典籍證明"西""鮮"關係
密切：

> 《御覽·時序部》引《書大傳》曰："西方者，何也？鮮方
> 也。"《白虎通·五行》篇曰："西方者，遷方也。萬物遷落
> 也。"然則鮮方與遷方同，亦言萬物鮮落也。《禮記·月令》
> 篇："季夏行春令，則穀實鮮落。"《周書·時訓》篇："腐草不
> 化爲螢。穀實鮮落。"是其義也。人死謂之鮮，正取鮮落之義。
> 葬死者自西門，正取西爲鮮方之義。……又謂西門非正門，然
> 則東亦非正，何必西乎[2]？

"鮮"、"西"不但音近，西方更是萬物（當然包括人）隕落的方位，
"鮮者"與"西門"正相搭配。"人死謂之鮮，正取鮮落之意"，這
就是叔仲帶說的"鮮"的意思。這麼說，"鮮者"是泛稱死去的人，
並非特指那些不以壽終的死者。總上考論，讀"鮮"爲"死"，直
截了當。

以"死"專稱庶人，見於《禮記》，《曲禮下》云："天子死曰
崩，諸侯曰薨，大夫曰卒，士曰不祿，庶人曰死。"《檀弓》亦云：
"小人曰死。"因應死者身份、地位尊卑不同，稱死用詞亦有所區
別。但《禮記》所言，專指特定的應用場合，不能視爲通例。驗之
《春秋》書法，便知其不然。《春秋》於魯公之死，除隱公三年"君

---

[1] 楊伯峻：《春秋左傳注》，頁 1262。
[2] 《俞樾劄記五種·群經平議》，《經二十七》，頁 2。

氏卒"特殊情況外，皆用"薨"字，其他諸侯之死，則用"卒"字。與《禮記》所立"薨""卒"之例不盡相符。其實，"死"通稱一般人之死，適用於任何身份。叔孫豹預言魯襄公將死於楚宮，說他"必死是宮"[①]，既稱諸侯之死，又説過"大子死"[②]，稱嗣君之死。卿大夫言己之死，或人稱其死，同樣可用"死"，如魯大夫公冶自言"我死"[③]，吳公子季札謂叔孫豹"子其不得死乎!"[④] 是人死皆可稱"死"，不獨庶人而然。汪中以爲"死"專指庶人，以此證明季氏欲以庶人禮葬叔孫豹。説叔仲帶甚或季氏有此意圖，當然不成問題，但認爲"鮮"字直接反映這種意圖，卻未免求之過深，立説雖巧，而終不可信。

"鮮者"即"死者"。《左傳》襄公三十年云："子産斂伯有氏之死者而殯之，不及謀而行。印段從之，子皮止之。衆曰：'人不我順，何止焉？'子皮曰：'夫子禮於死者，況生者乎？'遂自止之。"[⑤] "葬鮮者自西門"等於説"葬死者自西門"。

（2）"自西門"、"自朝"、"不敢自"——三個"自"字皆作處所介詞用，或省動詞，或連處所一併省略

"自西門"、"自朝"兩個"自"字，用法相同，同樣省略動詞。楊伯峻云："句省動詞，言柩車自西門出。此與《論語・憲問》'奚自''自孔氏'，省動詞同例。"[⑥] "自西門"、"自朝"皆省略了動詞"出"。經典之中也有類似的用法，如楊先生所舉例，《論語・憲問》云："子路宿於石門。晨門曰：'奚自？'子路曰：'自孔氏。'""奚"爲疑問代詞，指處所（哪裏），"奚自"、"自

---

① 《十三經注疏・左傳注疏》，頁685。
② 《十三經注疏・左傳注疏》，頁685。
③ 楊伯峻：《春秋左傳注》，頁1156。
④ 楊伯峻：《春秋左傳注》，頁1161。
⑤ 楊伯峻：《春秋左傳注》，頁1176。
⑥ 楊伯峻：《春秋左傳注》，頁1262。

孔氏"也都省掉動詞"來"。《左傳》這段記載，"自"字三見。前兩個作介詞用，古今注家無異議，但對"不敢自也"這個"自"字，諸家看法卻出現分歧，有仍看作介詞，並特意注明"自西門"①，也有認爲用作動詞，把這句話譯成"不敢服從"②。經典之中，"自"字主要借爲介詞，有介時間、介處所、介事物三種用法，與所介之詞組成介詞短語，作爲謂語動詞的狀語或補語，其用法可追溯到甲骨卜辭和西周金文。《左傳》中的"自"字也承襲了這種用法。《左傳》中"自"字常用作動作或行爲的處所起點或所經由的處所，"自＋處所"可置於中心成分的前後，有時一句之中前置與後置兩種情況並存，如"陽虎使季、孟自南門入，出自東門，舍于豚澤。"（定公六年）③ 不管是"自南門入"，還是"出自東門"，"自＋處所"皆用於表示出入的處所起點。"葬鮮者自西門"的"自西門"與"卿喪自朝"的"自朝"，皆省略了謂語動詞"出"，處所縱有不同，"自"的用法卻無別。"不敢自也"照應前文，緊扣"自西門"而言，"自"字的用法上下一貫，只爲避免重複，又將處所一併省去罷了。因此，"不敢自也"只能譯作"不敢自西門"。明人傅遜早就注意到這點，故特意注明："不敢自西門也"。杜預注只説"從也"，"從"可作動詞用，説者遂誤以爲"不敢自也"等於説"不敢從命"。杜注恐無此意。《爾雅·釋詁》云："從，自也。""自"、"從"互訓，關係密切，"自"介處所後來漸被"從"取代，《史記》大抵反映其過渡時期。鄭玄經注，每每用"從"訓"自"，反映這種變化④。

---

① 傅遜：《左傳注解辨誤》，《續修四庫全書》（上海：上海古籍出版社，1995），第 119 冊，頁 97。
② 沈玉成：《左傳譯文》（北京：中華書局，1987），頁 404。
③ 詳參王鴻濱《〈春秋左傳〉介詞研究》，復旦大學博士論文，2003 年。文中沒有注意到本文探討的這三個"自"字的特殊情況。
④ 詳唐文編著《鄭玄辭典》（北京：語文出版社，2004），頁 415—416。

"自"、"從"相當,僅僅在於用作介詞之上。跟"從"可作動詞(如"從命"指服從命令)不同,"自"並没有這種用法。楊伯峻、徐提所編《春秋左傳詞典》於"自"下列有"聽從:不敢自也"一項①,沈玉成(1932—1995)因而譯成"不敢服從",皆不得其解。

(3)"西門"爲魯國城西門

"葬鮮者自西門"之西門爲魯國城西門。先秦文獻所記魯外郭城門,名目衆多,見於《左傳》者就有東門、南門、西門、北門、鹿門、萊門、雩門、稷門、子駒門等。《左傳》等文獻所記魯城門數,與今天考古勘探所發現的大抵相符,足以一一對應比照。二十世紀七十年代,考古學家在魯城開展勘測和發掘工作。結果顯示,魯城平面大致呈圓角的橫長方形,城門有十一座,東、西、北三垣各三座,南垣兩座。據曲英杰《先秦都城復原研究》所考,魯城西垣北門爲子駒門,中門爲吏門(史門),南門爲西門②。曲英杰還引證杜《注》、孔《疏》之文,以爲"葬鮮者自西門"即此門,説:

> 據此,西門不可能是指内城之西門,只能是指外郭城西垣城門。西垣南門連接魯城内3號道路,直通東垣中門即東門。從對應關係來看,其正當爲西門③。

過去,也有學者認爲《左傳》指的是西垣中門,如吳靜安《春秋左氏傳舊注疏證》就把"西門"看成是顧棟高《春秋大事表》所

① 楊伯峻、徐提:《春秋左傳詞典》(北京:中華書局,1985),頁278。
② 曲英杰:《先秦都城復原研究》(哈爾濱:黑龍江人民出版社,1991),頁269。
③ 曲英杰:《先秦都城復原研究》,頁272。

説的"史門，魯正西門"①。"葬鮮者自西門"之西門爲外郭城西垣城門，殆無可疑，至於説到底是西垣哪座城門，恐怕難以坐實。

（4）"西門"與"墓門"——陳國及鄭國的"墓門"

從文獻所見，陳國與鄭國皆有"墓門"。陳國之墓門，見《詩・陳風・墓門》，鄭國之"墓門"則見《左傳》。《詩・陳風》有"墓門"，馬瑞辰（1777—1853）《毛詩傳箋通釋》云：

> 《天問》王逸注曰："晉大夫解居父聘吳，過陳之墓門。"墓門蓋陳之城門，猶《左傳》言"秦師過周北門"。王尚書曰："襄三十年《左傳》'晨自墓門之瀆入'，杜注：'墓門，鄭城門。'墓門蓋亦陳之城門，若魯有鹿門，齊亦有鹿門；齊有揚門，宋亦有揚門。"其説是也。《傳》以爲墓道之門，失之②。

"墓門"可確信爲陳國城門。"墓門"的稱謂，也引起學者的注意。蔡先金《〈詩〉之"門"》説："門之專名，或依所處方位命名，或按用途命名。'墓門'之命名取義，表示出葬之門，而'墓'通'暮'，古音相同，皆在明紐鐸部，取日落西山之義。"③"西門"依方位命名，由於此門爲出葬之門，所以又按其用途命名爲"墓門"。"墓門"的命名，很可能跟日落有關。古人用太陽運行規律的東升西落比喻人生的開端（生）和終結（死），不少民族都以西方爲人隕落死亡的方位，構造了許多死亡委婉語（Euphemisms for

① 吳靜安：《春秋左氏傳舊注疏證》（長春：東北師範大學出版社，2005），頁 920。顧棟高説，見《春秋大事表》（北京：中華書局，1993），頁 721。
② 馬瑞辰：《毛詩傳箋通釋》（北京：中華書局，），頁 410—411。
③ 蔡先金：《〈詩〉之"門"》，載《濟南大學學報》，第 17 卷，第 4 期，頁 44。

death)，如漢語的"歸西"①、英語的"go west"。《左傳》襄公二十五年記載，鄭子展、子產帥車七百乘伐陳，宵突陳城，遂入之。"陳侯扶其大子偃師奔墓，遇司馬桓子，曰：'載余！'曰：'將巡城。'遇賈獲，載其母妻，下之，而授公車。……與其妻扶其母以奔墓，亦免。"② 陳人"奔墓"或許就從墓門而出。《左傳》襄公三十年記鄭伯有"自墓門之瀆人"③。杜注云："墓門，鄭城門。"④ 顧棟高（1679—1759）《春秋大事表》亦云："國西門也。"⑤ 是墓門爲國城西門。曲英杰《先秦都城復原研究》以文獻記錄與考古發掘相印證，以爲"鄭城西南多墓葬，伯有自許而入墓門，故此墓門當爲外郭西南部城門"⑥。以西門當墓門，可從。然而，以考古發現鄭城西南多墓的現象印證墓門在西，論證似有不足：一則西門爲"墓門"，取日落西山之義，用以出葬，但出葬之門，不必就是墓地所在；再則即使就鄭國而言，出葬之門與墓地方位重疊，即同爲西門，但別國的情況未必如此；三則鄭城西南多墓，未知是否同時所築，亦未知其餘方位是否有墓。可見曲說有待進一步論證。

（5）"葬鮮者自西門"的實證——楚康王自西門出葬

魯襄公二十八年，因宋盟的緣故，魯襄公與宋公、陳侯、鄭伯、許男如楚。魯君隨行人員有叔孫豹、叔仲帶、子服惠伯、榮成伯等人。到達漢水，楚康王死。魯襄公想要歸返，叔仲帶則主張繼續行程，陳述行與歸的利害關鍵。叔孫穆讚賞叔仲帶，説："叔仲子專之矣。"謂其足以專用。魯襄公於是前往楚國。後來（襄公三

---

① 漢語的"歸西"還與佛教西方極樂世界有關，所以死亡又稱"上西天"。
② 《十三經注疏·左傳注疏》，頁 621。
③ 《十三經注疏·左傳注疏》，頁 682。
④ 《十三經注疏·左傳注疏》，頁 682。
⑤ 顧棟高：《春秋大事表》，頁 753。
⑥ 曲英杰：《先秦都城復原研究》，頁 423。

十一年），襄公薨於楚宮，叔仲帶竊其拱璧，魯人由是淺薄其德。當年（襄公二十九年）夏四月，朝楚的一眾諸侯及其大夫都參加了楚康王的葬禮。《左傳》記：

> 葬楚康王，公及陳侯、鄭伯、許男送葬，至於西門之外，諸侯之大夫皆至於墓①。

依古弔喪送葬之禮，諸侯之喪，士弔，大夫送葬，晉文公、襄公爲霸主之制，則大夫弔而卿共葬事②。眾諸侯這次親自爲楚康王送葬，過於禮數，無非是爲楚國所逼迫，不得不如此。魯襄公等國君送葬，至於楚國城西門之外，而叔孫豹和叔仲帶在內的諸國大夫更遠送到墓地。這則紀事足以證明，依楚禮，諸侯自西門出葬。曲英杰《先秦都城復原研究》指出，"從郢城西南部多夯土臺基址來看，其西門，當指西垣南門。與之相對的東垣南門當稱東門"③。若此説不誤，則魯、楚兩國之西門同指西垣南門。尤可注意者，《左傳》只記"楚康王卒"，沒有交代詳情，很可能是因爲其人壽終正寢、正常死亡的緣故，足以充當叔仲帶所説"葬鮮者自西門"的實證。仿造杜洩之語，就是"君喪自西門，楚禮也"。叔孫豹和叔仲帶都見證了這次葬禮。如果叔孫豹確曾説過"葬鮮者自西門"，説不定參照了楚國，甚或陳、鄭等國之禮。

（6）"葬鮮者自西門"與上海博物館藏戰國楚竹書《鄭子家喪》"毋敢（敢）𢎽門而出"兩門同指國城門

《左傳·宣公十年》云："鄭子家卒。鄭人討幽公之亂，斲子

---

① 《十三經注疏·左傳注疏》，頁 665。
② 《左傳》昭公三十年記鄭游吉語曰："先王之制：諸侯之喪，士弔，大夫送葬。"（《十三經注疏·左傳注疏》，頁 927。）昭公三年又記游吉述晉文、襄故事云："君薨，大夫弔，卿共葬事。"（《十三經注疏·左傳注疏》，頁 721。）
③ 曲英杰：《先秦都城復原研究》，頁 386。

家之棺，而逐其族。" 杜預注云："以四年弑君故也。斲薄其棺，不使從卿禮。"① 上海博物館藏戰國楚竹書《鄭子家喪》乙本簡5—6作：

> 奠（鄭）人命曰（以）子良爲執命，囟（思—使）子豪（家）利（梨）木三眷（寸），紑（疏）索曰（以）絑（紘），毋敓（敢）🕊門而出，敓（掩）之城至（基）②。

學者以爲，簡文與上引《左傳》所記是同一事件的不同版本。"使……毋敢……" 句式，楚簡多見，爲當時習用句式，如上博簡《吳命》簡七有云："故用使其三臣毋敢有避速之罪。"③ 翻成今語，"使……毋敢……" 就是 "不許"。對於 "毋敓（敢）🕊門而出" 的釋讀，雖以 "丁門" 爲主流，但也有不少學者提出異議，未達共識。可注意者，説者或牽合 "葬鮮者自西門" 作解，如郝士宏指出 "丁門" 應讀爲 "正門"，説：

> 我們認爲，此字確應從 "讀書會" 釋爲 "丁" 字。不過此處不應讀爲 "當"，而是要讀爲 "正"。丁爲端紐耕部，正爲照三耕部，二字古音極相近。（見陳復華、何九盈《古韻通曉》）"丁" 在《廣韻》就有 "中莖切" 一讀。"丁門"，正門也。正

① 《十三經注疏・左傳注疏》，頁382。
② 釋文據復旦大學出土文獻與古文字研究中心研究生讀書會：《〈上博七・鄭子家喪〉校讀》，復旦大學出土文獻與古文字研究中心網站，2008年12月31日（http://www.guwenzi.com/SrcShow.asp? Src_ID=584）。復旦讀書會後來分別將 "紑" 與 "絑" 改讀爲 "蘆" 及 "鞏"。説詳復旦讀書會《〈上博七・鄭子家喪〉校讀》，劉釗主編《出土文獻與古文字研究》（上海：復旦大學出版社，2010年7月），第三輯，頁284—291。
③ 馬承源主編：《上海博物館藏戰國楚竹書（七）》（上海：上海古籍出版社，2008），頁319。

門,《詩·大雅·緜》"迺立應門,應門將將"毛《傳》:"王之正門曰應門。"《孔子家語·觀鄉射》:"主人親速賓,及介而衆賓從之,至於正門之外。"《左傳·昭公五年》:叔仲子謂季孫曰:"帶受命于子叔孫曰:'葬鮮者自西門。'"杜注:"不以壽終爲鮮,西門非魯朝正門。"即謂葬"不以壽終"不從正門而出。由此可知,側門出葬並非禮之常故,所以簡文言葬子家不敢以"正門"而出①。

按照郝先生的理解,簡文之"門"同乎《左傳》之"葬鮮者自西門"之"門",皆指朝門。其説大有可商。雖然"❔門"之"丁"字,確解不易,但可以肯定的是,下文清楚説及城基,上下文連屬照應,則此"門"當指城門。簡文大意是説,爲貶損子家葬禮,不許其棺柩從城門出葬,只把它埋在内城牆腳底下。"葬鮮者自西門",姑勿論"鮮者"泛指死者,抑或特指不得壽終者,都不影響"西門"指國城西門的事實。而且,杜洩明言按魯禮,"卿喪自朝",不從西門而出。春秋之時,存在國別禮異的現象,魯禮固有不同於別國者,除卿喪禮外,記禮者曾言:"小斂之奠在西方,魯禮之末失也。"(《禮記·檀弓上》)② 是魯禮甚或失正。然則,"卿喪自朝"而出南門(説詳下文)可確信爲魯國特有的葬禮,與別國不同。別國葬禮,如楚葬康王,確有從西門而出者。陳、鄭兩國皆有墓門,如墓門確爲西門,則兩國固有從西門出葬者。鄭卿葬禮,原來應從西門抑或南門出葬,實難斷言。換言之,簡文之"門"不能與《左傳》説的西門或南門(正門)強相牽合。

---

① 郝士宏:《讀〈鄭子家喪〉小記》,復旦大學出土文獻與古文字研究中心網站,2009年1月3日。
② 《十三經注疏·禮記注疏》,頁147。

2. "卿喪自朝，魯禮也"解

(1) "卿喪自朝"非朝廟之朝

　　古今注家有解"卿喪自朝"之朝爲朝廟之朝，如李貽德等，甚至有將朝廟與朝門混雜在一起，如楊伯峻[①]。喪殯朝廟之禮見載於《三禮》，而《禮記》及《周禮》更用"朝"字概括此禮。《禮記·檀弓下》云：

　　　　喪之朝也，順死者之孝心也，其哀離其室也，故至於祖考之廟而後行。殷朝而殯於祖，周朝而遂葬。

所謂"喪之朝"，指將葬之前，以柩車朝廟。《儀禮·既夕禮》記士喪禮，啓殯後，"遷於祖用軸。"鄭玄注云："遷，徙也。徙於祖，朝祖廟也。……（引者按：下引《檀弓下》文，此從略）蓋象平生時，將出必辭尊者。"[②] 又云："其二廟則饌于禰廟。"下又云："降

---

① 服虔云："言卿葬，三辭於朝，從朝出正門。"《十三經注疏·左傳注疏》，頁743。服虔並未明言此"朝"爲何朝。李貽德《左傳賈服注輯述》闡釋服意云："知卿葬三辭於朝者，《周官·喪祝》'及朝，御匶。'注：'鄭司農云：朝謂將葬，朝于祖考之廟而後行。……《檀弓》云：'喪之朝也，順死者之孝心也。其哀離其室也，故至於祖考之廟而后行。殷朝而殯於祖，周朝而遂葬。'"《既夕》'遷於祖用軸。'注：'遷，徙也。徙于祖，朝祖廟也。蓋象平生時將出必辭尊者。服以卿佐之於君，亦猶子孫于祖考，亦必三辭于朝，象平生時也。此是魯禮，故記禮者失之。從朝出正門者，《爾雅·釋宮》：'正門謂之應門。'郭注云：'朝門。'《曲禮》云：'觀策、几杖、席蓋、重素、袗絺綌，不入公門。'然則出正門者，非雉、皋之門。由朝之路，出國之南門耳。《玉藻》：'聽朔于南門之外。'注：南門，國門是也。……《傳》云'自朝'，故知必過于朝以尊之也。"見《清經解續編》，第三册，頁1017。李貽德以爲服虔所説的"朝"指朝廟之朝，蓋失服意。楊伯峻《春秋左傳注》云："《禮記·檀弓下》云：'喪之朝也，順死者之孝心。其哀離其室也，故於祖考之廟而後行。殷朝而殯於祖，周朝而遂葬。'則周代之禮，葬前必移柩於宗廟，從廟出正門，正門即《爾雅·釋宮》之應門，郭璞之朝門。由朝之路，出國都之南門。説參李貽德《賈服注輯述》。"（頁1262）楊先生注明採用李貽德之説。但細較二文，不難發現，楊先生節録李貽德原文，導致所言不符李氏原意。李貽德把"朝"看成是朝廟，明言出正門"非雉皋之門"，即不是朝門，而是國之南門。經過楊先生的删節，正門變成應門（朝門），與國都南門義別。

② 胡培翬：《儀禮正義》（南京：江蘇古籍出版社，1993），頁1834。

柩如初適祖。"此爲士禮。《周禮·喪祝》記述天子喪禮也説："及朝，御匶，乃奠。"①"朝"同指朝廟，此爲天子之禮。禮書表明，周人將葬之前，必行朝廟之禮。這是模擬死者生前出行告廟的禮儀。孔穎達更由士禮推衍出天子諸侯之制，認爲天子諸侯依次遍朝群廟②。就《左傳》所見，朝廟亦稱"朝"，如文公六年云："閏月不告月，猶朝于廟。"又如襄公二十九年云："釋不朝正于廟。""朝"與"廟"連言，指聽朔後祭廟之禮③，與喪禮朝廟而單稱"朝"義不相當，不能相提並論。雖然如此，從書中所記殯禮可推知其時喪禮當有朝廟之事。《檀弓》所謂"朝而殯于祖"，大抵與春秋殯廟之禮相符④。見載於《左傳》的事例，如僖公三十二年"冬，晉文公卒。庚辰，將殯于曲沃"。曲沃是晉文公祖廟之所在地，故殯於此。又如哀公二十六年，"大尹立啓，奉喪殯于大宮"。俞樾《羣經平議》云："大宮者，宋之祖廟也。"⑤ 大宮即宋之祖廟。晉文公殯於曲沃，宋景公殯於大宮，是春秋之時晉、宋兩國存在殯廟之禮的最好證明。《左傳》更立例云："凡夫人，不薨于寢，不殯于廟，不赴于同，不祔于姑，則弗致也。"這條凡例是《左傳》所立"五十凡"之一。"五十凡"中固然不乏欠缺普遍性、不能自圓其説的地方，但這條凡例卻有依據。《左傳》襄公四年云："秋，定姒薨。不殯于廟，無槻，不虞。"這裏的"不殯于廟"，與凡例不同的是，它不是理論的陳述，而是事實的記録。而且，《左傳》記録匠

---

① 鄭玄引鄭司農云："朝謂將葬，朝于祖考之廟而後行。……"詳孫詒讓《周禮正義》（北京：中華書局，1987），頁 2046。
② 詳參《十三經注疏·禮記注疏》（臺北：藝文印書館，1989），頁 172。這是一種似是而非的想法，孫希旦已辨其非。詳見孫希旦《禮記集解》（北京：中華書局，1989），頁 264。
③ 諸侯告朔、聽朔的具體禮儀，可詳見楊伯峻《春秋左傳注》，頁 543。
④ 有關春秋殯禮的討論，詳拙文《王國維"〈顧命〉之廟爲廟而非寢"説探討》，《中國經學》3（2008.4）：265—280；《從〈左傳〉看〈儀禮〉的成書及其反映的時代》，《〈春秋〉三傳與經學文化》（長春：長春出版社，2009），頁 174—218。
⑤ 俞樾：《俞樾劄記五種》，《經二十七》，頁 12b。

慶就定姒之喪禮對季文子説:"子爲正卿,而小君之喪不成,不終君也。君長,誰受其咎?"匠慶批評季文子不使魯襄公終其生母之喪,謂其喪不成,當中包括不殯於廟。宋景公殯於祖廟,合乎《檀弓》"殷朝而殯于祖"之説,然則宋爲殷人之後,依殷禮而行,自是情理中事。據《左傳》襄公二十八年所記,"十二月乙亥朔,齊人遷莊公,殯于大寢"。齊人遷葬莊公,葬前殯於路寢①。殯於寢而不殯於廟,蓋依周禮而行,《檀弓》所云"周朝而遂葬",正反映這種周禮。因此,春秋殯禮很可能兼存殷、周二代之禮,分别流傳於不同的諸侯國,出現國别禮異的現象。不管是"殷朝而殯于祖",還是"周朝而遂葬","朝"都包含朝廟之意。春秋兩禮並行,其時存在朝廟之禮,殆無可疑。問題是,能否據此解讀"卿喪自朝"之"朝"。如果説叔孫豹之殯禮包含朝廟這個環節,所朝之廟也只限於其祖廟,而不可能是國君之廟。況且,以卿之柩車進入公門,也不合禮。孔穎達早就排除了以柩車造朝的可能,説:

> 案:《檀弓》云:"君爲大夫,將葬,弔於宫,及出,命引之,三步則止。如是者三,君退。"是君當就家視之,無造君朝之禮②。

《檀弓下》列明,大夫將葬,國君到殯宫弔唁,及至柩車離開殯宫,就命人執紼拉動柩車,三步而止,如是者三次,國君便離去。"朝亦如之,喪次亦如之",在遷柩朝廟、經過喪次之時,國君也命人這樣做。其實,卿大夫卒,國君除了去樂、不繹③,弔喪贈賵,無

---

① 楊伯峻:《春秋左傳注》,頁1151。
② 《十三經注疏·左傳注疏》,頁743。
③ 《左傳》宣公八年"辛巳,有事于大廟,仲遂卒于垂。壬午,猶繹。萬入,去籥。"《禮記·檀弓下》云:"仲遂卒于垂,壬午猶繹,萬入,去籥。仲尼曰:'非禮也。卿卒不繹。'"卿佐卒,雖不廢正祭,但繹祭禮輕宜廢。

不親爲。大夫小斂，國君親視，春秋魯君率能行此禮①。《禮記‧喪大記》云：“大夫之喪，將大斂，既鋪絞、紟、衾、衣，君至。”②據此可知，大夫入斂，國君親自看視，於東序端設置君位，面向西③。《儀禮‧士喪禮》、《禮記‧喪大記》所見，君臨士喪，以大斂及殯時爲常。至於君臨大夫之喪，大斂之時，往，既殯以後未葬以前，又往，若恩惠有加，三往④。君臨大夫之喪，可徵實於《左傳》，《左傳》襄公五年云：“季文子卒。大夫入斂，公在位。”隱公二年云：“衆父卒，公不與小斂，故不書日。”《喪大記》云：“君於大夫、世婦，大斂焉，爲之賜，則小斂焉。”⑤ 簡言之，君臨大夫之喪，依常禮，當在大斂時往弔，如恩禮有加，可弔於小斂之時。孔穎達說得不錯，君於臣喪，皆當就家視之，而不是把柩車運到君朝去。國君雖不常御外朝，然既爲朝廷所在，自必在門內設閽人以守門，猶如天子王宮每門四人（《周官‧閽人》），《曲禮》云：“龜策、几杖、席蓋、重素、袗絺綌不入公門。苴屨、報袡、厭冠不入公門。”《玉藻》亦云：“表裘不入公門。”是諸侯外門也由閽人守衛。設閽人守門，表明朝廷重地所在，不可褻慢，喪服凶器自然不得進入公門。

竹添光鴻基於吉凶異禮的考慮，也提出過跟孔穎達相類的看法。他說：

　　　且吉凶異禮，挽柩朝于君，與桃茢不祥之義相反，恐非先王制禮之意也⑥。

――――――――――

① 楊伯峻：《春秋左傳注》，頁19。
② 孫希旦：《禮記集解》，頁1167。
③ 楊伯峻：《春秋左傳注》，頁944。
④ 孫希旦：《禮記集解》，頁1175、1176。
⑤ 孫希旦：《禮記集解》，頁1175。
⑥ 竹添光鴻：《左傳會箋》（臺北：廣文書局，1963），第二十一，頁26。

竹添光鴻的質疑相當有力。在古人的觀念裏，死者帶有不祥之氣。君臨臣喪，必須使巫祝桃茢執戈，被除死者的凶邪之氣。《左傳》也記有這種事例，襄公二十九年，魯襄公在楚，"楚人使公親襚，公患之。穆叔（引者按：即叔孫豹）曰：'被殯而襚，則布幣也。'乃使巫以桃茢被殯。楚人弗禁，既而悔之。"[1] 楚人欲使魯襄公親自致襚，使之行臣弔鄰國君喪之禮。叔孫豹想出"被殯而襚"的變通之法，爲襄公解困，以桃茢被殯，行的是君臨臣喪之禮。因此，如說是挽柩朝君，顯然違悖情理。

(2)"卿喪自朝"之"朝"實爲朝門外之通稱

"朝"既可以指稱三朝，同時也是大門外空地的通稱，若混爲一談，不加甄別，便失其實。三朝之義，後人熟知，而知大門外空地之義者則不多。說者如解"朝"爲朝門，都當它在大門内。根據清人江永（1681—1762）《鄉黨圖考》等說，諸侯之宮有三門三朝。三門包括：庫門，即外門；雉門，即中門；路門，即寢門。三門兩旁皆築臺，而雉門臺上有門樓，故曰觀或闕，懸法於其上，故亦曰象魏。三朝包括：外朝，在庫門之内；治朝，一曰正朝，在雉門之内；燕朝，一曰内朝，在寢門之内。雉門之外，有兩社，周社在右，亳社在左。外朝爲斷獄決訟及詢非常之處，君不常視。治朝爲君臣日見之朝。内朝爲議論政事、君有命或臣有進言之處。"朝"指諸侯三朝，經典多見，但所指不一，分別言之，或指治朝，或指内朝，或統指三朝，或通稱三朝之後之地，或通稱三朝之前之地。《左傳》之"朝"，所指不出上述範圍，各"朝"字所指不同，有指治朝言："穆嬴日抱大子以啼于朝"（文公七年）、"魏壽餘履士會之足于朝"（文公十三年）、"晉靈公殺宰夫，寘諸畚，使婦人載以過朝"（宣公二年）、"胥童以甲劫欒書、中行偃于朝"（成公十七年）、

"晉悼公即位于朝"（成公十八年）、"子蕩以弓梏華弱于朝"（襄公六年）、"師慧過宋朝將私焉"（襄公十五年）、"王遂殺子南于朝"（襄公二十二年）、"吏走問諸朝"（襄三十年）、"朝有箸定"（昭十一年）、"日有食之，諸侯伐鼓于朝"（昭十七年）、"陳成子驟顧諸朝"（哀十四年）；有指內朝言："陳靈公與孔寧儀行父通於夏姬，皆衷其衵服，以戲于朝"（宣九年）；有指外朝言："晉陰飴甥言朝國人"（僖十五年）、"衛靈公朝國人，問叛晉"（定八年）、"陳懷公朝國人問欲與楚欲與吳"（哀元年）；有通稱三朝之後之地："賊攻執政于西宮之朝"（西宮是君小寢，在路寢之後。襄公十年）；有通稱三朝之前之地："晉殺三郤，皆尸諸朝"（成十七年）。與"卿喪自朝"之"朝"同義的是最後一例。三朝之前之地也就是大門外的空地。金鶚（1771—1819）《求古錄禮說・諸侯外朝在庫門外辨》對此考釋極爲詳明。金鶚在談及陳卿尸於朝時說：

> 陳尸于朝，當在大門外也。大門之外有空地，西旁可爲賓客次舍，《聘禮》"賓至于朝，入于次"是也。天子大門外兩旁皆有賓客次舍，《覲禮》"諸侯前朝，皆受舍于朝。同姓西面，北上，異姓東面，北上"是也。此大門外兩旁通稱朝也。大門之前當有經緯大路（自注："南北爲經，東西爲緯"）《晉語》所謂"絳之富商韋藩木楗以過于朝"是也。此皆三朝之前，其地通稱爲朝者也①。

大門外的空地，用途多樣，既可建置賓客次舍，用於朝覲聘問之禮，亦可供卿受刑被殺後陳尸之用。其地在大門外，故亦得以稱"朝"，誠如金鶚所言："大門外之地皆可謂之朝，以在朝之前也。

---

① 金鶚：《求古錄禮說》（濟南：山東友誼書社，1992），頁 328—329。

如國君下宗廟，過廟之旁即下車，不必入廟中始謂之廟也。"[1] 而且，此"朝"有經緯大路，通達南門以至其餘各城門。"卿喪自朝"之"朝"正指此處。

（3）"卿喪自朝"包含的禮義

服虔釋"卿喪自朝"云：

> 言卿葬，三辭於朝，從朝出正門。卿，佐國之楨幹，君之股肱。必過於朝，重之也[2]。

孔穎達謂服虔把"朝"視作朝門之內，並予以反駁，有欠妥當。服虔雖未明言此"朝"為何朝，但細審其文，其意中之"朝"當指外朝之外。如果這樣理解符合服虔原意的話，那麼，服意就是說，卿出葬，先經過朝大門外的空地，然後從朝經國城正門（即南門）出葬。正如竹添光鴻所說："三辭於朝，禮無其文。"[3] "三辭於朝"具體禮儀如何，的確無從稽考，但"三辭於朝"背後的理念（即禮義）則可推知。《禮記‧鄉飲酒義》解說升階前賓主三讓之義云："讓之三也，象月之三日而成魄也。"按照天人相應的思維模式，日為君象，月為臣象，月生三日而成魄，三成為人臣之數，反映於諫禮便有《禮記》津津樂道的"為人臣之禮，不顯諫，三諫而不聽，則逃之"（《曲禮下》）。行於葬禮便有"三辭於朝"之禮。《荀子‧禮論》說過"大夫之喪動一國"。卿為國之重臣，喪失棟樑，舉國自應同其哀戚。《左傳》記昭公九年，晉卿荀盈卒，殯而未葬。晉平公飲酒樂。膳宰屠蒯曰："君之卿佐，是謂股肱。股肱或虧，何痛如之？"說明君於卿佐之死何等傷痛。卿出葬之時，為隆重其事，

---

① 金鶚：《求古錄禮說》，頁。

② 《十三經注疏‧左傳注疏》，頁 743。

③ 竹添光鴻：《左傳會箋》，第二十一，頁 26。

移柩於朝大門前，像生時朝見一樣，表達其對君國竭盡忠誠，而國君亦容許移柩於大門之前，藉此突顯對死者的尊重[1]。魯人制禮之義大抵如此。過朝之後，即從南門出葬。杜預注云"從生存朝覲之正路"[2]，正道出了從南門出葬的道理。由此看來，服、杜二說似無衝突，孔穎達引服、杜二文作對照，棄服從杜，蓋誤解服意所致。

(4)"卿喪自朝"與卿受刑被殺陳尸於朝同處

除魯禮"卿喪自朝"外，卿受刑被殺同樣會陳尸於朝大門前的空地。《論語》、《國語》皆陳述大義，而《左傳》則提供實證。《論語》云："吾力猶能肆諸市朝。"《國語·魯語上》記臧文仲對魯僖公說："大者陳之原野，小者致之市朝。"[3] 是卿受刑陳尸與出葬停柩同在一處，皆指朝大門之前。《左傳》記有兩則實例，一見於成公十七年記晉長魚矯殺三郤（駒伯、苦成叔、溫季）後，"皆尸諸朝"[4]。再見於襄公二十二年，楚康王殺令尹子南於朝，轘其寵臣（庶人之在官者）於四竟[5]。

(5)《儀禮·聘禮》以柩造朝足與"卿喪自朝"互證

將卿的棺柩運抵朝的大門外，見於《儀禮·聘禮》所記。聘禮規定，賓入所聘國境而死，所聘國國君爲死者準備棺具及安排殯禮，由上介攝命。聘畢歸國，由上介向國君覆命，匯報出聘經過，並將：

---

① 李貽德：《左傳賈服注輯述》，《清經解續編》，第三冊，頁1017。
② 《十三經注疏·左傳注疏》，頁743。
③ 韋昭注"小者致之市朝"云："刀鋸以下也。其死刑，大夫以上屍諸朝，士以下屍諸市。"董增齡：《國語正義》（上海：上海古籍出版社，1995），頁401。
④ 楊伯峻：《春秋左傳注》云："杜注：'陳其尸於朝。'古代殺人，或陳尸於朝，或陳尸於市。《論語》鄭注與《漢書·刑法志》應劭注皆以爲大夫以上尸諸朝，士以下尸諸市。"頁902。
⑤ 楊伯峻：《春秋左傳注》引韋昭注爲證。（頁1069）

柩止于門外。

鄭玄注云：

> 門外，大門之外也。必以柩造朝，達其忠心①。

大門即庫門，大門之外，即庫門之外。鄭注變言"朝"，説明大門外之地亦稱朝。"柩止于門外"之"止"字尤須注意，説明棺柩不得入内，只能停放於大門之外。"卿喪自朝"意謂卿之棺柩經過或停放於大門外空地，亦從可知矣。説者只知道"朝"有三朝之義，誤以爲"朝"指大門（庫門）内的外朝，如竹添光鴻《左傳會箋》云："朝指外朝，外朝在皋門之内。"② 失其實矣。聘賓出使而卒，以其柩造朝，究竟是因爲復命於君的緣故，還是魯禮的具體反映？恐怕不好説。

　　（6）"卿喪自朝"出南門（正門）

　　如上所述，"不敢自也"照應前文的"自西門"，"自"字的用法跟前面兩個"自"字一貫，只爲避免重複，更將所介處所一併省略。卿喪自朝，柩車過朝後，要是還從西門出葬，則"葬鮮者自西門"與"卿喪自朝"兩語的不同處，就僅僅在於或從殯宮（死者祖廟）直接出西門，或從殯宮先過朝後出西門。若然同出西門，兩語便無法直接構成衝突。正如孔穎達所説，"杜泄不欲從西門，所競道路耳。假令自朝而去，猶得更從西門，不須言自朝也。故杜以自朝爲從生存朝覲之正路。蓋以西門幽僻，故欲從正路而出南門"③。顯見叔仲帶與杜洩所爭在於出葬路線及從何門而出，在這點上，杜

---

① 詳參胡培翬《儀禮正義》，頁 1128。
② 竹添光鴻：《左傳會箋》，第二十一，頁 26。
③ 《十三經注疏·左傳注疏》，頁 743。

洩堅持按照魯禮，卿喪當先過朝後出門，而所從出之門就包含在"朝"字之中，説"自朝"，已點明從何門而出，言者聽者皆所共知，毋庸贅言。唯其如此，"自朝"才能與"自西門"構成衝突。杜預注云："西門非魯朝正門。"説"魯朝正門"，容易使人誤會是公宮正門，即庫門。實則服虔將"自朝"語譯爲："從朝出正門。""正門"指國門，清楚不過。李貽德申述服意云："由朝之路，出國之南門耳。《玉藻》'聽朔于南門之外。'注：'南門，國門是也。'"① 是南門爲國門，亦即服虔説的"正門"。自朝出門，所出者爲魯城南門。

卿的柩車過朝後，便從城的南門（正門）出葬。魯故城考古發掘顯示，南垣東西兩門發現夯土基臺，東門基址較大，都是門闕基址。南垣東門爲魯城正門②。各城門有大道相連，已發現十條大道，東西向和南北向各佔一半③。其中 9 號大道從南垣東門向北通達"中城"（宮殿區），與 3 號東西大道相交接④。《春秋經》記魯僖公二十年"新作南門"，則此南門蓋由魯僖公所擴建。杜注："魯城南門也。本名稷門，僖公更高大之，今猶不與諸門同，改名高門也。言新，以易舊，言作，以興事，皆更造之文也。"⑤ 經擴建後，南門更加高大，突出衆門之上，即杜預所言"今猶不與諸門不同"。《太平御覽》引《左傳》舊注云："本名稷門，公更高之，改高門也。"

---

① 李貽德：《左傳賈服注輯述》，《清經解續編》，第三册，頁 1017。案：《禮記·玉藻》云："玄端而朝日於東門之外，聽朔於南門之外。"鄭玄注云："東門、南門，皆謂國門也。"孔《疏》云："《孝經緯》云：'明堂在國之陽。'又《異義》：'淳于登説：明堂在三里之外，七里之内。'故知南門亦謂國城南門也。"見《十三經注疏·禮記注疏》，頁 1177。
② 詳參曲英杰《先秦都城復原研究》，頁 273。
③ 詳李學勤《東周與秦代文明》（北京：文物出版社，1991），頁 112；楊寬《中國古代都城制度史研究》（上海：上海古籍出版社，1993），頁 59。
④ 詳參楊寬《中國古代都城制度史研究》，頁 60。
⑤ 《十三經注疏·左傳注疏》，頁 240。

劉文淇認爲是服虔之注，杜注本之以立説①。然則，卿的柩車過朝後，便由大路再經此國城南門出葬。

（7）《儀禮·既夕禮》之"邦門"爲國城北門辨

《儀禮·既夕禮》記柩車發行，君使人贈之，"至于邦門，公使宰夫贈玄纁束。……主人拜送，復位，杖，乃行"。鄭玄《注》云："邦門，城門也。"未明言其爲國城何門。賈公彦《疏》云："《檀弓》云'葬于北方，北首，三代之達禮也'，此'邦門'者，國城北門也。"② 賈氏坐實此門爲國城北門，本《檀弓》葬於北方立説③。案：葬所與從何門出葬不是一回事，葬於北方，不等於説從國城北門出葬，相反，據上述，此"邦門"也可能是西門。《禮記·檀弓下》云："葬於北方，北首，三代之達禮也，之幽之故也。"據記禮者所言，"葬於北方"是夏、商、周三代相沿之禮。鄭玄《注》云："北方，國北也。"④ 則"北方"在國城之北。孔穎達《疏》云："上'之'訓往，下'之'語助。言葬於國北及北首者，鬼神尚幽闇，往詣幽冥故也。"⑤ 闡明葬於國北，是鬼神尚幽闇觀念使然。《白虎通·崩薨》將葬於城郭之外概括爲"就陰"，體現死生異居的觀念，還舉孔子卒葬魯城北爲證⑥。陳立（1809—1869）《白虎通疏證》於"就陰"之意多所推衍⑦。孫詒讓（1848—1908）《周禮正義·冢人》之説至爲博洽，其文云：

<hr/>

① 劉文淇：《春秋左氏傳舊注疏證》（香港：太平書局，1966），頁 344。
② 《十三經注疏·儀禮注疏》（臺北：藝文印書館，1989），頁 1203。
③ 參胡培翬《儀禮正義》，頁 1897。
④ 《禮記正義》，頁 363。
⑤ 《禮記正義》，頁 369。
⑥ 陳立：《白虎通疏證》（北京：中華書局，1992），頁 558。
⑦ 陳立：《白虎通疏證》云："是鬼神當幽闇，故就陰也。《檀弓》載《復制》云'望反諸幽，求諸鬼神之義也。北面，求諸幽之義也。'注：'鄉其所從來也。禮，復者升屋北面，葬於北方。'亦即就陰之義也。"（頁 558）

　　凡邦國公私墓地蓋非一處，宜相地形爲之。大都在東北兩方，故王墓在鎬東。而左成十八年傳，説晉葬厲公於翼東門之外，《孟子·離婁》篇亦云"東郭墦間"，是皆在國城之東也。《檀弓》云："葬於北方北首，三代之達禮也，之幽之故也。"注云："北方，國北也。"《白虎通義·崩薨》篇云：……左襄二十五年傳，亦説齊側莊公於北郭。《唐會要》引吕才《陰陽書》亦云"古之葬者，並在國都之北"是也。然則墓地方位，或東或北，蓋無定所，要必在城郭外爾①。

孫氏徵引各種典籍，旨在證明古墓地方位或東或北，要必在城郭之外②。《左傳》紀事可爲孫説提供實證。成公十八年，"晉欒書、中行偃使程滑弒厲公，葬之於翼東門之外，以車一乘"③。又，襄公二十九年，"齊人葬莊公於北郭"④。因此，葬於城郭北方，記禮者言之鑿鑿，謂是三代通行葬禮，自有所據。儘管如此，不能忽視的是，春秋時禮或有所變易，晉人葬於東門之外、鄭人葬於西門之外皆爲其證。古墓地方位，雖或以東、北方爲常，但不能説春秋墓地就只限於這兩個方位。"葬鮮者自西門"與"卿喪自朝"，所爭者在於從何門出葬，至於究竟葬於城外何方，文闕有間，無從求證。

　　3. 小結

　　"葬鮮者自西門"與"卿喪自朝"兩語，分別代表出葬叔孫豹的兩種方案，其不同處在於後者爲卿禮而前者不是，後者合乎魯禮常規而前者帶有貶損意味，此爲杜洩與叔仲帶爭論焦點所在。兩語

---

① 孫詒讓：《周禮正義》，頁 1694。
② 又詳陳槃《春秋列國風俗考論別録》，《舊學舊史説叢》（臺北："國立"編譯館，1993），頁 559—560。
③ 《十三經注疏·左傳注疏》，頁 485。
④ 《十三經注疏·左傳注疏》，頁 665。

中的"自"字皆作處所介詞用，"自西門"與"自朝"同樣省略動詞"出"，下文的"不敢自"更連處所一併省略。而所從出者同爲國城門，"自西門"指從國城西門出，"卿喪自朝"則指枢車過朝後再從國城南門（正門）出，一爲西門，一爲南門，截然不同。在路線方面，設想兩者同以祖廟爲起點，"葬鮮者自西門"指枢車從死者祖廟到達西門，而"卿喪自朝"則指枢車出死者祖廟後先至君朝大門外再南下到達南門。"鮮"有盡義，與"澌"、"死"義近，泛稱人的死亡，"鮮者"即死者。"鮮"、"西"不但音近，西方更是萬物（當然包括人）隕落的方位，"鮮者"與"西門"正相搭配。陳、鄭兩國以"墓門"命名國城西門，體現這種觀念。楚康王由西門出葬，爲"葬鮮者自西門"提供實證，叔孫豹及叔仲帶都參加了這場葬禮，更值得注意。《儀禮·既夕禮》記枢車發行"至于邦門"，邦門即城門，或許也指西門。既然"鮮者"泛稱死者，則不論身份地位尊卑不同，一律從西門出葬。上海博物館藏戰國楚竹書《鄭子家喪》"毋敢（敢）🖉門而出"之"門"，指國城門，殆無可疑，但鄭卿葬禮，原來應從西門抑或南門出葬，卻難以斷言。因此，簡文之"門"不能與《左傳》説的西門或南門強相牽合。"卿喪自朝"與"葬鮮者自西門"最大的不同，在於它是"魯禮"，是魯國特有的葬卿之禮。依楚禮，君喪自西門，但魯卿葬禮絕非如此，只有"自朝"才合魯禮。此"朝"字，實爲大門（庫門）外地的通稱，與卿大夫受刑陳尸同處，鄭玄解《儀禮·聘禮》"枢止于門外"爲"以枢造朝"，足爲明證。前人或説"朝"是朝廟之朝，或以爲庫門内之外朝，皆不得其解。《儀禮·聘禮》以枢造朝，將卿（聘賓）的棺枢送至大門外，足與"卿喪自朝"相互印證。至於聘賓出使而卒，以其枢造朝，究竟是因爲復命於君的緣故，還是魯禮的具體反映？則不好説。古墓地皆在城郭之外，但或東或北，方位無定，"卿喪自朝"出城門後，未知葬於城郭外的哪個方位。

五、《左傳》"屬有宗祧之事於武城，
寡君將墮幣焉。敢謝後見"

《春秋》記魯昭公四年（時當楚靈王三年，公元前 538 年）夏，楚靈王始會諸侯於申。楚靈王會合諸侯，旨在復興霸業，椒舉直截了當地說："霸之濟否，在此會也。"① 對楚來講，申具有重大的戰略意義，自楚文王滅申後，楚人便據此地窺伺和抗衡中原諸侯，顧棟高（1679—1759）《楚疆域論》對此有深刻的揭示②。《春秋》載錄與會各人云："楚子、蔡侯、陳侯、鄭伯、許男、徐子、滕子、頓子、胡子、沈子、小邾子、宋世子佐、淮夷會于申。"③ 為了方便理解申之會的來龍去脈，茲不避繁贅，逐錄《左傳》所記此會及其前後諸事如下：

> （昭公三年）十月，鄭伯如楚，子產相。……王以田江南之夢。……（昭公四年）春王正月，許男如楚，楚子止之；遂止鄭伯，復田江南，許男與焉。使椒舉如晉求諸侯……晉侯許之……夏，諸侯如楚，魯、衛、曹、邾不會。曹、邾辭以難，公辭以時祭，衛侯辭以疾。鄭伯先待于申。六月丙午（十六日），楚子合諸侯于申。椒舉言於楚子曰："臣聞諸侯無歸，禮以為歸。今君始得諸侯，其慎禮矣。霸之濟否，在此會也。夏啟有鈞臺之享，商湯有景亳之命，周武有孟津之誓，成有岐陽之蒐，康有酆宮之朝，穆有塗山之會，齊桓有召陵之師，晉文有踐土之盟。君其何用？宋向戌、鄭公孫僑在，諸侯之良也，

---

① 楊伯峻編著：《春秋左傳注》（北京：中華書局，1990），"昭公四年"，頁 1250。
② 顧棟高：《春秋大事表》（北京：中華書局，1993），《春秋列國疆域表卷四》，頁 525。
③ 楊伯峻編著：《春秋左傳注》，"昭公四年"，頁 1244。

君其選君焉。"王曰："吾用齊桓。"王使問禮於左師與子産。
左師曰："小國習之，大國用之，敢不薦聞？"子産曰："小國
共職，敢不薦守？"獻伯子男會公之禮六。君子謂合左師善守
先代，子産善相小國。王使椒舉侍於後以規過，卒事不規。王
問其故，對曰："禮，吾所未見者有六焉，又何以規。"宋大子
佐後至，王田於武城，久而弗見。椒舉請辭焉。王使往，曰：
"屬有宗祧之事於武城，寡君將墮幣焉。敢謝後見。"徐子，吳
出也，以爲貳焉，故執諸申。楚子示諸侯侈。椒舉曰："夫六
王、二公之事，皆所以示諸侯禮也，諸侯所由用命也……"王
弗聽。子産見左師曰："……"秋七月，楚子以諸侯伐吳，宋
大子、鄭伯先歸，宋華費遂、鄭大夫從①。

對於《左傳》這一大段記載，古今中外注家的討論焦點，大多只圍
繞在"宋太子佐後至，王田於武城，久而弗見。椒舉請辭焉。王使
往，曰：'屬有宗祧之事於武城，寡君將墮幣焉。敢謝後見。'"這
段小插曲，尤其熱衷於討論椒舉（沈玉成［1932—1995］以爲使者
另有其人，不可從。説詳下文）辭中的"墮幣"。"墮"，今字僅用
作"墮落"之"墮"，古書則不然，多假作"陸"字。"墮落"之
"墮"，本字作"隓"②，與"陸"義近，但實爲二字。而"墮幣"之
"墮"字，注家皆認作"陸"字，只是對於何謂"墮幣"，各家持説
不同，莫衷一是。導致歧説並出的原因，除了對椒舉之辭説於會前
或會後看法不同外，主要在於：或將此段辭令與上文"王田於武
城，久而弗見"合解，釋"墮幣"爲相見致送贄幣；或將椒舉之辭
割裂出來，單獨作解，釋"墮幣"爲輸幣於廟或奠幣祭廟。就現存

---

① 楊伯峻：《春秋左傳注》，"昭公四年"，頁 1245—1253。
② 段玉裁云："按：今字叚墮爲隓，而叚隓爲陁。義雖略近，而實本不同。"見清段玉
裁注，《説文解字注》（上海：上海古籍出版社，1988），頁 733。

文獻所見，主張前説的，源於杜預（222—284），主張後説的，則源於服虔。杜預注椒舉"屬有宗祧之事於武城"之辭云：

> 言爲宗廟田獵①。

又注"寡君將墮幣焉，敢謝後見"云：

> 恨其後至，故言將因諸侯會，布幣乃相見。《經》并書宋太子佐，知此言在會前②。

杜注大抵可歸納爲三點：1. "屬有宗祧之事於武城"言"爲宗廟田獵"；2. 椒舉之辭説在會前；3. "將墮幣"指"將因諸侯會，布幣乃相見"，點明相見的場合。襲用杜説者，有孔穎達（574—648）、安井衡（1799—1876）、竹添光鴻（1841/2—1917）、陳戌國③等。服虔注是現存的對"墮幣"的最早的解説。服氏云：

> 墮，輸也。言將輸受宋之幣於宗廟④。

服説大要有三：1. 訓"墮"爲"輸"；2. 解"幣"爲贄幣，"墮幣"即"輸幣"；3. 串解"將墮幣焉"爲"言將輸受宋之幣於宗廟"，"受宋之幣"指接受宋人送贈的贄幣，輸幣於宗廟，即用此等贄幣爲祭幣。沿用或推衍服説者，有傅遜（？—？）、惠士奇（1671—1741）、馬宗璉（？—1801）、沈欽韓（1775—1831）、李貽德（1783—1832）、

---

① 阮元校勘，《十三經注疏·左傳》（臺北：藝文印書館，1989），卷42，頁731。
② 阮元校勘，《十三經注疏·左傳》，卷42，頁731。
③ 陳戌國支持杜、孔之説，可惜只節録注疏之文，沒有進一步申論。詳參陳戌國《春秋左傳校注》（長沙：岳麓書社，2006），頁841。
④ 孔《疏》引，見阮元校勘，《十三經注疏·左傳》，卷42，頁731。

理雅各（James Legge，1815—1897）、劉善澤（1928—1996）、吳靜安（1915— ）等。必須辨明的是，此説之中，服虔訓“墮”爲“輸”，與其後各人大異其趣；沈欽韓明引傅遜語，馬宗璉於傅説似亦有所因循沿襲，然各人説法又不盡一致；亦有立論同乎服説而不自知者，如高本漢（Klas Bernhard Johannes Karlgren，1889—1978）[①]。現代注家中，或有雜采服、杜兩説導致齟齬不合者，如楊伯峻（1909—1992）注“屬有宗祧之事於武城”云：“杜《注》：‘言爲宗廟田獵。’屬，適也”，但注“寡君將墮幣焉”卻云：“服虔《注》：‘墮，輸也。’王念孫云：‘言將輸受宋之幣於宗廟。’”[②] 楊先生引王念孫（1744—1832）“言將”云云，實爲服虔之語[③]。這裏，楊先生並存

---

① 高本漢曾綜論各家對“墮幣”的看法，其《左傳注釋》説：“（一）杜預把‘墮幣’講成‘布幣’。所以這句話就是説：‘我們的君有意在那裏（＝在武城所舉行的宗廟祀典裏）使用（你的）獻禮。’（二）顧偉 Couvreur 譯此句爲“Notre prince recerra vos présents”意思是：‘我們國君將接受他的禮物。’（三）服虔是把‘墮’講成‘輸’。所以：‘我們國君將把你的禮物運送到那裡（＝武城）。’（四）理雅各 Legge 則譯此句爲‘我們國君必得掩埋那些陳列（在廟内）的祭獻品。’‘墮’字的基本意義是：‘拆卸’、‘毀壞’，理氏當本此義爲説。以上四種講法都缺乏例證。（五）我們似乎有理由説“墮”（＊xjwər……）是“餽”（＊g'jwər，‘呈獻’、‘贈予’）的假借。如此，這句話的意思就是：‘我們國君打算在那裡（＝在祭祀裡）把你的禮物呈獻上去。’‘餽’字這麼講，也見於《孟子·公孫丑下》及《萬章下》。”見陳舜政譯《高本漢左傳注釋》（臺北：中華書局，1979），頁514—515。

　　高本漢臚列四種説法，然後批評此等説法皆缺乏例證。他其實誤解了服虔及杜預的原意。服虔原意並不是説把禮物運送到武城，而是進獻給宗廟。高本漢由“布幣”推想出來的解讀，恰恰就是服説要旨，但與杜預原意卻又全然沾不上邊。高本漢自己的解讀，又跟服説基本一致。“餽”當作“饋”。“饋”、“餽”本義別異，古書多借“餽”爲“饋”。（詳清段玉裁，《説文解字注》，頁220）《左傳》雖不乏用“餽”表示給予義（詳吳崢嶸《左傳索取、給予、接受類詞匯系統研究》［成都：巴蜀書社，2009］，頁77—79），但未見“餽”、“墮”通假之例。看來高本漢對“墮”和“輸”的取義似乎不甚了了。

② 楊伯峻編著《春秋左傳注》，“昭公四年”，頁1252。

③ 王念孫《讀書雜志》（南京：江蘇古籍出版社，1985）“墮肝膽”條云：“‘臣願披心腹、墮肝膽’，師古曰：‘墮，毀也。’念孫案：墮者，輸也。謂輸肝膽以相告也。昭四年《左傳》：‘屬有宗祧之事於武城，寡君將墮幣焉。’服虔曰：‘墮，輸也。言將輸受宋之幣於宗廟。’是古謂輸爲墮也。《史記·淮陰侯傳》作披腹心、輸肝膽，尤其明證矣。又《鄒陽傳》披心腹、見情素、墮肝膽，義與此同，師古亦誤訓爲毀。”（卷四之九，頁8）

兩説，模棱兩可，也許没有察覺到服、杜兩説方鑿圓枘、不能相合。趙生群《春秋左傳新注》解“宗祧之事”爲“宗廟之事。謂田獵以備祭祀”。但又以爲“堕幣”“謂接受宋之禮物，輸于宗廟”[①]。蓋受楊《注》影響[②]。下文將甄别各説之異同，評定其得失利弊，並嘗試結合文字訓詁、上下文理、紀事本末及相關禮制，詳加疏通證明，重構“堕幣”及相關紀事的語境。

1. “屬有宗祧之事於武城”一段辭令實由椒舉所説

“屬有宗祧之事於武城”一段辭令究爲何人所説？古今注家之中，大概只有沈玉成提出較明確的看法。沈先生《左傳譯文》把“椒舉請辭焉”翻譯爲“椒舉請楚王辭謝他”，把“王使往”譯成“楚王派使者前去”[③]。從譯文來看，説此段辭令的人，是楚王派遣的使者，而這個使者不是椒舉而是别人。如此翻譯，未知是否也代表楊伯峻《春秋左傳注》的意思[④]。然而，細審《傳》文，這段辭令實由椒舉説出。此前，椒舉問楚靈王用何禮會諸侯，“王使問禮於左師與子産”。“王使”後之賓語（即“椒舉”）承前省略。據此，則“椒舉請辭焉。王使往”，“王使往”等於説“王使椒舉往”，“王使”後同樣省去賓語，所使者同爲“椒舉”無疑。這種文法，《左傳》多見，如僖公七年云：“初，申侯，申出也，有寵於楚文王。文王將死，與之璧，使行，曰：……”“使”後省去賓語申侯。“椒舉請辭焉”與“王使往”文義連貫，“屬有宗祧之事於武城”等

---

① 趙生群《春秋左傳新注》（西安：陝西人民出版社，2008），“昭公四年”，頁749。

② Stephen Durrant，Wai-yee Li，and David Schaberg 合譯的 *Zuo Tradition / Zuozhuan: Commentary on the "Spring and Autumn Annals"* 譯椒舉之辭爲：“It happens that we have duties at the Ancestral Temple at Wucheng, where our unworthy ruler will deposit your gifts of cloth. We presume to apologize for being tardy in holding an audience for you.” p. 1373. 同樣受楊説影響而不得其解。

③ 沈玉成《左傳譯文》（北京：中華書局，1987），頁399。

④ 沈玉成《左傳譯文》《説明》云：“這一册譯文，目的十分明確，它和注釋相輔相成。……爲此，翻譯採取了直譯的方法，即在詞義和語法上力求和原文對應。……全稿完成後，曾由楊先生校讀一過。”（頁1—2）

語實爲椒舉所言亦可確知①。

2. 宋太子佐在會前到達申地

《左傳》接敘"宋大子佐後至"於"卒事"之後，也就是會禮完結之後。容易令人以爲，宋太子佐晚至會後才到。實則不然。《春秋經》敘錄申之會的參與者，其人包括"楚子、蔡侯、陳侯、鄭伯、許男、徐子、滕子、頓子、胡子、沈子、小邾子、宋世子佐、淮夷會于申"。"宋世子佐"得以名列其中，證明他會前已到楚地，斷斷不是"卒事"之後才到。杜預云：

> 《經》并書宋太子佐，知此言在會前②。

正是爲了點明《左傳》之意。這段紀事其實是插敘，追述會前發生的小插曲。

考察《左傳》記述的春秋時期的盟會，知與會者可能先後到達相會的地點，有時甚至相隔頗長的時日。如《春秋》記襄公二十七年夏，叔孫豹會晉趙武、楚屈建、蔡公孫歸生、衛石惡、陳孔奐、鄭良霄、許人、曹人於宋。《左傳》詳細記錄此會的經過日程：

> 五月甲辰（二十七日），晉趙武至於宋。丙午（二十九日），鄭良霄至。六月丁未朔（初一），宋人享趙文子，叔向爲介。司馬置折俎，禮也。仲尼使舉是禮也，以爲多文辭。戊申（二日），叔孫豹、齊慶封、陳須無、衛石惡至。甲寅（八日），

---

① Stephen Durrant，Wai-yee Li，and David Schaberg 合譯 *Zuo Tradition / Zuozhuan: Commentary on the "Spring and Autumn Annals"* 譯 "椒舉請辭焉。王使往" 爲："Wu Ju asked persmission to give him an explanation. The king had him go and say"，p. 1373. 是已。

② 阮元校勘《十三經注疏·左傳》，卷 42，頁 731。

晉荀盈從趙武至。丙辰（十日），邾悼公至。壬戌（十六日），楚公子黑肱先至，成言於晉。丁卯（二十一日），宋向戌如陳，從子木成言於楚（楚令尹子木在陳）。戊辰（二十二日），滕成公至。……秋七月戊寅（二日），左師至（向戌至自陳）。是夜也，趙孟及子晳（楚公子黑肱）盟，以齊言。庚辰（四日），子木至自陳。陳孔奐、蔡公孫歸生至。曹、許之大夫皆至。……辛巳（五日），將盟於宋西門之外。……壬午（五日），宋公兼享晉、楚之大夫，趙孟爲客。……乙酉（九日），宋公及諸侯之大夫盟于蒙門之外①。

從宋之盟可見，各與會者到達盟會地點的日期，可以相距很遠。

楚靈王主持的這次在申地舉行的盟會，最先到達會地的是鄭簡公。其實，鄭簡公自昭公三年十月入楚起就一直不得歸國。"宋大子佐後至"，説明宋太子佐後於衆人到達申（會地），《傳》文未注明"後至"何地，是承前省略的緣故。《左傳》特意記上一筆"鄭伯先待于申"，記敘鄭簡公自楚先至會地，跟"宋大子佐後至"一"先"一"後"，剛好形成對比。安井衡《左傳輯釋》揭示《左傳》的叙事手法説：

> 此句與大子佐後至照應，以見楚子之泆也。鄭伯既先諸侯而往待，而楚子則遊畋焉，後至者且曠日不得見，則鄭伯久於申可知也。無是義，則此句不須録②。

安井衡此言，確得《左傳》意旨。除了鄭簡公，許悼公自此年正月起也被迫留在楚地，至會期已歷五月。然則，除魯、衛、曹、邾諸

---

① 楊伯峻編著：《春秋左傳注》，"襄公二十七年"，頁1129—1131。
② 安井衡：《左傳輯釋》（臺北：廣文書局，1979），卷18，頁53下。

君藉故推辭外，參與此會各人，包括鄭伯、許男，以至蔡侯、陳侯、徐子、滕子、頓子、胡子、沈子、小邾子、淮夷都先於宋太子佐到達會地。宋太子佐到達申地之時，楚靈王正在武城畋獵，無暇與之相見。

杜預注《左傳》"秋七月，楚子以諸侯伐吳，宋大子、鄭伯先歸，宋華費遂、鄭大夫從"云：

> 《經》所以更叙諸侯也。時晉之屬國皆歸，獨言二國者，鄭伯久于楚，宋大子不得時見，故慰遣之[①]。

案：《春秋經》云："楚人執徐子。秋七月，楚子、蔡侯、陳侯、許男、頓子、胡子、沈子、淮夷伐吳。"《經》文叙録參與伐吳的一衆諸侯，獨缺先待與後至於申的宋太子及鄭伯。二人先歸，不與其事。根據杜預的推測，這是因爲鄭伯久留楚地，宋太子佐又因會前後至曠日不得見楚王，楚王爲安撫二人，籠絡人心，故使其先歸。

3. "寡君將墮幣焉"解

(1) "將"字與"敢謝後見"之"後"字相呼應

上文逐録申之會前後發生的事情，若按《左傳》叙事先後，可序列爲：

鄭伯於魯昭公三年十月去到楚國，和楚王在江南的雲夢畋獵，並一直留在楚國；

許男於魯昭公四年正月去到楚國，被楚王留下，楚王再次到江南畋獵，鄭伯和許男都參加了；

楚王派椒舉去晉國表達求合諸侯之意，晉侯答應；

夏，除魯、衛、曹、邾諸君藉故推辭外，蔡侯、陳侯、徐子、

---

① 阮元校勘：《十三經注疏·左傳》，卷42，頁731。

滕子、頓子、胡子、沈子、小邾子、淮夷也先後去到楚國，而鄭伯最先到申地等候；

六月十六日，楚王在申地會合諸侯；

宋太子佐後於衆人到達申地，楚王在武城打獵，久而弗見，椒舉於是請楚王辭謝宋太子；

楚王在申地拘逮徐子；

秋七月，楚王帶領諸侯攻伐吳國，宋太子、鄭伯先行回國，宋、鄭兩國大夫跟從楚王。

除了"宋大子佐後至"，其他幾件事情，《左傳》都是按照時間順序來記敘的。"宋大子佐後至"插敘其中，本是《左傳》常見的敘事手法。在會後補敘前事，接連記述會後發生的一連串行動：執徐子於申、伐吳並執殺齊慶封而盡滅其族、以諸侯滅賴並遷賴於鄢，既強調椒舉以禮會諸侯的一貫主張，更爲暴露楚王汰侈驕縱的本性起首尾呼應的作用。

杜預這樣解讀"寡君將墮幣焉"："言將因諸侯會，布幣乃相見。"説明楚靈王正忙於爲祭祀宗廟而舉行田獵，會前未能與宋太子佐相見，要等到會合諸侯之時，才向宋太子佐布幣，行贄見之禮。安井衡獨於杜説深有契會，《左傳輯釋》云：

> 朝會則有布幣之禮。襄二十九年，楚人使公親襘，公患之，穆叔曰："被殯而襘，則布幣也。"是也。故杜據上文田於武城，以宗祧之事爲廟祧田，以墮幣爲因會布幣，言今爲祭田，不得相見，後將布幣行會禮，因以相見也。"將"字"後"字相呼應，後指會言，非謂會外別相見。其義精矣[1]。

---

[1] 安井衡：《左傳輯釋》，卷18，頁53下。

“後指會言，非謂會外別相見”，指明會見的時間及場合，雖不失爲一種合乎情理的推想①，只可惜難以徵實，未可視爲定論。由於椒舉只説“後見”，其意中之“後”，只能限定在會前或行會禮之時。

(2)“墮”與“輸”義通

服虔訓“墮”爲“輸”，確然有據。孔穎達《疏》云：

> 案：隱六年《公羊傳》：“鄭人來輸平。輸平者何？輸平猶墮成也。”然則墮是輸之義也。朝聘之禮，客必致幣於主，據主則爲受，據客則爲輸。襄三十一年《傳》子産論幣云：“其輸之，則君之府實也。非薦陳之，不敢輸也。”是謂布幣爲輸幣也。言將待輸幣之時乃相見，見既在後，故遣我來，敢謝後見也。服虔云：……雖訓爲輸，義不當也②。

孔穎達指出，服虔謂“墮幣”爲輸幣於宗廟，不得其解。雖然如此，對於服虔訓“墮”爲“輸”，孔穎達大表贊同，並把服説的“輸幣”與杜注的“布幣”等同起來。

“墮”、“輸”兩字相通，經書不乏其例，鄭玄（127—200）亦有此説。《詩·小雅·正月》“載輸爾載，將伯助予”，鄭玄《箋》云：“輸，墮也。”孔《疏》云：

> 隱六年，鄭人來輸平，《公羊傳》曰：“輸平猶墮成。何言墮成？敗其成。”昭四年《左傳》曰：“寡君將墮幣焉。”服虔云：“墮，輸也。”是訓輸爲墮壞之義。子路將墮三都是也。定

---

① 竹添光鴻襲用安井衡之説，唯獨刪節此數句，未知是否對此説有所保留。詳見《左傳會箋》，卷21，頁11。
② 阮元校勘：《十三經注疏·左傳》，卷42，頁731。

本隳作墮①。

是"輸"、"隳"義通，《公羊傳》亦有明文，故孔氏明言"墮"、"輸"互訓，取其隳壞之義。就字形而論，"墮"，俗字作"隳"（即《毛詩正義》所引《左傳》文字），本字爲"陸"。《説文》曰"敗城阜曰陸"，此爲"陸"字本義。段玉裁（1735—1815）《注》云：

> 小篆陸作墮，隸變作墮，俗作隳，用墮爲崩落之義，用隳爲傾壞之義，習非成是，積習難反也。《虞書》曰："萬事墮哉。"墮本敗城阜之偶，故其字从阜，引申爲凡阤壞之偶②。

據此，"墮"與"隳"有正字與俗字之別，而本字皆當作"陸"。阮元爲"墮幣"之"墮"出校勘記云："諸本作墮，《詩·小雅·正月·正義》引《傳》作隳，乃俗字。"③ "陸"本義爲敗城阜，引申爲傾壞崩落之義。

至於"輸"字，《説文》謂"輸"之本義爲"委輸"，段《注》云：

> 委輸者，委隨輸寫也。以車遷賄曰委輸，亦單言曰輸。引申之，凡傾寫皆曰輸，輸於彼，則彼贏而此不足，故勝負曰贏輸；不足則如墮壞然，故《春秋》"鄭人來輸平"，《公羊》、

---

① 阮元校勘：《十三經注疏·毛詩》（臺北：藝文印書館，1989），頁 400。清洪亮吉《春秋左傳詁》（北京：中華書局，1987）云："服虔云：'墮，輸也。言將輸受宋之幣于宗廟。'按：《詩·小雅·正月》篇，'《左傳》曰"寡君將隳幣焉"，服《注》云："隳，輸也。"是訓輸爲毀壞之義。子路將隳三都是也。定本"隳"作"墮"。'"（卷 17，頁 660—661）此段解詁抄録孔《疏》而成。
② 段玉裁注：《説文解字注》，頁 733。
③ 阮元校勘：《十三經注疏·左傳》，卷 42，頁 740。

《穀梁》皆曰:"輸者,墮也。"《左傳》作渝,渝,變也[1]。

此段注釋,擘肌分理,辨析"輸"字之本義及其引申義,俱極精審,其貫通"輸"、"墮"之義,尤爲可取。委輸、輸寫,都是輸送給予的意思。從輸出一方而言,自然有所減損,由多轉少,像墮壞一樣。可見在這點上,"輸"與"墮"取義相通。

王念孫早就注意到這點"墮"與"輸"義通,《廣雅疏證·釋言》"輸、攦,墮也"條云:

> 皆謂墮壞也。《小雅·正月》篇"載輸爾載",鄭《箋》云:"輸,墮也。"公羊《春秋》隱六年"鄭人來輸平",《傳》云:"輸平,猶墮成也。何言乎墮成?敗其成也。"《穀梁傳》云:"輸者,墮也。來輸平者,不果成也。"是輸爲墮壞也。其輸寫物亦謂之墮,昭四年《左傳》"寡君將墮幣焉",服虔注:"墮,輸也。"[2]

王念孫講得很明白,"輸爲墮壞",輸送可稱"墮"。《釋詁》又云:"揄、墮、剥、免,脱也。"[3] 案:《方言》云:"揄、揹,脱也。"又云:"解、輸,梲也。"[4] 正如王念孫所言,"揄、輸聲相近,輸、脱聲之轉。輸之轉爲脱,若愉之轉爲悦矣"。"輸"審母侯部,"脱"則是透母月部,審透準旁紐,侯月相轉[5]。仔細辨析起來,"輸"與"脱",不光是聲轉的關係,"輸"之訓脱,其實可從"輸"的基本

---

① 段玉裁注:《説文解字注》,頁727。
② 王念孫:《廣雅疏證》(北京:中華書局,1983),頁139。
③ 王念孫:《廣雅疏證》,頁129。
④ 華學誠:《揚雄方言校釋匯證》(北京:中華書局,2006),頁768—769。
⑤ 侯月相轉之例,見吳澤順《漢語音轉研究》(長沙:岳麓書社,2006),頁231。

義引申出來。吳予天指出，"古人謂陸敗城阜曰陸，意轉而謂列肉曰隋；髮陸則謂之鬌；無袂之衣則謂之裯；魚子已生則謂之鱄。是隋、鬌、裯、鱄，其語根同爲陸，故皆含脫落之義。"[①] 陸、隋、鬌、裯、鱄同源，無可疑者。"墮"與"輸"俱含脫落之義。且語音上，"墮"屬曉母歌部，"脫"爲透母月部，歌月對轉，可相通假[②]。

綜上所述，"墮"，本字爲"陸"，俗字作"隓"，本義爲敗城阜，引申爲傾壞崩落之義；"輸"，本義爲"委輸"，即輸送給予，引申爲傾寫之義。輸寫猶言墮壞，皆有所減損，是"輸"與"墮"取義相通。綜合以上考釋，服虔訓"墮"爲"輸"，理據堅實，殆無可疑。

抑有進者，"墮"與"輸"義通，還可舉"墮肝膽"或"輸肝膽"爲證。郭在貽（1939—1989）《訓詁叢稿·漫談古書的注釋》"望文生訓"舉鄒陽《獄中上梁王書》爲例，指出"披心腹，見情素，墮肝膽"之"墮肝膽"不能釋作"肝膽塗地"，"墮字古有輸義，《廣雅·釋言》：'輸，墮也。'（引者按：下引王念孫《疏證》文，此處從略）……墮肝膽就是輸肝膽，猶言'把心交出來'。《史記·淮陰侯列傳》：'臣願披腹心，輸肝膽，效愚計，恐足下不能用也。'可以互證。杜甫《莫相疑行》：'晚將末契託年少，當面輸心背面笑。'墮肝膽猶言輸心也。注者不知墮字的古義，遂用其常義訓釋，牽強生硬，自不能免。"[③] 將"墮肝膽"之"墮"直解爲"毀"，未達一間，不及"交出"或給予來得準確易明。"墮幣"與"墮肝膽"結構近同，兩相證明，兩個"墮"字都是交出、給予的

---

① 華學誠：《揚雄方言校釋匯證》，頁 769。
② 詳見王輝《古文字通假字典》（北京：中華書局，2008），頁 565—566。又，骩與蛻、脫，音近義通，亦構成同源關係。詳見胡繼明《〈廣雅疏證〉同源詞研究》（成都：巴蜀書社，2003），頁 371—373。
③ 郭在貽：《訓詁叢稿》（上海：上海古籍出版社，1985），頁 228。

意思。

(3)"幣"爲贄幣而非祭幣

《説文》解"幣"字云:"帛也。"① 繒帛爲幣字本義。《儀禮·士相見禮》"凡執幣者",賈《疏》云:"玉、馬、皮、圭、璧、帛,皆稱幣。"② 見於《周禮·小行人》"合六幣",即圭以馬,璋以皮,璧以帛,琮以錦,琥以繡,璜以黼等,圭璋等謂之六玉,馬皮等謂之庭實,兩兩相配。此幣字之引申義③。以用途論,幣可分爲贄見之幣與祭祀之幣,當中又以前者最爲常見。

祭祀之幣可用於出行告廟的場合,據林昌彝(1803—1876)《三禮通釋·祭祀用幣之禮》所考,還見於其他祭禮。據《周禮·肆師》,立大祀,用玉帛、牲牷;立次祀,用牲幣;立小祀,用牲。大祀,祭祀天地、宗廟;次祀,祭祀日月、星辰、社稷、五祀、五嶽;小祀,祭祀司中、司命、風師、雨師、山川、百物。復據《小宰》"凡祭祀皆贊玉幣爵",可知唯大祀用玉,而用幣則不限次祀而已④。《左傳》襄公九年載晉侯謀以息民,魏絳請"祈以幣更",即"祈禱不用犧牲,以皮幣代之。皮爲狐貉之裘,幣爲繒帛之貨"⑤。《禮記·月令》云:"仲春之月,祀不用犧牲,用圭璧,更皮幣。"則指用圭璧及皮幣⑥。凡此皆足以證明春秋之時,實有用幣祭祀之禮。

以禮物饋贈他人而見於禮書及《左傳》者每稱爲"幣"。《左傳》桓公六年,魯公問名於申繻,申繻列舉五種不用作命名的事物

---

① 段玉裁注:《説文解字注》,頁358。
② 王輝整理:《儀禮注疏》(上海:上海古籍出版社,2008),卷第7,頁185。
③ 楊伯峻編著:《春秋左傳注》,頁54。
④ 詳參林昌彝:《三禮通釋》(北京:北京圖書館出版社,2006),卷96,頁569。
⑤ 楊伯峻編著:《春秋左傳注》,"隱公七年",頁972。
⑥ 許慎《説文解字》説"祠"云:"春祭曰祠,品物少,多文辭也……仲春之月,祠不用犧牲,用圭璧及皮幣。"許君所引"仲春之月"云云,實爲《月令》之文。知"更"與"及"同義。詳見清段玉裁注《説文解字注》,頁5。

中就有"不以器幣",原因是"以器幣則廢禮"①。按照贄見之禮,來賓須依自己身份與任務,手執某種禮物,舉行規定的相見儀式②。而記述古代贄見禮最詳盡的莫過於《白虎通・瑞贄》③。在外交禮儀場合中,兩國賓主,無不以玉帛爲贄,《左傳》僖公十五年記穆姬告秦穆公曰:"上天降災,使我兩君匪以玉帛相見,而以興戎。"④玉指圭璋之屬,帛爲束帛,玉帛都是諸侯會盟朝聘的禮品,可通稱爲幣。《左傳》昭公五年,也就是申之會後一年,晉平公嫁女於楚靈王,韓宣子如楚送女,叔向爲介。楚靈王欲羞辱二人。蘧啟彊曰:"是以聖王務行禮,不求恥人。朝聘有珪,享覜有璋,小有述職,大有巡功。設机而不倚,爵盈而不飲;宴有好貨,飧有陪鼎,入有郊勞,出有贈賄,禮之至也。"⑤朝聘享覜,宴饗贈賄,所用禮品可用"幣"字予以概括。

(4)"焉"表示"於此"

何樂士(1930—)通盤考察過《左傳》"焉"的用法,得出的結果是:"焉"共出現877次,可分成以下幾個詞類:1. 兼詞,859次;2. 助詞14次;3. 語氣詞2次;4. 介詞1次;5. 代詞1次⑥。"焉"絕大部分作兼詞用。《左傳》記敘申之會而出現的多個"焉"字也不例外。會前,"王使問禮於左師與子產。左師………獻公合諸侯之禮六。子產獻伯子男會公之禮六。……王使椒舉侍於後以規過,卒事不規。王問其故。對曰:'禮,吾所未見者有六焉,又何以規?'""焉"表示的處所比較抽象,有"於此"之意,指左師與

---

① 詳楊伯峻編著《春秋左傳注》,"桓公六年",頁115—116。
② 詳楊伯峻編著《春秋左傳注》,"定公八年",頁1565。
③ 陳立:《白虎通疏證》(北京:中華書局,1994),卷八,頁348—359。
④ 楊伯峻編著:《春秋左傳注》,"僖公十五年",頁358。
⑤ 楊伯峻編著:《春秋左傳注》,"昭公五年",頁1267—1268。
⑥ 何樂士:《左傳虛詞研究》(北京:商務印書館,1989),頁289。

子產所獻六禮①。"椒舉請辭焉","焉"表示"於此",指"辭"這個動作指涉的對象②,"此"指代上文出現過的宋太子佐。《左傳》中"焉"字的用例,提供了參證的依據。如昭公十三年"王聞群公子之死也,自投于車下,曰:'人之愛其子也,亦如余乎?'侍者曰:'甚焉,小人老而無子,知擠于溝壑矣。'""甚焉"即謂"(愛得)比您更厲害"③。"寡君將墮幣焉",等於説"寡君將向您致送贄幣"。

(5)"寡君將墮幣焉"堪與當時外交辭令合證、"墮幣"即"輸幣"

無論主人賓客,按照外交辭令,都可以向對方説"輸幣"(或"墮幣"),表示欲與對方行贄見之禮。這種辭令屢見於《左傳》。其辭例足與"寡君將墮幣焉"合證,而又同見於楚靈公之時的就有一例。《左傳》昭公七年,楚靈王成章華之臺,欲與諸侯舉行落成禮。蓮啟彊自薦能使魯昭公來。其召請魯昭公之辭云:

> 昔先君成公命我先大夫嬰齊曰:"吾不忘先君之好,將使衡父照臨楚國,鎮撫其社稷,以輯寧爾民。"嬰齊受命于蜀。奉承以來,弗敢失隕,而致諸宗祧。日我先君共王引領北望,日月以冀,傳序相授,於今四王矣。嘉惠未至,唯襄公之辱臨我喪。孤與二三臣悼心失圖,社稷之不皇,況能懷思君德?今君若步玉趾,辱見寡君,寵靈楚國,以信蜀之役,致君之嘉惠,是寡君既受貺矣,何蜀之敢望?其先君鬼神實嘉賴之,豈唯寡君?君若不來,使臣請問行期,寡君將承質幣而見于蜀,

① 何樂士:《左傳虛詞研究》,頁311。
② 何樂士:《左傳虛詞研究》,頁290。
③ 何樂士:《左傳虛詞研究》,頁316。

以請先君之貺①。

"質幣"即贄幣。在句法結構方面，"寡君將承質幣而見于蜀"，以連詞"而"組成連動句式，與"寡君將墮幣焉"稍異。同類辭令，還見於晏嬰請繼室於晉、傳達齊侯之命時所説"寡人願事君朝夕不倦，將奉質幣以无失時"②。《説文解字》"奉""承"互訓③，"將奉質幣"與"將承質幣"無別。"寡君將墮幣焉"與"寡君將承質幣而見于蜀"，同是外交辭令，皆表示將向對方致送禮品（贄幣），與之相見，"寡君將墮幣焉"隱含"寡君將墮幣而見之"之意。《左傳》昭公十一年（楚靈王十年，公元前 531 年）："楚子在申，召蔡靈侯。靈侯將往，蔡大夫曰：'王貪而無信，唯蔡於感。今幣重而言甘，誘我也，不如無往。'"④ 楚靈王在申，特意厚重其贄幣，誘使蔡靈侯入楚相見。依贄見禮，賓先致幣於主人，主人必須反幣回禮，這就是禮尚往來的原則。《左傳》隱公七年，"初，戎朝于周，發幣于公卿，凡伯弗賓"。戎朝見周天子，同時也致送贄幣給周室公卿。按常禮，公卿受幣後，應設宴招待，並回致禮品。如今凡伯竟不反幣回禮，是不以賓禮待之，故曰弗賓⑤。同樣道理，主人贄見於賓，賓也必須回禮，即使事先毫無準備，也要就地取材，視乎所有，向主人送贈贄幣，否則便是不敬失禮。舉例如《左傳》昭公六年，楚公子棄疾如晉，報韓宣子去年如楚致女，路過鄭國，鄭伯帶同罕虎、公孫僑、游吉到相地慰勞公子棄疾等一行人，公子棄疾"辭不敢見。固請，見之。見如見王。以其乘馬八匹私面。見子皮

---

① 楊伯峻編著：《春秋左傳注》，"昭公七年"，頁 1285—1286。
② 《左傳》昭公三年，見楊伯峻《春秋左傳注》，"昭公三年"，頁 1233。
③ 許慎《説文解字》云："奉，承也"；"承，奉也"。見段玉裁注，《説文解字注》，頁 103、600。
④ 楊伯峻編著：《春秋左傳注》，"昭公十一年"，頁 1323。
⑤ 楊伯峻編著：《春秋左傳注》，"隱公七年"，頁 55。

如上卿，以馬六匹；見子産以馬四匹；見子大叔以馬二匹"①。"私面"，猶如《儀禮·聘禮》之私覿，指外臣以私人身份見東道國君臣。可見賓主相見，贄幣是不可或缺的。《左傳》記以幣相覿，如魯莊公二十四年，魯莊公夫人姜氏入，"大夫宗婦覿，用幣"。即同姓大夫之婦以幣爲面見君夫人的禮品②。

《左傳》昭公五年，晉韓宣子如楚送女，叔向爲介。鄭子皮、子大叔勞諸索氏。大叔謂叔向曰："楚王汏侈已甚，子其戒之！"叔向曰："汏侈已甚，身之災也，焉能及人？若奉吾幣帛，慎吾威儀；……雖汏侈，若我何？"③ 叔向如楚，依禮而行，所謂"奉吾幣帛，慎吾威儀"，踐履賓應有的禮儀。

"墮"、"輸"義通，《左傳》這裏的"墮幣"就是襄公三十一年的"輸幣"。《左傳》云：

> 公薨之月，子産相鄭伯以如晉，晉侯以我喪故，未之見也。子産使盡壞其館之垣而納車馬焉。士文伯讓之。……對曰："以敝邑褊小，介於大國，誅求無時，是以不敢寧居，悉索敝賦，以來會時事。逢執事之不閒，而未得見；又不獲聞命，未知見時。不敢輸幣，亦不敢暴露。其輸之，則君之府實也，非薦陳之，不敢輸也。其暴露之，則恐燥濕之不時而朽蠹，以重敝邑之罪。……賓見無時，命不可知。若又勿壞，是無所藏幣以重罪也。敢請執事：將何所命之？雖君之有魯喪，亦敝邑之憂也。若獲薦幣，修垣而行，君之惠也，敢憚勤勞！"④

---

① 楊伯峻編著：《春秋左傳注》，"昭公六年"，頁1278。
② 楊伯峻編著：《春秋左傳注》，"莊公二十四年"，頁228。
③ 楊伯峻編著：《春秋左傳注》，"昭公五年"，頁1267。
④ 楊伯峻編著：《春秋左傳注》，"襄公三十一年"，頁1187—1188。

子產説"輸幣",椒舉説"墮幣",皆表示送出一方向接受一方致送贄幣。

當日,一眾諸侯至會地與楚靈王相見,自必奉其幣帛進獻主人,主人亦當回禮。孔穎達説得對,"朝聘之禮,客必致幣於主"①,朝聘之禮,固當如此,盟會應不例外。宋太子佐後至,既不獲楚靈王接見,自然無法按常禮輸幣於楚靈王,楚靈王亦未曾回禮。正由於兩人未行相見之禮,所以椒舉才説出"寡君將墮幣焉,敢謝後見"這樣的話。"寡君將墮幣焉"表明將向宋太子佐行贄見禮。

4. "屬有宗祧之事於武城"上承"王田於武城"而言,不能割裂爲二事議

要想正確解讀椒舉之辭,關鍵在於能否明瞭他説"屬有宗祧之事於武城"的用意。杜預注"屬有宗祧之事於武城"云:"爲宗廟田獵。"傅遜《左傳注解辨誤》亦云"將其所獲以供祭"②,皆已觸及椒舉原意。有宗祧之事於武城,並不是説在武城祭祀宗祧,而是説爲了祭祀宗祧而在武城畋獵。陳槃(1905—1999)對古代田獵與祭祀的關係作過詳細的考證,指出爲祭祀而田獵,本是原始漁獵社會的遺俗,卜辭所見殷人爲祭祀而田獵之事甚爲繁多③。實際上,除卜辭外,殷王以田獵所獲祭祀之事,還見於獸骨刻辭,陳煒湛《甲骨文田獵刻辭研究》考述甚詳④。後來,基於名位不同、禮亦異

---

① 阮元校勘:《十三經注疏·左傳》,卷42,頁731。
② 傅遜:《左傳注解辨誤》,《續修四庫全書》(上海:上海古籍出版社,1995)據明萬曆十三年(1585)日殖齋刻本影印,經部《春秋》類,第119冊,頁559。
③ 陳槃:《古社會田狩與祭祀之關係(重訂本)》,載氏著《舊學舊史説叢》(臺北:"國立"編譯館,1993),頁63—90。陳先生引羅振玉《增訂殷虛書契考釋》云:"《春秋傳》曰:'惟君用鮮。眾,給而已。'……卜辭中書田獵者,雖無用鮮明文,然大率爲祭祀也。"(頁78)黃然偉《殷王田獵考》云:"殷王田獵,目的有二:一爲娛樂,一爲祭祀祖先之犧牲而田獵。"見《殷周史料論集》(香港:三聯書店,1995),頁289。
④ 殷王因田獵而祭之事,見於三件獸骨刻辭。詳參陳煒湛《甲骨文田獵刻辭研究》(南寧:廣西教育出版社,1995),頁15—17,《甲骨文田獵刻辭選粹摹本》219(頁138)、240(頁144)、245(頁145)。

數的制禮原則，君臣的上下等差也反映在田獵祭祀之禮上。《左傳》襄公三十年曾記"豐卷將祭，請田焉。弗許，曰：'唯君用鮮，衆給而已。'"[①] 鄭臣豐卷請求允許他田獵取獸以祭祀先祖，子產不許，申明只有國君才能用田獵所獲爲祭品，衆臣則視其有無但求足夠而已[②]。文獻所見，因祭而獵，僅人君（天子或諸侯）得以行之，而大夫不與焉。《春秋》記魯隱公矢魚于棠，《左傳》記臧僖伯諫曰：

> 凡物不足以講大事，其材不足以備器用，則君不舉焉。君將納民於軌物者也。……故春蒐夏苗、秋獮冬狩，皆於農隙以講事也。三年而治兵，入而振旅，歸而飲至，以數軍實……鳥獸之肉不登於俎，皮革、齒牙、骨角、毛羽不登於器，則公不射，古之制也。若夫山林、川澤之實，器用之資，皁隸之事，官司之守，非君所及也[③]。

臧僖伯的諫辭，闡明古田獵之禮背後的重大意義。人君按四時田狩，所謂春蒐夏苗秋獮冬狩，總稱大蒐禮。大蒐無非是爲了講習軍事和祭祀宗廟。古禮規定，田獵所獲鳥獸，如不用作祭祀的俎實，則人君不親射。《穀梁傳》記魯桓公四年春狩於郎時說："四時之田，皆爲宗廟之事也。春曰田，夏曰苗，秋曰蒐，冬曰狩。四時之田用三焉，唯其所先得，一爲乾豆，二爲賓客，三爲充君之庖。"[④]《禮記·王制》亦云："天子、諸侯無事，則歲三田，一爲乾豆，二爲賓客，三爲充君之庖。無事而不田，曰不敬。田不以禮，則暴天

---

① 楊伯峻編著：《春秋左傳注》，"襄公三十年"，頁 1181。
② 楊伯峻編著：《春秋左傳注》，"襄公三十年"，頁 1181。
③ 楊伯峻編著：《春秋左傳注》，"隱公五年"，頁 41—44。
④ 鍾文烝：《春秋穀梁經傳補注》（北京：中華書局，1996），頁 89—91。

物。"①"乾豆"就是臘乾的祭品。大蒐所獲鳥獸固然會用作宴賓的俎實，但主要還是用於祭廟或祭社。由是而知，天子、諸侯都得依時親自田獵以供祭祀，不然就是不敬②。在陳先生列舉的古禮俗之遺的事例中，見於《左傳》的，除了豐卷一事外，就是楚靈王這件事③。

椒舉說"屬有宗祧之事於武城"，翻成白話，等於說："碰巧遇上爲祭祀宗廟而在武城田獵。"說明"王田於武城"的目的，無非是爲了合理地解釋久而不見宋太子佐的原因。因此，"王田於武城"與"屬有宗祧之事於武城"兩語相關，前後照應，講的是同一回事，即爲祭祀宗祧而田於武城，兩者必須合解，絕不能割裂爲二事。若不是對此瞭然於心，所作解說就難免出現偏差。當然，椒舉謂楚靈王爲宗廟而田於武城，大概只是藉辭辯解，將行爲合理化，不必看作事實。楚靈王汰侈驕縱，尤好田獵。爲令尹之時，就曾"爲王旌以田"，即僭禮而用周天子之旌④。光是申之會前，既一再田於江南之夢⑤，又田於武城。楚靈王屢次游畋，說是爲了狩獵閱軍，向諸侯示威，似乎更爲貼切。申之會的後續軍事行動，先拘了服吳的徐子，又起諸侯之兵伐吳，再戮殺慶封及其族人，遂滅賴並遷之於鄢，足以提供證明。

5. 杜注"布幣"不足以說"墮幣"之義

杜預沒有直接訓釋"墮"字，孔穎達則引《左傳》子產論幣所言"輸幣"爲證，以爲"墮幣"也好，"輸幣"也好，都給杜預

---

① 吕友仁整理：《禮記正義》（上海：上海古籍出版社，2008），卷第17，頁505。
② 詳參陳槃：《舊學舊史說叢》（臺北："國立"編譯館，1993），頁570—572。
③ 陳槃：《舊學舊史說叢》，頁74。
④ 《左傳》昭公七年，見楊伯峻編著《春秋左傳注》，"昭公七年"，頁1283。
⑤ 《左傳》昭公三年記："十月，鄭伯如楚，……王以田江南之夢。"又，昭公四年記春王正月，"許男如楚，楚子止之；遂止鄭伯，復田江南，許男與焉。"見楊伯峻編著《春秋左傳注》，頁1244、1245。

"布幣"一語説穿了。椒舉語意，"言將待輸幣之時乃相見，見既在後，故遣我來，敢謝後見也"①。安井衡《左傳輯釋》云："《特牲饋食》：'挼祭'，鄭康成據《士虞禮》古文，讀爲墮祭，云：'墮祭，下祭也。'下祭，取之置下，不復舉向口也。布亦置之下，義與墮同。"②"布"或用作敷設義，如《儀禮・聘禮》"布幕"，鄭玄注云："布幕以承幣……今文'布'作'敷'。"③但"布幣"之布仍當作陳設解，其義不必與"墮"、"輸"相當。在《左傳》裏，"墮幣"、"輸幣"各一見，而"布幣"共兩見，包括襄公二十九年記穆叔説的"被殯而襚，則布幣也"④，以及昭公元年的"子晳盛飾入，布幣而出"⑤。前者謂先行被殯而後致襚，與朝而布幣無異，後者則爲初見而布幣。兩處"布幣"皆指陳列贄幣。上引子産説："不敢輸幣，……其輸之，……非薦陳之，不敢輸也……若獲薦幣，……"細審《左傳》詞例，"輸"之與"薦陳"（或"薦"）分別甚明，"薦陳"之義易明，也就是陳設的意思⑥，輸蓋謂輸出、輸送。從上述可見，"墮"與"輸"義通，"墮幣"與"輸幣"相當。仔細辨析起來，"墮幣"、"輸幣"與"布幣"在語義上存在微細的差別，不宜視作等同。

---

① 阮元校勘：《十三經注疏・左傳》，卷 42，頁 731。
② （日）安井衡：《左傳輯釋》，卷 18，頁 53 下。
③ 王輝整理：《儀禮正義》，卷第 19，頁 576。
④ 楊伯峻編著：《春秋左傳注》，"襄公二十九年"，頁 1154。
⑤ 楊伯峻編著：《春秋左傳注》，"昭公元年"，頁 1212。
⑥ 王引之，《經義述聞》（南京：江蘇古籍出版社，2000）云："昭二十年《左傳》曰：'其祝、史祭祀，陳信無愧。'又曰：'其祝、史薦信，無愧心矣。'薦，亦陳也，連言之則曰薦陳。襄三十一年《傳》曰：'非薦陳之，不敢輸也。'是也。家大人曰：'《祭義》曰："孝子之祭，其進之也，敬以愉；其薦之也，敬以欲。"薦之，謂陳之也。上文曰："夫婦齊戒、沐浴、盛服，奉承而進之。"即此所謂進之也。又曰："薦其薦俎。"即此所謂薦之，亦即《仲尼燕居》所謂"陳其薦俎也。"薦訓爲陳，故《荀子・禮論篇》謂陳器爲薦器。《鄭注》以進之爲進血腥，薦之爲進執，強分二事，失之矣。'"（卷 26，頁 616 下—617 上）

6. 服虔解"將墮幣焉"爲"將輸受宋之幣於宗廟"辨誤

服虔訓"墮"爲"輸",並串講"寡君將墮幣焉"句意云:"言將輸受宋之幣於宗廟。"意思是說,將會把接受宋太子致贈的贄幣輸送到宗廟裏去。這麼說,除了"焉"字,椒舉之辭與前面的"王田於武城"便無甚關聯,而且很可能令人以爲,在服虔看來,這番話說於會後。服說存在兩大漏洞:

(1) 用別國贄幣祭廟,不見禮書,《左傳》亦無其例

服虔認爲,"寡君將墮幣焉"指楚王將輸受宋之幣於宗廟。孔穎達反駁此說,理由是:"禮之享幣,皆令宰受,不以薦宗廟。"①按照《儀禮·聘禮》的儀節安排,完成聘禮後,賓出廟門,主君在堂上,把賓送的玉交給宰保管,然後裼降階立於中庭。跟着,賓享主君,"奉束帛加璧享",又設"庭實",公接受了這些禮品(即幣)後,"側授宰幣",宰把禮物都收藏好②。這就是孔《疏》說的"禮之享幣,皆令宰受,不以薦宗廟"的依據。《左傳》等文獻所記,的確未見輸聘賓之幣於宗廟的事例。

(2) "焉"字確爲兼詞,但非指"武城宗祧"

解"將墮幣焉"爲"將輸受宋之幣於宗廟",把"焉"看作兼詞,即"於此",按照服虔的看法,就只能是上文提及的"屬有宗祧於武城"的"武城宗祧"。把"焉"看成兼詞,不成問題,但說是"武城宗祧",則不可從。先不說武城有楚先君廟值得懷疑,即如其說,椒舉的話也令人費解。當時,楚靈王在武城,而宋太子在申,申與武城,實爲二地(申與武城的地理位置見圖二十一)。宋

---

① 阮元校勘《十三經注疏·左傳》,卷 42,頁 731。
② 《儀禮·聘禮》云:"賓出。公側授宰玉,裼,降立。擯者出請,賓裼,奉束帛加璧享,擯者入告,出許。庭實,皮則攝之,毛在內,內攝之,入設也。賓入門左,揖讓如初。升致命,張皮。公再拜受幣,士受皮者自後右客。賓出,當之坐攝之。公側受宰幣,皮如入,右首而東。"詳參胡培翬:《儀禮正義》(南京:江蘇古籍出版社,1993),頁 1018—1025。

太子佐至申之時,楚王正在武城田獵,接納椒舉建議後,"王使往",即楚"王"便"使"椒舉由武城"往"申。正由於賓主各處一地,椒舉才有必要説其君因祭祀宗廟而留在"武城"。

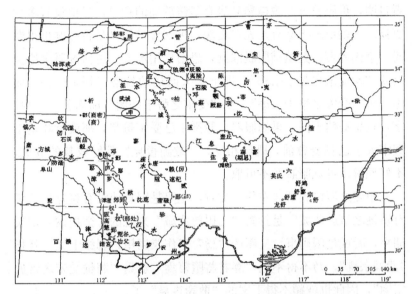

圖二十一 "申"與"武城"地理位置圖(加圈處)

(轉錄自吕靜《春秋時期的盟誓研究》[上海:上海古籍出版社,2007],頁14《地圖三春秋時期楚國形勢圖》)

李貽德《左傳賈服注輯述》援引《周禮‧司儀》證明"受幣在廟中"云:

> 《司儀》諸公之臣相爲國客,"及將幣,旅擯,三辭,拜逆,客辟,三揖,每門止一相,及廟,惟君相入,三讓,客登,拜,客三辟,授幣,下,出。"是受幣在廟中,故服云:"言將輸受宋之幣于宗廟。"①

────────────

① 王先謙編:《清經解續編》(上海:上海書店,1988),第3冊,頁1017。

《儀禮·聘禮》同樣規定，主人受國賓之幣於廟中。正常聘禮，受幣確在廟中無疑。椒舉之辭，沒有明確交代楚王"後見"宋太子的時間或場合，但相見地點顯然就是宋太子所在之處，即會地申，聽者自明，毋庸贅言。說椒舉話裏有墮幣於廟的意思，恐怕沒有多少實據。一則申地未必有楚先君之廟，再則會禮相見是否在廟也很難說。李氏此言，對填補服說漏洞，恐怕作用不大。更何況服虔原文是說"輸受宋之幣于宗廟"，即把宋人贈送的贄幣送到宗廟去，而不是說"受宋之幣于宗廟"。在"受宋之幣于宗廟"前面著一"輸"字，意思截然不同。果如服說，楚靈王已受宋輸幣，那就意味楚王與宋太子已見於會前，既已相見，"敢謝後見"就變成無的放矢，不好理解。可見服說並不可取。

服虔之所以誤解《左傳》文意，主要是因爲他沒有察覺到"屬有宗祧之事於武城"是針對"王田於武城"來說的，卻把兩者割裂開來，看成是兩碼事。又礙於"焉"字作兼詞用，聯結上文，就指"武城宗祧"，乃不得不把"寡君將墮幣焉"解爲"將輸受宋之幣於宗廟"，因此也就顧不得下文的"敢謝後見"了。

7. 明清以降學者以"墮幣"爲祭幣辨誤——論傅遜、沈欽韓、馬宗璉、惠士奇、劉善澤、吳靜安之說

服虔解"墮幣焉"爲"輸受宋之幣於宗廟"，將"幣"視作贄幣。後世學者承襲了服說中的宗廟部分，連帶把"幣"看成祭祀用幣，而非受宋之贄幣，並解"墮"爲墮祭。就現存文獻所見，此說蓋由明人傅遜始創，清人如馬宗璉、惠士奇、沈欽韓，以至近人劉善澤和吳靜安等皆熱衷於推衍此說。

傅遜《左傳注解辨誤》引錄服、杜兩說，並云：

> 愚謂諸說皆謬甚。《傳》文理本順，而諸儒皆曲解之。蓋王時田於武城，有先君之廟在焉，將其所獲以供祭，則自應有

幣薦享,祭畢瘞之,故曰將墮幣焉。墮幣猶云委禽、委質也。言後見者,俟祭畢而後見也。此事明敍於會畢之後,而杜因《經》文有宋世子,故曲爲此言,以附會耳。《經》義難以輕論,而即以《傳》文讀之,本然①。

傅遜斷言,椒舉之辭說於會後,大意謂:適值寡君正在武城田獵,將以所獲在那裏的宗廟舉行祭祀,還將以幣薦享,待祭畢才與您相見。傅遜提出按《左傳》"文理"解讀其文,其實很有道理。謂楚王將祭於武城,蓋連帶"焉"字作解,無疑顧及文理。可惜他只着眼於椒舉之辭,而未能兼顧上文,以致產生曲解。"宗祧之事"就是田於武城之事,而不是傅遜理解的在武城祭廟之事。傅遜謂"武城有先君之廟在焉",未知何據。武城非楚宗邑,恐不得有宗廟。即便武城有先君之廟,先言以鮮(田獵所獲)祭廟,接言以幣薦享(別種祭祀形式),上下文難以連屬,令人費解,《左傳》恐無此種文理。"委質"即委贄。"委禽"與"委贄",同見《左傳》②。委禽,即以禽爲贄,"委禽"也就是"委贄"。婚禮納采委雁之委與委贄之委同義,皆指放置或陳放③。對"墮"的這種釋義,類近於杜預所云"布幣"。《左傳》敍事,手法多變,記述一事,多有插敍,此處於會後補敍前事,本極尋常,傅氏必謂"此事明敍於會畢之後",恐是捉錯用神。至於"將其所獲以供祭",點明田獵與祭祀的關係,最爲有見,實是杜注"爲宗廟田獵"的進一步說明,將兩語連綴成"爲宗廟田獵,將其所獲以供祭",可使"屬有宗祧之事於武城"的意思更爲明確。

---

① 傅遜:《左傳注解辨誤》,《續修四庫全書》(上海:上海古籍出版社,1995)據明萬曆十三年(1585)日殖齋刻本影印,經部春秋類,第119册,頁559。
② "委禽"與"委質"之例,分别見楊伯峻《春秋左傳注》,頁1211與頁403。
③ 詳參楊寬《"贄見禮"新探》,《古史新探》(北京:中華書局,1965),頁362。

沈欽韓《春秋左氏傳補注》云：

> 傳遜曰："祭用幣，畢瘞之，故云墮幣。"欽韓按：《守祧》
> 職："既祭則藏其墮"，注："墮，尸所祭肺脊黍稷之屬。"《特
> 牲禮》："祝命授祭"，注："授祭，祭神食也。"《士虞禮》古文
> 曰："祝命佐食墮祭。"《士虞禮》注："下祭曰墮。墮，言墮下
> 也。齊、魯之間謂祭爲墮。"此墮幣者，謂不將遷廟主，但以
> 幣主命，載于齊車以行，乃反藏諸廟兩階間，有神道焉，猶尸
> 之墮祭，故云墮幣。杜預以墮幣爲布幣，此瞽説也[①]。

沈欽韓執持傅説"祭用幣，畢瘞之"一端，詳加申論，藉援引《周
禮》、《儀禮》經文及鄭注，以爲"墮幣"指載幣於齊車隨行並於反
歸後埋藏之。沈氏明言"墮幣"所指涉的事物，於傅説有所推展。
沈氏譏斥杜注爲"瞽説"，未免褒貶失當。

馬宗璉提出與傅遜相近的看法，同樣斷定"墮幣"之事發生在
會後，其《左傳補注》云：

> 《曾子問》："孔子曰：'天子、諸侯將出，必以幣帛皮圭告
> 於祖禰，遂奉以出，載於齊車以行。每舍，奠焉而后就舍。反
> 必告，設奠，卒，斂幣玉，藏諸兩階之間，乃出。蓋貴命
> 也。'"楚子是時會畢，將以幣玉告諸武城先王之宗廟而反命
> 矣。恨宋太子後至，故以輸幣爲辭。服虔以爲將輸受宋之幣于
> 宗廟，疑非[②]。

---

① 沈欽韓：《左傳補注》，《清經解續編》（上海：上海書店，1988），第 3 册，頁 61。
"傅遜"，原文作"傅選"，今正。
② 馬宗璉：《左傳補注》，《清經解》（上海：上海書店，1988），第 7 册，頁 362。

馬宗璉以爲，"宋大子佐後至"發生在會前，楚靈王墮幣於武城宗廟則在會後。馬宗璉所引《禮記·曾子問》之文，實即沈説所從出。《左傳》可爲《曾子問》這條記文提供事實證明。《春秋》記魯桓公二年九月，"公及戎盟于唐。冬，公至自唐"。《左傳》説明這樣記録是由於"告于廟"的緣故，並發凡起例説："凡公行，告于宗廟；反行，飲至、舍爵、策勳焉，禮也。"諸侯戰勝告廟的實例，見於《左傳》宣公十二年所記晉楚邲之戰。楚莊公於戰勝後曾説："其爲先君宮，告成事而已。"自言因戰勝祭告先君。孔穎達《疏》云："《禮記·曾子問》稱：'古者師行，必以遷廟主行，載于齊車，言必有尊也。'《尚書·甘誓》云'用命賞于祖'，謂遷廟之祖主也。爲先君宮，爲此遷主作宮於此祀之。"[①] 據此，知楚王以遷廟主隨行，就地建先君之廟而祀之。透過《左傳》凡例及《曾子問》，我們可整合出諸侯出行告廟之禮：諸侯出行（因朝覲、盟會、出師征戰等），行前必須用幣帛皮圭祭告宗廟，禮畢，就把象徵父祖之命的物品載於齊車隨行；返國歸來，必須祭告宗廟，禮畢，收斂幣帛皮圭，埋藏在宗廟的東西兩階之間，然後出廟。祭告後，聚合羣臣飲酒，謂之飲至；在簡策上寫下各人的勳勞，謂之策勳或書勞[②]。諸侯出行，用幣祭告祖廟，《禮記·曾子問》已有明文。《曾子問》又云："諸侯相見，必告于禰，朝服而出視朝，命祝史告于五廟所過山川。"《儀禮·覲禮》亦云："侯氏將朝王，釋幣于禰。"使者出行，亦有是禮。《儀禮·聘禮》記使者（賓）出行前告禰與行的禮儀，"賓朝服，釋幣于禰"，"釋幣制玄纁束，奠于几下，出"，（祝）"又入取幣，降，卷幣實于篚，埋于西階東"，"又釋幣于行"。是諸侯與卿大夫異禮，諸侯之幣載於齊車隨行，歸乃埋於西階東，卿大

---

① 阮元校勘：《十三經注疏·左傳》，卷23，頁398。
② 《左傳》襄公十三年云："春，公至自晉，孟獻子書勞于廟，禮也。"（楊伯峻編著《春秋左傳注》，頁998）

夫之幣則告廟後，即埋於西階東。不可不知的是，天子、諸侯以至卿大夫，用幣告廟，皆由祝職司其事①。馬宗璉明白地説："楚子是時會畢，將以幣玉告諸武城先王之宗廟而反命矣。"把"墮幣"看成會後告廟反命的這種祭禮。安井衡《左傳輯釋》駁斥馬説云：

> 馬宗璉引《曾子問》，以墮幣爲藏主命，遂謂是時會畢，顯與《經》書大子佐相戾。蓋馬見《傳》載此事於會畢之後，以創此説耳。不知《傳》欲與下執徐子相比，以見楚子無道，因以起椒舉之諫，與子産、左師之譏，故載之此，豈以在會舉之後哉？不思甚矣②。

始創椒舉辭謝於會畢之後之説的人，實爲傅遜，並非馬宗璉。雖然馬宗璉没有交代其説的由來，但取馬、傅兩書注文稍作比較，不難發現，其間因循沿襲之迹甚爲明顯。誠如杜預所言，椒舉此番辭令必然説於會前，無可疑者。（説詳下文）安井衡只是重申杜説。馬宗璉只着眼於椒舉辭令，未能結合上文作整體考慮，孤立地解讀"寡君將墮幣焉"，以致誤解《左傳》文意。實際上，馬宗璉並没有跳出服説的藩籬。吳靜安《春秋左氏傳舊注疏證續》一併抄録馬宗璉及沈欽韓之説③，蓋亦爲其人誤説所惑。

再看惠士奇之説，其《禮説・既祭藏其隋與其服》云：

> 《守祧》職：既祭，藏其隋。案：隋，《説文》作隓，一作墮……飯以手，謂放飯於器曰墮。《春秋傳》曰"墮幣"，楚有宗祧之事將墮幣焉是也。祭用幣，謂奠幣於神曰墮，《士虞禮》

---

①　席涵靜：《周代祝官研究》（臺北：勵志出版社，1978），頁92—95。

②　安井衡：《左傳輯釋》，卷18，頁53下。

③　吳靜安：《春秋左氏傳舊注疏證續》（長春：東北師範大學出版社，2005），頁892。

曰："墮祭"，墮之爲言下也，猶放飯於器也。墮之爲言輸也，猶莫幣於神也。其音近綏。《曾子問》、《士虞》、《少牢饋食》皆作綏。因綏爲授，因墮爲隋，轉相假借，失其本義，當定作陸[1]。

惠士奇認爲，"墮幣"之"墮"即《儀禮·士虞禮》之"墮祭"及《周禮·守祧》之"隋"。此説本鄭玄《儀禮注》，《士虞禮》"祝命佐食隋祭"鄭注云：

> 下祭曰墮，墮之言猶墮下也。《周禮》曰："既祭則藏其墮"，謂此也。今文墮爲綏。《特牲》、《少牢》或爲羞，失古正矣。齊魯之間，謂祭爲墮[2]。

劉善澤《三禮注漢制疏證》贊同惠士奇的看法説：

> 古者祭用幣，謂莫幣于神曰隋。左氏昭四年《傳》楚有宗祧之事將隋幣焉是也[3]。

"墮"指下祭，"隋"則爲所祭之物，經書互作，"綏"、"授"則爲其聲近通假字[4]。祭用幣，莫幣於神按理可稱"墮幣"。但問題是，惠士奇憑己意節録《左傳》原文，將之改寫成"楚有宗祧之事將墮幣焉"，斷斷不足以涵蓋文本原意。"楚有宗祧之事將墮幣焉"固然

---

[1]　阮元編：《清經解》（上海：上海書店，1988），册2，頁66。

[2]　王輝整理：《儀禮注疏》，卷第19，頁1284。

[3]　劉善澤：《三禮注漢制疏證》（長沙：岳麓書社，1997），頁431。

[4]　"隋"爲裂肉，謂尸所祭之餘肉，《周禮·守祧》"既祭，則藏其隋與其服"鄭《注》云："隋，尸所祭肺脊黍稷之屬。"有關"墮"與"隋"、"綏"之關係，可詳楊天宇《鄭玄三禮注研究》（天津：天津人民出版社，2007），頁254—255。

可理解爲"楚舉行宗祧祭禮，將奠幣於神"，但文本原作"屬有宗祧之事於武，寡君將墮幣焉"，其中兩個關鍵詞（"寡君"及"武城"）都被刪掉。須知武城不必有楚先王宗祧，安井衡《左傳輯釋》云：

> 申本申國，其地在方城之北。武城，在南陽宛縣北。皆非楚宗邑，恐不得有宗祧。且祭有墮祭，未聞墮幣①。

武城既非宗邑，恐怕不會有宗祧②。嚴格來講，文獻所見，關涉祭祀的用詞，只有"墮祭"，"墮幣"則未之一見。何況祭禮中，負責奠幣的是助祭的祝，人君不應自爲。更爲嚴重的是，惠氏僅僅着眼於"楚有宗祧之事將墮幣焉"，這樣一來，整段記載就被割裂成兩個不相連屬的片段。我們知道，事情的起因是宋太子佐後至申（會地），楚靈王卻在武城田獵，久而不接見他，不履行地主之禮。主賓各在一地，故楚靈王派遣椒舉由武城前往申，旨在向宋太子佐表示歉意。設想椒舉向宋太子佐説："碰巧寡君在武城舉行廟祭，將親自奠幣於神，敢謝後見。"楚靈王明明在武城打獵，偏説在武城祭廟，奠幣者應是助祭的祝，卻又説是楚王自爲。聽者不但費解，摸不着頭腦，甚至有被欺誣之感。

8. 小結

總上考論，《左傳》記敘申之會前的這段小插曲："宋大子佐後至，王田於武城，久而弗見。椒舉請辭焉。王使往，曰：'屬有宗祧之事於武城，寡君將墮幣焉。敢請後見'。"可按時間順序，分成

---

① 安井衡：《左傳輯釋》，卷 18，頁 53 下。
② 顧棟高《春秋大事表》"武城"（自注："僖六年許僖公見楚子于武城。"）云："杜《註》：'楚地，在南陽宛縣北。'今南陽府治南陽縣北有武延城。故爲申國地，申滅屬楚。"（《春秋列國都邑表卷七之四》，頁 843）

四件相連接續的事情，包括：第一、"宋大子佐後至"，宋太子佐後
於衆人到達申；第二、"王田於武城，久而弗見"，楚靈王只管在武
城田獵，賓主各處一地，楚王曠日良久，不行相見禮；第三、"椒
舉請辭焉"，椒舉請楚靈王辭謝宋太子佐；第四、"王使往，曰：
'屬有宗祧之事於武城，寡君將墮幣焉，敢謝後見'"，楚靈王接納
建議，派遣椒舉由武城前往申地，代表主人向賓客宋太子説了這番
話，爲"久而不見"辯解，並爲後見表示歉意。這些事情前後連
接、互爲因果。歸根究柢，這段插曲是由"宋大子佐後至"引發出
來的。"宋大子佐後至"申，與前文"鄭伯先待于申"的"先"，形
成強烈對比。宋太子佐後至申（會地），驕縱的楚靈王自然認爲他
不夠馴服而動怒，所以只管在武城打獵，久而不盡地主之誼，與他
行相見禮。楚王向宋太子辭謝，只是由於接納了椒舉的建議。椒舉
辭謝的内容，既要解釋"久而弗見"的因由，也要傳達相見的意
願。"屬有宗祧之事於武城"針對"王田於武城"而言，是整段記
載的關鍵處，説明"王田於武城"，是爲祭祀宗廟到武城畋獵，故
久不得見，並非故意怠慢賓客。這樣就使楚靈王的畋獵合理化。
"寡君將墮幣焉，敢謝後見"，"將"與"後"對應成文，得體地表
明楚王及後將向宋太子行贄見禮之意，並爲後見其人表示歉意。由
於椒舉只説"後見"，其意中之"後"，只能限定在會前或行會禮之
時①。杜預點明會時，可備一説。只有對這些事情之間的關係瞭然
於心，才能掌握椒舉之辭的確切含意。

　　服虔與杜預的解讀，各有得失。服説之得在於訓"墮"爲
"輸"、解"墮幣"爲輸送贄幣，而杜説之得在於點明"屬有宗祧之

---

① 近期出版的英譯本《左傳》，仍不得其解。Stephen Durrant，Wai-yee Li，and David
Schaberg 合譯的 *Zuo Tradition / Zuozhuan: Commentary on the "Spring and
Autumn Annals"* 將"宋大子佐後至"譯爲："The Song heir apparent Zuo arrived
after the ceremony was over." p. 1373. 不可從。

事於武城”照應“王田於武城”、椒舉所言在會前、解“墮幣”爲相見之禮。擷取兩人所得，兼采傅遜、安井衡等人之説，爲之疏通整合，便能大致掌握《左傳》“墮幣”及相關紀事的實質内容。現依照本文討論結果，略述其事如下：楚靈王在申地會合諸侯，宋太子佐後於衆人到達申，主人家楚靈王只管在武城打獵，曠日良久不予接見。椒舉請楚靈王辭謝宋太子佐。楚靈王遂派椒舉由申前往武城，向宋太子佐説：“寡君適逢爲祭祀宗廟而在武城畋獵，寡君及後將向您致送禮物行贄見之禮，謹爲後見您表示歉意。”如此解讀，方能顧及整件事的完整性，了解其中的來龍去脈。椒舉之辭，合禮得體，是典型的外交辭令，符合其以禮得諸侯的一貫主張。楚靈王田於武城的真正原因，很可能是藉此閲軍示威，爲會後的軍事行動做準備，圖謀復興霸業。椒舉之辭，大概是藉辭辯解，不必信爲事實的陳述。

結　語

　　上舉例證充分説明，"禮制語境"存在於經典的字裏行間，對詮釋經典禮制至關重要。探明"禮制語境"，無疑是掌握經義的不二法門。《儀禮》純然是禮文的匯集，行文詳略不一。詮釋其中的文字，本證最爲重要，《禮記》、《周禮》以至其他經典或可提供佐證（他證）。實踐證明，只有會通文例，才能找出貫通《儀禮》全經的"禮例"。而會通文例同樣適用於通讀《周禮》，只是需按實際情況稍作調整。當然，由某部分禮文歸納所得的"禮例"，卻不必適用於解釋其他禮文。若偏執一端，忽略個別經文的特殊性，就難免顧此失彼。換言之，解讀經文，必須兼顧字詞意義的一般用法（通例）與個別用法（特例），慎加取捨，知悉何時必然，何時不必皆然。也就是説，既必須注重經文通例（禮經通例尤其如此），也不能忽略上下文理，即其肌理脈絡；只有從實際語境切入，才能準確詮釋經文的意義。

　　本書對經典疑難處所提出的釋讀，很多時候都是推尋"禮例"的結果。詮釋《士冠禮》"適東壁"便是一例。要想準確解讀"適東壁"之意，就必須從《儀禮》本文找内證，重構語境。"適東壁"

一語，《儀禮》兩見，除《士冠禮》外，還見於《士昏禮·記》的
"士受皮者自東出於後，自左受，遂坐，攝皮，逆退，適東壁"。同
是在廟受皮而適東壁，《聘禮》寫作"右首而東"，"東"用作動詞，
同指"適東壁"而已。帶有相同含意的"東壁"，還見於《士喪
禮》。合證數文，可知東壁爲隱處，既可用於暫時收藏物品，亦可
權作行禮者之位。

有些時候，同一段經文，依"禮例"作解，所得結果或與隨文
釋義不同①。如《士冠禮》有冠者取脯適東壁"北面見于母。母拜，
受。子拜，送，母又拜"一節。若據禮經通例解讀，則此母拜一依
授受之禮及婦人俠拜而行。古授受之禮，授者手中有物，故受者先
拜，受者接過物後，授者拜送。冠者與其母正行此禮。姚際恒《儀
禮通論》已看出：母拜受脯，一如拜受其摯之禮②。"母拜受，子拜
送"本已完成授受之禮，只是因爲母爲婦人，故依婦人俠拜之儀而
又拜。"俠拜"，指婦人與丈夫（成年男子）行禮，婦人先拜，丈夫
答拜，婦人再拜，即婦人夾丈夫而拜兩次。此"拜"，蓋指婦人之
肅拜。《儀禮》多見其例。鄭玄注《士冠禮》冠者取脯見母，即云：
"婦人於丈夫，雖其子猶俠拜。"③賈《疏》云："婦人於丈夫皆使俠

---

① 鄭玄注禮，有"望文爲義"一法，故有字同而異訓者，詳參李雲光《三禮鄭氏學發
凡》（臺北：臺灣學生書局，1966 年），《望其文以釋之》，頁 205—217。今補"餼"
字之例。綜合禮書所見，牲，有三牲（牛羊豕），有六牲（三牲加馬、狗、雞）；其
別名有"牢"、"牽"、"饔"、"餼"、"腥"、"飪"。"牢"，以其繫養所在爲名。"牽"，
取其可牽行之義。至於"饔"、"腥"、"飪"、"餼"的區別，則著眼於牲之已殺未殺
及肉之生熟。牲已殺者爲"饔"。"腥"、"飪"皆爲"饔"，分別在於："腥"爲生肉
未煮，而"飪"爲已煮的熟肉。"餼"相對於"饔"而言，指未殺之牲，即仍生者。
鄭玄注《儀禮·聘禮》之"餼"云："凡賜人以牲生曰餼。"即謂依通例，牲生曰
餼。但若"餼"與"饔"對言，鄭玄謂："腥曰餼。"是牲生而未殺與殺而未煮皆可
稱"餼"。正如賈公彥所言，"鄭望文爲義，故注不同也。"見鄭玄注，賈公彥疏，
王輝整理《儀禮正義》，頁 587。
② 姚際恒著、陳祖武點校：《儀禮通論》（北京：中國社會科學出版社，1998 年），
頁 31。
③ 鄭玄注，賈公彥疏，王輝整理：《儀禮正義》，頁 45。

拜，故舉子以見義也。"^① 其見於士昏禮者，如贊者（主人的男性屬吏）代舅姑向婦行醴禮，贊者酳醴，婦拜受。贊者拜送，婦又拜。是婦人以俠拜丈夫爲通例。正如沈文倬先生所言，記禮者爲避雷同^②，故禮經行文不得不有所簡省，如《士昏禮》婦至成禮節贊洗爵酳婦，"卒爵皆拜，贊答拜"。贊答拜後婦當又拜，只是禮文不具而已^③。《士昏禮》所見，婦向姑饋食，餕姑之饌，姑酳婦，"婦拜受。姑拜送"。無俠拜。這是由於婦人相拜則各拜一次的緣故。母子相答拜，確非常禮所當有，冠禮如此安排，只是爲了表示以成人之道待子，故特異其禮^④。但若隨文釋義，純從上下文理切入，則可得另一解讀。如蘇文擢先生（1921—1997）《士冠禮母拜説》就認爲，"本文兩言母拜，若皆以爲拜子，文義近贅。嘗細繹本文，參以鄭注賈疏，及〈禮記〉孔氏疏，恍然於兩言母拜之有別"^⑤。兩拜之別在於，前拜爲拜酒脯，後拜爲答其子之拜。如此説來，母之兩拜（拜受與又拜），用意各別，只能看作特例。上面對冠者之母兩拜的兩種釋讀，取義不同，各有所據。通例與特例，若然不能相融，則必須審慎地在兩者之間作出取捨。以《士冠禮》母拜論，通例似較可取。只要把上引《士冠禮》母拜冠者與《士昏禮》婦拜贊者兩文對排起來，文意自明（爲醒目計，相應字詞用粗體標示，其他文字一概縮小）：

---

① 鄭玄注，賈公彦疏，王輝整理：《儀禮正義》，頁 45。
② 詳參沈文倬《菿闇文存》（北京：商務印書館，2006 年），頁 628。
③ 詳參沈文倬《士昏禮文多不具説》，《菿闇文存》，頁 636。
④ 詳參吳承志《士冠禮母拜説》，《遜齋文集》，卷三。收錄於《求恕齋叢書》（北京：文物出版社，1984 年）。
⑤ 蘇文擢：《士冠禮母拜説》，拙藏手抄未刊稿。餘詳拙著《蘇文擢先生〈士冠禮母拜説〉辨證》，《國學新視野》2017 年秋季號，頁 107—114。

冠者……適東壁，北面見于母。**母** **拜受。子** **拜送。**
母又拜。

　　贊者酌醴……席前北面。　　　**婦**東面 **拜受。贊**西階上北面 **拜送。**
婦又拜。

兩相對照，重文互見，母拜冠者與婦拜贊者，皆行禮如儀，皆依婦
人與男子授受及俠拜之禮。然則，《士冠禮》母拜，依禮例作解，
理或宜然。

　　依禮例作解，説較勝長，但也不能一概而論。舉例如《周禮・
司尊彝》有云："凡四時之間祀──追享、朝享。"[1] 鄭衆解讀《周
禮・司尊彝》的"四時之間祀，追享朝享"，以追享爲禘、朝享爲
祫，而鄭玄注釋《大宗伯》的"以肆獻裸享先王，以饋食享先王"，
則以肆獻裸爲祫，以饋食爲禘。兩人都是在《周禮》原文沒有明説
的情況下，把兩種祭享（祭名及祭法）視作禘祫對舉，並分別用禘
祫兩相比附。後人解《司尊彝》，取鄭衆説，説《大宗伯》，則取鄭
玄説，大多未能跳出二鄭的窠臼。金鶚《求古録禮説卷七・禘祭
考》舉二鄭之説，並謂"此皆注家妄説，經無明文也"[2]。將先鄭、
後鄭二説一併推倒，古今一人而已。《司尊彝》也好，《大宗伯》也
好，原文都沒有明説是禘祫，不管是先鄭説，還是後鄭説，都只是
依禮例推想的結果。不僅如此，遍檢傳世先秦文獻，禘祫對言，至
今未見一例。由是而知，禘祫並非二祭之名。金鶚指斥二鄭説缺乏
文本依據，虛妄不實，並非無的放矢。既然《司尊彝》"追享朝享"
和《大宗伯》"肆獻裸饋食"原文都沒有明説是禘祫，我們不應像
鄭衆和鄭玄那樣認定兩文都是禘祫對言，否則只會使論説糾纏不
清，猶治絲而棼之也。撤除依禮例作解後，只能採用隨文釋義方
法，嘗試探明"追享"、"朝享"的取義。"享"本字作"亯"，字形

---

[1] 引文標點，依吕友仁《周禮譯注》（鄭州：中州古籍出版社，2004），頁 263—264。
[2] 金鶚：《求古録禮説》，頁 457。

像祭祀之所，故本義爲祭祀，段玉裁《經韵樓集·亯饗二字釋例》辨之已明①。核之經傳，可知享爲廟祭之通名，"追"、"朝"與享合稱，成爲兩種祭祀的專名，其祭祀方式藉"追"、"朝"二字表示出來。祭祀而稱"追"，文獻如《尚書》、《詩》、《論語》、《禮記》等不乏其例。兩周金文祭祀用語的"追孝"與《周禮》的"追享"或許存在某種淵源關係。以彼例此，則"追享"爲四時之間祀，即非四時正祭，而可能是一種跟"追孝"相類的特祭，是因事特地向某位先祖祈請福佑。禮書及《左傳》所記朝廟之"朝"，或指啟殯朝廟，或指聽朔後朝諸廟（包括"朝正"在內），"朝享"則僅一見於《司尊彝》。此"朝"指祭祀朝廟，可以無疑，只是難以徵實"朝享"究竟等於哪種已知的祭禮。鄭玄説是月朔之祭，固然難以成立。説是新君即政朝廟，但每君僅行一祭，舉行年月極爲疏闊，其祭祀頻率與間於四時的"朝享"不類，更爲可疑。唯一可以確定的是，"朝享"採用遍祭羣廟的祭祀方式，與"追享"有別②。此例足以説明詮釋經文，必須兼顧字義及文意，而字義及文意皆視乎"禮制語境"而定。而且，顧名思義，禮制即禮之定制，具有規範化的本質。通例，適用於解説一般的語境，而特例則適用於詮釋個別的語境。通例與特例，必須慎加甄別，而取捨之時，當以融通文意與否爲準的。

　　詮釋禮書以外的經典中關涉禮制的文字，必須同時結合字詞訓詁、文義疏通、敍事梳理及禮制考證。一言以蔽之，就是究心於重構"禮制語境"。以上舉《左傳》昭公四年所記"宋太子佐後至，王國於武城，久而弗見。椒舉請辭焉。王使往，曰：'屬有宗祧之事於武城，寡君將墮幣焉。敢謝後見'"一事爲例，要是不懂得文

① 阮元編：《清經解》，第4册，頁543。
② 説詳拙著《蘇文擢先生禮學遺稿二題疏證》（與郭鵬飛先生合撰），《人文中國學報》，第24期，2017年。

言語法，便不知道"王使往"中"使"字後省略了兼語"椒舉"，也不知道後面一段禮辭是椒舉向宋太子佐說的。要是不懂得"爲宗廟田獵""將其所獲以供祭"之義，便不知道椒舉辭中的"屬有宗祧之事於武城"正與前面紀事的"王田於武城"相呼應，爲的是辯解久不見宋太子的原因。要是不明瞭"墮"（本字作"陸"）有"輸送"一義，"墮幣"實即"輸幣"，便不知道"寡君將墮幣焉"是表示欲與對方行賓主贄見之禮。由此可見，爲宗廟田獵及贄見墮幣共同構建了椒舉之辭的"禮制語境"，而當中的用語以至相關紀事皆爲"禮制語境"所支配。據此通讀《傳》文，無不渙然冰釋、怡然理順。若割裂語境，只著眼於文字及敘事，便無法疏通上下文意，不可能理解《傳》文真正的意思。

本書所見，前人援引"禮例"釋讀經典之例甚夥，如吳澄、孫希旦以至王國維等人，詮釋《顧命》冊命禮儀，無不本《儀禮》（或《禮記》）之例爲說。杜預等人以"從主節制"或"禮從主人"解說《左傳》所記孔子因季氏不免"放經而拜"，亦屬其例。本書徵引的其他"禮例"甚繁，稍作歸納，還有"九拜"、"婦人之拜不跪"、"婦人於丈夫，雖其子猶俠拜"、"婦人行禮之位（房中、北堂、內寢或東壁）"、"婦人入廟由闈門"、"婦人不下堂"、"堂下拜以北面爲敬"、"摯見訝授受"、"東壁爲隱處，可用於臨時藏物，亦可權充禮位"、"非祭男女不交爵"、"老醴婦于房中"、"醮有獻無酢"、"請安於賓（飲酒禮）"、"更端以示敬"、"凡送賓主人敵者于大門外，主人尊者于大門內"、"贄見之禮有輸幣或墮幣"、"受幣在廟中"、"凡拜送之禮，送者拜，去者不答拜"、"葬鮮者自西門"、"卿喪自朝"、"朝爲朝門外之通稱"、"君爲大夫，將葬，弔於宮，無造君朝之禮"、"殷朝而殯祖，周朝而遂葬"、"喪有無後無無主"、"攝主"、"生人之席有不加不無重，鬼神之席有加無重"、"爲宗廟田獵，將其所獲以供祭"、"九獻"、"祭莫重于灌"、"禘祭之禮，自血腥始”、“恍忽以與神明交”等等。凡此皆足以證明禮家以禮例詮釋《三禮》及其他經典，方法可取。

　　總之，確定“禮制語境”，成爲真正理解經意的關鍵。如果缺乏對“禮制語境”的確切掌握，便無法確定字詞的意思及上下文意。換句話説，特定字詞的確切含意，只能從其所處的特定語境（即上下文理）中探尋而得。若將經典文字的含意比喻爲一道門，那麼，“禮制語境”就是開啟這道門的一把鑰匙，沒有這把鑰匙，也就不得其門而入。

參考文獻

甲、中文參考書目（以作者或編者姓氏漢語拼音爲序）

A

安井衡：《左傳輯釋》，臺北：廣文書局，1979 年。

安井衡：《左傳輯釋》，《域外漢籍珍本文庫·第一輯·經部》，重慶：西南師範大學出版社，北京：人民出版社，2008 年，第 2—3 册。

B

白川靜著，袁林譯，徐喜辰校：《西周史略》，西安：三秦出版社，1992 年。

班固：《漢書》，北京：中華書局，1982 年。

本田成之：《中國經學史》，臺北：廣文書局，1990 年。

C

蔡德晉：《禮經本義》，《景印文淵閣四庫全書·經部·禮類》，臺北：臺灣商務印書館，1983年，第109册。

曹元弼：《禮經校釋》，《續修四庫全書·經部·禮類》，上海：上海古籍出版社，1995年。

曹元弼：《禮經學》，北京：北京大學出版社，2012年。

曹元弼：《周易鄭注箋釋》，臺中：文听閣圖書有限公司，2008年。

常金倉：《周代禮俗研究》，臺北：文津出版社，1993年。

陳漢平：《西周册命制度研究》，上海：學林出版社，1986年。

陳漢章：《中國歷代民俗考》，臺北：東方文化書局，1971年。

陳奂：《詩毛氏傳疏》，北京：北京市中國書店，1984年。

陳金木：《唐寫本論語鄭氏注研究——以考據、復原、詮釋爲中心的考察》，臺北：文津出版社，1996年。

陳俊民：《藍田吕氏遺著輯校》，北京：中華書局，1993年。

陳克炯：《左傳詳解詞典》，鄭州：中州古籍出版社，1994年。

陳立：《白虎通疏證》，北京：中華書局，1994年。

陳立：《公羊義疏》，臺北：臺灣商務印書館，1982年。

陳立：《句溪雜著》，廣雅書局刻，光緒十四年十二月（1888年）。

陳槃：《春秋大事表列國爵姓及存滅表譔異（三訂本）》，臺北：中研院歷史語言研究所，1988年。

陳槃：《舊學舊史説叢》，臺北："國立"編譯館，1993年。

陳槃：《左氏春秋義例辨（重訂再版本）》，臺北：中研院歷史語言研究所，1993年。

陳奇猷：《吕氏春秋校釋》，上海：學林出版社，1990年。

陳戍國：《春秋左傳校注》，長沙：岳麓書社，2006年。

陳戍國：《秦漢禮制研究》，長沙：湖南教育出版社，1993年。

陳戍國：《尚書校注》，長沙：岳麓書社，2004年。

陳戍國：《詩經芻議》，長沙：岳麓書社，1997年。

陳戍國：《先秦禮制研究》，長沙：湖南教育出版社，1991年。

陳樹鏞：《陳慶笙茂才文集》，南開大學古籍與文化研究所編：《清文海》，第101冊。

陳偉：《包山楚簡初探》，武漢：武漢大學出版社，1996年。

陳煒湛：《甲骨文田獵刻辭研究》，南寧：廣西教育出版社，1995年。

陳祥道：《論語全解》，《文淵閣四庫全書》本。

陳子展：《詩經直解》，上海：上海復旦大學出版社，1985年。

成瓘：《篛園日札》，臺北：世界書局，1963年。

程樹德撰，程俊英、蔣見元點校：《論語集釋》，北京：中華書局，1990年。

程廷祚：《論語說》，《續修四庫全書·經部·禮類》，上海：上海古籍出版社，1995年，第153冊。

程頤：《伊川易傳》，《四庫全書》本。

褚寅亮：《儀禮管見》，《續修四庫全書·經部·禮類》，上海：上海古籍出版社，1995年，第88冊。

崔述著，顧頡剛編訂：《崔東壁遺書》，上海：上海古籍出版社，1983年。

D

戴龐海：《先秦冠禮研究》，鄭州：中州古籍出版社，2006年。

戴望：《戴氏注論語》，《續修四庫全書》，上海：上海古籍出版社，1995年，第157冊。

戴震：《戴震全集》（二），北京：清華大學出版社，1992年。

戴震：《戴震全集》（三），北京：清華大學出版社，1994年。

戴震：《戴震全書》，合肥：黃山書社，1994年。

鄧國光：《中國文化原點新探》，廣州：廣東人民出版社，

1993 年。

鄧佩玲：《天命、鬼神與祝禱——東周金文嘏辭探論》，臺北：藝文印書館，2011 年。

鄧聲國：《清代〈儀禮〉文獻研究》，上海：上海古籍出版社，2006 年。

丁鼎：《〈儀禮‧喪服〉考論》，北京：社會科學文獻出版社，2003 年。

董豐垣著，王德隆點校：《識小編》，北京：中華書局，1988 年。

董立章：《國語譯注辨析》，廣州：暨南大學出版社，1993 年。

董增齡：《國語正義》，成都：巴蜀書社，1985 年。

杜維明：《詮釋〈論語〉“克己復禮爲仁”章方法的反思》，臺北：中研院中國文哲研究所，2015 年。

杜佑著、王文錦等點校：《通典》，北京：中華書局，1988 年。

杜預：《春秋經傳集解》，上海：上海古籍出版社，1978 年。

杜預：《春秋釋例》，臺北：臺灣中華書局，1970 年。

段玉裁：《説文解字注》，上海：上海古籍出版社，1988 年。

段志洪：《周代卿大夫研究》，臺北：文津出版社，1994 年。

F

范曄：《後漢書》，北京：中華書局，1982 年。

范曄著、王先謙集解：《後漢書集解》，北京：中華書局，1984 年。

方苞：《儀禮析疑》，《景印文淵閣四庫全書‧經部‧禮類》，臺北：臺灣商務印書館，1983 年，第 109 册。

房玄齡：《晉書》，北京：中華書局，1974 年。

傅隸樸：《春秋三傳比義》，北京：中國友誼出版公司，

1984 年。

傅遜：《春秋左傳注解辨誤》，明萬曆十三年日殖齋刻本。

傅遜：《春秋左傳注解辨誤》，《續修四庫全書》，上海：上海古籍出版社，1995 年，第 119 册。

G

高本漢注，陳舜政譯：《左傳注釋》，臺北："國立"編譯館，1979 年。

高步瀛：《兩漢文舉要》，北京：中華書局，1990 年。

高亨：《文史述林》，北京：中華書局，1980 年。

顧棟高著，吳樹平等校點：《春秋大事表》，北京：中華書局，1993 年。

顧眉：《憺園文集》，《續修四庫全書》，上海：上海古籍出版社，1995 年，第 1412 册。

顧炎武著，黃汝成集釋：《日知錄集釋》，石家莊：花城文藝出版社，1990 年。

管燮初：《左傳句法研究》，合肥：安徽教育出版社，1994 年。

桂馥著，趙智海點校：《札樸》，北京：中華書局，1992 年。

郭德維：《楚系墓葬研究》，武漢：湖北教育出版社，1995 年。

郭沫若：《金文叢考》，北京：人民出版社，1954 年。

郭沫若：《兩周金文辭大系考釋》，北京：科學出版社，1957 年。

郭若愚：《戰國楚簡文字編》，上海：上海書畫出版社，1944 年。

郭嵩燾著，陳戍國等點校：《禮記質疑》，長沙：岳麓書社，1992 年。

郭在貽：《訓詁叢稿》，上海：上海古籍出版社，1985 年。

國家文物局主編:《中國文物精華大辭典》(青銅卷),上海:辭書出版社,1995 年。

H

韓碧琴:《儀禮鄭註句讀校記》,臺北:"國立"編譯館,1996 年。

《漢語大詞典》編輯委員會、《漢語大詞典》編纂處編纂:《漢語大詞典》,上海:漢語大詞典出版社,1997 年。

杭世駿著,陳抗點校:《訂訛類編‧續編》,北京:中華書局,1997 年。

郝敬:《論語詳解》,《續修四庫全書》,上海:上海古籍出版社,1995 年,第 153 冊。

郝敬:《儀禮節解》,《續修四庫全書‧經部‧禮類》,上海:上海古籍出版社,1995 年,第 85 冊。

郝懿行:《爾雅義疏》,北京:中國書店,1982 年。

何樂士:《左傳範圍副詞》,長沙:岳麓書社,1994 年。

何樂士:《左傳虛詞研究》,北京:商務印書館,1989 年。

何琳儀:《戰國古文字典——戰國文字聲系》,北京:中華書局,1998 年。

何琳儀:《戰國文字通論(訂補)》,南京:江蘇教育出版社,2003 年。

洪亮吉:《更生齋集》,臺北:臺灣中華書局,1966?。

洪亮吉著,李解民點校:《春秋左傳詁》北京:中華書局,1987 年。

洪頤煊:《禮經宮室答問》,《續修四庫全書‧經部‧禮類》,上海:上海古籍出版社,1995 年,第 110 冊。

侯志義:《采邑考》,西安:西北大學出版社,1989 年。

胡承珙：《求是堂文集》，《清代詩文集彙編》，上海：上海古籍出版社，2010 年，第 518 冊。

胡楚生：《訓詁學大綱》，臺北：華正書局，2014 年。

胡繼明：《〈廣雅疏證〉同源詞研究》，成都：巴蜀書社，2003 年。

胡培翬：《胡培翬集》，臺北：中研院中國文哲研究所，2005 年。

胡培翬：《研六室文鈔》，涇縣：涇川書院，1837 年。

胡培翬著，段熙仲點校：《儀禮正義》，南京：江蘇古籍出版社，1993 年。

胡自逢：《周易鄭氏學》，臺北：文史哲出版社，1990 年。

湖北省博物館、中國社會科學院考古研究所編：《曾侯乙墓》，北京：文物出版社，1989 年。

湖北省荆沙鐵路考古隊：《包山楚墓》，北京：文物出版社，1991 年。

湖南師范大學學報編：《楊樹達誕辰百周年紀念集》，長沙：湖南教育出版社，1985 年。

華學誠：《揚雄方言校釋匯證》，北京：中華書局，2006 年。

宦懋庸：《論語稽》，《續修四庫全書》，上海：上海古籍出版社，1995 年，第 157 冊。

黃焯：《毛詩鄭箋平議》，上海：上海古籍出版社，1985 年。

黃懷信：《大戴禮記彙校集注》，西安：三秦出版社，2004 年。

黃懷信等：《逸周書彙校集注》，上海：上海古籍出版社，1985 年。

黃懷信：《論語彙校集釋》，上海：上海古籍出版社，2008 年。

黃懷信：《尚書注訓》，濟南：齊魯書社，2002 年。

黃侃：《黃侃論學雜著》，北京：中華書局，1964 年。

黃然偉：《殷禮考實》，臺北：臺灣大學文學院，1967 年。

黃然偉：《殷周史料論集》，香港：三聯書店，1995 年。

黃式三：《論語後案》，南京：鳳凰出版傳媒集團　鳳凰出版社，2008 年。

黃現璠：《古書解讀初探》，桂林：廣西師範大學出版社，2004 年。

黃以周：《禮書通故》，北京：中華書局，2007 年。

黃永武：《許慎之經學》，臺北：臺灣中華書局，1972 年。

惠棟：《周易述》，成都：巴蜀書社，1993 年。

J

簡朝亮：《論語集注補證述疏》，北京：北京圖書館出版社，2007 年。

江灝、錢宗武著，周秉鈞審校：《今古文尚書全譯》，貴陽：貴州人民出版社，1990 年。

江聲：《論語竢質　附校訛及續校》，《叢書集成初編》，上海：商務印書館，1937 年。

江淑蕙：《齊國彝銘彙考》，臺北：臺灣大學，1990 年。

姜兆錫：《儀禮經傳內編外編》，《續修四庫全書·經部·禮類》，上海：上海古籍出版社，1995 年，第 87 冊。

焦循：《羣經宮室圖》，《清經解續編》，上海：上海書店，1988 年，第 2 冊。

焦循：《羣經宮室圖》，《續修四庫全書·經部·禮類》，上海：上海古籍出版社，1995 年，第 173 冊。

焦循著，沈文倬點校：《孟子正義》，北京：中華書局，1987 年。

金春峰：《周官之成書及其反映的文化與時代新考》，臺北：東大圖書，1993 年。

金鶚：《求古録禮説》，濟南：山東友誼書社，1992 年。

金景芳：《古史論集》，濟南：齊魯書社，1982 年。

金景芳、呂紹綱：《尚書虞夏書新解》，瀋陽：遼寧古籍出版社，1996 年。

金其源：《讀書管見》，上海：商務印書館，1957 年。

K

孔廣林：《儀禮臆測》，《續修四庫全書·經部·禮類》，上海：上海古籍出版社，1995 年，第 89 册。

孔廣森：《禮學卮言》，《續修四庫全書·經部·禮類》，上海：上海古籍出版社，1995 年，第 110 册。

孔穎達等疏：《十三經注疏》，臺北：藝文印書館，1988 年。

僞孔安國傳，孔穎達正義，黃懷信整理：《尚書正義》，上海：上海古籍出版社，2007 年。

L

蘭甲雲：《周易古禮研究》，長沙：湖南大學出版社，2008 年。

勞榦：《勞榦學術論文集甲編》，臺北：藝文印書館，1976 年。

李崇遠：《春秋三傳傳禮異同考要》，臺北：嘉新水泥公司文化基金會，1967 年。

李道平撰，潘雨廷點校：《周易集解纂疏》，北京：中華書局，1994 年。

李鼎祚：《周易集解》，成都：巴蜀書社，1991 年。

李紱：《穆堂初稿》，清溪李墺，雍正壬子 1932 年序，膠片。

李光地等纂修：《淵鑒齋御纂朱子全書》，康熙五十三年（1714 年）。

李夢生：《左傳今注》，南京：鳳凰出版傳媒集團　鳳凰出版社，2008 年。

李民等：《古本竹書紀年譯註》，鄭州：中州古籍出版社，1990 年。

李如圭：《儀禮釋宮》，《景印文淵閣四庫全書》，臺北：臺灣商務印書館，1983 年，第 103 冊。

李如森：《漢代喪葬制度》，長春：吉林大學出版社，1995 年。

李實：《甲骨文叢考》，蘭州甘肅人民出版社，1997 年。

李無未：《周代朝聘制度研究》，長春：吉林人民出版社，2006 年。

李學勤：《東周與秦代文明》（增訂本），北京：文物出版社，1991 年。

李學勤：《古文獻叢論》，上海：上海遠東出版社，1996 年。

李學勤：《簡帛佚籍與學術史》，臺北：時報文化，1994 年。

李學勤：《李學勤集》，哈爾濱：黑龍江教育出版社，1989 年。

李學勤：《新出青銅器研究》，北京：文物出版社，1990 年。

李學勤：《中國青銅器概說》，北京：外文出版社，1995 年。

李學勤：《周易經傳溯源》，長春：長春出版社，1992 年。

李學勤：《走出疑古時代》，瀋陽：遼寧大學出版社，1994 年。

李玉潔：《先秦喪葬制度研究》，鄭州：中州古籍出版社，1991 年。

李雲光：《禮學論集》，香港：黃河文化服務社，1997 年。

李雲光：《三禮鄭氏學發凡》，臺北：嘉新水泥公司文化基金會，1966 年。

李治：《敬齋古今黈》，北京：中華書局，1995 年。

李宗桐：《左傳今註今譯》，臺灣：臺灣商務印書館，1972 年。

林昌彝：《三禮通釋》，北京：北京圖書館出版社，2006 年。

林存陽:《清初三禮學》,北京:社會科學文獻出版社,2002年。

林忠軍:《象數易學發展史》(第一卷),濟南:齊魯書社,1994年。

凌曙:《春秋公羊禮疏》,《清經解續編》,上海:上海書店,1988年。

凌廷堪:《禮經釋例》,臺北:中研院中國文哲研究所,2004年。

劉彬徽:《楚系青銅器研究》,武漢:湖北教育出版社,1995年。

劉敞:《公是集》,上海:商務印書館,1935年。

劉殿爵主編:《春秋左傳逐字索引》,香港:商務印書館,1995年。

劉起釪:《古史續辨》,北京:中國社會科學出版社,1991年。

劉起釪:《尚書校釋譯論》,北京:中華書局,2005年。

劉善澤:《三禮注漢制疏證》,長沙:岳麓書社,1997年。

劉師培:《劉申叔先生遺書》,寧武南氏校印,1934—1936年。

劉台拱:《劉端臨先生遺書》,臺北:藝文印書館,1970年。

劉文典:《淮南鴻烈集解》,北京:中華書局,1989年。

劉文淇:《春秋左氏傳舊注疏證》,香港:太平書局,1966年。

劉熙著,任繼昉纂:《釋名匯校》,濟南:齊魯書社,2006年。

劉熙著,王先謙疏證:《釋名疏證補》,上海:上海古籍出版社,1984年。

劉向撰,向宗魯校證:《説苑校證》,北京:中華書局,1987年。

劉永華:《中國古代軍戎服飾》,上海:上海古籍出版社,1995年。

劉雨、張亞初:《西周金文官制研究》,北京:中華書局,1986年。

劉毓崧:《通義堂文集》,出版地不詳:南林劉氏求恕齋刊,庚申（1920 年）。

劉沅：《儀禮恒解》，《續修四庫全書・經部・禮類》，上海：上海古籍出版社，1995 年，第 91 冊。

劉源：《商周祭祖禮研究》，北京：商務印書館，2004 年。

魯士春：《先秦容禮研究》，臺北：天工書局，1998 年。

陸德明：《經典釋文》，上海：上海古籍出版社，1985 年。

呂靜：《春秋時期的盟誓研究》，上海：上海古籍出版社，2007 年。

呂坤：《呂坤全集》，北京：中華書局，2008 年。

羅大經：《鶴林玉露》，北京：中華書局，1983 年。

羅願：《爾雅翼》，合肥：黃山書社，1991 年。

M

馬承源：《商周青銅器銘文選（三）》，北京：文物出版社，1988 年。

馬承源：《商周青銅器銘文選（四）》，北京：文物出版社，1988 年。

馬承源主編：《上海博物館藏戰國楚竹書（七）》，上海：上海古籍出版社，2008 年。

馬端臨：《文獻通考》，北京：中華書局，1986 年。

馬非伯：《管子輕重篇新詮》，北京：中華書局，1988 年。

馬其昶：《毛詩學》，臺北：新文豐出版社，1979 年。

馬瑞辰著，陳金生點校：《毛詩傳箋通釋》，北京：中華書局，1989 年。

馬小梅主編：《國學集要二編》，臺北：文海出版社，1967 年。

毛奇齡：《論語稽求篇》，《叢書集成初編》，北京：中華書局，1991 年。

蒙默:《蒙文通學記》，北京:三聯書店，1993年。

蒙文通:《經史抉原》，成都:巴蜀書社，1995年。

孟劍明:《夢幻的軍團》，西安:西安出版社，2005年。

牟潤孫:《海遺雜著》，香港:香港中文大學出版社，1990年。

牟庭:《同文尚書》，濟南:齊魯書社，1981年。

N

納蘭性德主編:《通志堂經解》，揚州:江蘇廣陵古籍刻印社，1993年。

南開大學古籍與文化研究所編:《清文海》，北京:國家圖書館出版社，2010年。

聶崇義纂輯，丁鼎點校解説:《新定三禮圖》，北京:清華大學出版社，2006年。

O

歐陽詢撰，汪紹楹校:《藝文類聚》，北京:中華書局，1965年。

P

潘維城:《論語古注集箋》，《續修四庫全書》，上海:上海古籍出版社，1995年，第154册。

彭林:《文物精品與文化中國》，北京:清華大學出版社，2003年。

彭林:《中國古代禮儀文明》，北京:中華書局，2004年。

彭林:《周禮主體思想與成書年代研究》，北京:中國社會科學出版社，1991年。

彭美玲:《古代禮俗左右之辨研究》，臺北:臺灣大學文學院，

1997 年。

皮錫瑞：《駁五經異義疏證》，《國學集要》，冊 1，臺北：文海出版社，1967。皮錫瑞：《鄭志疏證》，臺北：世界書局，1963 年。

皮錫瑞：《經學歷史》，北京：中華書局，1989 年。

皮錫瑞：《經學通論》，北京：中華書局，1989 年。

皮錫瑞：《師伏堂叢書》，善化皮氏師伏堂，光緒癸巳（1893—1908 年）。

皮錫瑞著，盛冬鈴等點校：《今文尚書考證》，北京：中華書局，1989 年。

駢宇騫：《晏子春秋校釋》，北京：書目文獻出版社，1988 年。

浦衛忠：《春秋三傳綜合研究》，臺北：文津出版社，1995 年。

Q

錢大昕：《嘉定錢大昕全集》，南京：江蘇古籍出版社，1997 年。

錢坫：《論語後錄》，《續修四庫全書》，上海：上海古籍出版社，1995 年，第 154 冊。

錢玄、錢興奇：《三禮辭典》，南京：江蘇古籍出版社，1993 年。

錢玄：《三禮名物通釋》，南京：江蘇古籍出版社，1987 年。

錢玄：《三禮通論》，南京：南京師範大學出版社，1996 年。

喬秀岩：《北京讀經說記》，臺北：萬卷樓圖書有限公司，2013 年。

秦蕙田：《五禮通考》，臺北：聖環圖書公司，1994 年。

丘光明編著：《中國歷代度量衡考》，北京：科學出版社，1992 年。

裘錫圭：《古代文史研究新探》，南京：江蘇古籍出版社，1992 年。

曲英杰：《先秦都城復原研究》，哈爾濱：黑龍江人民出版社，1991 年。

屈萬里：《尚書今註今譯》，臺北：臺灣商務印書館，1993 年。

全祖望：《鮚埼亭集外編》，臺北：華世出版社，1977 年。

R

饒宗頤：《巴黎所見甲骨錄》，《選堂叢書》之三（出版社不詳），1957 年。

饒宗頤：《殷代貞卜人物通考》，香港：香港大學，1959 年。

任繼昉纂：《釋名匯校》，濟南：齊魯書社，2006 年。

容庚：《金文編》，北京：中華書局，1985 年。

容庚：《商周彝器通考》，北京：哈佛燕京學社，1941 年。

阮廷焯：《孔子三朝記解詁纂疏》，臺北：嘉新水泥公司文化基金會，1964 年。

阮元編：《清經解》，上海：上海書店，1988 年。

阮元輯：《詁經精舍文續集》，阮氏琅嬛仙館，1801 年。

阮元：《十三經注疏》，臺北：藝文印書館，1989。

阮元：《揅經室集》，北京：中華書局，1993 年。

阮元著，鄧經元點校：《揅經室集》，北京：中華書局，1993 年。

S

岑仲勉：《兩周文史論叢》，上海：商務印書館，1958 年。

單周堯：《勉齋小學論叢》，上海：上海古籍出版社，2009。

單周堯：《左傳學論集》，臺北：文史哲出版社，2000 年。

商承祚：《戰國楚竹簡匯編》，濟南：齊魯書社，1995 年。

上海師大古籍整理研究所校點：《國語》，上海：上海古籍出版社，1988 年。

尚秉和：《歷代社會風俗事物考》，南京：江蘇古籍出版社，2002年。

邵懿辰：《禮經通論》，顧頡剛主編，王煦華整理：《古籍考辨叢刊·第二集》，北京社會科學文獻出版社，2009年。

沈其麗：《儀禮士喪禮器物研究》，臺北：臺灣中華書局，1985年。

沈欽韓：《春秋左傳補注》，《叢書集成初編》，冊3670—3672，上海：商務印書館，1937年。

沈欽韓：《幼學堂文稿》，廣雅書局。

沈彤：《儀禮小疏》，《景印文淵閣四庫全書》，臺北：臺灣商務印書館，1983年，第109冊。

沈維鐈：《補讀書齋遺稿》，南開大學古籍與文化研究所編：《清文海》，北京：國家圖書館出版社，2010年，第68冊。

沈文倬：《菿闇文存》，北京：商務印書館，2006年。

沈文倬：《宗周禮樂文明考論》（增補本），杭州：浙江大學出版社，2006年。

沈垚：《落帆樓文集》，出版地不詳：吳興劉氏嘉業堂，1918年。

沈玉成、劉寧：《春秋左傳學史稿》，南京：江蘇古籍出版社，1992年。

沈玉成：《左傳譯文》，北京：中華書局，1987年。

沈豫：《左官異禮略》，《蛾術堂集》影道光戊戌夏漢讀齋藏板，臺北：藝文印書館，1970。

石韞玉：《讀論質疑》，《續修四庫全書》，上海：上海古籍出版社，1995年，第155冊。

司馬遷：《史記》，北京：中華書局，1982年。

司馬遷著，瀧川資言考證：《史記會注考證附校補》，上海：上海古籍出版社，1986年。

蘇輿:《春秋繁露義證》,北京:中華書局,1992 年。

孫海波:《甲骨文編》,香港:中華書局,1978 年。

孫機:《漢代物質文化資料圖説》,北京:文物出版社,1991 年。

孫機:《中國古輿服論叢》,北京:文物出版社,1993 年。

孫希旦著,沈嘯寰等點校:《禮記集解》,北京:中華書局,1989 年。

孫星衍:《尚書今古文注疏》,北京:中華書局,1986 年。

孫詒讓:《大戴禮記斠補　附九旗古誼述、周書斠補、尚書駢枝》,濟南:齊魯書社,1988 年。

孫詒讓:《籀廎述林》,上海:上海古籍出版社,1995 年。

孫詒讓著,戴家祥點校:《古籀餘論》,上海:華東師範大學出版社,1988 年。

孫詒讓著,王文錦等點校:《周禮正義》,北京:中華書局,1987 年。

孫詒讓著,雪克等點校:《札迻》,濟南:齊魯書社,1989 年。

T

唐蘭:《唐蘭先生金文論集》,北京:紫禁城出版社,1995 年。

唐蘭:《西周青銅器銘文分代史徵》,北京:中華書局,1986 年。

唐文編著:《鄭玄辭典》,北京:語文出版社,2004 年。

W

萬斯大:《儀禮商》,《景印文淵閣四庫全書》,臺北:臺灣商務印書館,1983 年,第 108 冊。

萬斯同:《群書疑辨》,供石亭,嘉慶丙子(1816 年)。

汪受寬:《謚法研究》,上海:上海古籍出版社,1995 年。

汪中文:《兩周官制論稿》,臺北:復文圖書公司,1993 年。

汪中著、田漢雲點校，《新編汪中集》，揚州：廣陵書社，2005 年。

汪宗沂：《逸禮大義論》，吳縣王大隆刻，1939 年。

王貴民、楊志清編著：《春秋會要》，北京：中華書局，2009 年。

王國維：《古史新証——王國維最後的講義》，北京：清華大學出版社，1994 年。

王國維：《觀堂集林》，北京：中華書局，1984 年。

王輝：《古文字通假字典》，北京：中華書局，2008 年。

王闓運：《論語訓》，黃巽齋校點：《論語訓　春秋公羊傳》（湖湘文庫甲編），長沙：岳麓書社，2009 年。

王力：《同源字典》，北京：商務印書館，1987 年。

王利器：《曉傳書齋文史論集》，香港：香港中文大學出版社，1989 年。

王夢旦主編：《金文論文選》，香港：諸大書店，1968 年。

王夢鷗：《禮記今註今譯》，天津：天津古籍出版社，1988 年。

王夢鷗：《禮記校證》，臺北：藝文印書館，1976 年。

王鳴盛：《蛾術編》，揚州：江蘇廣陵古籍出版社，1992 年。

王念孫：《讀書雜志》，南京：江蘇古籍出版社，1985 年。

王念孫：《廣雅疏證》，北京：中華書局，1983 年。

王聘珍：《大戴禮記解詁》，北京：中華書局，1992 年。

王紹蘭：《經説》，臺北：新文豐出版社，1984 年。

王紹蘭：《王氏經説》，光緒功順堂叢書本。

王紹蘭著，屈萬里等主編：《蕭山王氏所著書》，臺北：聯經出版事業公司，1976 年。

王士讓：《儀禮紃解》，《續修四庫全書‧經部‧禮類》，上海：上海古籍出版社，1995 年，第 88 冊。

王樹民：《曙庵文史雜著》，北京：中華書局，1997 年。

王樹柟：《尚書商誼》，光緒十一年（1885 年）刻本。

王素：《唐寫本論語鄭氏注及其研究》，北京：文物出版社，1991 年。

王天海：《荀子校釋》，上海：上海古籍出版社，2005 年。

王廷相著，王孝魚點校：《王廷相集》，北京：中華書局，1989 年。

王先謙編：《清經解續編》，上海：上海書店，1988 年。

王引之：《經義述聞》，南京：江蘇古籍出版社，1985 年。

王引之著，周法高輯著：《周秦名字解詁彙解》，臺北：中華叢書委員會，1958 年。

王振鐸著，李強整理：《東漢車制復原研究》，北京：科學出版社，1997 年。

王宗昱：《儒禮經典選讀》，北京：北京大學出版社，2011 年。

魏了翁：《儀禮要義》，《景印文淵閣四庫全書·經部·禮類》，臺北：臺灣商務印書館，1983 年，第 104 冊。

《文史知識》編輯部：《古代禮制風俗漫談》，北京：中華書局，1983 年。

聞人軍：《考工記導讀》，成都：巴蜀書社，1988 年。

聞人軍：《考工記譯注》，上海：上海古籍出版社，1993 年。

吳承志：《遜齋文集》，《求恕齋叢書》，北京：文物出版社，1984 年。

吳定：《紫石泉山房文集》，《清代詩文集彙編》，上海：上海古籍出版社，2010 年，第 408 冊。

吳靜安：《春秋左氏傳舊注疏證續》，長春：東北師範大學出版社，2005。

吳闓生：《尚書大義》，臺北：臺灣中華書局，1986 年。

吳夌雲：《吳氏遺著》，東京：松雲堂書店，昭和 41 年。

吳汝綸：《尚書故》，上海：中西書局，2014 年。

吳汝綸：《桐城吳先生日記》，臺北：文海出版社，1969 年。

吳汝綸：《諸子集評》，臺北：中華書局，1970 年。

吳廷華：《儀禮章句》，《景印文淵閣四庫全書》，臺北：臺灣商務印書館，1983 年，第 109 冊。

吳小如：《讀書叢札》，北京：北京大學出版社，1987 年。

吳毓江：《墨子校注》，重慶：西南師範大學出版社，1992 年。

吳云、李春台校注：《賈誼集校注》，鄭州：中州古籍出版社，1989 年。

吳崢嶸：《左傳索取、給予、接受類詞匯系統研究》，成都：巴蜀書社，2009 年。

吳之英：《壽櫟廬儀禮奭固》，《續修四庫全書·經部·禮類》，上海：上海古籍出版社，1995 年，第 93 冊。

伍媽喜：《春秋左氏傳古注輯考》，臺北：學海出版社，1993 年。

X

席涵靜：《周代祝官研究》，臺北：勵志出版社，1978 年。

蕭子顯：《南齊書》，北京：中華書局，1972 年。

謝德瑩：《儀禮聘禮儀節研究》，臺北：文史哲出版社，1983 年。

徐復主編：《廣雅詁林》，南京：江蘇古籍出版社，1992 年。

徐乾學：《讀禮通考》，《文淵閣四庫全書》本。

徐芹庭：《細說易經六十四卦》，北京：中國書店，1999 年。

徐世昌：《清儒學案》，北京：中國書店，1990 年。

徐元誥：《國語集解》，北京：中華書局，2002 年。

徐鼐著，閻振益等點校：《讀書雜釋》，北京：中華書局，1997 年。

許慎著，段玉裁注：《說文解字注》，上海：上海古籍出版社，

1988 年。

　　許慎著，段玉裁注，許惟賢整理：《説文解字注》，南京：鳳凰
出版傳媒集團　鳳凰出版社，2007 年。

　　許倬雲：《西周史》，北京：三聯書店，1994 年。

　　許子濱：《春秋左傳禮制研究》，上海：上海古籍出版社，
2012 年。

　　Y

　　嚴靈峰編輯：《無求備齋論語集成》，臺北：藝文印書館，1966 年。

　　楊伯峻：《春秋左傳注》（修訂本），北京：中華書局，1990 年。

　　楊伯峻：《列子集釋》，香港：太平書局，1965 年。

　　楊伯峻：《論語譯注》，香港：中華書局，1987 年。

　　楊伯峻：《孟子譯注》，香港：中華書局，1984 年。

　　楊伯峻、徐提：《春秋左傳詞典》，北京：中華書局，1985 年。

　　楊伯峻：《楊伯峻學術論文集》，長沙：岳麓書社，1984 年。

　　楊伯峻：《楊伯峻治學論稿》，長沙：岳麓書社，1992 年。

　　楊泓、孫機：《尋常的精緻》，瀋陽：遼寧教育出版社，1996 年。

　　楊寬：《古史新探》，北京：中華書局，1965 年。

　　楊寬：《中國古代都城制度史研究》，上海：上海古籍出版社，
1993 年。

　　楊寬：《中國古代陵寢制度史研究》，上海：上海古籍出版社，
1985 年。

　　楊樹達：《春秋大義述》，上海：上海古籍出版社，2007 年。

　　楊樹達：《積微居讀書記》，北京：中華書局，1962 年。

　　楊樹達：《積微居小學金石論叢》，北京：中華書局，1983 年。

　　楊樹達：《積微居小學述林》，北京：中華書局，1983 年。

　　楊天宇：《經學探研録》，上海：上海古籍出版社，2004 年。

楊天宇:《儀禮譯注》,上海:上海古籍出版社。1994年。

楊天宇:《鄭玄三禮注研究》,天津:天津人民出版社,2007年。

楊希枚:《先秦文化史論集》,北京:中國社會科學出版社,1995年。

楊向奎等:《清儒學案新編》(一至八),濟南:齊魯書社,1985—1994年。

楊向奎:《繹史齋學術文集》,上海:上海人民出版社,1983年。

楊向奎:《宗周社會與禮樂文明》,北京:人民出版社,1992年。

姚淦銘:《王國維文獻學研究》,南京:江蘇古籍出版社,2001年。

姚際恒著,陳祖武點校:《儀禮通論》,北京:中國社會科學出版社,1998年。

姚際恒著,林慶彰編:《姚際恒著作集》,臺北:中研院文哲研究所,1996年。

姚際恒著,林慶彰編:《姚際恒著作集》,臺北:中研院中國文哲研究所,1994年。

姚永樸撰,余國慶點校,吳孟復審訂:《論語解注合編》,合肥:黃山書社,1994年。

葉國良、李隆獻、彭美玲:《漢族成年禮及其相關問題研究》,臺北:大安出版社,2004年。

葉夢得:《春秋考》,《武英殿聚珍版叢書本》。

葉夢得:《石林燕語》,北京:新華書店,1984年。

葉寘:《愛日齋叢抄》,北京:北京愛如生數字化技術研究中心,2009年。

于鬯:《香草校書》,北京:中華書局,1984年。

于鬯:《香草續校書》,北京:中華書局,1982年。

于省吾編:《甲骨文字詁林》,北京:中華書局,1996年。

于省吾：《澤螺居詩經新證》，北京：中華書局，1982 年。

俞樾：《九九消夏錄》，北京：中華書局，1995 年。

俞樾：《俞樾劄記五種》，臺北：世界書局，1963 年。

俞樾著，徐敏等點校：《茶香室叢鈔》，北京：中華書局，1995 年。

俞正燮：《癸巳類稿》，臺北：世界書局，1980 年。

袁英光、劉寅生：《王國維年譜長編 1877—1927》，天津：天津人民出版社，1996 年。

惲敬：《大雲山房文稿初集》，臺北：世界書局，1937 年。

惲敬：《惲敬集》，上海：上海古籍出版社，2013 年。

Z

《二十二子》，上海：上海古籍出版社，1988 年。

《欽定儀禮義疏》，《景印文淵閣四庫全書·經部·禮類》，臺北：臺灣商務印書館，1983 年。

臧庸：《拜經堂文集》，漢陽葉氏寫本。

曾運乾：《尚書正讀》，北京：中華書局，1964 年。

詹鄞鑫：《神靈與祭祀》，南京：江蘇古籍出版社，1992 年。

章景明：《先秦喪服制度考》，臺北：臺灣中華書局，1986 年。

章景明：《殷周廟制論稿》，臺北：學海出版社，1979 年。

章太炎：《章太炎全集》（二），上海：上海人民出版社，1982 年。

張爾岐著，張翰勳整理：《蒿菴集 蒿菴集捃逸 蒿菴閒話》，濟南：齊魯書社，1991 年。

張光裕：《儀禮士昏禮士相見禮之禮儀節研究》，臺北：臺灣中華書局，1986 年。

張鶴泉：《周代祭祀研究》，臺北：文津出版社，1993 年。

張桁、許夢麟主編：《通假大字典》，哈爾濱：黑龍江人民出版社，1998 年。

張培瑜:《先秦史歷表》,濟南:齊魯書社,1987 年。

張其淦:《左傳禮説》,臺北:臺灣大通書局,1970 年。

張雙棣:《淮南子校釋》,北京:北京大學出版社,1997 年。

張錫恭:《茹荼軒文集》,華亭封氏簣進齋,1923 年。

張錫恭:《喪服鄭氏學》,北京:文物出版社,1987 年。

趙紹祖:《讀書偶記·消暑錄》,北京:中華書局,1997 年。

趙生群:《春秋左傳新注》,西安:陝西人民出版社,2008 年。

趙世超:《周代國野關係研究》,臺北:文津出版社,1993 年。

趙翼著,欒保群等點校:《陔餘叢考》,石家莊:河北人民出版社,1990 年。

浙江大學古籍研究所編:《禮學與中國傳統文化——慶祝沈文倬先生九十華誕國際學術研討會論文集》,北京:中華書局,2006 年。

鄭定國:《周禮夏官的軍禮思想》,臺北:文史哲出版社,1995 年。

鄭玄:《毛詩鄭箋》,臺北:新興書局,1981 年。

鄭玄注,賈公彥正義,王輝整理:《儀禮正義》,上海:上海古籍出版社,2008 年。

鄭玄注,孔穎達正義,呂友仁整理:《禮記正義》,上海:上海古籍出版社,2008 年。

鍾文烝:《春秋穀梁經傳補注》,北京:中華書局,1996 年。

鍾肇鵬:《春秋繁露校釋》,濟南:山東友誼出版社,1994 年。

鍾宗憲:《先秦兩漢文化的側面研究·第一輯·史記八書初探之一》,臺北:知書房出版社,2005 年。

周次吉:《左傳雜考》,臺北:文津出版社,1986 年。

周聰俊:《裸禮考辨》,臺北:文史哲出版社,1994 年。

周法高主編:《金文詁林補》,香港:香港中文大學,1975 年。

周法高主編:《金文詁林》,香港:香港中文大學出版社,

1977 年。

周法高主編：《金文零釋》，臺北：中央研究院歷史語言研究所，1951 年。

周何：《春秋吉禮考辨》，臺北：嘉新水泥公司文化基金會，1970 年。

周何：《古禮今談》，臺北：萬卷樓圖書公司，1993 年。

周悅讓著，任迪善等點校：《倦游庵槧記》，濟南：齊魯書社，1966 年。

朱彬：《禮記訓纂》，北京：中華書局，1996 年。

朱大韶：《春秋傳禮徵》（稿本），揚州：江蘇廣陵刻印社，1986 年。

朱鳳翰：《古代中國青銅器》，蘭州：南開大學出版社，1995 年。

朱琦：《小萬卷齋文稿》，出版地不詳：嘉樹山房，光緒十一年（1885 年）。

朱傑人等主編：《朱子全書》，上海：上海古籍出版社，合肥：安徽教育出版社，2002 年。

朱駿聲：《說文通訓定聲》，臺北：世界書局，1936 年。

朱駿聲：《儀禮經注一隅》，《續修四庫全書·經部·禮類》，上海：上海古籍出版社，1995 年，第 93 冊。

朱軾：《朱文端公集》，瑞州府鳳儀書院，道光十九年（1839）。

朱熹：《四書集注》，北京：中華書局，1983 年。

朱熹：《儀禮經傳通解》，《欽定四庫全書》本。

朱熹：《朱子語類》，北京：北京愛如生數字化技術研究中心，2011 年。

諸祖狄：《戰國策集注彙考》，南京：江蘇古籍出版社，1985 年。

竹添光鴻：《論語會箋》，臺北：廣文書局，1961 年。

竹添光鴻：《左氏會箋》，臺北：廣文書局，1963 年。

鄒昌林：《中國古禮研究》，臺北：文津出版社，1992 年。

左松超：《左傳虛詞集釋》，臺北：臺灣商務印書館，1969 年。

乙、中文參考論文（以作者姓氏漢語拼音爲序）

B

白川靜著，許禮平譯：《金文學史》，《中國文化研究》，第 3 期，1981 年。

白光琦：《春秋曆法探略》，《中國天文學史文集》，北京：科學出版社，1994 年。

包詩林：《于省吾〈諸子新證〉的據境索義考察》，《樂山師範學院學報》，第 22 卷第 2 期，2007 年。

C

蔡先金：《〈詩〉之"門"》，《濟南大學學報》，第 17 卷第 4 期。

車行健：《論鄭玄〈論語注〉的經注思維及其經學思想》，《儒家典籍與思想研究》，2011 年。

陳美蘭：《説"告"》，《中正漢學研究》，2013 年第 2 期。

陳夢家：《西周銅器斷代（六）》（未完稿），《燕京學報》，1995 年新 1 期。

陳夢家：《西周銅器斷代》（一）至（六），《金文論文選》，香港：諸大書店，1968 年。

陳槃：《古社會田狩與祭祀之關係》，《中研院歷史語言研究所集刊》，第 21 本。

陳思坤：《傳統訓詁學與語境研究》，《雲夢學刊》2002 年 5 月。

陳思坤：《語境與〈論語〉的釋義》，《雲夢學刊》2001 年 11 月。

陳溫菊：《由六瑞六器看〈周禮〉的成書時代》，《孔孟月刊》，第 33 卷第 1 期。

陳新雄：《春秋異文考》，《臺灣師範大學國文研究院集刊》，冊71，1963 年。

陳玉台：《白虎通義引禮考述》，《臺灣師範大學國文研究所集刊》，第 19 期，1975 年。

D

黨士學：《秦陵〈秦陵銅車馬具馬飾擷考〉》：

http：//www. bmy. com. cn/contents/10/3303. html

島邦男著、趙誠譯：《禘祀》，《古文字研究》，第 1 輯，1971 年。

董蓮池：《殷周禘祭探真》，《人文雜志》，1994 年第 5 期。

F

傅斯年：《論所謂五等爵》，《中研院歷史語言研究所》，第 2 本第 1 分冊，1930 年。

復旦讀書會：《〈上博七·鄭子家喪〉校讀》，劉釗主編：《出土文獻與古文字研究》，上海：復旦大學出版社，2010 年，第 3 輯。

G

高崇文：《淺談楚墓中的棺束》，《中原文物》，1990 年第 1 期。

顧頡剛：《儀禮和逸禮的出現與邵懿辰考辨的評價》，《文史》，第 38 輯。

顧頡剛：《由烝、報等婚姻方式看社會制度的變遷》，《文史》，第 14、15 輯。

顧頡剛：《周公制禮的傳說和〈周官〉一書的出現》，《文史》，第 6 輯。

郭漢東：《近年出土的西漢宗廟編磬》，《文物》，1997 年第 5 期。

H

韓偉：《馬家莊宗廟建築制度研究》，《文物》，1985 年第 2 期。

黃瑞琦：《三年之喪起源考辨》，《齊魯學刊》，1988 年第 2 期。

J

吉本道雄：《春秋國人考》，《日本中青年學者論中國史·上古秦漢卷》，上海：上海古籍出版社，1995 年。

吉原文昭著，劉怡君譯：《北宋〈春秋學〉的側面——以唐代〈春秋〉三子之辨禘義的繼承和批判爲中心》，林慶彰、張穩蘋編輯：《啖助新春秋學派研究論集》，臺北：中研院中國文哲研究所，2002 年。

季旭昇：《九旗考》，《中國學術年刊》，1983 年。

季旭昇：《〈上博二·昔者君老〉簡文探究及其與〈尚書·顧命〉的相關問題》，《中國文哲研究集刊》，第 24 期，2004 年。

季旭昇：《詩經吉禮考辨》，《"國立"臺灣師範大學國文研究所集刊》，第 28 期，1984 年。

蔣元慶：《柳興恩穀梁述禮補缺》，《學海月刊》，第 1 卷第 4 期。

金祥恒：《卜辭中所見殷商宗廟及殷祭考》，《大陸雜誌》，第 20 卷第 10 期。

L

黎千駒：《因語境求義論》，《湖北師範學院學報（哲學社會科學版）》，第 29 卷第 6 期，2009 年。

李會玲：《諷寓·語境化·規範性——綜論歐美漢學界〈詩經〉闡釋學研究》，《武漢大學學報（人文科學版）》，第 69 卷第 4 期，2016 年。

李零：《包山楚簡研究（占卜類）》，《中國典籍與文化》，第 1

輯，1993 年。

　　李學勤：《讀〈春秋左傳注・前言〉記》，"第一屆《左傳》國際學術研討會"論文，香港：香港大學，1994 年 6 月。

　　李學勤：《論召鼎及其反映的西周制度》，《中國史研究》，1985年第 1 期。

　　李學勤：《西漢晚期宗廟編磬考釋》，《文物》，1997 年第 5 期。

　　李宇峰：《清人〈尚書〉訓詁語境學方法例釋》，《中國訓詁學報》2013 年第 1 期。

　　李玉潔：《試論我國古代棺槨制度》，《中原文物》，1990 年第 2 期。

　　李源澄：《先配後祖申杜説並論廟見致女反馬諸義》，《制言半月刊》，第 12 期。

　　李源澄：《箴膏肓後評》，《學術世界》，第 2 卷第 3 期。

　　梁丹丹：《歐陽修的〈詩本義〉"據文求義"的詮釋學思想探析》，《中國文學研究》，2014 年第 1 期。

　　凌純聲：《中國祖廟的起源》，《民族學研究集刊》，1959 年，第 7 期。

　　劉成德：《"享""饗"考》，《蘭州大學學報》社科版，1981 年第 3 期。

　　劉起釪：《〈尚書・顧命〉行禮場所在路寢在宗廟異説考》，《中國史研究》，2002 年第 1 期。

　　劉幸瑜：《〈易經〉古禮考論》，臺灣師範大學國文學系碩士論文，2014 年。

　　劉雨：《西周金文中的祭祖禮》，《考古學報》，1989 年第 4 期。

　　劉雨：《西周金文中的饗與燕》，《大陸雜誌》，第 83 卷第 2 期。

　　羅家湘：《西周第一代應侯的詩〈詩經・下武〉考》，《河南師範大學學報（哲學社會科學版）》，2015 年 11 月。

　　羅燕玲：《〈周易〉鄭玄注研究》，香港中文大學中國語言及文學系哲學博士論文，2008 年。

M

馬固鋼：《語境與釋義》，《語言文學論集（二）》，1986 年。

馬怡：《漢畫像所見“磬折”與“微磬”》，《湖南省博物館館刊》，第七輯，2011 年。

P

龐樸：《“數成於三”解》，《中國文化》，第 5 期，1992 年。

彭浩：《江陵馬磚一號墓所見葬俗略述》，《文物》，1982 年第 10 期。

彭林：《周代禘祭平議》，《西周史論文集》，西安：陝西人民教育出版社，1993 年。

皮錫瑞撰，吳仰湘整理：《師伏堂經説·論語》，《中國經學》，第 13 輯，2014 年。

蒲慕州：《漢代薄葬論的歷史背景及其意義》，《中研院歷史語言研究所集刊》，第 61 本第 3 分，1990 年。

Q

錢玄：《鄭玄〈魯禮禘祫志〉辨》，《古籍整理研究學刊》，1994 年第 5 期。

裘錫圭：《甲骨卜辭中所見的逆祀》，《出土文獻研究》，北京：文物出版社，1985 年。

R

阮廷卓：《禮大戴記佚篇佚文考略》，《大陸雜誌》，第 24 卷第 3 期。

S

單周堯：《從近世出土古文獻之用字看今本〈左傳〉》，第一屆《左傳》國際學術研討會，香港，1994 年。

單周堯：《讀〈春秋左傳注〉札記五則》（未刊稿）。

單周堯：《讀杜預〈春秋經傳集解序〉五情說小識》，《燕京學報》新第 2 期。

沙憲如：《中國古代禮敬儀節辨釋》，《遼寧師範大學學報（社會科學版）》，1997 年第 6 期。

沈文倬：《從漢初今文經的形成到兩漢今文〈禮〉的傳授》，《紀念顧頡剛學術論文集》，成都：巴蜀書社，1990 年。

沈文倬：《漢簡〈服傳〉考》，《文史》，第 24、25 輯，1985 年。

沈文倬：《覲禮本義述》，《孔孟月刊》，1994 年，第 32 卷第 12 期。

沈文倬：《略論禮典的實行和〈儀禮〉書本的撰作》，《文史》，第 15 輯、第 16 輯。

宋子然：《訓詁方法"隨文謀義"說略》，《西華大學學報（哲學社會科學版）》，2006 年第 5 期。

蘇文擢：《士冠禮母拜說》，拙藏手抄未刊稿。

孫機：《從胸式繫駕法到鞍套式繫駕法——我國古代車制略說》，《考古》，1980 年第 5 期。

孫綠怡：《〈晏子春秋〉中的齊景公形象》，《管子學刊》，1988 年第 1 期。

孫玄常：《讀左蠡見》，《東方雜誌》，第 41 卷第 14 號。

孫雍長：《語境與"隨文釋義"》，《長沙水電師院社會科學學報》，第 11 卷，1996 年。

T

童麟：《語言學研究的新成果——讀劉文義先生的〈語境

學〉》,《河北科技圖苑》,1997年第3期。

W

汪少華:《古乘車尚左成因考》,《中國典籍與文化》,第1輯,1993年。

王從禮:《楚墓葬制分析》,《江漢考古》,1988年第2期。

王鴻濱:《〈春秋左傳〉介詞研究》,復旦大學博士論文,2003年。

王世民:《西周春秋金文中的諸侯爵稱》,《歷史研究》,1983年第3期。

王希杰:《論語流義變和情景義變》,《南京大學學報》,1982年第3期。

吳福祥:《試論鄭玄根據語境釋義的訓詁原則》,《安徽教育學院學報》,1990年第1期。

吳銳:《儀徵劉氏春秋學研究》,曲阜:第二屆國際《春秋》經傳研討會論文,1996。

吳鎮烽:《內史亳豐同的初步研究》,《考古與文物》,2012年第2期。

X

徐良高、王巍:《陝西扶風雲塘西周建築基址的初步認識》,《考古》,2002年第9期。

徐啟庭:《論訓詁的因文定義》,《福建師範大學學報(哲學社會科學版)》,2006年第5期。

徐孝實:《春秋左氏傳鄭鄭義輯述》,《文史》,第8輯。

許佩鈴:《"述毛"與"難鄭"——王肅〈詩經〉學的語境還原及歷史建構》,《中華文史論叢》2016年第2期。

許維遹:《饗禮考》,《清華學報》,1947年,第14卷第1期。

許子濱：《陳漢章〈《周禮》行於春秋時證〉析論》，《人文中國學報》，第 16 期，2010 年。

許子濱：《〈春秋〉"公薨於臺下"清人諸説綜論》，《東方文化》，第 40 卷，2005 年。

許子濱：《〈春秋〉"躋僖公"解》，《東方文化》，第 34 卷第 2 期，1996 年。

許子濱：《〈春秋〉、〈左傳〉禘祭考辨》，《首屆中國經學學術研討會會議論文集》，北京：清華大學歷史系，2005 年。

許子濱：《從〈左傳〉看〈儀禮〉的成書及其反映的時代》，《〈春秋〉三傳與經學文化》，吉林：長春出版社，2009 年。

許子濱：《禘莫盛於灌——由唐寫本〈論語〉鄭注重探"禘自既灌而往"章的詮解問題》，《中研院中國文哲研究集刊》，第 48 期，2016 年。

許子濱：《廖平説〈春秋〉"築王姬之館于外"之意論》，《經學研究集刊》，第 3 期，2007 年。

許子濱：《魯隱公矢魚于棠考辨》，《管子學刊增刊》，1998 年。

許子濱：《論"昭穆"之命名取義》，《漢學研究》，第 25 卷第 2 期，2007 年。

許子濱：《王國維"〈顧命〉之廟爲廟而非寢"説探討》，《中國經學》，第 3 輯，2008 年。

許子濱：《先秦待放禮説考辨》，《東方文化》，第 41 卷第 2 期，2008 年。

許子濱：《〈儀禮〉婦人拜儀説》，《中國經學》，第 18 輯，2016 年。

許子濱：《〈儀禮·士冠禮〉冠者取脯適東壁見母解》，《中國文化研究所學報》，第 59 卷，2014 年。

許子濱：《"諸侯冠禮之裸享正當士冠禮之醴或醮"考辨》，《中國經學》，第 13 輯，2014 年。

許子濱:《〈左傳〉"經皇"釋義——從高本漢〈左傳注釋〉談起》,《九州學林》,2010 年春夏季。

許子濱:《〈左傳〉"墮幣"及相關紀事考釋》,《漢學研究》,第 30 卷,第 4 期,2012 年。

許子濱:《〈左傳〉"放経而拜"及相關紀事考釋》,《中國經學》,第 12 輯,2014 年。

許子濱:《〈左傳〉"歌鐘二肆"解》,《學海書樓八十五年》,香港:學海書樓,2008 年。

許子濱:《〈左傳〉"棺有翰檜"解——兼説〈後漢書〉及長沙仰天湖竹簡之"檜"》,《嶺南學報》(新),第 2 期,2000 年。

許子濱:《〈左傳〉禮徵舉隅》,《耕耨集——漢語與經典論集》,香港:商務印書館,2007。

許子濱:《〈左傳〉聘禮禮辭研究》,《語文論叢》,第 7 輯,2001 年。

許子濱:《〈左傳〉"請安"及相關紀事釋義辨疑——〈左傳〉與〈儀禮〉互證之一例》,《人文中國學報》,第 21 期,2016 年。

許子濱:《〈左傳〉"請隧"解》,《語言文字學研究》,北京:中國社會科學出版社,2005 年。

許子濱:《〈左傳〉所記齊莊公葬禮考釋》,《漢學研究》,第 28 卷,第 3 期,2010 年。

許子濱:《〈左傳〉所釋〈春秋〉筆法考辨》,《孔子研究》,1999 年第 2 期。

許子濱:《〈左傳〉"葬鮮者自西門"與"卿喪自朝"解》,《中國文化研究所學報》,第 57 卷,2013 年。

許子濱:《〈左傳〉"鄭伯男也"解》,《華學》,第 9、10 輯,2008 年。

許子濱:《〈左傳〉"子卯不樂"解》,《人文中國學報》,第 6

期，1999 年。

Y

饒宗頤：《〈春秋左傳〉中之"禮經"及重要禮論》，《聯合書院三十周年紀念論文集》，香港：香港中文大學聯合書院，1986。

閻步克：《禮治秩序與士大夫政治的淵源》，《國學研究》，第 1 卷，1993 年。

楊朝明：《魯國的禮樂傳統》，《歷史研究》，1995 年第 3 期。

楊建芳：《龍紋、渦紋、穀紋、蒲紋、乳丁紋——東周玉器主要紋飾的演變及定名，兼論〈周禮〉成書年代》，《中國文化研究所學報》，第 22 卷 1991 年。

楊琳：《論文例求義法》，《人文中國學報》第 18 期，2012 年。

楊向奎：《周禮在齊論》，《管子學刊》，1988 年第 3 期。

應永深：《國語齊語中的國、鄙組織考辨》，《管子學刊》，1992 年第 1 期。

Z

詹人鳳：《古籍釋義與上下文語境——重讀王力先生訓詁論著有感》，《大慶高專科學校學報》，第 16 卷第 1 期，1996 年。

章忠民：《"攢宮"考》，《華中建築》，1997 年，第 15 卷，第 4 期。

張長壽、張孝光：《殷周車制略說》，《中國考古學研究——夏鼐先生考古五十年紀念論文集》，北京：文物出版社，1986 年。

張光裕：《從"魯於是始尚羔"談到士相見之禮成篇的時代》，《孔孟月刊》，第 7 卷，第 4 期。

張光裕：《讀儀禮札記二則》，李曰剛等著：《三禮研究論集》，臺北：黎明文化事業股份有限公司，1981 年。

張光裕：《金文中冊命之典》，《中國文化研究所學報》，第 10 卷，下冊，1979 年。

張光直：《商王廟號新考》，《民族學研究集刊》，1963 年第 5 期。

張勁秋：《據境索義與文言詞語訓釋》，《安徽教育學院學報》，第 23 卷第 2 期。

張懋鎔：《史密簋與西周鄉遂制度——附論“周禮在齊”》，《文物》，1991 年第 1 期。

張維慎、梁彥民：《兩件唐代拜俑拜儀考》，《考古與文物》，1999 年第 1 期。

張維慎：《試論唐代女子拜禮的拜儀及其適用場合》，《陝西師範大學學報（哲學社會科學版）》，第 31 卷第 6 期，2002 年。

鄭均：《春秋時代“禮”未成書考》，《中華文化復興月刊》，第 18 卷第 8 期。

鄭均：《禘祀的探討》，《大陸雜誌》，第 89 卷第 3 期，1994 年。

周聰俊：《吉裸初探》，《中國學術研討會論文集》，臺北：大安出版社，1994 年。

周聰俊：《殷周禮制中醴及醴器研究》，《大陸雜誌》，第 86 卷第 4 期。

周聰俊：《左傳命宥義辨》，《大陸雜誌》，第 87 卷第 4 期。

周何：《穀梁朝聘例釋》，《中國學術年刊》，第 10 期，1989 年。

周鑾書、姚公騫主編：《江西古文精華叢書·書信卷》，南昌：江西人民出版社，2001 年。

周維屏：《左氏尚禮述要》，《藝術學報》，第 31 期，1981 年。

朱鳳瀚：《殷墟卜辭所見商王室宗廟制度》，《歷史研究》，1990 年第 6 期。

朱軾：《朱文端公集》，《清代詩文集彙編》，上海：上海古籍出版社，2009 年。

左高山：《論〈論語〉中的"禘"及其政治倫理意藴》，《孔子研究》，2005 年第 1 期。

丙、日文參考資料

白川靜：《金文通釋》，京都：白鶴美術館，1978 年。

高木智見：《春秋時代の結盟習俗ついて》，《史林》，第 68 卷第 6 號。

吉本道雅：《西周册命金文考》，《史林》，第 74 卷第 5 號，1991 年。

林巳奈夫：《儀禮と敦》，《史林》，第 63 卷第 6 號，1980 年。

林巳奈夫：《中国先秦時代の旗》，《史林》，第 49 卷第 2 號，1966 年。

林巳奈夫：《周禮の六尊六彝と考古學遺物》，《東方學報》。

松浦嘉三郎：《儀禮の成立に就て》，《支那學》，第 5 卷，1929 年。

新田元規：《蘇軾の"吉服即位非礼"説とその周辺——'尚書'顧命篇の解釈と即位儀礼をめぐって》，《德島大学総合科学部　人間社会文化研究》，第 23 卷（2015）

丁、英文參考資料

D. C. Lau, *The Analects*（*Lun Yü*）, Hong Kong：The Chinese University Press，1983.

Karlgren，Bernard："Glosses on Tso-chuan"，*Bulletin of the Museum of Far Eastern Antiquities*，Vol. 41（1969），pp. 1 - 157；Vol. 42（1970），pp. 273 - 295.

Legge, James: *The Chinese Classics*, Vol. V, *The Ch'un Ts'ew* with *The Tso Chuan*.

Li, Wai-yee: *The Readability of the Past in Early Chinese Historiography*, Cambridge, Mass: Harvard University Asia Center, 2007.

Simon Leys, *The Analects of Confucius*, New York: Norton, 1997.

Stephen Durrant, Wai-yee Li, and David Schaberg: *Zuo Tradition / Zuozhuan: Commentary on the "Spring and Autumn Annals"*, Seattle and London: University of Washington Press, 2016.

後　記

　　本書代表筆者近五年研究禮學的成果，而書中所呈現的理論框架及考證方法，實由長期的推理論證與實踐經驗累積而成。對比前一階段的研究成果（以《春秋左傳禮制研究》爲代表），筆者在本業（《春秋》《左傳》禮制及《三禮》）紮下根基後，研究範圍已逐步擴展至其餘經典，並循著點綫面的研究計劃不斷推進。我將循此方向繼續鑽研，務使"禮制語境"的理論體系更臻完善。

　　單周堯老師在百忙中撥冗賜序，不勝感激之至。序中勉勵有加，指示筆者努力的方向，自當奮力不懈，不負恩師所望。本書從籌劃出版到修訂、編輯，皆得到上海古籍出版社黃亞卓博士的盡心盡力幫忙；在修訂原稿之時，得蒙出版社領導賜教，謹此一併致以由衷的謝意。